Akademie der Wissenschaften zu Berlin

The Academy of Sciences and Technology in Berlin

Forschungsbericht 6

Automatisierung und Wandel der betrieblichen Arbeitswelt

W DE G

Akademie der Wissenschaften zu Berlin
The Academy of Sciences and Technology in Berlin

Forschungsbericht 6

Arbeitsgruppe:
Automatisierung, Arbeitswelt und künftige Gesellschaft

Sprecher:
Günter Spur

Walter de Gruyter · Berlin · New York · 1993

Akademie der Wissenschaften zu Berlin

Automatisierung und Wandel der betrieblichen Arbeitswelt

von
Günter Spur, Joachim Ebert,
Wolfram Fischer, Jürgen Herter,
Ursula Lehr, Jürgen Materne,
Gerhard Pahl, Dieter Specht,
Helga Z. Thomas, Jutta Wietog,
Frank Zurlino

Walter de Gruyter · Berlin · New York · 1993

∞ Gedruckt auf säurefreiem Papier,
das die US-ANSI-Norm über Haltbarkeit erfüllt.

Die Deutsche Bibliothek – CIP-Einheitsaufnahme

Automatisierung und Wandel der betrieblichen Arbeitswelt / Akademie der Wissenschaften zu Berlin. [Arbeitsgruppe: Automatisierung, Arbeitswelt und Künftige Gesellschaft]. Von Günter Spur ... – Berlin ; New York : de Gruyter, 1993
(Forschungsbericht / Akademie der Wissenschaften zu Berlin ; 6)
ISBN 3-11-013939-1
NE: Spur, Günter; Akademie der Wissenschaften <Berlin, 1987 gegründet> / Arbeitsgruppe Automatisierung, Arbeitswelt und Künftige Gesellschaft; Akademie der Wissenschaften <Berlin, 1987 gegründet>: Forschungsbericht

ISBN 3 11 013939 1

Printed in Germany
Satz: Datenkonvertierung durch Frohberg GmbH, Freigericht
Druck: Ratzlow-Druck, Berlin
Buchbinderische Verarbeitung: Lüderitz & Bauer GmbH, Berlin

Inhaltsverzeichnis

Abbildungsverzeichnis

1 Einleitung

Stellt man sich die Aufgabe, die Fabrikentwicklung als Zusammenhang von Produktions- und Arbeitsprozessen zu untersuchen, so wird deutlich, daß technische Entwicklungen weitreichende Wirkungen im gesellschaftlichen Umfeld auslösen. Technik gestaltet nicht nur unsere Arbeitswelt. Sie durchdringt unsere Lebenswelt und verändert unsere Umwelt.

In diesem Sinne ist der Titel „Automatisierung, Arbeitswelt und künftige Gesellschaft" als ursprünglich umfassendes Programm einer multidisziplinär zusammengesetzten Akademiearbeitsgruppe aufzufassen. Ein erster Schritt bestand in der Analyse der Entwicklung und Verbreitung der Informationstechnik in der industriellen Produktion und des damit einhergehenden Wandels der Arbeitswelt für ausgewählte Produktionsbereiche.

Die Bedeutung einer Technologie kann nicht nur an ihrem Verbreitungsgrad, sondern muß auch an ihren Einfluß- und Entwicklungspotentialen gemessen werden. Dies gilt auch für die Automatisierung von Verrichtungen und Prozessen. Seit den fünfziger Jahren wird die technische Entwicklung immer wieder mit der „Automation" oder der „Automatisierung" identifiziert. Automatisierung läßt sich nicht mehr allein als technisches Phänomen betrachten. Sie ermöglicht eine grundlegende Umgestaltung der Fabrik einschließlich der Entkopplung bestimmter Arbeitspersonen von unmittelbaren Bearbeitungsprozessen mit bedeutenden Optionen für die betriebliche Arbeitsorganisation.

Ziel des Projekts ist es, zu erwartende Entwicklungen der automatisierten Produktion vor dem Hintergrund ihrer Geschichte sowie hinsichtlich ihrer Wirkungen auf die betriebliche Arbeitswelt und mögliche Konsequenzen für den Einzelnen und die Gesellschaft zu analysieren. Im Zentrum des Interesses der Arbeitsgruppe steht die Beschäftigung mit den Wirkungen der Automatisierung, insbesondere der flexiblen Automatisierung, im Fabrikbetrieb, vor allem im Hinblick auf Veränderungen von Arbeitsorganisation und Qualifikation. Aus den Ergebnissen des Projekts werden mögliche Handlungsorientierungen für Entscheidungsträger in Wirtschaft und Politik abgeleitet.

Schwerpunkt der Untersuchung ist die durch die Informationstechnik gestaltete Automatisierung in Bereichen industrieller Produktion, wie sie vor allem im Investitionsgüter produzierenden Gewerbe vorherrschend ist. Exemplarisch für diesen Bereich sind die Entwicklungen in den Branchen Automobilindustrie, Elektrotechnik und Maschinenbau, die als Vorreiter moderner Automatisierung gelten können.

Auf dem Gebiet der früheren Bundesrepublik arbeiten derzeit etwa vier Millionen Arbeitspersonen in Unternehmen der Investitionsgüterproduktion (vgl. Statistisches Bundesamt 1991). Die wirtschaftliche und soziale Umbruchsituation in den neuen Bundesländern, so darf erweitert werden, wird zu einer tiefgreifenden Reorganisation bestehender Fabriken sowie zur Entwicklung moderner Fabriken führen. Somit steigt die Bedeutung von Untersuchungen zum Zusammenhang zwischen Auslegungen von Maschinen und technischen Systemen in der Fabrik und möglichen Arbeitsgestaltungen, wobei sich in dieser Situation der wirtschaftlichen und gesellschaftlichen Neuorientierung technische und soziale Handlungsoptionen eröffnen, die in bestehenden, gewachsenen Fabrikstrukturen kaum gegeben sind. Unter Berücksichtigung der großen Anzahl Beschäftigter, deren Arbeitssituation von Automatisierungsvorhaben berührt wird, gilt es, diese Gestaltungsspielräume vor allem in qualitativer Hinsicht zu analysieren.

Die Automatisierung im Produktionsbereich ist nicht monokausal erklärbar, sondern sie steht in Wirkungszusammenhängen. Wichtige Einflußfaktoren auf die Fabrik sind der technische Entwicklungsstand automatisierter Produktionsmittel, die Art der Einbindung dieser Produktionsmittel in die betriebliche Aufbau- und Ablauforganisation sowie die Arbeitsgestaltung und -tätigkeiten. Externe Einflußfaktoren sind wirtschaftliche, technische, politische, soziale sowie kulturelle Gegebenheiten.

Die Fabrik erhält durch die zunehmende organisatorische und informationstechnisch unterstützte Vernetzung ihrer Elemente immer mehr den Charakter eines integrierten, informationsverarbeitenden Produktionsmittels. Damit erweitert sich auch das Erkenntnisobjekt der Forschung von der automatisierten Einzelmaschine auf die Betrachtung der gesamten Fabrik. Zu den wechselseitig aufeinander bezogenen Einflußgrößen auf Struktur und Niveau realisierter bzw. geplanter Fabrikautomatisierung zählen unter anderem:

- Die Stellung des Unternehmens im Markt (Wettbewerbsfähigkeit der Produkte),
- das zu fertigende Produkt (z. B. seine Komplexität, die Anzahl und Qualität der Bearbeitungsvorgänge, die Möglichkeit zur Bildung von Teilefamilien, der Materialwert, das Produktspektrum),
- das absehbare mittel- bis langfristige Auftragsvolumen und die Losgrößen (Massenfertigung, mittlere Serien, Kleinserie bzw. Einzelfertigung),
- der vorhandene Maschinenpark,
- die bestehende arbeitsorganisatorische und hierarchische Betriebsstruktur,
- das betriebsspezifische Qualifikationspotential (hoher Anteil an Facharbeitern oder überwiegend An- und Ungelernte) sowie dessen Einbindung und Nutzung,
- die finanziellen Ressourcen des Betriebes,
- die „Unternehmenskultur/Unternehmensphilosophie“ (auch die Beanspruchungssituation von Entscheidungsträgern) und die Sozialverfassung des Betriebes,
- das Engagement und die Überzeugtheit der Unternehmensführung bzw. einzelner Personen im Management.

Automatisierungsvorgänge in der Fabrik können somit nicht nur punktuell betrachtet werden. Der Charakter der Fabrikautomatisierung gebietet es vielmehr, diesen Prozeß als einen ganzheitlichen, technisch-wirtschaftlichen, sozio-technischen und humanen Zusammenhang zu analysieren. Damit wird eine linear-deterministische Perspektive ebenso vermieden wie eine Einebnung von Automatisierungsphänomenen durch vorschnelle Abstraktionen.

Grundsätzlich besteht bei der Untersuchung von Automatisierungsprozessen die Schwierigkeit, die komplexen Zusammenhänge zwischen Mensch, Technik und Arbeitsorganisation wissenschaftlich adäquat zu beschreiben, also eine einheitliche Sprache/Begrifflichkeit zu finden, die dem Gesamtkomplex gerecht wird. Meist dominieren die Sichtweisen sowie Lösungsansätze und -konzepte *einer* Wissenschaftsdisziplin. Eine integrierende Interdisziplinarität ist jedoch gefordert, d. h. der Versuch einer tragfähigen Synthese (vgl. Laur-Ernst 1990, S. 150). Die Projektgruppe stellt sich dieser Herausforderung, indem sie den Gegenstand aus der Sicht produktionswissenschaftlicher, historisch-logischer, wirtschaftlich-sozialer, bildungswissenschaftlicher und psychologischer Aspekte untersucht und ihre Erkenntnisse und abgeleiteten Ergebnisse aus eben dieser multidisziplinären Perspektive präsentiert. Mit diesem Ansatz weist die Arbeitsgruppe über die Mehrzahl der zur Produktionsautomatisierung vorliegenden Untersuchungen hinaus (vgl. insbesondere Brödner 1986; Haug 1987; Bleicher/Stamm 1988; Ewers/Becker/Fritsch 1990; Pries/Schmidt/Trinczek 1990; Mikl-Horke 1991).

Aus *produktionswissenschaftlicher Sicht* werden die Entwicklungsphasen der Automatisierungstechnik und gegenwärtige Auswirkungen des Rechnereinsatzes bzw. der Informations- und Kommunikationstechnik auf die industrielle Produktion analysiert. Darüber hinaus werden die mit der Entwicklung der Fertigungsautomatisierung korrespondierenden Veränderungen von Organisationsformen der Arbeit betrachtet. Angesichts der Komplexität technischer Entwicklungen in der Produktion kann dies nur exemplarisch geschehen.

Die rechnerunterstützte Konstruktion und Fertigung sind Kernbereiche gegenwärtiger Produktionsautomatisierung. Anhand von Untersuchungen an CAD-Systemen und flexiblen Fertigungssystemen läßt sich der Wandel der Arbeit unter dem Einfluß der Informationstechnik exemplarisch dokumentieren. Eine besondere Zielsetzung des technischen Bereichs ist deshalb die Analyse der Veränderungen von Tätigkeiten des Konstrukteurs im Rahmen der Produktentwicklung und Produktherstellung, da die Tätigkeiten des Berechnens, Gestaltens und Zeichnungserstellens in zunehmendem Maße durch Rechnerunterstützung geprägt sind. Die wesentlichen Ergebnisse und Konsequenzen dieser Untersuchungen können auch auf andere Bereiche der Fabrikautomatisierung übertragen werden.

Im Zentrum der *bildungswissenschaftlichen Perspektive* stehen die Bildungs- und Ausbildungserfordernisse in der heutigen und absehbaren Arbeitswelt unter den Bedingungen zunehmender Automatisierung. Dabei werden insbesondere das Verhältnis von Automatisierung und technisch sowie sozial bedingten Handlungsanforderungen analysiert, um die hieraus resultierenden berufsspezifischen Bildungserfordernisse im Hinblick auf die Konzeption von berufs- und weiterbildenden Maßnahmen zu ermitteln. Darüber hinaus werden die anthropogenen und bildungsgeschichtlichen Bedingungen in die Betrachtung einbezogen, denen die Automatisierung unterliegt und aus denen ein pädagogischer, sozialer und bildungspolitischer Handlungsbedarf hervorgeht.

In Ergänzung zu den Untersuchungen an CAD-Systemen liegt ein besonderes Ziel des bildungswissenschaftlichen Bereichs in der Bestimmung der personalen und Qualifikationsanforderungen zur Führung von flexiblen Fertigungssystemen als Beispiel rechnergesteuerter Mehrmaschinensysteme. Die an einer Fallstudie gewonnenen Erkenntnisse lassen auch für eine allgemeine und technische Bildung erweitern, durch die der Mensch befähigt wird, sich der technischen Entwicklung nicht nur nachträglich anzupassen, sondern sie vorausschauend zu gestalten. Unter *psychologischem Aspekt* wird untersucht, wie die neue rechnerunterstützte Arbeit von verschiedenen Gruppen von Arbeitnehmern, auch älteren Arbeitnehmern, erlebt wird, und welche Formen betrieblicher Qualifizierung für technische Innovationen beobachtbar sind.

Die *historischen Untersuchungen* gehen von der Fragestellung aus, wieweit es sich bei der bisherigen Entwicklung der Automatisierung und ihrer Auswirkungen auf Arbeitsorganisation und Qualifikationsstrukturen um einen kontinuierlichen Prozeß oder um „qualitative Sprünge" handelt. Eine Analyse der an technische Innovationen anknüpfenden Prognosen könnte, so die Annahme, zugleich Aufschluß geben über die Reichweite von Prognosen und ihr jeweiliges Bedingungsfeld. Die Versachlichung prognostischer Aussagen erhält einen bedeutenden Stellenwert insbesondere bei der Bereitstellung von Hintergrundinformationen für Entscheidungsträger.

Die Frage nach dem Nutzen oder Schaden einer bestimmten Technik oder Maschine ist dabei nicht neu. Sie gehört zu den uralten topoi menschlichen Denkens und taucht im Zusammenhang mit der Einführung neuer Produktionsstrukturen immer wieder auf. Die Debatte um die Folgen von Automatisierung fügt sich in dieses Denkmuster nahtlos ein. In allen diesen Diskussionen standen und stehen sich Optimisten und Pessimisten gegenüber. In der öffentlichen Meinung überwiegen meist die Pessimisten, die eher Gefahren sehen. Sie sind getrieben von der Sorge, daß neue Technik zur Arbeitslosigkeit führen und die Arbeit am Arbeitsplatz enthumansieren, d. h. die Arbeitspersonen „zum Sklaven der Maschine" oder eines technischen Systems machen. Ihre Wertungen sind meist stark moralisch begründet. Oftmals, wenn auch nicht durchweg, stehen die Pessimisten der industriellen Praxis fern.

Viele der Prognosen sind interessenbestimmt oder zumindest von Interessen gefärbt. Die meisten beruhen nur marginal auf empirischen Befunden. Im allgemeinen wird ein hervorstechendes Charakteristikum einer neuen Technik verabsolutiert, ein manchmal nur intuitiv erfaßter Trend fortgeschrieben. Die Merkmale einer Maschine oder eines Verfahrens, die oft nur in einer oder in wenigen Branchen zur Geltung kommen, werden verallgemeinert und zum „zukünftigen System“ erhoben. Mit solchen vorschnellen Extrapolationen wird die gesamtwirtschaftliche und gesamtgesellschaftliche Auswirkung – im Positiven wie im Negativen – meist überschätzt. Vorzeitig und oft falsch wird der „Siegeszug“ einer in einer bestimmten Branche erfolgreichen Technik postuliert, obwohl in vielen anderen Branchen eine solche Technik nicht oder nur teilweise eingeführt werden kann. Das traf im 19. Jahrhundert auf die Mechanisierung zu, im 20. Jahrhundert auf die Automatisierung. Die historische Erfahrung lehrt, daß sich eine neue Technik meist langsamer und unvollkommener durchsetzt als zu Beginn von Optimisten wie Pessimisten eingeschätzt.

Alternative Entwicklungsmöglichkeiten werden nur selten im vorhinein erkannt. Die Schwierigkeiten und der Aufwand, die bei der Umsetzung von neuen Ideen in die Wirklichkeit der Fabrik entstehen, werden fast durchweg unterschätzt. Beispiele hierfür sind sowohl die Fließbandproduktion, die Rechnerintegration wie auch die in der aktuellen Diskussion propagierte Rückkehr zu schlanken, einfachen Produktionsformen.

Exakte Prognosen von Ingenieuren, die an neuen Verfahren arbeiten, liegen kaum vor. Bisherige Technikprognosen hatten nur dort eine hohe Eintreffwahrscheinlichkeit, wo sie als Grundlage für Planungen dienten. Je mehr Markt- und Akzeptanzgesichtspunkte eine Rolle spielen, umso unsicherer wird die Prognose. Überdies wird ein genauer, begründeter Zeithorizont selten gegeben, und der in den allgemeinen Zukunftsvisionen gegebene Zeithorizont ist fast immer zu kurz angesetzt. Im Bereich der Produktionstechnik konnten beispielsweise durch die von der Arbeitsgruppe duchgeführte Auswertung der CIRP-Delphi-Prognose 1971 in nur 40 % der geprüften Einzelaussagen die vorhergesagten Ereignisse und Diffusionsmargen für die angegebene Zeit bestätigt werden. Dem verständlichen Streben nach „ganzheitlichen“, Langfrist-, ja „Endzeitprognosen“ ist daher zu widerstehen. Die Wissenschaft sollte den Politikern eher zur Vorsicht bei langfristigen Planungen raten als diese durch zu „sichere“ Prognosen zu unterstützen.

Die meisten der Prognosen haben sich nicht oder erst später oder nur teilweise erfüllt. So sind beispielsweise etliche Prognosen zur Veränderung von Arbeitsplatz- und Qualifikationsstrukturen angesichts des Einsatzes der CAD-Technik im Konstruktionsbereich vor dem Hintergrund der zunächst entwickelten 2D-Systeme für die Zeichnungserstellung entstanden, die sich durch die bereits absehbare Durchsetzung der 3D-Technik, die auch eine Verarbeitung rechnerinterner Volumenmodelle erlaubt, anders gestalten. Der Automatisierungsbegriff selbst, bereits facettenreich in der technikwissenschaftlichen Debatte, wird in der öffentlichen – und zum Teil auch in der sozialwissenschaftlichen – Auseinandersetzung sehr diffus verwendet. Häufig werden das Ausmaß einer möglichen Flexibilisierung und Selbstregulation von Produktions- und Arbeitsprozessen und damit die Rationalisierungseffekte erheblich überschätzt.

Solche Erfahrungen und Erkenntnisse haben die Arbeitsgruppe bewogen, sich in einer ersten Phase zunächst ausführlich mit der historischen Entwicklung des Automatisierungsprozesses zu beschäftigen. In der zweiten Arbeitsphase lag der Schwerpunkt auf Untersuchungen über Verbreitung und Gestaltung gegenwärtiger Automatisierungstechnik. Dabei standen die Veränderungen der Arbeitsorganisation als Voraussetzung für eine effektive Nutzung der Automatisierungstechnik im Vordergrund. Leitthema der zweiten Phase war die Mitwirkung des Menschen und seine Gestaltungskraft in diesem Prozeß. Diese Thematik wird gemeinhin als „Mensch-Maschine-Schnittstelle" formuliert, ein Begriff, der eine mechanistische Reduktion des Mensch-Maschine-Verhältnisses widerspiegelt und der neuartigen Position der Arbeitspersonen in technischen Systemen kaum gerecht wird. Dies genauer zu verfolgen ist wichtig, um zu einer realistischen Einschätzung der Qualifikationsveränderungen und ihrer Machbarkeit zu gelangen.

Die Projektgruppe stützt sich sowohl auf vorliegende Analysen und Prognosen zur technischen und arbeitsmarktpolitischen Entwicklung sowie zu Qualifizierungsaspekten und zur Veränderung der Arbeitsorganisation, als auch auf eigene Fallstudien. Dies zu betonen, erscheint zur Einordnung der Arbeitsergebnisse wichtig. Vor diesem Hintergrund geht es um die Auswertung vorhandener Einzelstudien unter der zentralen Fragestellung, was bisherige Voraussetzungen und Folgen von Automatisierungsprozessen waren, welche möglichen und gesellschaftlich wünschenswerten Entwicklungslinien des Fabrikbetriebs absehbar erscheinen und welche Gestaltungsmöglichkeiten sich eröffnen. Die Analysen und Fallstudien dienen dazu, wechselseitige Abhängigkeiten technischer, wirtschaftlicher, gesellschaftspolitischer, psychologischer und qualifikatorischer Gesichtspunkte darzulegen.

Die Reanalyse vorhandener Arbeiten verfolgte zwei Ziele. Zum einen ging es um den Versuch, aus bisher beobachteten, analysierten und prognostizierten Entwicklungen Gestaltungsoptionen in ihren je unterschiedlichen Randbedingungen sichtbar zu machen – eine Art Selbstvergewisserung über den Stand des Erreichten aus der Sicht verschiedener Disziplinen. Zum anderen diente das zunächst arbeitsteilige Vorgehen auf der Basis eines gemeinsamen Fragerasters und die anschließende Verarbeitung der Ergebnisse in der gesamten Arbeitsgruppe der Entwicklung einer gemeinsamen Sprache – nicht nur Terminologie – zumindest im Sinne des gegenseitigen Verständnisses von unterschiedlich ausgeprägten Sprach- und Denkstrukturen sowie Sachorientierungen in technischen und sozialwissenschaftlichen Disziplinen.

Ein solcher Ansatz, hier verfolgt unter Beteiligung von Ingenieurwissenschaftlern einerseits, Erziehungswissenschaftlern, Historikern, Psychologen andererseits, ist ebenso anspruchsvoll wie mühselig. Er erfordert vielfältige Übersetzungsleistungen und die wechselseitige Aneignung von einem für das Verstehen hinreichenden Ausmaß an Sachkompetenz. Dies als unerläßliche Arbeitsgrundlage erfordert vor allem Zeit, eine auch in anderen multidisziplinär zusammengesetzten Arbeitsgruppen grundlegende Erfahrung.

Zur Ergänzung, Aktualisierung und Fokussierung bestimmter Fragestellungen sind eigene empirische Untersuchungen vorgenommen worden:

- Eine psychologisch orientierte Untersuchung zu Aspekten der Weiterbildung in modernen Fabrikbetrieben und
- eine Befragung von Produktionsmanagern zu Perspektiven künftiger Fabrikentwicklung.

Darüber hinaus sind der Arbeitsgruppe assoziierte Forschungs- und Entwicklungsarbeiten in die Auswertung einbezogen worden:

- Eine Studie über „Entwicklungsbedingungen und -potentiale des Berliner Maschinenbaus und der Berliner Elektroindustrie“, durchgeführt am Fraunhofer-Institut für Produktionsanlagen und Konstruktionstechnik, Berlin 1988, analog zu einem entsprechenden früheren Projekt aus den Jahren 1978 bis 1981. Damit ist am regionalen Beispiel ein Vergleich über Entwicklungen im Ablauf von zehn Jahren gegeben.

- Eine Analyse technischer Handlungsanforderungen flexibler Fertigungssysteme einschließlich der Entwicklung von Bedienungsanleitungen sowie entsprechender Schulungsprogramme unter lerntheoretischen und didaktischen Voraussetzungen für die Konzeption umfassender Weiterbildungsmaßnahmen.

Beide Studien waren zugleich konkrete Anwendungsbeispiele unmittelbarer Kooperation von Ingenieur- und Bildungswissenschaftlern.

Der schon Anfang 1989 formulierte Auflösungsbeschluß für die Akademie der Wissenschaften zu Berlin hat die Gesamtplanung der Arbeitsgruppe nachhaltig beeinträchtigt. Mit Abschluß der ersten hier vorgelegten Arbeiten sollten insbesondere Fragestellungen vertieft werden, die Gestaltungsmöglichkeiten und -notwendigkeiten im breiteren Umfeld technischer und arbeitsorganisatorischer Entwicklungen umfassen. Dazu wäre der Einbezug weiterer Disziplinen nötig gewesen, u.a. Arbeitspsychologie, Arbeitswissenschaft, Arbeits- und Sozialrecht, Umweltwissenschaft u .a. m. Die angesprochene Notwendigkeit einer längerfristigen Kooperations- und Lerngemeinschaft verbot es, dies nur als Expertisen einzuholen.

Einige der somit offen gebliebenen, für künftige Gestaltungsoptionen jedoch wichtigen Aspekte werden wenigstens angesprochen:

- Faktor Zeit
  Ein verbreitetes Argument für weitere Automatisierung und Verbreitung von Rechnertechnik ist die Einsparung an Zeit und die Entlastung von Routinetätigkeiten zugunsten kreativer Aktivitäten. Bislang eher beobachtbar ist die Nutzung dieser Ersparnis zur Beschleunigung von Arbeitsabläufen. Zugleich erhöht sich die Arbeitsintensität, steigt möglicherweise die psychische Belastung. Umfragen über Probleme in der Industriepraxis bestätigen, daß Zeitmangel, nicht technische Kompetenz, zu den Erschwernisfaktoren zählt – im übrigen auch mangelnde soziale Kompetenz. Zweifelhaft ist auch die Unterstellung einer Trennung von Routine und Kreativität. Wettbewerbsdruck hat bisher eher zur Beschleunigung von Arbeitsprozessen geführt. Zu verfolgen wäre, ob nicht Arbeitsintensität, Arbeitsqualität, warum

nicht Arbeitsfreude, auch von der objektiven Zeitersparnis profitieren könnten.

- Faktor Arbeit und Weiterbildung
  Die Verlagerung bisheriger Ausbildungsfuktionen auf den Weiterbildungssektor – die Konzeption eines systematisierten lebenslangen Lernens – setzt menschliche Lernfähigkeit als unbegrenzte Ressource voraus. Die Möglichkeiten, Lernfähigkeit zu erhalten, sind sicherlich längst nicht ausgeschöpft. Mindestens drei Fragenkomplexe sind jedoch offen: Welches sind individuell und gesellschaftlich sinnvolle Ausbildungs-, Beschäftigungs- und Lebensmöglichkeiten für diejenigen, die trotz hinreichender Lernangebote erhöhten Anforderungen nicht genügen? Ist die These, Entlastung von Routinetätigkeiten durch Rechnerunterstützung fördere die Möglichkeit kreativen Denkens, lerntheoretisch haltbar? Gibt es möglicherweise überhaupt prinzipielle Grenzen menschlicher Kognition angesichts der technischen Machbarkeit immer komplexerer Systeme und beschleunigter Arbeits- und Prozeßabläufe? Auf Weiterbildung allein als den neuen Stein der Weisen zu setzen angesichts breit aber folgenlos diskutierter Probleme im Schul-, Hochschul- und Ausbildungsbereich erscheint wenig erfolgversprechend.

- Faktor Arbeit, Sozialverträglichkeit technischer Innovationen
  Worin sind Grenzen für technisch wünschbare und theoretisch denkbare Umschichtungen im Arbeitseinsatz zu sehen? Welche Selbstwertprobleme sind bei Arbeitsverlust bzw. schnellen Veränderungen von Arbeitstätigkeiten zu berücksichtigen, wie sind ethische Komponenten technischer Entwicklungen aufzunehmen? Bedarf es neuer Formen der Mitbestimmung und des Ausgleichs divergierender Interessen in einer technisch erheblich flexibler gestaltbaren Arbeitswelt? Die allmählich auch sozial bedrohlichen Umschichtungsprozesse im Osten Deutschlands lassen die Bearbeitung solcher Fragen dringlich erscheinen.

- Faktor Umwelt
  Flexible Automatisierung kann durch die Entlastung von körperlich schwerer, monotoner und gesundheitsschädlicher Arbeit als human, mit der rechtzeitigen Möglichkeit zur Steuerung und Begrenzung von Schadstoffen als umweltfreundlich gelten. Es sind jedoch neue Um-

weltprobleme zu bedenken, insbesondere angesichts kürzerer Produktzyklen in Zusammenhang mit Energieverbrauch und Entsorgung bis hin zur Demontagetechnik.

Die Erfahrungen der Arbeitsgruppenmitglieder aus der Zeit gemeinsamer Arbeit sind einhellig als Bereicherung beschrieben worden. Der gewisse institutionelle Zwang, der von einer problemorientierten Fragestellung und einer von vornherein multidisziplinär zusammengesetzten Arbeitsgruppe ausgeht, läßt disziplinzentrierte Egoismen weniger aufkommen. Voraussetzung dafür ist allerdings auch, daß die Arbeitsgruppenmitglieder in ihrer Disziplin bereits etabliert sind, den Blick über Disziplingrenzen schweifen lassen dürfen und können: Innovation nicht als etwas substantiell Neues, vielmehr als Grenzüberschreitung (vgl. Groys 1992).

2 Perspektiven des Automatisierungsbegriffs

Bei der Analyse von Automatisierungsbegriffen fällt auf, daß das Phänomen aus zwei unterschiedlichen Perspektiven bestimmt wird. Einer Perspektive zufolge ist Automatisierung als ein selbsttätiger Ablauf einer Reihe verwandter Arbeitsgänge auf einer Maschine mit Hilfe von Steuerungseinrichtungen und selbsttätiger Beschickung bzw. Entladung zu verstehen (vgl. RKW 1957). In diesem Verständnis kann Automatisierung auch als die Anwendung von technischen Mitteln interpretiert werden, mit deren Hilfe Arbeitsprozesse nach vorgegebenen Programmen selbsttätig ablaufen (vgl. Pritschow 1988). Automatisierung kann ebenso als Ergebnis des Automatisierens verstanden werden: „Automatisieren heißt, künstliche Mittel einsetzen, damit ein Vorgang automatisch abläuft. *Automatisch* heißt, nach Art eines Automaten arbeitend. Ein *Automat* ist ein künstliches System, das selbsttätig ein Programm befolgt" (DIN 19233).

In dieser Sichtweise beinhaltet Automatisierung somit die Schaffung von künstlichen Objekten mit der Fähigkeit, bestimmte Funktionen selbsttätig auszuführen. Um selbsttätig wirksam werden zu können, benötigten diese Mechanismen eine Energiequelle und einen programmierbaren Informationsspeicher. Aus gegenwärtiger Sicht kann man daher definieren: *Automaten* sind Maschinen mit selbsttätiger Wirksamkeit, die eine Energiequelle und einen programmierbaren Informationsspeicher enthalten, der analog oder digital aufgebaut sein kann. Unter *Automatisierung* ist die Einführung von Automaten zur selbsttätigen Durchführung von Bearbeitungsprozessen zu verstehen. Hierbei kann es sich um Material- oder um Informationsprozesse handeln.

Dieser technisch bezogenen Perspektive stehen andererseits Bestimmungen gegenüber, die sich auf das Verhältnis von Mensch und Technik beziehen. „Automatisierung ist die Befreiung des Menschen von der Ausführung immer wiederkehrender gleichartiger Verrichtungen und insbesondere seine Loslösung aus der zeitlichen Bindung an den Rhythmus maschineller und anderer technischer Einrichtungen" (Dolezalek

1956). In gleicher Perspektive heißt es auch, daß Automatisierung die Entlastung des Menschen von körperlicher und geistiger Routinearbeit im Produktionsprozeß ist (vgl. Brack 1972).

Je nach Verwendungszweck werden die Begriffe Mechanisierung und Automatisierung teils unterschiedlich definiert, teils synonym verwendet. Zutreffend ist: Die Aufgabe der Mechanisierung ist das Ersetzen oder Erleichtern manueller Tätigkeiten durch mechanische Vorrichtungen oder Maschinen. Der Mensch als physische Arbeitskraft wird also durch Mechanismen, vor allem Kraft- und Arbeitsmaschinen, von bestimmten manuellen Verrichtungen im Kraft- und Energiebedarf entlastet.

Während einerseits der selbsttätige technische Ablauf des Arbeitsprozesses hervorgehoben wird, erfolgt in den anderen Definitionen eine Bestimmung von veränderten Arbeitstätigkeiten. Damit werden drei Elemente des Arbeitsprozesses grundsätzlich aufgewiesen:

- Mensch,
- Arbeitsmittel,
- Arbeitsgegenstand.

Je mehr das Arbeitsmittel eine selbsttätige Bearbeitung des Arbeitsgegenstandes durchführt, desto mehr wird der Arbeitsperson nach diesen Definitionen ermöglicht, sich aus dem unmittelbaren Bearbeitungsprozeß zurückzuziehen (vgl. Paulinyi 1989). Automatisierung kann demzufolge als ein Prozeß der Transformation von Arbeitshandlungen in maschinelle Operationen begriffen werden. In diesem Verständnis sind automatisierte Maschinen und Systeme letztlich umgewandelte und technisch vergegenständlichte menschliche Funktionen (vgl. Messmann/Rückriem 1983).

In automatisierte Arbeitsmittel werden immer mehr menschliche Fähigkeiten in technischer Form integriert bis hin zu bestimmten geistigen Operationen. Diese werden heute durch die Rechner- und Sensortechnik zunehmend von technischen Systemen übernommen. Von einer neuen Qualität technischer Arbeitsmittel kann immer dann gesprochen werden, wenn eine weitere menschliche Fähigkeit technisch nachgebildet und funktionaler Bestandteil des Arbeitsmittels wird (vgl. Haug 1987).

Das automatisierte Arbeitsmittel ist Bestandteil des Produktionssystems einer Fabrik mit bestimmten technischen Auslegungen und einer damit einhergehenden Gestaltung von Arbeitsabläufen sowie einer Arbeitsorganisation, die sowohl die Arbeitspersonen zu den einzelnen

Maschinen und technischen Systemen als auch die Personen untereinander in Beziehung setzt. Damit ist das Arbeitsmittel ein Bestandteil eines „sozio-technischen Systems“ (vgl. Cooper/Foster 1971; Trist 1975), in dessen Zusammenhängen dem Wissen und Können der Arbeitspersonen besondere Bedeutung zukommt.

Die Qualifizierung steht angesichts gegenwärtiger Einsatzformen automatisierter Arbeitsmittel in der Fabrik vor zwei grundlegenden Problemen: Zum einen werden durch die Automatisierung bestimmte Arbeitstätigkeiten zunehmend durch Maschinen und technische Systeme übernommen (vgl. Voigt 1987). Traditionelle Facharbeit, wie das manuelle Drehen oder Fräsen, kann durch rechnerunterstützte Maschinen selbsttätig ausgeführt werden. Menschliche Arbeit wird durch maschinelle ersetzt, aber zugleich werden neue Arbeitstätigkeiten herausgefordert, auf die insbesondere berufliche Bildung und betriebliche Weiterbildung vorbereiten müssen. Zum anderen ist mit dem Einsatz des Rechners und den Informationsverarbeitungsmöglichkeiten die Tendenz der Herausbildung immer höherstufiger technischer Systeme verbunden (vgl. Ropohl 1979, S. 298 ff.). Sollen die technischen Systeme dem Menschen nicht wie eine „fremde Macht“ gegenüberstehen, muß er, um Gestalter dieses Prozesses zu bleiben, ihre technischen und sozialen Zusammenhänge begreifen. Hier eröffnen sich vielfältige didaktische Probleme: vor allem die Komplexitätsreduktion, die Visualisierung jener Prozesse, die der unmittelbaren Wahrnehmung entzogen sind, und die Anbahnung von Sozialkompetenz.

Das Automatisierungsphänomen läßt sich vor diesem Hintergrund weder vom automatisierten Arbeitsmittel noch aus der anthropogenen Dimension allein begreifen. Die beiden unterschiedlichen Automatisierungsbegriffe bezeichnen zwei aufeinander bezogene Seiten eines Prozesses (vgl. Gehlen 1975).

In einer Mensch und gegenwärtige automatisierte Produktionstechnik pädagogisch vermittelnden Sicht kann dieser Zusammenhang als ein Prozeß verstanden werden, in dem Maschinen und technische Systeme zunehmend mehr menschliche Fähigkeiten in technischer Formbestimmtheit in sich vereinen, womit zugleich die Herausforderung verbunden ist, die Menschen für die vorausschauende Entwicklung und Beherrschung dieses Prozesses umfassend, d. h. theoretisch und praktisch, allgemein und technisch, zu bilden (vgl. Ebert/Herter/Thomas 1987).

3 Historische Entwicklungen automatisierter Produktion

3.1 Strukturmerkmale technischer Sachsysteme

In diesem Abschnitt wird nicht das Ziel verfolgt, die historische Entwicklung von Produktionsmitteln vollständig zu beschreiben. Es geht vielmehr darum, Hauptetappen der technischen Entwicklung darzustellen, um wesentliche quantitative und qualitative Entwicklungen zu identifizieren. Hierzu wird eine Strukturvorstellung zugrundegelegt, die technische Artefakte und Produktionsmittel in systemorientierter Sichtweise klassifiziert. Grundsätzlich kann jedes technische Sachsystem nach seinen Elementen Material, Energie und Information gekennzeichnet werden (vgl. Ropohl 1979, S. 178).

Den technischen Funktionszusammenhang eines Fertigungssystems, also das „Systemische", beschreibt Ropohl: „Im Falle des Fertigungssystems sind die Inputs Rohmaterial, Information und Energie. Als Output betrachten wir das gestaltete Fertigteil; keineswegs vergessen sei daneben der Abfall. Nun ist der Unterschied zwischen dem Material-Input und dem Output weder materiell noch energetisch allgemein beschreibbar; vielmehr muß die geometrisch definierte Gestalt, die das Fertigteil aufweist, als Information gedeutet werden. Die Funktion eines Fertigungssystems, so können wir jetzt sagen, besteht also darin, einen Material- und einen Informationsfluß mit Hilfe eines Energieflusses so zu transformieren, daß dem Material Information aufgeprägt wird" (Ropohl 1969, S. 41).

Um darüber hinaus auch die humane und soziale Dimension von Technik berücksichtigen zu können, ist es notwendig, diese Merkmale um die jeweilige Stellung der Arbeitsperson im Arbeitsprozeß zu erweitern. Als leitende Kriterien für die nachstehende Analyse werden somit die Merkmale

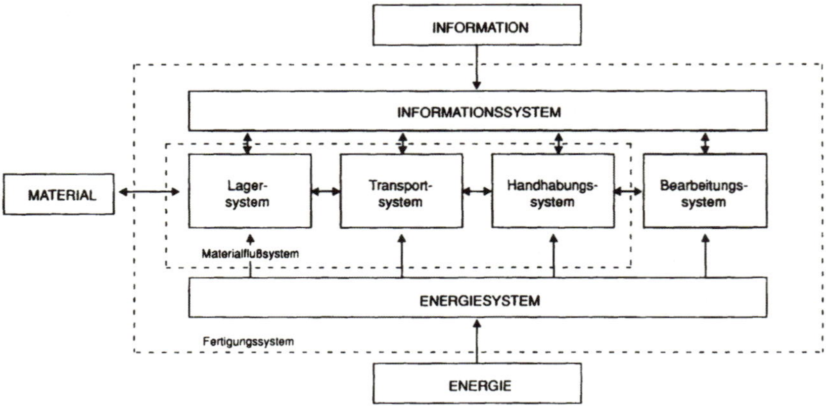

Abbildung 1: Teilsysteme flexibler Fertigungssysteme (Spur 1982–84)

- Material,
- Energie,
- Information und
- Stellung der Arbeitsperson

herangezogen. Dieser Strukturzusammenhang ist erkenntnisleitend für die in den nächsten Abschnitten folgende Darstellung technischer Artefakte.

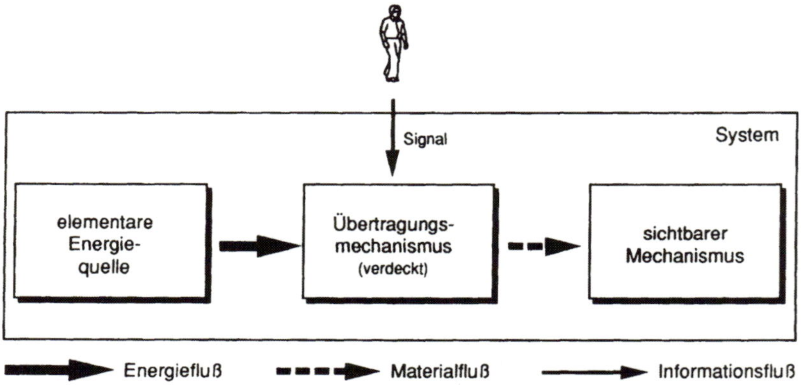

Abbildung 2: Prinzip selbsttätiger Spiel- und Gebrauchsgeräte

3.1.1 Selbsttätige Artefakte in der Frühzeit der Technik

Automatisierung beinhaltet die Schaffung von Mechanismen mit der Fähigkeit, bestimmte Funktionen selbsttätig auszuführen. Um selbsttätig wirksam werden zu können, benötigen diese Mechanismen eine Energiequelle und einen Übertragungsmechanismus. In diesem Übertragungsmechanismus ist der Bewegungsablauf festgelegt.

Schon in der Frühgeschichte der Technik war das Bestreben nach selbsttätig ablaufenden Bewegungen ein Motiv für kreative Entwicklungsprozesse. Die technischen Lösungen beruhten im wesentlichen darauf, daß mit Energiespeichern versehene, verdeckt angebrachte Antriebssysteme durch den Menschen ausgelöst wurden. Als Beispiel für einen Übertragungsmechanismus mit mechanischen, pneumatischen und hydraulischen Elementen soll eine selbsttätige Tempeltür der Antike beschrieben werden (vgl. Schmidt 1899): Der Priester zündet das Feuer auf dem Altar an. Die Verbrennung bewirkt einen Unterdruck im Wasserbehälter, so daß Wasser in ein Gefäß unterhalb der Tür fließt. Das absinkende Gefäß dreht über eine Umlenkrolle und das Seil die Türpfosten. Die Tür öffnet sich. Bei erloschenem Feuer strömt Luft nach, der

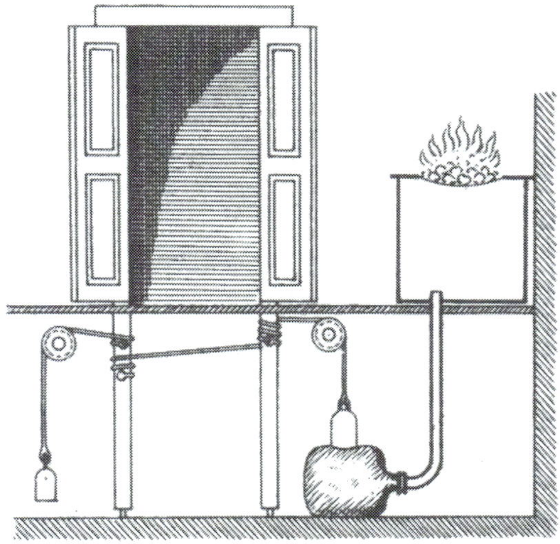

Abbildung 3: Selbsttätige Tempeltür (Schmidt 1899, S. 176)

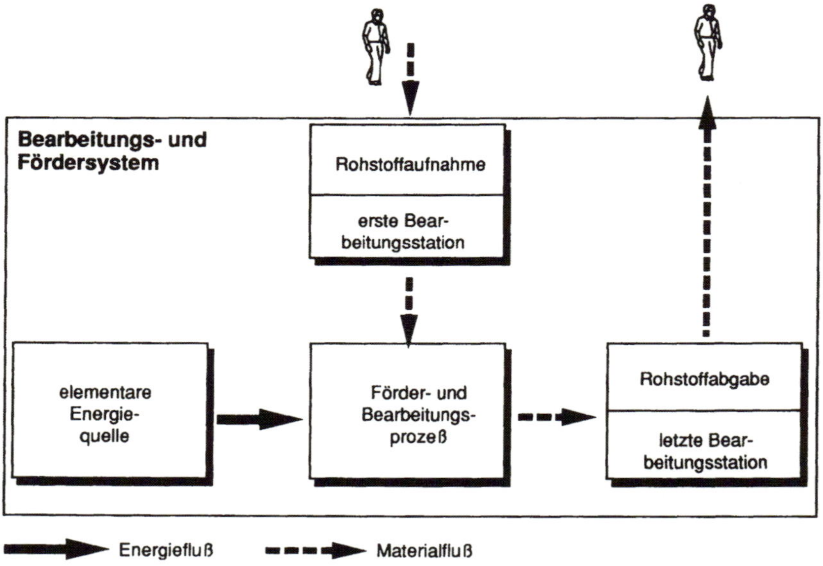

Abbildung 4: Arbeitsprinzip selbsttätiger Förder- und Bearbeitungsprozesse

Unterdruck wird ausgeglichen, das Wasser fließt in den Behälter unter dem Altar zurück und die Tür schließt.

Neben dem Bemühen zur Nachahmung der Bewegungen von Lebewesen, die zur Entwicklung von selbsttätigen Bewegungsapparaten führten, gab es auch schon in der Frühzeit der Technik den Wunsch nach Mechanismen zum Messen und Einteilen von Zeit, also die Entwicklung von Uhren im Sinne von Informationsapparaten.

Aus dem Mittelalter ist der Gebrauch einfacher mechanischer Produktionsmittel überliefert. Die hohe Entwicklungsstufe der handwerklichen Mechanik des Mittelalters stand im Gegensatz zu der gleichzeitig noch immer niedrigeren Entwicklungsstufe der Energietechnik. Die begrenzten Möglichkeiten der Muskelkraft und die eingeschränkte Verfügbarkeit von Wasserkraft zum Betrieb von Arbeitsmaschinen drängten das kreative Potential der Mechaniker überwiegend in Gebiete der Kunstwerke, Instrumentenwerke, Meßwerke und Uhrwerke. Dennoch gab es im Mittelalter Produktionsstätten, die selbsttätige Materialprozesse enthielten. Hierbei handelt es sich um einfache Förder- und Bearbeitungsprozesse zur Rohstoffgewinnung.

Energie zur Werkstoffgewinnung wurde in der vorindustriellen Phase im wesentlichen durch Nutzung der Wasserkraft bereitgestellt. Das Ziel einer Entkopplung des Menschen von der Energieerzeugung sowie einem Teil der Transportaufgaben wurde beispielsweise bereits im Mittelalter bei der Metallerzeugung aus Erzen erreicht:

Die Energiezufuhr zum Mahlen der Erze erfolgte durch mechanische Übertragungselemente. Das Mahlwerk enthielt keine eigenständige Steuerung, da die selbsttätigen Bewegungsabläufe der Mahlstation direkt durch die Mechanik des Antriebs hervorgerufen wurden. Der kontinuierliche Förderprozeß zur Versorgung des Mahlwerks mit Erzen wurde durch Rutschen oder Wassertransport zu den nacheinander angeordneten Bearbeitungsstationen verwirklicht. Der Mensch mußte jedoch weiterhin schwere körperliche Arbeit leisten, da menschliche Arbeitskraft weiterhin für die Zuführung der Erze zur ersten Bearbeitungsstation benötigt wurde. Eine solche Kopplung von Energie- und Materialfluß wird auch als Mechanisierung bezeichnet. An die Mechanisierung der Prozesse waren keine Steuerungsmaßnahmen zur Lenkung der Material- und Energieflüsse geknüpft.

Abbildung 5: Selbsttätiges Mahlwerk (Beck 1899, S. 153)

Die Erzeugung einfacher Gebrauchsgegenstände erfolgte im Mittelalter hauptsächlich durch das Handwerk. Die handwerkliche Fertigung erzeugte Werkstückformen durch direkte Einwirkung des Menschen auf das Ausgangsmaterial. Mit Fertigung wird die Formgebung bezeichnet, die das Rohmaterial in einen gebrauchsfertigen Zustand überführt. Aus dem Mittelalter sind Darstellungen überliefert, die mechanische Konstruktionen zur Übertragung von Bewegungsenergie auf ein Werkzeug zeigen. Die Bewegung des Werkzeugs erzeugt eine Formänderung der Werkstücke. Derartige Bewegungsapparate werden als Werkzeugmaschinen bezeichnet. Bei selbsttätigen Werkzeugmaschinen mußte die Werkstückbewegung mit der Einwirkung der Werkzeuge koordiniert werden. Eine automatische Werkzeugmaschine wird darüber hinaus durch ein Programm gesteuert. Ein Programm muß mindestens eine Programmverzweigung aufweisen (vgl. DIN 19233). Die einfachste Form einer Programmverzweigung liegt vor, wenn der Übertragungsmechanismus einen Zustandswechsel bewirkt, der die Energieübertragung auf das Werkzeug unterbricht.

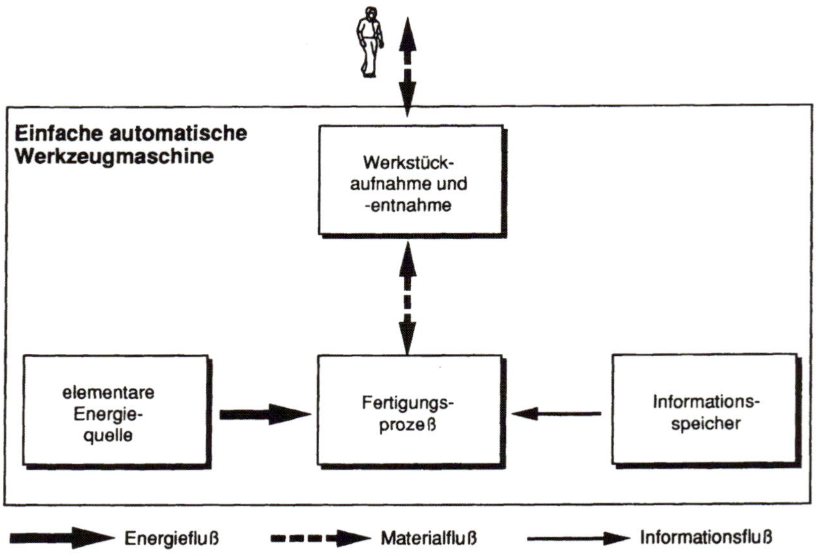

Abbildung 6: Arbeitsprinzip einer vorindustriellen automatischen Werkzeugmaschine

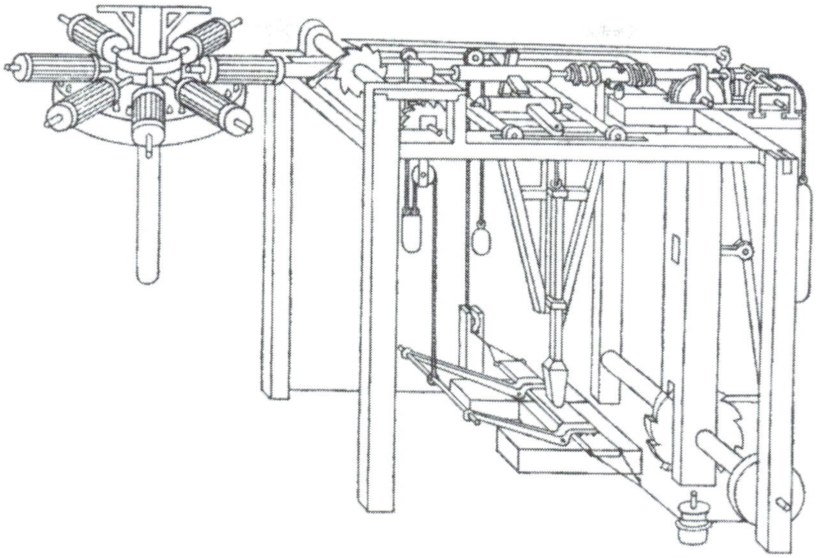

Abbildung 7: Automatisches Hammerwerk im Mittelalter (Beck 1899, S.434)

Die Konstruktion einer frühen automatischen Werkzeugmaschine kann exemplarisch an einer Nachbildung des Hammerwerks von Leonardo da Vinci gezeigt werden:

Die Position des Werkstücks wurde durch eine mechanische Verbindung der Antriebswelle mit der Werkstückführung verändert. Nach der Bearbeitung des Werkstückes wurde die Energieübertragung auf das Werkzeug unterbrochen. Der Bediener des Hammerwerks nahm das Werkstück aus den Haltebügeln und legte ein neues Werkstück ein. Während der Bearbeitung griff der Mensch nicht in den Bearbeitungsprozeß ein.

Die Entwicklung der mechanischen Rechnertechnik verlief lange Zeit parallel zur Fertigungstechnik. Wesentliche konzeptionelle Arbeiten, die schon vor der industriellen Revolution aufkamen, zielten vorrangig auf eine Erleichterung der manuellen Rechenarbeit, nicht dagegen auf eine Steuerung technischer Prozesse. Der Einsatz von Informationsspeichern weist erste Elemente einer vom Menschen unabhängigen Steuerung der Bearbeitung auf. Bei dem vorindustriellen Nachformdrehautomat wurden beispielsweise geometrische Informationen in Form von Werkstück-

Abbildung 8: Vorindustrieller Nachformdrehautomat (Schaumjan 1962, S. 14)

nachbildungen und Schablonen gespeichert. Mechanische Taster, Hebel und Stangen übertrugen die abgetastete Information auf das Werkstück (vgl. Schaumjan 1962).

Die vorindustriellen automatischen Werkzeugmaschinen waren Kunstwerke, die eine Fertigung einfacher Werkstücke zuließen. Die überlieferten Konstruktionszeichnungen lassen erkennen, daß das Arbeitsvermögen der Maschinen auf eine geringe Stückzahl begrenzt war. Die Bedeutung automatischer Maschinen kann daher als gering bezeichnet werden, denn die Erzeugung von Gebrauchsgütern erfolgte weiterhin durch handwerkliche Fertigung.

3.1.2 *Automaten in der industriellen Produktion*

Bis zur Einführung der Dampfmaschine war die Gütererzeugung von standortbedingten elementaren Energiequellen abhängig. Der Einsatz der Dampfmaschine brachte eine grundsätzliche Verbesserung der Ener-

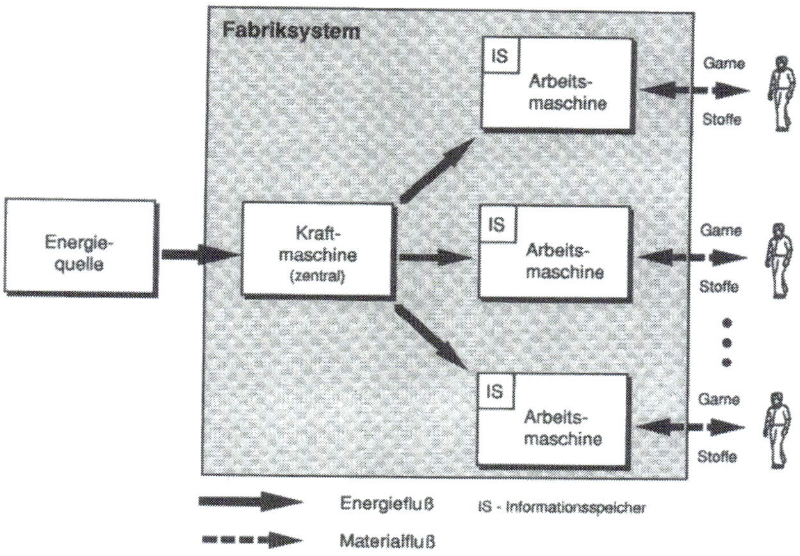

Abbildung 9: Arbeitsprinzip einer Textilfabrik mit zentraler Energieversorgung und dezentralen automatischen Arbeitsmaschinen

gietechnik. Durch den Einsatz des Fliehkraftreglers wurde eine Energiequelle mit konstant hoher Leistungsabgabe geschaffen. Der höhere Energiebedarf industrieller Produktion wurde zunehmend von der Dampfmaschine gedeckt.

Die Dampfmaschine wurde als zentrales Antriebssystem in den Textilfabriken eingesetzt. Mit Beginn der Industrialisierung arbeitete eine Vielzahl von Menschen in der Bekleidungsindustrie. Die gleichmäßige Energieerzeugung der Dampfmaschine und der Einsatz von Arbeitsmaschinen führte hier zuerst zu einer Veränderung der Arbeit. Die einfachen Handwerkzeuge waren durch Webstühle ersetzt. Die Webstühle wurden immer häufiger durch Dampfmaschinen angetrieben. Die Spinn- und Webmaschinen wurden so aufgestellt, daß die Energie über zentrale Antriebswellen und Riemen auf die Arbeitsmaschinen übertragbar war. In der Textilindustrie begann eine Programmierung der Stoffherstellung durch die Einführung automatischer Webstühle. Joseph Marie Jaquard griff 1805 die Idee von Bouchon und Falcon auf, gelochte Pappkarten zur Steuerung des Handwebstuhls zu verwenden. Durch Auswechseln der Lochkartenbänder standen anpassungsfähige Programmsteuerungen zur Erzeugung verschiedener Stoffe und Muster zur Verfügung. Zwischen Mensch und Fertigungsprozeß schob sich eine Programmsteuerung, die durch Vorgabe der Arbeitsschritte fertige Stoffe mit unterschiedlichem Webmuster erzeugte. Die nach gleicher Art und Qualität hergestellte Stoffmenge wurde durch die zuführbaren Garne begrenzt. Als Folge des steigenden Bedarfs an austauschbaren Teilen für die Herstellung und Reparatur von Maschinen erfuhr die gleichmäßige und preisgünstige Maschinenarbeit eine Aufwertung gegenüber handwerklichen Fähigkeiten.

In der zweiten Hälfte des 19. Jahrhunderts entstanden durch den Einsatz von Kraft- und Arbeitsmaschinen erstmals Industriebetriebe zur Metallverarbeitung, die in der Lage waren, eine große Stückzahl von Produkten bei einer gleichmäßigen Mindestproduktqualität kostengünstig und marktgerecht herzustellen. In der industriellen Entwicklung

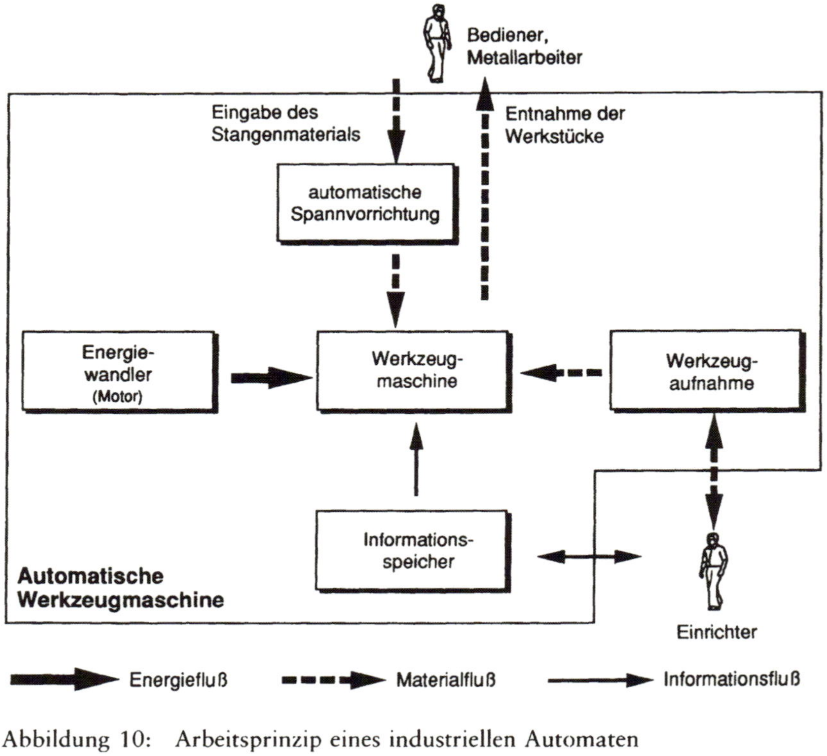

Abbildung 10: Arbeitsprinzip eines industriellen Automaten

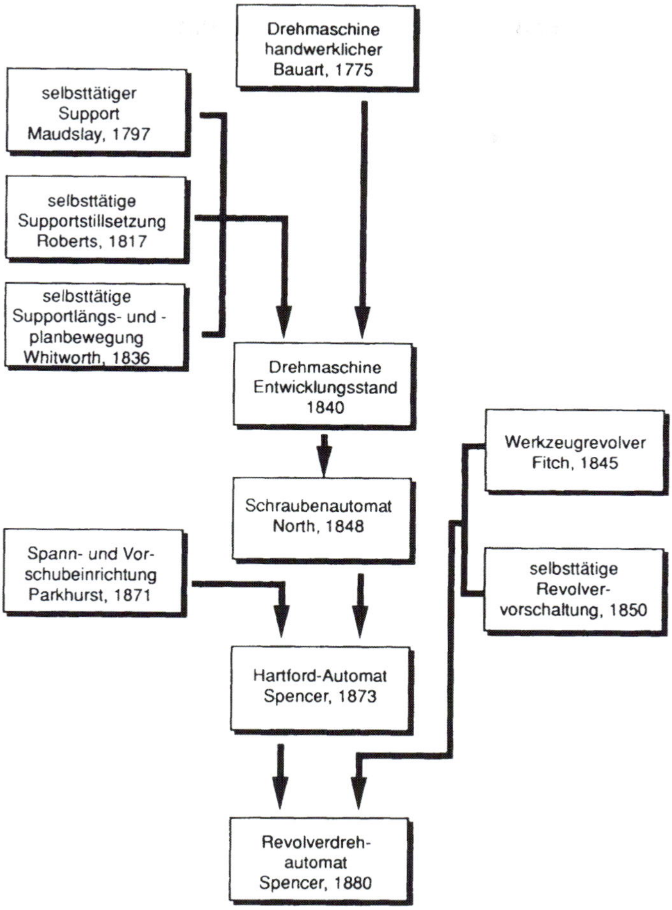

Abbildung 11: Entwicklungsschritte zum Einspindeldrehautomaten

setzte ein Prozeß ein, der immer mehr Arbeitskräfte in diesem industriellen Sektor konzentrierte, so daß sich Grenzen der wirtschaftlichen Entwicklung durch das vorhandene Potential an Industriearbeitern abzeichneten.

Der Schritt von der zentralen Energieverorgung zur dezentralen Verfügbarkeit von Energie wurde ebenfalls in den ersten Jahrzenten des 20. Jahrhunderts vollzogen, indem die zentralen Antriebssysteme durch Gruppen- oder Einzelantriebe ersetzt wurden. Der Motor der Werkzeugmaschine wandelte die elektrische Energie vor Ort in Bewegungsenergie um. Der Energiefluß verlor seinen vormals wichtigen Einfluß auf die Aufstellung der Arbeitsmaschinen. Das Erscheinungsbild der Fabrik wurde nicht mehr durch die Energieübertragung geprägt.

Die Einführung speichernder Werkzeugträger ließ die Arbeitsperson an der Werkzeugmaschine von der direkten Einwirkung auf das Werkstück zurücktreten. Die Qualität der Werkstücke wurde unabhängig von der Kraft und der manuellen Geschicklichkeit des Werkers. Die Steuerung der Werkzeugbewegung durch Zustellen des Supports verblieb vorerst beim Maschinenbediener.

Eine Darstellung wichtiger konstruktiver Elemente der Einspindeldrehautomaten zeigt anhand einer Folge von Entwicklungsschritten, welche technischen Entwicklungsleistungen den Weg der Drehmaschine zu den ersten Drehautomaten von North und Spencer beeinflußten.

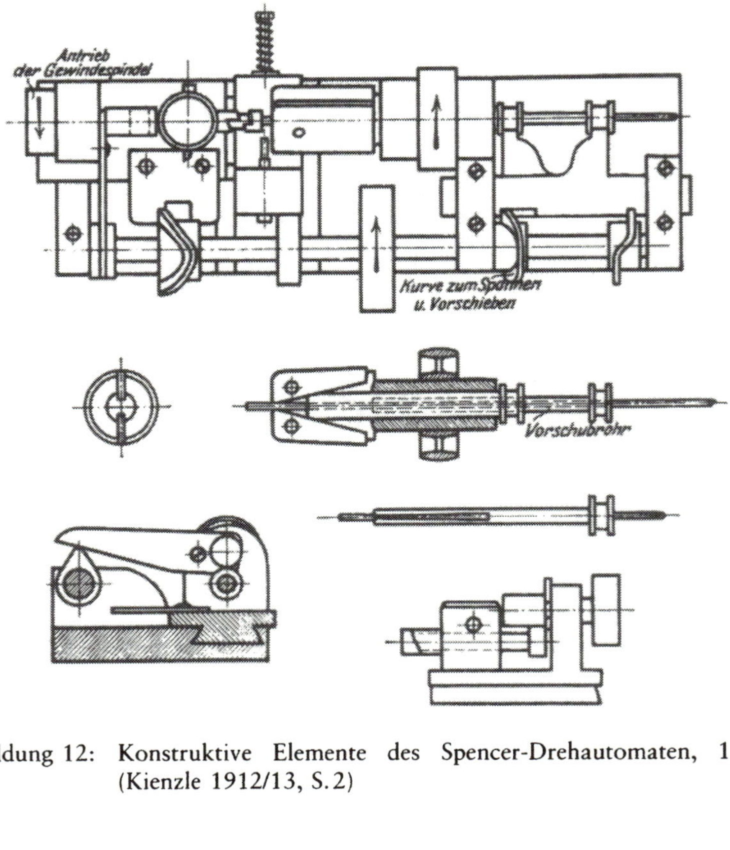

Abbildung 12: Konstruktive Elemente des Spencer-Drehautomaten, 1873 (Kienzle 1912/13, S. 2)

Nachdem Parkhurst eine erste Spann- und Vorschubeinrichtung entwickelt hatte, die den Anforderungen einer automatischen Materialzuführung entsprach, verbesserte Spencer diese Einrichtung mit einem Vorschubrohr, das in einer Hohlspindel lag.

Eine Herstellung von Werkstücken ohne Einwirkung der Industriearbeiter während der Haupt- und Nebenzeiten der Bearbeitung verlagerte vorher manuell ausgeführte Operationen in die Steuerung der Werkzeugmaschine. Die Bewegungen der Spannvorrichtung, des Werkzeughalters sowie der Vorschub der Werkzeuge wurden mit mechanischen Steuerungselementen wie Kurvenscheiben oder Nocken geführt. Dieser Entwicklungsschritt der Fertigungstechnik führte zu den ersten industriell eingesetzten Automaten in der metallverarbeitenden Industrie.

Erst durch den damit erreichten Entwicklungsstand wurde der Automat in der Metallindustrie bedeutsam für die Arbeitswelt. Am Anfang des 20. Jahrhunderts wurde die Herstellung von Drehautomaten und Sonderbauformen automatischer Ein- und Mehrzweckwerkzeugmaschinen zu einem erheblichen Wirtschaftsfaktor. Sondermaschinen waren hochproduktive Werkzeugmaschinen, die speziell für eine bestimmte Bearbeitungsoperation konstruiert waren. Im Jahr 1920 wurden Ein- und Mehrspindeldrehautomaten von einer Reihe deutscher Werkzeugmaschinenfabriken hergestellt (vgl. Kienzle 1912/13, Kelle 1921, Spur 1970)

Während der Bearbeitungzeit des in den Stangen- und Futtermagazinen vorgehaltenen Materials bedurfte es bei den Automaten keines Eingriffs der Werker. Durch die Lösung der zeitlichen Bindung an den Bearbeitungsvorgang konnten von der Maschine unabhängige Arbeitszeiten verwirklicht werden. Eine weitere Senkung der Lohnkosten pro

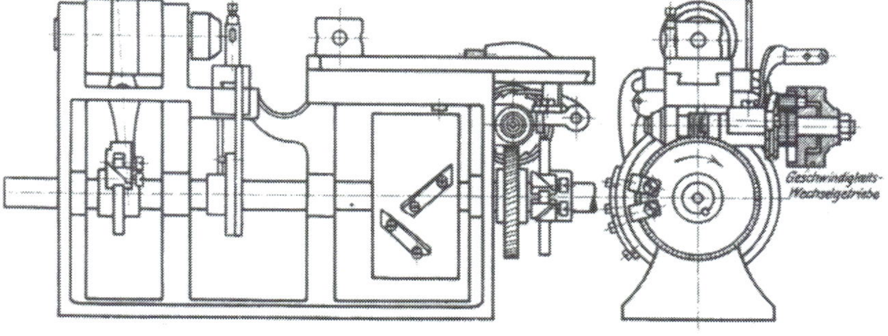

Abbildung 13: Drehautomat, Bauart Spencer, 1880 (Kelle 1921, S.9)

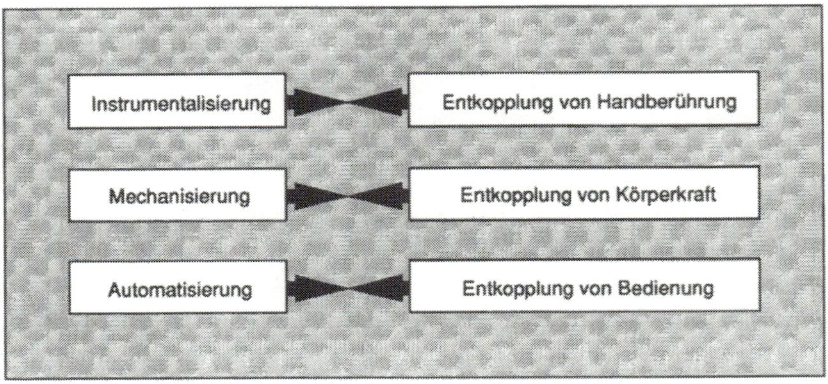

Abbildung 14: Veränderung der Arbeit (Spur 1986, S. 15)

Stück wurde durch Einführung der Mehrmaschinenbedienung erreicht. Von diesen produktionstechnischen Verbesserungen blieben weite Teile des Produktionsspektrums ausgeschlossen. Vor allem komplizierte Teile, die in mehreren Fertigungsschritten und mit sich ergänzenden Fertigungsverfahren hergestellt wurden, konnten nicht immer in eine Fertigungseinheit integriert werden.

3.1.3 Entwicklung zur starren Automatisierung

Unter *starrer Automatisierung* von Bearbeitungs- und Transportvorgängen wird eine Verkettung mehrerer Bearbeitungsstationen verstanden, bei der die Fertigungsstufen durch Transport- und Handhabungssysteme mit Werkstücken versorgt werden, die in festgelegter Reihenfolge stets gleiche Bearbeitungsvorgänge an den zugeführten Teilen vornehmen. Die immer wiederkehrenden Maschinenoperationen wurden durch hochproduktive Sondermaschinen ausgeführt. Auch in einigen Sondermaschinen durchliefen die Werkstücke mehrere Bearbeitungsstationen. Ein typisches Beispiel für die Verkettung mehrerer eigenständiger Bearbeitungsstationen ist die Transferstaße.

Ein Wechsel des Fertigungsauftrags führt immer zu Rüstarbeiten an den Transport- oder Bearbeitungssystemen. Der Materialfluß einer

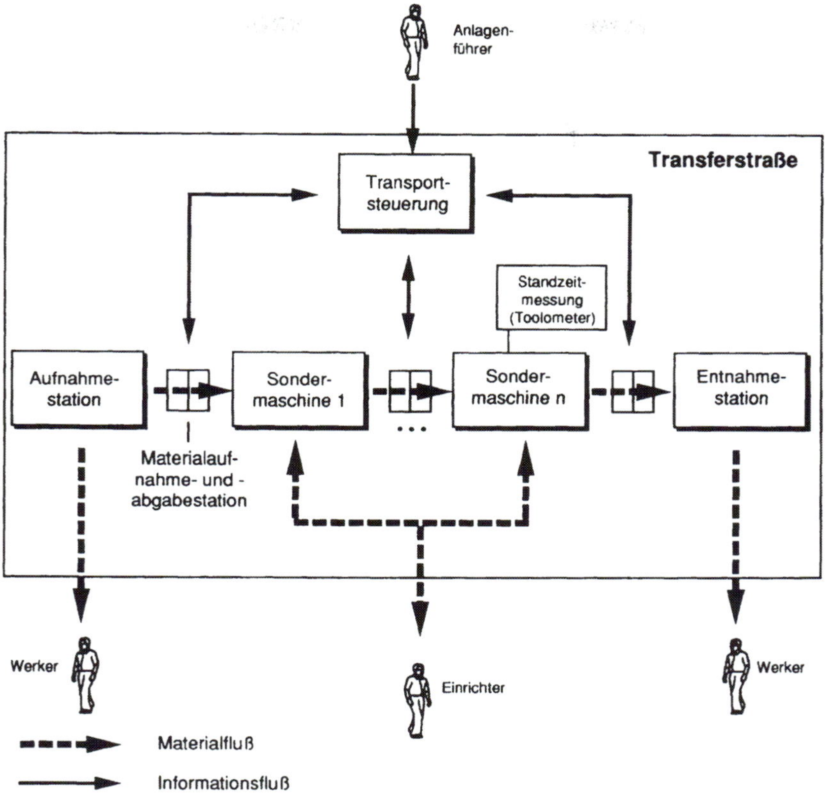

Abbildung 15: Arbeitsprinzip einer Transferstraße

starren Verkettung wird durch einen festgelegten Takt bestimmt, der dem längsten Arbeitszyklus des Fertigungssystems entspricht. Eine Störung führt zum Stillstand der gesamten Anlage. Die auftretenden Stillstandszeiten kumulieren sich zu einem zeitproportionalen Produktionsausfall.

Bei der losen Verkettung befinden sich zwischen den Bearbeitungsstationen Werkstückspeicher, die bei auftretenden Störungen als Puffer dienen, damit bei Stillstandszeiten die vor- und nachgelagerten Einrichtungen weiterarbeiten können.

Bei der Auslegung von Werkstückspeichern sind die Häufigkeit und Dauer der Störungen sowie zusätzliche Kosten für das Speichersystem

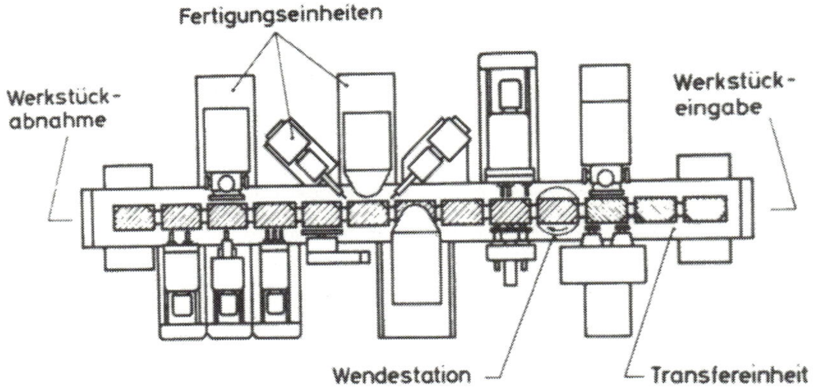

Abbildung 16: Starre Verkettung (Dolezalek 1967, S. 8 -9)

und das durch die Werkstücke im Speicher gebundene Kapital zu berücksichtigen. Durch die Einführung verketteter Bearbeitungsstationen wurde neben dem einfachen einstufigen Bearbeitungsprozeß auch die mehrstufige Fertigung erfaßt und damit die Erzeugung von Produkten oder Komponenten automatisiert, die beim damaligen Stand der Technik nur mehrstufig herstellbar waren.

Wirtschaftliche Gründe schränkten die Anwendung starr automatisierter Fertigungssysteme ein. So wird der Gestaltungsrahmen der Produktentwicklung schon bei der Planung kapitalintensiver Produk-

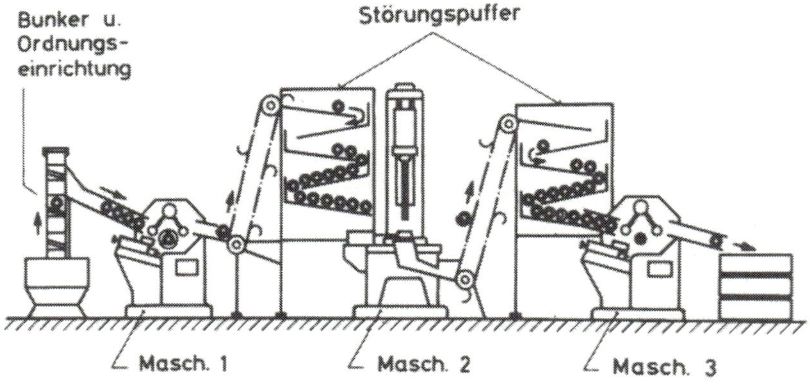

Abbildung 17: Lose Verkettung (Dolezalek 1967, S. 8 -9)

tionsanlagen mit Sondermaschinen, wie beispielsweise die Transferstraße, weitgehend festgelegt. In einigen Fällen war es möglich, wichtige Änderungen an konstruktiven Details vorzunehmen, indem nach der automatisierten Bearbeitung weitere Maschinen aufgestellt wurden, die eine Nachbearbeitung ausführten. Durch mangelnde Anschlußfähigkeit automatisierter Werkzeugmaschinen mußten hier manuell bediente Werkzeugmaschinen eingesetzt werden, so daß die vorher erlangten wirtschaftlichen Vorteile teilweise wieder verloren gingen.

Nach ersten Ansätzen in den 30er Jahren verstärkte sich ab 1955 der Trend, Werkzeugmaschinensysteme nach dem Baukastenprinzip zu konstruieren und so die Anschlußfähigkeit an Förder- und Transportsysteme zu verbessern. Eine breitere Anwendung fanden Transferstraßen erst in den 50er Jahren, als Mehrzweckautomaten zum Einsatz kamen, so daß eine Option zum Umrüsten der Fertigungsanlage bestand. Hierdurch konnte das Investitionsrisiko bei einer Modifizierung des Produktes herabgesetzt werden.

Die metallverarbeitende Industrie nutzte als zweckmäßigste organisatorische Form der automatisierten Fertigung mehrere nicht zu große

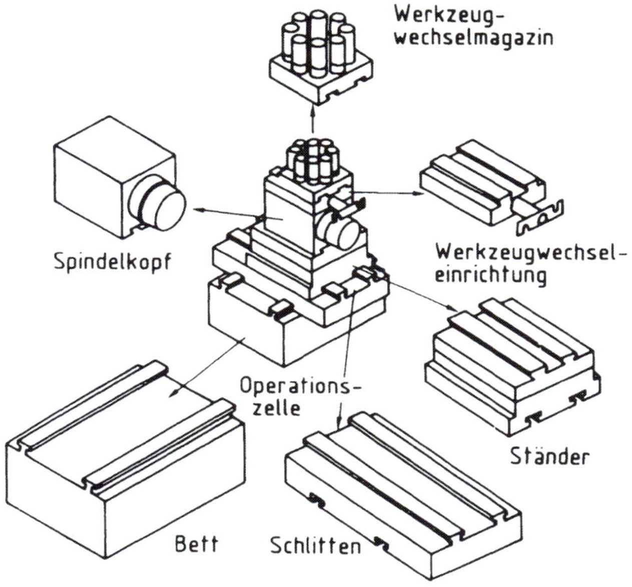

Abbildung 18: Werkzeugmaschinen nach dem Baukastenprinzip (Steinmüller 1981, S.30)

Transferstraßen mit kleinen Materialreserven an der Materialübergabe. Die Anzahl der Zwischenlager hatte sich in den meisten Fällen erhöht, um bei Produktionsstörungen größere Stillstandszeiten zu vermeiden. Durch einen höheren Materialdurchsatz nahm der Gesamtbestand und damit die Kapitalbindung bei Roh- und Halbfertigteilen ab. Die Automatisierung zwang noch mehr zu einer exakten Prüfung der eingehenden Rohstoffe und Vorfabrikate, da der Anlage ein qualitativ gleichmäßiger Werkstoff zur Verfügung gestellt werden mußte. Die Vergrößerung der Warenprüfungsabteilung und der Übergang von Stichproben zu Vollkontrollen erforderte teilweise einen erhöhten Personal- und Apparateaufwand, der allerdings durch geringere Ausschußkosten mehr als ausgeglichen wurde (vgl. RKW 1957a).

Durch den Einsatz der Transferstraßen wurde im Bereich der Massenfertigung der Industriearbeiter von physischen Transportleistungen und teilweise von der Steuerung der Transportvorgänge entlastet. Die Arbeitsvorbereitung und Qualitätssicherung wurden personell verstärkt, um die planenden, prüfenden und überwachenden Aufgaben in der Fertigung wahrzunehmen. Eine zunehmende Umgestaltung der Erzeugnisse löste die Anpassung der Produkte an die technischen und wirtschaftlichen Bedingungen der neuen Fertigungsverfahren aus. Die Entwicklung der starren Automatisierung war in den 60er Jahren die wichtigste Produktionsform und behielt bis in die Gegenwart ihre Bedeutung in der Massenproduktion. Die amerikanische Fahrzeugindustrie arbeitete vorwiegend mit Transferstraßen, von deren Produktionsschwerpunkt Detroit die Bezeichnung „Detroit Automation“ abgeleitet wurde.

3.1.4 Wandel zur flexiblen Automatisierung

Parallel zur Weitentwicklung starr automatisierter Werkzeugmaschinen wurden Fühlersteuerungen zum Kopieren von Musterwerkstücken eingeführt. Erste Versuche zur Programmspeicherung von Bewegungen mehrerer gesteuerter Achsen wurden mit analogen elektromagnetischen Speichermedien unternommen. Eine Steuerung durch Tonfolgen auf Magnettonband lieferte vor allem in Hinsicht auf die Programmverifikation keine befriedigenden Ergebnisse (vgl. Schmid 1939). Erst nach diesen fehlgeschlagenen Versuchen zur flexiblen Automatisierung begann die Entwicklung numerisch gesteuerter Werkzeugmaschinen.

Bis zur Einführung numerischer Steuerungen bedeutete Automatisierung in der Regel eine starre Festlegung des Arbeitsablaufes. Über lange Zeit gleichbleibende Arbeitsabläufe, also Großserien und Massenfertigung von Produkten, waren die Voraussetzung einer starren Automatisierung. Die Einführung mikroelektronischer Bauelemente in die Produktionstechnik führte zum Einsatz von Rechnersteuerungen, die durch Programmierbarkeit der Arbeitsmittel den Übergang zur flexiblen Automatisierung der Produktion markieren. Flexibel automatisierte Produktionssysteme erlauben vielfältige Variationsmöglichkeiten bezüglich Arbeitsablauf und Produkt-Seriengröße (vgl. Warnecke 1989).

Die Bedeutung numerischer Steuerungen war lange Zeit umstritten. Vor allem wurden die damit verbundenen Automatisierungspotentiale kaum erkannt. Erst die Entwicklung maschineller Programmiersysteme eröffnete die Möglichkeit ein breites Teilespektrum wirtschaftlich herzustellen. Die wesentlichen Merkmale der numerischen Steuerung waren im Projektdesign enthalten:

- Die errechneten Stützpunkte der Werkzeugbahn waren in Lochkarten gespeichert,
- die Werkzeugmaschine nahm die Daten automatisch auf,
- die gelesenen Positionen wurden fortlaufend ausgegeben und Zwischenwerte intern festgelegt,
- Servomotoren steuerten die Bewegung der Achsen (vgl. Spur/Specht/Schröder 1990).

Die Verbindung von Rechner und NC-Steuerung wurde von der U.S. Air Force als Ziel der Entwicklung vorgegeben. Die komplizierten Integralteile für die Flugzeugindustrie sollten durch das neue Steuerungsverfahren genauer und einfacher hergestellt werden. Die Werkstücke ließen sich oft mit wenigen mathematisch formulierten Angaben analytisch beschreiben. 3D-Konturzüge erschwerten die manuelle Fertigung, so daß eine numerische Steuerung wesentlich bessere Fertigungsergebnisse und Kosteneinsparungen versprach. Die Funktionen zur Bearbeitung von Werkstücken wurden von den ersten NC-Maschinen nur zu einem Teil automatisch vollzogen. Der Werkstück- und Werkzeugwechsel erfolgte bei NC-Werkzeugmaschinen bis in die 60er Jahre nicht selbsttätig.

Ein weiterer Schritt in der Entwicklung von NC-Maschinen war die Mikroprozessorsteuerung der Werkzeugmaschine. Eine Bedienerschnittstelle, ein Programmiersystem und eine Programmsimulation wurden an der Werkzeugmaschine verfügbar. Die bereitgestellten Funktionen waren vom Steuerungskonzept abhängig, so daß neben einer zentralen Programmierung auch eine Werkstattprogrammierung mit ausreichenden Programmierhilfen technisch realisierbar war.

Erst die Bearbeitungszentren hatten lokale Werkzeugspeicher. In den Teileprogrammen wurden die einzuwechselnden Werkzeuge festgelegt. Durch die Anordnung der Werkzeuge im Werkzeugspeicher oder eine Kennung wurden die für die jeweilige Bearbeitungsoperation notwendigen Werkzeuge bereitgestellt. Die Steuerung des Bearbeitungszentrums übernahm die selbsttätige Ausführung eines Teils der Nebenzeitbewegungen. Nach Erweiterung der Bearbeitungszentren durch einen lokalen Werkstückspeicher wurde ein selbsttätiger Betrieb möglich, der die Bearbeitung und den Werkstück- und Werkzeugwechsel einschließt. Dieser Maschinentyp wird als flexible Fertigungszelle bezeichnet.

Die Abgrenzung von Maschinensystemen erfolgt nach weithin anerkannten ingenieurwissenschaftlichen Merkmalskriterien, die der weite-

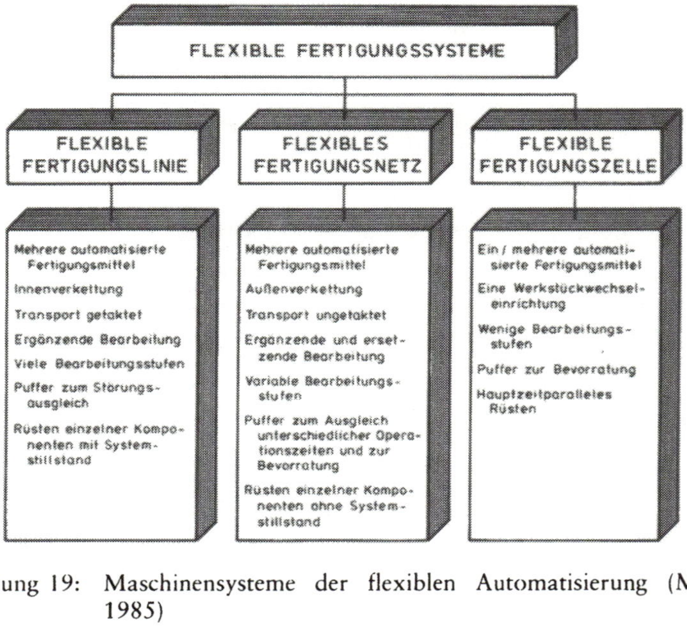

Abbildung 19: Maschinensysteme der flexiblen Automatisierung (Mertins 1985)

ren Untersuchung der flexiblen Automatisierung zugrundegelegt werden. Der Maschinensystemtyp der flexiblen Transferstraße wird häufig auch als flexible Fertigungslinie bezeichnet. Flexible Transferstraßen transportieren die Werkstücke nach einem vorgegebenen Takt. Bei verändertem Fertigungsprogramm werden Maschinenkomponenten im Stillstand umgerüstet. Die Maschinenkomponenten sind nur für eine begrenzte Zahl von Bearbeitungsvorgängen geeignet. Die Maschineneinrichter wechseln beispielsweise andere Mehrspindelbohrköpfe in eine Bohrstation ein. Flexible Fertigungssysteme können ohne Systemstillstand veränderten Bearbeitungsaufgaben angepaßt werden. Die Eingabe neuer Werkzeuge wird an den Rüstplätzen vorgenommen. Die Werkzeuge werden während des Betriebs den Bearbeitungsstationen zugeführt.

Im Rahmen der NC-Teileprogrammierung werden sowohl die jeweilige Werkstückgeometrie als auch zugehörige Bearbeitungsoperationen in einen maschinenlesbaren Code überführt. Die Leitrechnersteuerung flexibler Fertigungssysteme übernimmt teilweise dispositive Aufgaben, beispielsweise das Verteilen von NC-Programmen. Auf der Steuerungsebene der einzelnen Bearbeitungssysteme lassen sich aus Sensordaten und

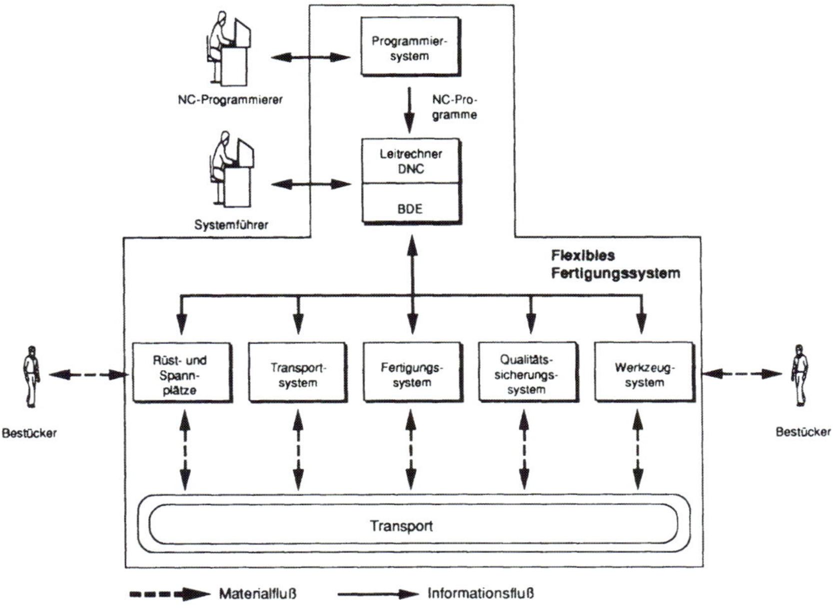

Abbildung 20: Arbeitsprinzip eines flexiblen Fertigungssystems

rechnerinternen Prozeßmodellen Stellbefehle ableiten. Die Sensordatenverarbeitung und Regelungstechnik führt den Bearbeitungsprozeß durch kurzzyklischen Soll-Ist-Vergleich in engen Fertigungstoleranzen.

Die Flexibilität ist eine wichtige Eigenschaft eines Fertigungssystems. Flexibilität kann als die Fähigkeit eines Fertigungssystems definiert werden, ein gegebenes Spektrum von Fertigungsaufgaben zu erfüllen, ohne daß die Grundkonzeption des Systems bezüglich Art, Anzahl und Kopplungen der Systemkomponenten (vgl. Abbildung 1) verändert werden muß. Bedeutende Flexibilitätskenngrößen sind die Anpaß- und die Einsatzflexibilität. Ein Fertigungssystem ist einsatzflexibel, wenn eine gegebene Teilevielfalt in beliebiger Reihenfolge bearbeitet werden kann. Diese Betrachtung ist zeitpunktbezogen. Mit Anpaßflexibilität wird die Eigenschaft eines Fertigungssystems bezeichnet, es mit geringem Rüstaufwand an neue oder geänderte Werkstücke oder Fertigungsverfahren anpassen zu können. Hier steht die zeitraumorientierte Betrachtung im Vordergrund (vgl. Mertins 1985a, Warnecke 1989).

Flexible Fertigungssysteme zeigen eine Strukturvielfalt, die sich aus unterschiedlichen Anordnungen von Maschinen und Steuerungen ergeben. Solche Anordnungen können beispielsweise netz-, linien- oder

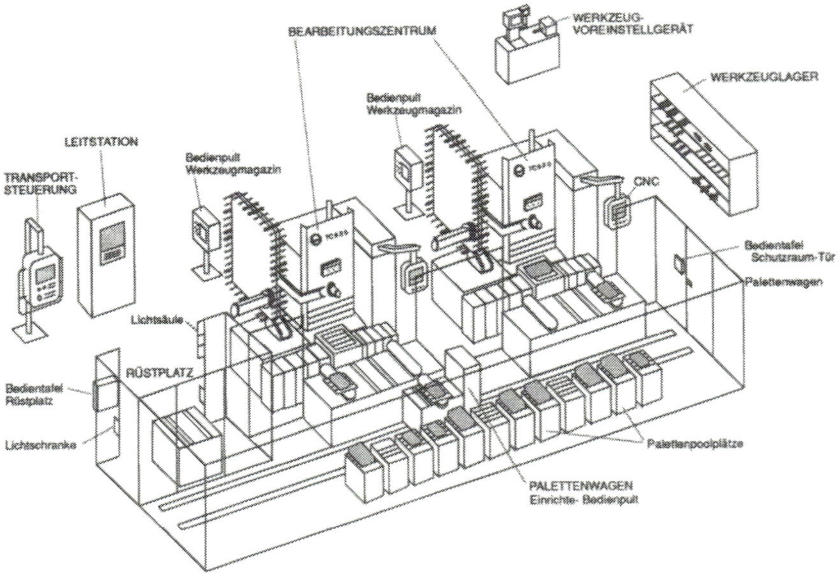

Abbildung 21: Flexibles Fertigungssystem (Herter 1991)

kreisförmig sein. Die Struktur des Materialflusses wird durch das Werkstück- und Werkzeugtransportsystem festgelegt. Die Struktur flexibler Fertigungssysteme hängt von der jeweiligen Werkstückvielfalt und dem Produktionsumfang ab.

Die Mehrzahl flexibler Fertigungssysteme enthält spezielle Werkzeugwechselsysteme, die auf das Werkzeugspektrum und die Werkzeugbereitstellung abgestimmt sind. Flexible Fertigungssysteme sind überwiegend so projektiert, daß Handhabungsaufgaben anfallen, die dem Einsatzspektrum einfacher Handhabungssysteme entsprechen (vgl. Tuffentsammer u.a. 1988, S.11). Eine typische Handhabungsaufgabe in flexiblen Fertigungssystemen ist das Einwechseln eines Werkzeugs aus einem Kettenmagazin in die Werkzeugmaschine.

Auch in der Montage lassen sich automatisierte Systeme einsetzen. Die Struktur flexibler Montagesysteme ist durch das Fügen von Werkstücken zu Baugruppen oder Produkten geprägt. In der Fahrzeugindustrie führen sensorgesteuerte Industrieroboter eine Reihe von Montageaufgaben durch. Industrieroboter haben Montageaufgaben übernommen, die den Industriearbeiter beispielsweise durch hohe Umgebungstemperatur, Mengen- oder Kraftbedarf gesundheitlich belasten (vgl. Seliger 1989). Ein Beispiel für eine sensorgeführte Montage ist das Einsetzen von Scheiben in eine Fahrzeugkarosserie durch einen Industrieroboter. Auch

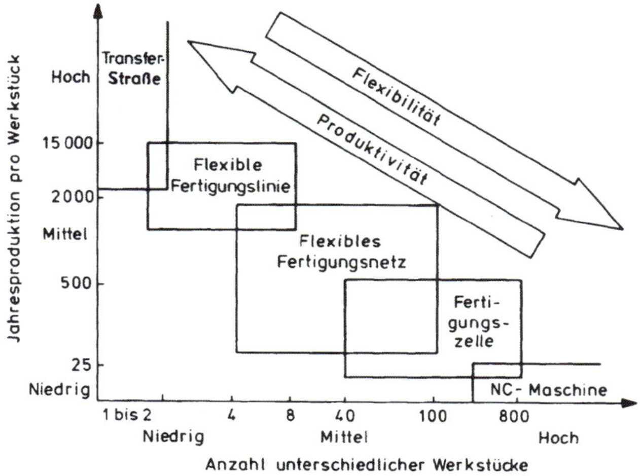

Abbildung 22: Einsatzbereiche flexibler Maschinensysteme (nach Spur/Mertins 1981)

Räder werden automatisch verschraubt, Dichtungen und Benzinleitungen angebracht und Motoren eingebaut.

Beim Einsatz von Industrierobotern erfolgte die Programmierung lange Zeit ausschließlich im Teach-in-Betrieb. Bei der Teach-in-Programmierung gibt der Werker dem Greifer des Industrieroboters über eine tragbare Tastatur einzelne Raumpunkte vor. Diese Raumpunkte können in der Industrierobotersteuerung abgespeichert und im späteren Einsatzfall automatisch angefahren werden. Bei der off-line-Programmierung werden Programme ohne Verbindung zum Industrieroboter erstellt. Der Programmierer kann auf dem Bildschirm Programmfehler, beispielsweise eine Kollision von Werkstück und Greifer, erkennen. Dieses Verfahren wird als graphische Simulation bezeichnet. Die Programmierung mehrachsiger Industrieroboter ist auch bei Unterstützung durch eine graphische Simulation mit einem hohen Personalaufwand verbunden.

Mit dem Einsatz flexibler Fertigungs- und Montagesysteme sind Informationsprozesse mit vor- und nachgelagerten Produktionsbereichen verbunden. Durch den Einsatz programmierbarer Maschinen zur Ferti-

Abbildung 23: Scheibenmontage durch einen Industrieroboter (IPK 1989)

gung und Montage lassen sich die Daten der Planungs- und Steuerungsbereiche der Fabrik durchgängig verwenden. Die Rechnersysteme lassen sich verschiedenen Ebenen der Produktion zurechnen, die sich in erster Linie durch die dort anfallenden Aufgaben und deren Zeithorizont unterscheiden. Auf allen Ebenen greifen Personen in den Produktionsprozeß ein. Eine äußerst hohe Flexibilität der Produktion läßt sich durch

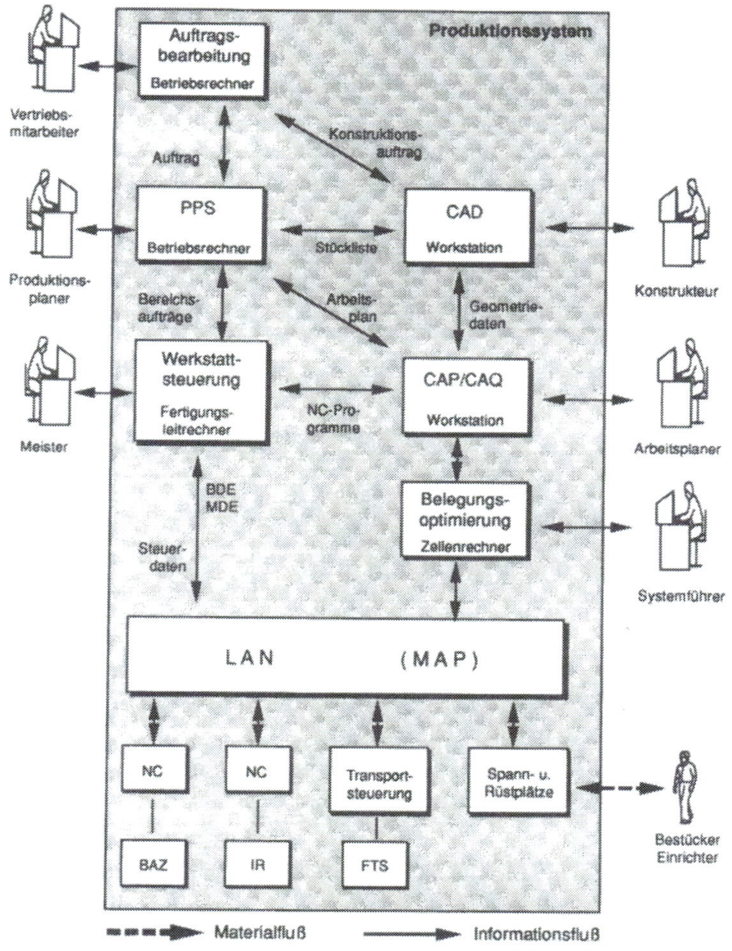

Abbildung 24: Idealtypisches Arbeitsprinzip einer rechnerunterstützten Fabrik (nach Spur 1986, S.15) (vgl. Abschnitt 4.1)

fachlich qualifizierte Mitarbeiter und einfache, aber wirkungsvolle technische Systeme erreichen.

Die technische Entwicklung führte bereits im Handwerk und in Manufakturen zu Veränderungen der Arbeitsorganisation. Die nachfolgende Darstellung setzt jedoch erst in der Phase der starren Automatisierung ein, einem Zeitabschnitt, in dem die Fortschritte in der Produktionstechnik und die damit korrespondierenden Formen der Arbeits- und Fabrikorganisation zunehmend Wirkungen im gesellschaftlichen Maßstab auslösten.

3.2 Wandlungsprozesse der Fabrikorganisation

3.2.1 Auswirkungen der starren Automatisierung auf die Organisation

Die Zeit zwischen 1870 und dem Ersten Weltkrieg veränderte das wirtschaftliche System der sich industrialisierenden Staaten in vielerlei Hinsicht (vgl. Landes 1973, S. 220 ff.): Immer mehr Betriebe wuchsen personell und räumlich sowie hinsichtlich der Produktvielfalt, und sie versuchten, die speziellen Vorteile aus diesem Größenwachstum zu ziehen.[1] Die Wissenschaft hielt Einzug in die Wirtschaft über wissenschaftlich ausgebildete Techniker und über Forschungs- und Entwicklungslaboratorien. Die Elektroindustrie, wo mit der Erfindung des Elektromotors, der seit den 1890er Jahren in hohen Stückzahlen gefertigt wurde, und mit dessen Einsatz die Fabriken zu dezentralen, die Geschwindigkeit steigernden Antrieben ihrer Maschinen übergehen konnten, schwang sich zu einem Höhenflug auf (vgl. Ruppert 1983, S. 32).

1 Zu diesem Prozeß in den USA, in Großbritannien und Deutschland vgl. Chandler 1990.

Die Automobilindustrie machte ihre ersten Gehversuche; sie stieß in Amerika noch vor 1914 in neue Dimensionen der Massenproduktion vor. Der Maschinenbau, besonders der Werkzeugmaschinenbau, setzte verstärkt auf die Fertigung größerer Serien, auf Normung, Präzisionsarbeit und Austauschbau und gab diese Möglichkeiten über seine Produkte an die Käufer weiter. Die Erfindung des Schnelldrehstahls durch White und Taylor schuf die Voraussetzung für höhere Schnittgeschwindigkeiten der Werkzeugmaschinen, die nach 1900 zwei- oder dreimal so hoch lagen wie die bisherigen, die gleichzeitig aber auch eine Umkonstruktion der Maschinen erzwangen, um die verstärkten Vibrationen auszuschalten (vgl. Flink 1988, S.46; König 1990, S.430).

Überhaupt war in dieser Zeit Amerika in vielerlei Hinsicht ein Vorbild für deutsche und europäische Unternehmen. So erschien das „American System of Manufactures", das auf Typisierung, Normierung, Präzisionsfertigung und Austauschbau beruhte, für große Märkte als das zukunftsträchtigste Produktionssystem. Mit dessen Übergang zur Massenproduktion, die in der Definition von Henry Ford nicht nur die Erhöhung der Stückzahlen, sondern die Ausweitung der Produktion und der Durchlaufgeschwindigkeit durch Maschineneinsatz bei gleichzeitiger Verminderung der Zahl der Arbeitskräfte bedeutete, bahnte sich ein neues Zeitalter des Massenkonsums und auch des Massenvertriebs an.

Noch in einer anderen Beziehung wirkte der Einfluß Amerikas in der europäischen Industrie: Auf die effektivere Organisation der Arbeit. Mit dem Einsatz rationellerer Technik im Produktionsprozeß, aber auch wegen einer zunehmenden Unübersichtlichkeit der Fabriken infolge ihres Größenwachstums und des Diversifikationsprozesses rückte die Frage der Werkstattorganisation, der Kontrolle des Einsatzes der Arbeitskraft, der *Menschenökonomie*, in den Vordergrund des Interesses. Dieser Prozeß ist zwar eng mit dem Namen Frederick W. Taylor verbunden, doch liegen seine Wurzeln in früherer Zeit. Seit dem Ende der 1860er Jahre mehrten sich Veröffentlichungen über eine effizientere Gestaltung von betrieblicher Arbeit und Verwaltung (vgl. Jenks 1960, S.421 ff.; Kocka 1969a, S.332 ff.). In Amerika mündeten diese Bemühungen in dem – nachträglich so genannten – *systematic management movement*, aus dem Taylor viele Anregungen schöpfte. In den industrialisierten europäischen Staaten existierten ebenfalls Überlegungen in diese Richtung, und in vielen Betrieben vollzog sich, zum Teil der europäischen Tradition der Geheimniskrämerei hinsichtlich betrieblicher Neuerungen folgend, ein Prozeß der Umgestaltung mit dem Ziel einer Produktivitätssteigerung. In Deutschland kam dieser Entwicklung die Tradition der Schriftlichkeit, Genauigkeit und Ordnung in der Industrieverwaltung zugute (vgl. Kocka 1969, S. 339 ff.). Bekannt ist hier dieser Prozeß besonders aus größeren Betrieben, etwa von Siemens & Schuckert, Bosch oder Ludwig Loewe.[2]

Taylors Methoden, die er seit Ende der 1880er Jahre entwickelte, stellten das erste umfassende System der Betriebsorganisation dar, das zudem für sich in Anspruch nahm, „wissenschaftlich", d.h. objektiv, damit unanfechtbar und konfliktvermeidend zu sein (vgl. Taylor 1903; Taylor 1911). Im Mittelpunkt der Überlegungen stand die „efficiency". Sie sollte erreicht werden durch ein umfassendes Maßnahmenbündel, mit dem immer „the one best way" gegangen werden sollte. Zu den ersten Maßnahmen zählte die Einrichtung eines zentralen Betriebsbüros, das für die Kontrolle des gesamten Arbeitsablaufes zuständig sein sollte und auf die strikte Trennung von geistiger und körperlicher Arbeit zu achten hatte. Die Einrichtung dieses Büros und dessen Kompetenzen sollten mit der in Amerika und Europa verbreiteten *Meisterherrschaft* in den Betrieben brechen und die entstehende Schicht der Angestellten und *white collar workers* stärken. Bis dahin hatte man den mit der Produktion beauftragten Meistern, die oft als Zwischeninstanz bzw. Subunternehmer zwischen Firmenleitung und Arbeiterschaft standen, weitgehende Kompetenzen belassen. Selbst die weltweit operierende amerikanische Nähmaschinenfabrik Singer ersetzte erst am Anfang der 1880er Jahre dieses System durch bezahlte Werkmeister und erreichte dadurch erstmals eine direkte Kontrolle des Produktionsganges durch die Firmenleitung. Bosch versuchte erst 1908/09 mit der Meisterherrschaft zu brechen, als dort verschiedene zentrale Büros zur Arbeitsorganisation eingerichtet und mit Angestellten besetzt wurden (vgl. Hounshell 1987, S. 121, S. 359 Anm. 152; Prinzing 1989, S. 78 ff.). Untersuchungen zum Maschinenbau zeigen jedoch, daß die Taylorisierung der Arbeitsvorbereitung auch dazu diente, die Zusammenarbeit zwischen Fertigung und Konstruktion zu verbessern, d.h. das Konstruieren fertigungsfreundlicher zu machen. Damit veränderten sich nicht nur die Tätigkeitsfelder der Facharbeiter und Meister, sondern auch der Konstrukteure (vgl. König 1989, S. 200).

2 Das ist auch eine Folge von Quellenproblemen.

Zum handwerklichen Erbe gehörte auch das Arbeiten mit Faustregeln und nach Augenmaß, also nach den Erfahrungen der Meister und Werker. Auch dieses sollte aus der Werkstatt verbannt werden. Zu den weiteren Maßnahmen gehörten eine Optimierung der Arbeits- und Bewegungsabläufe durch Zeit- und Arbeitsstudien, eine Zerlegung der Arbeit in kleine Schritte, die zu kurzen Anlernzeiten und einer maximalen Leistungsfähigkeit führen sollten, ein Lohnanreizsystem über Akkorde, Überlegungen zur Arbeitsplatzgestaltung und das Funktionsmeistersystem, d.h. mehreren Meistern unterstanden eng umgrenzte Verantwortungsbereiche – das Pendant zur Zerlegung der Arbeit in kleine Schritte auf einer höheren Ebene, mit dem gleichen Ziel der Leistungssteigerung in Qualifikation und Arbeit (vgl. Taylor 1911).

Die Einsicht in den großen Nutzen der Effektivitätssteigerung sollte nach Ansicht Taylors auf betrieblicher wie auch auf gesamtgesellschaftlicher Ebene zu einer Interessenharmonie zwischen Unternehmern und Werkern führen. Doch diese sozialpazifierende Wirkung trat nicht ein; Taylors Ideen waren von Anfang an umstritten. Nur selten wurden sie in ihrer Gesamtheit in die Betriebe eingeführt, selbst dort nicht, wo Taylor selbst oder seine Schüler wirkten (vgl. Chandler 1977, S.277). Eine vollständige Umgestaltung erwies sich fast immer als zu langwierig, zu umständlich und zu teuer. Wer schon angefangen hatte zu rationalisieren, wechselte kaum zum Taylorsystem über, suchte sich eher die Teile heraus, die zum eigenen Weg zu passen schienen. Übrig blieben zumeist die Arbeits- und Zeitstudien und die daraus folgende Arbeitszerlegung, die Zeitakkorde sowie die Auslese der Werker. Selbst in den USA wurden zwischen 1901 und 1915 nur etwa 180 Betriebe taylorisiert, hinzu kamen einige Firmen, wo dies vor 1900 geschah. Ihre Erfahrungen waren unterschiedlicher Natur; einige wandten sich sehr schnell wieder von den Methoden ab, andere wandelten sie ab, nur wenige behielten sie in der gesamten Fabrik bei (und auch da kaum ohne Veränderungen) (vgl. Nelson 1980, S.137 ff.).

Auch in Deutschland waren volltaylorisierte Betriebe kaum zu finden. Ebenso wie in Frankreich trafen sich aber einzelne Elemente des Taylorsystems mit eigenständigen Entwicklungen, die jedoch nicht die gleiche Publizität erlangt hatten und als zu akademisch galten, etwa mit den Untersuchungen Emil Kraepelins über die Ermüdung, Anregung und den Antrieb zur Leistung oder den Studien französischer Ergonomiker und Arbeitsphysiologen (vgl. Hinrichs/Peter 1976, S. 37 ff.; Hinrichs/Kolboom 1990, S. 397 f.). So fielen Taylors Ideen in gewisser Weise zwar auf fruchtbaren, weil vorbereiteten Boden; gleichzeitig wurde jedoch immer wieder die Notwendigkeit der Anpassung an die speziellen nationalen Gegebenheiten betont.

So wie schon Firmen, wie etwa Ludwig Loewe, der 1870 mit dem Bau von Nähmaschinen nach dem amerikanischen Produktionssystem begonnen und schnell gemerkt hatte, daß er auf diesem Gebiet nicht bestehen konnte, sich auf die deutschen bzw. europäischen Marktverhältnisse konzentrierte, so wurde auch beim Taylorsystem auf die Unterschiedlichkeiten etwa zwischen deutschen und amerikanischen Werkern verwiesen (vgl. Matschoß/Schlesinger 1930). Auf der einen Seite stünden die amerikanischen Werker, mehrheitlich wenig oder gar nicht ausgebildet, von denen man annehmen mußte, daß ihnen die Zerlegung der Arbeit in kleine, leicht erlernbare Schritte entgegenkommen würde. Auf der anderen Seite sah man den deutschen Facharbeiter, den man nicht auf diese Weise entmündigen zu können glaubte (vgl. z. B. Frenz 1920, S. 38 ff.).[3] Hier setzte u. a. die Psychotechnik an, jene Wissenschaft, die noch vor 1914 wesentlich von Hugo Münsterberg, wie Kraepelin Schüler von Wilhelm Wundt, geprägt worden war und die auch unter den Ingenieuren, etwa in Georg Schlesinger, dem Lehrstuhlinhaber für Werkzeugmaschinen, Fabrikanlagen und Fabrikbetriebe an der TH Berlin (Charlottenburg) und Befürworter einer stärkeren Verwissenschaftlichung der betrieblichen Arbeitsabläufe, Anhänger fand. Die Psychotechnik sollte zum einen über die Eignungsauslese und über die Berufsanpassung die Werker für die Wirtschaft fähig machen, zum anderen aber auch dafür sorgen, daß die Arbeitsmittel bedürfnisgerecht gestaltet waren (vgl. Hinrichs/Kolboom 1990, S. 392 f.; Münsterberg 1922). Ebenso wie das Taylorsystem bot sich auch die Psychotechnik als Befriedungsmittel zwischen Wirtschaft und Werkern an.

3 Die Auseinandersetzung mit Taylor und Ford und die Anpassung der Ideen an deutsche (Markt-) Verhältnisse schuf in der Weimarer Republik auch ein Bewußtsein für die menschliche Arbeit als einem „Elastizitätspotential", das es zu pflegen galt, z. B. über die Lehrlingsausbildung oder über betriebliche Sozialpolitik (vgl. Freyberg 1989, S. 227 ff.).

Das Taylorsystem stieß jedoch bei der organisierten Arbeiterschaft sowohl in Amerika wie in Deutschland auf Ablehnung.[4] Samuel Gompers, der Führer der amerikanischen Gewerkschaft, brachte die Kritik auf den Nenner: „Science would thus get the most out of you before you are sent to the junkpile" (Kakar 1970, S. 183). Und so war es nicht verwunderlich, daß nicht nur einzelne Arbeiter sich gegen das Taylorsystem wehrten, sondern auch Belegschaften ganzer Betriebe mit Streiks dagegen aufbegehrten.[5] Die negative Haltung der deutschen Gewerkschaften, die sich noch vor dem Ersten Weltkrieg zu Worte meldeten und die Euphorie der ersten Befürworter, die zumeist aus dem Kreis der Ingenieure stammten, dämpften und dabei versuchten, die negativen Auswirkungen des Taylorismus zu begrenzen, wandelte sich nach 1918 merklich. Sie schwenkten für eine kurze Zeit auf einen Kurs der Taylorismusakzeptanz, wobei sie sich mit vielen gesellschaftlichen Gruppen trafen. Für sie ausschlaggebend war einmal die stärkere gesellschaftliche Einbindung der Gewerkschaften in den neuen Staat, die zu stärkerer Verantwortung führte, aber auch die veränderte Haltung Lenins zu Taylor (vgl. Stollberg 1981, S. 77 ff.). Hatte Lenin sich anfangs noch ähnlich wie Gompers geäußert, so differenzierte er nun zwischen einem „guten", sozialorientierten Taylorismus und einem schlechten, kapitalistischen - eine Unterscheidung, die sich in den sozialistischen Ländern nach 1945 noch einmal bei der Automatisierung wiederholen sollte (vgl. Beissinger 1988). Denn die Befreiung des Menschen von schwerer körperlicher Arbeit und von der Abhängigkeit von Maschinen war ein marxistisches Dogma. So konnte auch die Automatisierung des Produktionsprozesses in den sozialistischen Planwirtschaften ideologisch gerechtfertigt und in den Marktwirtschaften verdammt werden (vgl. Kirstein 1988, S. 4; vgl. auch Teßmann 1963, S. 20 ff., S. 52 ff.).

Im Ersten Weltkrieg hatte sich in den europäischen Volkswirtschaften ein erheblicher Nachholbedarf an Verbesserungsinvestitionen aufgestaut. Rationalisierung wurde überall für notwendig erachtet, um die Wettbe-

4 Zur Diskussion vgl. im folgenden besonders Straßberger 1989.

5 Taylor wurde bei der Umgestaltung der Midvale Stahlwerke persönlich bedroht (vgl. Kakar 1970, S. 59 f.); Streiks gegen eine Taylorisierung des Betriebs gab es z. B. in einer Waffenfabrik (vgl. Aitken 1960), ebenso in metallverarbeitenden Betrieben in St. Petersburg vor dem Ersten Weltkrieg (vgl. Beissinger 1988, S. 21 f.).

werbsfähigkeit auf den Weltmärkten wiederzuerlangen. In Deutschland, aber auch in Frankreich trat die Rationalisierung nun aus ihrer „individualistischen Phase", wo einzelne Betriebe sich in der unterschiedlichsten Weise rationalisierender Maßnahmen bedient hatten, wo Normung, Standardisierung, eine *wissenschaftliche* Betriebsorganisation und Arbeitsphysiologie vorherrschten, in eine „kooperative Phase", mit staatlicher Einflußnahme und einer zunehmenden Institutionalisierung und Ausdifferenzierung (vgl. Hinrichs/Kolboom 1990). In Deutschland begann diese Phase schon kurz vor Kriegsende[6] und mündete 1921 in die Gründung des Reichskuratoriums für Wirtschaftlichkeit (RKW) als einer Art Dachverband und Koordinationsstelle für sämtliche Rationalisierungsbestrebungen. Im RKW und auch in den anderen, später gegründeten Institutionen liefen sehr viel mehr Rationalisierungsstränge zusammen, als bei Taylor, der hier nur als einer der „Ziehväter" erscheint, zu finden waren. Die taylorschen Zeitstudien, die sich mit Überlegungen anderer Zeitgenossen trafen, wurden von dem seit 1919 in Vorformen bestehenden und 1924 beim RKW angegliederten Reichsausschuß für Arbeitszeitermittlung (REFA) vorangetrieben, der 1936 in „Reichsausschuß für Arbeitsstudien" umbenannt wurde und unter dem Namen „Verband für Arbeitsstudien – REFA – e. V." auch in der Gegenwart noch eine Rolle spielt (vgl. Söllheim 1922, S. 219 ff.; Birnbaum 1927, S. 76 ff.; Burkert 1928, S. 25 ff.; REFA 1976, S. 24; Kreibich 1986, S. 218 ff.).

Diese Institutionalisierung förderte einzelne Aspekte des Taylorsystems nicht unerheblich. Allerdings schlugen zwei Initiativen des Reichsarbeitsministeriums fehl, das auf Veranlassung Gustav Bauers in den Jahren 1919 und 1920 einen „Ausschuß zur Förderung der wissenschaftlichen Betriebsführung" beziehungsweise „Arbeitswissenschaft" ins Leben rufen wollte. Beide fanden in Wirtschaftskreisen nicht genügend Anklang, auch fehlten dem Staat die nötigen Mittel (vgl. Söllheim 1922, S. 214 f., S. 222 f.; Burkert 1928, S. 23 f.). Eine institutionelle Förderung des Taylor-Systems scheiterte also selbst zu einer Zeit, in der der Nutzen

6 Bereits 1917 wurde beim Verein deutscher Ingenieure der „Normenausschuß der Deutschen Industrie" (seit 1926: „Deutscher Normenausschuß e. V.") gegründet, ein Jahr später der „Ausschuß für wirtschaftliche Fertigung". Beide sollten auf dem Gebiet der Normierung und Typisierung arbeiten, deren Notwendigkeit durch die kriegsbedingten Produktionsanstrengungen offensichtlich geworden war.

einer modifizierten Art des Taylorismus beinahe unbestritten war. Das RKW widmete sich einer allgemeinen Rationalisierungsförderung der deutschen Wirtschaft, wobei das Taylor-System als Ganzes eine eher untergeordnete Rolle spielte, einzelne Elemente jedoch übernommen wurden.[7] So kommt in seinem Streben nach einem objektiven, wissenschaftlichen Studium von Arbeitszeiten und Arbeitsabläufen zur Ermittlung von Vorgabezeiten und Akkordsätzen die Arbeit des REFA den Bemühungen der amerikanischen Tayloristen des frühen 20. Jahrhunderts recht nahe. Wichtig für die Verbreitung der REFA-Lehre wurde die Ausbildung sogenannter Arbeitsstudienmänner („REFA-Männer"), die die Methoden der Zeitermittlung auf die betriebliche Praxis übertrugen. Allein in den Jahren bis zur Weltwirtschaftskrise wurden 5000 solcher REFA-Männer ausgebildet (vgl. Pechhold 1974, S. 240 ff.; Spitzley 1980, S. 100 ff.).

Bis zur Konsolidierung der Währung war der finanzielle Spielraum für eine intensive Rationalisierung gering. Als es ab 1925 für wenige Jahre mit der deutschen Wirtschaft bergauf ging, war die Taylorismusbegeisterung auch bei denen weitgehend gewichen, die sich nach dem Krieg vehement für die wissenschaftliche Betriebsführung eingesetzt hatten. Der Taylorismus hatte den Charakter einer „Heilslehre" verloren (vgl. Burchardt 1977, S. 97). Das heißt nicht, daß Taylor nicht nachgewirkt hat. Er blieb einer der großen Anreger, der zudem mit hoher Werbewirksamkeit seine Ideen zu vermarkten wußte. Das Taylorsystem als Ganzes ist jedoch kaum jemals in einen Betrieb eingeführt worden, sondern wurde weitgehend bruchstückhaft übernommen.

Taylor hat aber zumindest den Blick darauf gelenkt, daß die Arbeitsabläufe in einer Fabrik in Frage zu stellen waren, daß exaktes Wissen darum ebenso notwendig war wie die sorgfältige Umsetzung der Folgerungen daraus (vgl. Nelson 1980, S. 198 f.). Nur war das eine Erkenntnis, die gerade größere oder schnell wachsende Betriebe schon in den letzten Jahrzehnten des 19. Jahrhunderts unabhängig von ihm

7 Vgl. die Äußerung von Söllheim nach einer Beschreibung des RKW-Programms: „Diese großzügigen Arbeiten gehen natürlich weit über *Taylor* hinaus, und doch können wir immer wieder verfolgen, daß *Taylor* der Betriebspraxis und der Betriebswissenschaft äußerst fruchtbare Anregungen gegeben hat" (Söllheim 1922, S. 225).

gemacht hatten. Taylor war insofern modern, als er „die Anforderungen des technischen Fortschritts und der erhöhten Kapitalintensität" integrierte (vgl. Homburg 1978, S. 172). Ihm haftete aber auch eine gewisse Altmodischkeit an: Nicht nur, daß er ein mechanistisches Menschenbild besaß, er war auch ein „Theoretiker des Status quo" und der „unvollendeten Mechanisierung", der in erster Linie auf eine Leistungssteigerung in der Handarbeit setzte, der nicht danach fragte, wie der Arbeitsprozeß am besten mechanisiert, sondern wie die Werker und die vorhandenen Maschinen am besten eingesetzt bzw. verbessert werden konnten. Seine Abneigung gegen Neuerungen, sein Glauben an die Vollendung seines Systems machten ihn Veränderungsprozessen in der Industrie gegenüber blind. Seine Werkerauslese, für Kleinbetriebe in großstädtischen Regionen tauglich, setzte zum einen ein großes Reservoir voraus, um sich genügend erstklassiger Arbeiter versichern zu können, zum anderen war es für Großbetriebe, die diese Möglichkeit nicht hatten, untauglich. Sein Funktionsmeistersystem wiederum, das in größeren Betrieben durchaus Eingang fand, war für Kleinbetriebe aufgrund der hohen Spezialisierung indiskutabel (vgl. Vahrenkamp 1977, S. 251 ff.).

Nach der Währungsstabilisierung erfaßte Deutschland im Jahr 1925 eine erneute Rationalisierungswelle; der systematische Aufbau des RKW begann, und es erhielt einen ständigen Posten im Etat des Reichswirtschaftsministeriums (vgl. 'Entwicklung der ... ' 1971, S. 142). Das Schlagwort *Rationalisierung* stand dabei für Modernität schlechthin. Weite Teile der Wirtschaft und der Öffentlichkeit setzten sich allerdings nun mit einem anderen Produktionskonzept auseinander, das auf Massenfertigung und Massenkonsum ausgerichtet und mit dem Namen Henry Ford verknüpft war. An ihm entzündete sich eine neue Konjunktur des *Amerikanismus*. Aber es waren im Grunde immer die gleichen – wenigen – Betriebe, die als Beispiele für die Überlegenheit Amerikas in technischer und organisatorischer Hinsicht herangezogen wurden (vgl. Berg 1963, S. 98).

Seit 1924 begann die Diskussion um die Fordschen Produktionsmethoden die Taylor-Rezeption zu überlagern. Nach Ford gehörten zu einer rationellen Produktionsweise die Austauschbarkeit, das Fließband – everything put to motion, every man put to halt –, die Beschränkung auf eine möglichst geringe Typenzahl – beim berühmten *model T* auf eine –, niedrige Preise und hohe Löhne, da auch die Arbeiterschaft als Konsument gewonnen werden sollte, sowie die Re-Investierung der Gewinne in das Unternehmen zur Stärkung der finanziellen Unabhängigkeit. Sein Produktionssystem wird gern als die Vollendung des „American System of Manufactures" gesehen, das Normung, Typisierung, Austauschbarkeit und Präzisionsarbeit weiterentwickelte und zusammenführte mit Massenproduktion und weitestgehender Arbeitsteilung und Mechanisierung[8], wo die „Economies of Scale" in hohem Maße ausgenutzt wurden (vgl. Chandler 1990, S. 205). Dazu kam die Philosophie Fords, der sich von preisgünstiger Massenproduktion zusammen mit hohen Löhnen einen weitgehenden Wohlstand und größere Konsummöglichkeiten versprach und dadurch ebenso wie Taylor die Macht der Gewerkschaften ausschalten wollte.

Auf dem Höhepunkt der deutschen Diskussion um den *Fordismus* hatte sich in den Fordwerken in den USA schon die Kehrseite dieses Produktionskonzeptes herausgestellt. Auch der Fordsche *welfare capitalism* offenbarte seit dem Weltkrieg tiefe Risse.[9] Um 1908 hatte Ford die vollständige Austauschbarkeit der Autoteile untereinander erreicht, was als die Voraussetzung zur Massenproduktion angesehen wird.[10] Die Produktivitätsgewinne dadurch waren möglicherweise sogar größer als durch die Einführung des Fließbandes, das die Bewegungen der Werker auf das absolut Notwendige beschränkte. Die Fließbandproduktion begann 1913 unter großen Schwierigkeiten: Wegen der ungewohnten und anstrengenden Tätigkeit steigerte sich die Werkerfluktuation in die Existenz des Betriebes bedrohende Höhen. 1913 wechselte fast viermal die gesamte Belegschaft (vgl. Hounshell 1987, S. 11, S. 257). Erst als Ford 1914 die Mindestlöhne für die Fließbandarbeit drastisch erhöhte – sie wurden fast verdoppelt – und die Arbeitszeit senkte, was auch eine dritte Schicht ermöglichte (*five-dollar, eight-hour day*), konnte dem Einhalt

8 1914 hatte Ford in der Fabrikanlage, die weniger als 13000 Arbeiter beschäftigte, etwa 15000 Spezialwerkzeugmaschinen im Wert von 2,8 Mill. Dollar installiert (vgl. Flink 1988, S. 49).

9 Zu den tiefgreifenden Veränderungen und Fords Wandlung in der Behandlung der Arbeiter siehe das Kapitel „The Mussolini of Detroit" bei Flink 1988 S. 123 ff.; vgl. auch Hughes 1991, S. 215 ff.

10 Zur Kritik an der Einengung des Begriffs Massenproduktion auf Produkte aus austauschbaren Teilen vgl. Paulinyi 1989a, S. 178.

geboten werden. Ebenso wie Taylor setzte er also auf finanzielle Anreize, um sein Produktionssystem durchzusetzen.

Die Produktivitätssteigerungen, die der besseren Bezahlung zugeschrieben wurden, lagen bei 15 bis 20 % (vgl. Flink 1988, S. 123). Schon 1908, vor der Einführung des Fließbandes und dem Übergang zum Modell T, hatte Ford mit 3 Autos pro Werker im Jahr eine sehr viel höhere Produktivität erreicht als andere Automobilhersteller in den USA oder in Europa. Selbst bei Renault, wo in einigen Bereichen taylorisiert worden war, brachte man es noch 1913 nur auf 1,2 Autos pro Arbeiter im Jahr, und bei Packard in Detroit, wo ebenfalls die Wissenschaftliche Betriebsführung eingeführt worden war, kam in diesem Jahr noch nicht einmal ein dreiviertel Auto pro Mann heraus (vgl. Honermeier o. J., S. 93; Flink 1988, S. 42).[11] Ford dagegen steigerte seine Produktivität von 13 auf 19 Autos pro Mann und Jahr zwischen 1913 und 1914.[12]

Fords Konzept, über hohe Löhne die Werker am Gewinn des Unternehmens zu beteiligen, ging im Krieg und der nachfolgenden Krise unter: Der Krieg minderte die Kaufkraft der Löhne um 44 % des Wertes von 1914; die Lohnerhöhung auf 6 Dollar pro Tag im Jahr 1919 verringerte den Verlust nur und war zudem die letzte bis zum Zweiten Weltkrieg (vgl. Flink 1988, S. 123 f.).[13] 1925, auf dem Höhepunkt der Verkaufsziffern, zahlte Ford einen Wochenlohn, der mehr als vier Dollar unterhalb der Durchschnittslöhne der amerikanischen Automobilindustrie lag.[14] Zwar hatte 1921 Ford noch einen Marktanteil von 55 %, und noch stiegen die Verkaufsziffern, aber bis 1926 schrumpfte der Marktanteil auf 30 %, und seit 1924 fielen auch die absoluten Produktionszahlen (vgl. Bardou u.a. 1982, S. 96; Hounshell 1987; Flink 1988). Der Markt war mit einem Produkt übersättigt; steigende Realeinkommen ermöglichten den Kauf eines teueren Autos. Das Produktions- und Verkaufskonzept des schärfsten Ford-Konkurrenten auf dem Billigsektor, von General Motors, erwies sich zunehmend als das stärkere: mehr

11 Flink gibt für Ford um 1903/04 allerdings schon eine Rate von 12 Autos pro Arbeiter an.

12 Berechnet nach Bardou u.a. 1982, S. 62.

13 Laut Lacey sind allerdings 1932 die Löhne auf 7 Dollar erhöht worden (vgl. Lacey 1989, S. 229).

14 Der Abstand verringerte sich, als 1926 die Fünftagewoche eingeführt wurde, auf knapp 1,5 Dollar (vgl. Flink 1988, S. 124).

Typen, häufigerer Typenwechsel und mehr Flexibilität in der Produktion – „to keep the consumer dissatisfied“.[15] Es begann in der amerikanischen Automobilindustrie der Übergang zur flexiblen Massenproduktion. Als Ford reagierte und auf das neue Modell A umschwenkte,[16] mußte die Fabrikanlage ein halbes Jahr lang stillgelegt werden. Die Umstellung kostete schätzungsweise eine Viertel Milliarde Dollar, inkl. des Produktionsausfalls. Zu eng waren die Maschinen aufgestellt, zu sehr waren sie bis ins kleinste Detail allein auf das Modell T zugeschnitten gewesen. Schon zuvor hatten selbst kleine Änderungen am Design, die zusammen mit technischen Neuerungen trotz der angeblich unveränderten Bauweise des Modells immer wieder vorgenommen, aber nicht unbedingt propagiert worden waren, immer wieder zu Anpassungsschwierigkeiten und folgenden Produktionsengpässen geführt. Von den 32 000 Werkzeugmaschinen in der Produktion, überwiegend Einzweckmaschinen, mußten nun nach dem Ende des Modell T mehr als die Hälfte umgebaut und fast ein Viertel verschrottet werden; 4500 Maschinen wurden neu angeschafft (vgl. Hounshell 1987, S. 267 ff.; Flink 1988, S. 240 f.). Die Ford Motor Company besaß zu diesem Zeitpunkt etwa 45 000 Werkzeugmaschinen. Der Übergang zur flexiblen Massenproduktion brachte auch einen Wandel bei den eingesetzten Werkzeugmaschinen mit sich; immer stärker waren Mehrzweckmaschinen im Einsatz, und es begannen sich auch schon die zukünftigen Fertigungsmethoden anzudeuten: „Part of the Model A retooling involved the introduction of the electric welding of parts by self-indexing automatic welders to replace the traditional bolting together the subassemblies. These automatic welding machines were the forerunners of our current Unimate robots“ (Flink 1988, S. 49).

Die Rationalisierungsdiskussion und die tatsächliche Umsetzung dieser Ideen in Deutschland vollzog sich zwischen den beiden Polen Taylor und Ford. Sie waren jedoch nicht die einzigen, die mit Konzepten aufwarteten. Zu den bekanntesten anderen zählt einmal Frank B. Gilbreth mit seinen Bewegungsstudien, der bei schnellablaufenden Ar-

15 So der GM-Ingenieur Charles F. Kettering, zitiert nach Hounshell 1987, S. 267.

16 Es wäre ein Wechsel von „uniform ugliness“ zu einem „thing of beauty“ gewesen, trotz Massenproduktion (Filene 1929, S. 629, zitiert nach Hounshell 1987, S. 307).

beitsprozessen auch Mikrobewegungsstudien mit Filmaufnahmen propagierte und von der Psychotechnik beeinflußt war (vgl. Gilbreth 1920, S. 37 ff.). In der wissenschaftlichen Organisation der Unternehmensführung und -verwaltung stand ebenfalls das Konzept von Henri Fayol, Generaldirektor eines französischen Bergbauunternehmens, auch als „Francis Bacon der Management-Literatur" (Merrill) oder „Prophet eines gallikanischen Taylorismus" (Landes) bezeichnet, zur Debatte.[17] Fayol, der vom oberen Management ausging, forderte einen zentralistischen Aufbau der Verwaltung, Arbeitsteilung sowie eine Delegation der Verantwortung, aber auch Einheit und Eindeutigkeit der Leitung (vgl. Fayol 1929).[18] Charles Bedaux, ein 1911 in die USA ausgewanderter Franzose, entwickelte 1916 ein Arbeits- und Zeitstudiensystem, das mit der Schaffung eines Einheitswertes der Mengenleistung ein Maß für die menschliche Leistung und Beanspruchung anzugeben können glaubte.[19] Das System, eine Vereinfachung Taylorscher Vorgaben, war in den Augen seiner Kritiker auf eine Erhöhung des Arbeitspensums durch den Arbeiter ausgerichtet und soll bis 1932 weltweit in 550 Fabriken eingeführt worden sein (vgl. Haupt o. J.; Hinrichs/Kolboom 1990, S. 399; Pechhold 1974, S. 28).

Daneben stand eine Fülle von Rationalisierungsmöglichkeiten, die keinem dieser Konzepte vollkommen zuzuordnen waren. Die konkreten Ergebnisse aller dieser Bemühungen bleiben gesamtwirtschaftlich schwer faßbar und sind oftmals überschätzt worden (vgl. Borchardt, 1976, S. 688). Das lag nicht zuletzt daran, daß die Heftigkeit der Rationalisierungsdebatte mit den betrieblichen Umsetzungen der Konzepte vermengt wurde (vgl. Vahrenkamp 1988, S. 115 f.). Wegen dieser Überbewertung ist die Rationalisierung der 1920er Jahre schließlich

17 So der Herausgeber von Classics in Management, Harwood F. Merrill (vgl. Pentzlin 1963, S. 393; Landes 1973, S. 487).

18 Fayols Studie erschien erstmals 1916 in Frankreich und wurde erst 1929 ins Deutsche übersetzt. Seine Lehren haben mehr in Frankreich als in Deutschland Verbreitung gefunden. (vgl. Pechhold 1974, S. 30).

19 Von Bedaux selbst scheinen keine Veröffentlichungen zu existieren; ein Teil seiner Bewertungskriterien wurde als Geheimnis der in verschiedenen Ländern existierenden Bedaux-Gesellschaften gehütet (vgl. Stein 1932).

auch für die seit 1929 wieder steigende Arbeitslosigkeit mit verantwortlich gemacht worden; letztlich wurde sogar von Fehlrationalisierung gesprochen.[20] Die meisten Produktivitätssteigerungen, die es in der Weimarer Republik gegeben hat, erreichte man wahrscheinlich durch reine Umorganisation des Produktionsflusses sowie des Material- und Teiletransports, wohl aber auch durch „Normierung der lebendigen Arbeit". Besonders die Zeit- und Bewegungsstudien und die darauf beruhenden Akkordsysteme, die in erster Linie durch die REFA verbreitet wurden, sind hier zu nennen. Über 60 % der Metallbetriebe wandten 1927/28 REFA-Methoden an. Die kapitalintensive Fließbandproduktion setzte sich dagegen sehr viel langsamer durch (vgl. Bönig 1980, S. 407 ff.).

Faßbar sind fast immer nur Einzelresultate. Der Maschinenbau, von dem für andere Industriezweige so viele Rationalisierungsanstöße ausgingen und noch immer gehen, erwies sich zwar gerade aufgrund seiner Kundenorientierung und wegen seiner Heterogenität nur schwer taylorisierbar,[21] hatte aber Rationalisierungserfolge zu verzeichnen. Allerdings

20 „Fehlrationalisierungen werden also vorgenommen, wenn der Mehraufwand an fixen Kosten, den das rationalisierte Arbeitsverfahren erheischt, zwar kleiner ist als die Ersparnis am Arbeitslohn, die die Rationalisierung ermöglicht, aber größer als die Differenz zwischen dieser Ersparnis und dem gesellschaftlichen Mehraufwand für die Erhaltung, Umlernung und Umsiedlung der durch die Rationalisierung arbeitslos gewordenen Arbeiter" (Bauer 1931, S. 176).

21 Das hat sich bis heute so gehalten (vgl. Manske 1991, S. 19 ff.). Wichtige Argumente gegen die Taylorisierung des kleinserigen Maschinenbaus seien der hohe Aufwand, dessen die Verwissenschaftlichung der Produktion nach Taylor bedürfe, und die Schwierigkeit, den „besten Weg" zu finden, weil dessen Variablen sich ständig änderten. Eine wesentliche Variable sei „der Arbeiter selbst, bzw. dessen *Erfahrungswissen*, das sich durch die tagtägliche Arbeit im Prinzip ständig erweitert. Dies ist der ‚Kern' des Arguments gegen eine effektive Durchsetzung des Taylorismus im Maschinenbau. Die sich ständig wandelnden Fertigungsanforderungen sind verantwortlich für das, was man als den *spezifisch-experimentellen Charakter der Arbeit* im Maschinenbau bezeichnen kann. Die Arbeiter besitzen gleichsam immer einen Vorsprung vor der Arbeitsvorbereitungsabteilung: Es findet eine Art ‚Wettrennen' statt, bei dem der Betrieb vermutlich auch dann kaum Chancen hätte, wenn die Arbeitsvorbereitungsabteilung unmäßig aufgebläht wäre." (Manske 1991, S. 21).

waren diese nur selten so groß wie etwa bei „Musterfabriken“ wie Ludwig Loewe oder Fritz Werner, die über ein ausgeklügeltes System von Arbeitsvorbereitung, -kontrolle und -teilung verfügten. Die Firma Ludwig Loewe, die nach dem Fehlschlag mit der Nähmaschinenproduktion erfolgreich u.a. auf standardisierte Waffenproduktion gesetzt hatte, war auch ein Vorreiter bei der Normung gewesen. Das Loewesche Normalien- und Maßsystem hatte vor der Gründung vom „Normenausschuß der deutschen Industrie“ (1918) auch in anderen Betrieben Verbreitung gefunden. Ebenso war es mit dem Buchführungssystem, das entgegen sonstiger Geheimhaltungspraktiken nach amerikanischem Vorbild zur Nachahmung angepriesen wurde (vgl. Wegeleben 1924, S. 35 ff., S. 66 ff.). Von hier startete zudem Georg Schlesinger seine Karriere, der seine Rationalisierungskenntnisse auch in anderen Firmen zur Anwendung bringen konnte, so bei der Landmaschinenfabrik Heinrich Lanz (vgl. Fischer o. J., S. 276).

Rationalisierung hieß aber auch immer Typenbegrenzung. Ohne sie verpufften viele Maßnahmen. Gerade jedoch der Maschinenbau entzog sich aufgrund seiner Kundenorientierung in einer Reihe von Betrieben diesem Schritt. Die Anpassung an die individuellen Bedürfnisse der Abnehmer verhinderte auch in etlichen Betrieben die Einführung der Serienfertigung, die ja nur dort möglich ist, wo ein gleichmäßiges Produkt regelmäßig abgesetzt werden kann. Schätzungsweise ein Drittel der Maschinenbauerzeugnisse war 1928 noch der Einzelfertigung zuzurechnen. Die Einführung der Fließfertigung und ihre Durchführung im Maschinenbau war dagegen noch eine offene Frage (vgl. Lange 1928, S. 327 ff.). Im Werkzeugmaschinenbau hatte der Rationalisierungsschub der zweiten Hälfte der 1920er Jahre zu einem technisch-konstruktiven Wandel geführt, der sich an den eigenen Erfordernissen wie an denen der Anwender orientiert und bemüht hatte, beiden eine möglichst hohe Flexibilität zu sichern (vgl. Freyberg 1989, S. 79 ff.). Die begrenzte Massenfertigung in den Einsatzgebieten der Werkzeugmaschinen erforderte eine große Elastizität im technisch-organisatorischen Bereich, was dazu führte, daß der deutsche Werkzeugmaschinenbau schon während der Weimarer Republik auf dem Gebiet der elektrischen Steuerung führend war.

Bei der deutschen Automobilindustrie war die Einstellung zu Taylor sehr unterschiedlich. Bei Daimler, wo durchaus nach dem „amerikanischen System“ hätte produziert werden können, legte man mehr Wert auf Handarbeit. Bei Opel dagegen, das moderner organisiert war, machte man sich nur Teile des Taylorsystems zunutze. Der Weltkrieg hatte eine Forcierung der Typisierung und Normung gebracht, weil überwiegend für den Heeresbedarf gearbeitet worden war. Daimler ging nach 1919 allerdings nicht zu einer Organisation nach Taylorschen Grundsätzen über, sondern führte mit der Gruppenfertigung eine Vorstufe der Fließfertigung ein, zu dem das Unternehmen erst ab 1926 überging. 1928 wurde hier erstmals das Fließband eingesetzt – vier Jahre nach den ersten Versuchen Opels damit, wo man sich nach 1918 konsequent an amerikanischen Produktionsmethoden orientierte. So wurde hier bereits Mitte der zwanziger Jahre mit dem „Laubfrosch" auch ein billigeres Modell gebaut (vgl. Kugler 1985; Kugler 1987, S.310 ff.). Um 1928 gab es kaum noch eine maßgebende Automobilfabrik, die nicht nach den Grundsätzen der Fließfertigung produzierte (vgl. Hachtmann 1989, S.68).

Anders als der Maschinenbau oder die Automobilindustrie war die Elektrotechnik eine hochkonzentrierte Branche, in der zwei Unternehmen – AEG und Siemens – etwa die Hälfte des Marktes beherrschten (vgl. Czada 1969, S.32ff., S.43 ff., S.275 ff.). Bei dem kleineren Unternehmen Bosch wurden schon etwa ab 1907 Rationalisierungsschritte unternommen,[22] mit einem Büro zur Kostenkalkulation und 1928 einem zur Lohnberechnung. Eine 1913 nach Taylorschem Muster vollzogene strikte Trennung von Planung und Ausführung der Arbeit führten mit zu einem Streik, den der Arbeitgeber gewann.[23] Auch nach dem Krieg wurde bei Bosch die Rationalisierung unter Taylorschen Vorzeichen weiterbetrieben. 1923 begann man mit ersten Experimenten zur Fließarbeit (vgl. Bönig 1989, S.253).

Bei Siemens & Halske hatte man sich schon um 1870, auf Anraten von Ludwig Loewe, entschlossen, einen „amerikanischen Saal" einzurichten – mit amerikanischen Werkzeugmaschinen –, wenn auch nicht

22 Boschs kaufmännischer Direktor Borst betonte 1914, man wäre „unabhängig" von Taylor zu ähnlichen Ergebnissen gekommen wie dieser (vgl. ‚Fünfzig Jahre Bosch ...' 1936, S. 216).

23 Etwa beim sogenannten Rationalisierungsstreik bei Bosch von 1913, dem jedoch ein komplizierteres Ursachenbündel zugrunde lag als allein die Einführung taylorisierter Arbeitsmethoden (vgl. dazu Prinzing 1989, S. 128ff.)

ohne Vorbehalte. Der sich damit anbahnende Übergang zur Serienfertigung mit einer Typisierung betraf aber nur einige wenige Bereiche der Produktion, so die Torpedo- und die Telegraphenherstellung. Parallel zum Einsatz leichter bedienbarer Spezialmaschinen, an denen zunehmend an- und ungelernten Werker (auch Frauen) Beschäftigung fanden, wurde gegen Ende des Jahrhunderts die Meisterherrschaft beschnitten, und bis zum Ersten Weltkrieg verlagerte man die Planungsarbeit von den Meistern weg in „Gruppenbüros" (vgl. Heintzenberg 1940, S. 129; Kocka 1969, S. 120 ff., S. 217 ff., S. 337 ff.)

Nach 1918 war die Elektrotechnik besonders an den psychotechnischen Eignungsprüfungen interessiert. In der Inflationszeit wurde schließlich mit Zeitstudien auch in diesem Industriezweig versucht, für die Selbstkostenberechnung eine vom Preisverfall unabhängige Meßlatte zu gewinnen. Nach der Währungsreform scheinen jedoch in vielen Unternehmen der Elektrotechnik diese Zeitstudien wieder eingestellt worden zu sein. Der Konflikt um die Lohnhöhe wandelte sich zur Auseinandersetzung um die Höhe der vorgegebenen Zeiten für eine Leistungseinheit (vgl. Homburg 1991, S. 303). Ausgebaut wurden dagegen die Arbeitsbüros bei Siemens und generell in der Elektroindustrie die Standardisierung und Normierung. Die Elektromotoren wurden bei Siemens seit 1924 fließend gefertigt, und bald folgten auch Staubsauger und andere Haushaltsgeräte. Ein Fließband war erst ab 1927 in der Montageabteilung voll einsatzfähig. Die Arbeit hier war allerdings gekennzeichnet durch häufig wechselnde Serien. Bis in die dreißiger Jahre hinein behielten derartige Rationalisierungsmaßnahmen einen eher experimentellen Charakter und erfolgten selten in allen Arbeitsbereichen gleichzeitig, weil dazu die finanziellen, wissenschaftlichen, technisch-konstruktiven und teilweise auch personellen Voraussetzungen fehlten. Die eingeleiteten Maßnahmen scheinen aber in der Weimarer Zeit, jedenfalls bis zum Einsetzen der Weltwirtschaftskrise, erfolgreich gewesen zu sein (vgl. Homburg 1991, S. 520 ff.).

Die Weltwirtschaftskrise mit der sie begleitenden hohen Arbeitslosigkeit versetzte der Rationalisierungsbewegung einen Dämpfer, brach sie aber nicht vollends ab. Eine Umfrage des Deutschen Metallarbeiterverbandes aus dem Jahr 1932 zeigte, daß die Fließfertigung in den größeren Betrieben der Automobil- und Fahrradbranche schon relativ verbreitet war: 11,6 % der Abteilungen dort arbeiteten am Band, 17,3 % in Fließfertigung ohne Band. In der Elektroindustrie sah es ähnlich aus:

17 % aller Betriebsabteilungen arbeiteten dort am Band, weitere 18,3 % in Taktarbeit. Im Maschinen- und Apparatebau schließlich waren die Bandarbeit mit 1,7 % und die Taktarbeit mit 11,8 % vertreten (vgl. im folgenden Hachtmann 1989, S. 68 ff.).

3.2.2 *Rationalisierung in der Spätphase der starren Automatisierung*

Als die Nationalsozialisten 1933 die Macht ergriffen, besaß die deutsche Industrie vielfältige Erfahrungen mit der Rationalisierung. Die neuen Machthaber waren in ihrer Haltung allerdings gespalten. Einerseits setzten sie auf Handarbeit etwa im Reichsarbeitsdienst zur Beseitigung der Arbeitslosigkeit und polemisierten gegen amerikanische Produktionsmethoden. Doch andererseits erlaubte das Ziel der Wiederaufrüstung keine ideologischen Bremsen; denn die nationalsozialistischen Expansionsvorstellungen waren nur unter Zuhilfenahme der Industrie zu verwirklichen. Daher herrschte auch Bereitschaft, Erkenntnisse der Arbeitswissenschaft und Betriebspsychologie, in die die industrielle Psychotechnik der Weimarer Republik aufging, anzuwenden, nicht zuletzt wegen der erhofften sozialpazifierenden Wirkungen, die man etwa auch von der Fließbandarbeit erwartete (vgl. Schuster/Schuster 1984, S. 95 ff.). Zudem herrschte in einigen Teilen der NSDAP, auch bei Hitler, Bewunderung für Ford und dessen Ideen vom massenproduzierten Volksauto bis zum Antisemitismus (vgl. Flink 1988, S. 113).

Obwohl keine Zahlen vorliegen, ist zu vermuten, daß die Fließarbeit mit dem Einsetzen der Rüstungskonjunktur ausgeweitet wurde. Sicher ist dies jedenfalls bei großen Unternehmen: Bei Opel wurde 1936 im neuen Werk Brandenburg erstmals in Deutschland die Fließfertigung zu 100 % angewendet. Hier wurde auf 27 automatischen Transportbändern, an deren Ende alles am Fertigmontageband eintraf, produziert. Und auch bei Siemens finden sich seit 1934/35 Umstellungen in den Produktionsmethoden (vgl. Kugler 1987, S. 336). In den 30er Jahren vergrößerten die Elektrokonzerne ihre für die Fließarbeit vorhandenen Anlagen und bezogen auch die Fertigung komplexerer und kleinserigerer Produkte als Staubsauger, Bügeleisen usw. mit ein (vgl. Bönig 1989, S. 249).

Spätestens seit der Eingliederung der 6 Millionen Arbeitslosen in die Wirtschaft und dem Auftreten eines Facharbeitermangels erhielten Rationalisierungsmaßnahmen breite staatliche Rückendeckung, wobei Begriffe wie Produktivitätserhöhung und Rationalisierung allerdings kaum auftauchten. Dafür wurde immer häufiger von „Leistungssteigerung", „Leistungskampf" und „Wirtschaftlichkeitsstreben" geschrieben. Der Vierjahresplan warb sogar für Studienreisen in die USA, um dort die fortschrittlichen Produktionsmethoden zu erlernen. 1936 erkundete Ferdinand Porsche bei Ford und General Motors die Möglichkeiten für den Bau eines Volkswagens (vgl. Nelson 1965, S. 62 ff.), und noch kurz vor Kriegsausbruch erweiterte die DAF, die Deutsche Arbeitsfront, ihre wirtschaftskundlichen Studienfahrten um drei große Reisen in die USA. Die in der Wirtschaftskrise erloschene breite Amerika-Begeisterung entfachte sich in dieser Zeit neu (vgl. Schäfer 1991, S. 203 ff.).

Kontrastierend dazu wurden die Rationalisierungsmaßnahmen, aber auch die Technik, mit dem Etikett „deutsch" oder „echt" verbrämt, um anzudeuten, daß damit nun nicht mehr nur einem einzelnen, sondern der Gesamtheit gedient werden solle (vgl. Seebauer 1935, S. 113 f.; 'Die echte Rationalisierung' 1936).[24] Das war nicht nur reine Ideologie, sondern änderte auch an dem Inhalt der Maßnahmen im Gegensatz zu früher wenig. Da die Rationalisierungsinstitutionen wie andere Bereiche der Gesellschaft und Wirtschaft seit 1933 gleichgeschaltet und durch weitere ergänzt worden waren, konnten staatliche Vorgaben, die sich überwiegend auf Typisierung und Normung bezogen, aber relativ schnell umgesetzt werden. Wichtige Schritte dieser staatlichen Einflußnahme waren der „Wirtschaftlichkeitserlaß" vom November 1936[25] sowie die Anweisung Görings, des Beauftragten für den Vierjahresplan, an Wirtschaftsminister Funk, zur Erhöhung der Wirtschaftsleistungen „die Verbesserung der Betriebsanlagen, Produktionsmittel und Produktionsmethoden" in Angriff zu nehmen (vgl. Hachtmann 1989, S. 72). Der Anfang 1939 schließlich eingerichtete „Reichsausschuß für Leistungssteige-

24 Etwas Ähnliches geschah mit der „Deutschen Arbeit (vgl. hierzu Campbell 1989, S. 312 ff.).

25 In den Organisationen der gewerblichen Wirtschaft sollten die Mitglieder zu „größtmöglicher Wirtschaftlichkeit und zu höchster Leistung zum Nutzen für Volk und Staat" erzogen werden (Büttner 1973, S. 21).

rung", in dem alle Stellen aus Staat, Wirtschaft und Partei vertreten waren, die an der Wirtschaftsplanung, an der technischen Rationalisierung und an Leistungssteigerung teilnahmen, und dessen Vorsitz der Leiter des RKW übernahm, hatte sich besonders mit Normung, Typisierung, Verlustquellenforschung sowie Arbeits- und Zeitstudien zu befassen (vgl. Büttner 1973, S.23).

Seit dem Anlaufen der Rüstungskonjunktur und den ersten Anzeichen eines drohenden Facharbeitermangels ab 1934 kam es zu einer gezielten „Förderung von Arbeits- und Zeitstudien zur Sicherung rationeller Arbeitsmethoden", die vor allem den Arbeiten des REFA größeres Gewicht gaben (vgl. Bukall 1940/41; Siegel 1989, S.239 ff.). Eingegliedert in die DAF setzte der REFA-Verband seine Schulungen fort; allein im Jahr 1943 hatte er 12 000 Teilnehmer. Insgesamt bildete er seit seinem Bestehen etwa 40 000 REFA-Männer aus (vgl. Spitzley 1980; REFA 1976). Daneben wurde mit der Anwendung der Betriebspsychologie versucht, die Belegschaft gefügiger zu machen: Die Arbeiten des „Amtes für Betriebsführung und Berufserziehung", des früheren DINTA,[26] hatten nicht nur arbeitsorganisatorische Veränderungen in den Betrieben zum Ziel, sondern die Umstrukturierung in Führer und Gefolgschaft; vor allem in der Einstellung zur Arbeit und der Verbesserung dieser Einstellung im nationalsozialistischen Sinne sah man den wesentlichen Ansatz zur „Leistungssteigerung" (vgl. 'Klare Zuständigkeiten' 1939/40, S. 124). Ziel dieser Leistungssteigerung war in erster Linie ein erhöhter Produktionsausstoß, was bis etwa 1942/43 die vorherrschende Rationalisierungsform blieb. Erst dann ging man, bedingt durch den Materialverschleiß im Krieg, verstärkt zur Verlustquellenforschung über sowie zu dem Versuch, Produktionsfaktoren einzusparen.

26 Das „Deutsche Institut für technische Arbeitsschulung" (Dinta) wurde 1925 auf Initiative besonders der Bergwerksindustrie gegründet und bildete Ingenieure, Meister und Vorarbeiter für die „industrielle Menschenführung" aus und suchte bei Jugendlichen die systematische Erfassung als Arbeiter und Mensch durch die Verbindung von Werkstatt, Schule, Pflege der Freizeit durch Gemeinschaftsleben uter Einbeziehung des Elternhauses (vgl. Schürholz 1930, Sp. 5196). Nach Robert A. Brady war das Dinta „perhaps the most extensive, certainly the boldest" Versuch der Einflußnahme auf den Arbeiter (Brady 1933, S. 82).

Der Werkzeugmaschinenbau stand durch die Anforderungen der Aufrüstung unter dem besonderen Zwang, verstärkt anwenderorientiert zu arbeiten und auf einen wachsenden Facharbeitermangel Rücksicht zu nehmen. Er ging daher zunehmend zur Entwicklung von leichter bedienbaren Einzweckmaschinen, Automaten und Sondermaschinen über (vgl. Haase 1937, S. 57; vgl. im folgenden insbesondere Siegel/Freyberg 1991, S. 243 ff.). Auf dem Gebiet der elektrischen Steuerung vertieften sich die Kenntnisse. Denn nur der Übergang von der mechanischen zur elektrischen Werkzeugmaschinensteuerung ermöglichte Fortschritte in der Automatisierung, ohne allzu große Flexibilitätsverluste herbeizuführen. Dabei halfen auch die entwickelten Vorrichtungen (Spannapparate, Aufspann-, Steuerungs- und Meßmittel). Diese Zusatzapparate erweiterten die Einsatzbreite oder automatisierten Teiloperationen. Mit der nun erfolgenden Weiterentwicklung dieser Vorrichtungen wurden die Übergänge zur automatischen Werkzeugmaschine fließend. Die spätere Einführung des Baukastenprinzips bei diesen Zusatzapparaten verschaffte dem Anwender zudem ein hohes Maß an Flexibilität; er konnte schnell und vielseitig umrüsten und erreichte gleichzeitig eine breitere Selbsttätigkeit. Das bot auch die Möglichkeit, auf die häufigen und kurzfristigen Wechsel in den Rüstungsprogrammen[27] zu reagieren, ohne sich die Möglichkeit der Umstellung auf Friedensproduktion durch Investitionen in Spezialmaschinen zu verbauen.

Im Krieg setzte sich die Typenbereinigung, die mit der Einsetzung von Generalbevollmächtigten Ende 1938 begonnen hatte, im Kraftfahrzeugbau sowie im Maschinenbau fort. Im Maschinenbau wurde die Typisierung besonders forciert, vor allem durch eine Verordnung vom 28. Mai 1941, die eine Meldepflicht für Aufnahme und Einstellung der Produktion von Werkzeugmaschinen durchsetzte. Manche Unternehmen produzierten nur noch wenige oder sogar nur noch einen einzigen Typ (vgl. Hachtmann 1989, S. 77). Daneben wurde auch die Normierung vorangetrieben, besonders bei Rüstungsgütern. Mit fortschreitender Normierung erwartete man sogar einen verstärkten Übergang zu einem Baukastensystem (vgl. Benkert 1939, S. 1135). Nicht alle jedoch führten Rationalisierungsmaßnahmen durch, die eine Um-

27 Sie machten zudem die Fließfertigung unrentabel (vgl. Hachtmann 1989, S. 80).

stellung der Fertigungstechnik – und insbesondere die Fließtechnik – umfaßten. Abzulesen ist dies auch an den Zahlen der Facharbeiter, deren Anteile an der Gesamtzahl der Beschäftigten in den größeren Betrieben des Maschinenbaus (mehr als 99 Beschäftigte) zwischen 15 % und 60 % schwankten (vgl. Hachtmann 1989, S. 78). Die Typenreduktion im Maschinenbau war sowieso zumindest für die großen Hersteller nicht so einschneidend wie für die kleinen. Es ist gut möglich, „daß die statistischen Erfolgsmeldungen eher verschleierten als informierten, daß schließlich den führenden Werkzeugmaschinenherstellern viele Möglichkeiten offenstanden, ihre Produktionsprogramme durchzuhalten, also die Produktionslenkung auch hier (wie bei der Rohstoff- und Arbeitskräftebewirtschaftung) die große Zahl kleiner Firmen traf" (Siegel/Freyberg 1991, S. 216).

Mit der sukzessiven Besetzung europäischer Staaten hätte sich der deutschen Industrie ein Markt für eine Massenproduktion nach amerikanischem Vorbild geboten. Ein Hindernis für die Ausweitung der Massen- und Serienfertigung war der unzureichende Bestand an Spezial- oder Sondermaschinen. 1943 galten die Sondermaschinen im Werkzeugbau noch als sehr selten, und im Gegensatz zu den Universalmaschinen wurden Sondermaschinen auch noch nicht im Fließverfahren hergestellt (vgl. Hauptausschuß ... 1943, S. 154). Bei Kriegsende soll der Anteil der Spezialmaschinen an den Werkzeugmaschinen insgesamt noch nicht einmal 8 % betragen haben. Die Unternehmer bevorzugten Universalmaschinen, die zwar für die Produktivitätssteigerung eine Belastung darstellten, aber den wechselnden Rüstungsprogrammen leichter angepaßt werden konnten und außerdem nach Kriegsende von größerem Nutzen sein würden (vgl. Milward 1977, S. 190). Ein weiterer Hinderungsgrund waren aber auch die Kompetenzstreitigkeiten der Ära Speer, die durch häufige Produktionsumstellungen zu einer Unrentabilität der Fließfertigung führten (vgl. Hachtmann 1989, S. 80 ff.; vgl. auch Herbst 1982, S. 261 ff.).

Trotzdem läßt sich zusammenfassend sagen, daß die Fließfertigung zwischen 1936 und 1944 zunehmend ausgeweitet wurde: Sie fand Eingang in Industriezweigen, in denen sie vor der nationalsozialistischen Machtergreifung kaum angewandt wurde (Textilindustrie, Holzverarbeitung, Flugzeugbau, Panzerfertigung, Beizanlagen, um nur einige Beispiele zu nennen), sie wurden auch in eher kleineren Unternehmen eingeführt, und besonders in der metallverarbeitenden Industrie wurden die Fließfertigungssysteme zunehmend perfektioniert, wobei an den Bändern immer stärker teil- oder vollautomatische Maschinen eingesetzt wurden. Im Gegensatz allerdings zu England und den USA wurde das Fließbandverfahren vergleichsweise gering ausgedehnt. Die Produktion von Werkzeugmaschinen war seit 1941 sogar rückläufig. Nur eine rechtzeitige Ankurbelung der Produktion von Spezialmaschinen hätte eine schnellere Ausweitung der Fließbandproduktion und verstärkt einen Mehrschichtenbetrieb ermöglicht (vgl. Blaich 1987, S.48).

3.2.3 Die Automatisierungsdebatte

Seit den dreißiger Jahren war in Deutschland immer wieder über eine erweiterte Automatisierung der Produktionsprozesse nachgedacht worden, ohne aber zu umwälzenden Ergebnissen kommen zu können (vgl. Kuhnert 1935; Dolezalek 1941; Dyckhoff 1943). Einen Schritt vorwärts machte auch diesmal wieder die amerikanische Automobilindustrie. Bei Ford wurde Ende 1946 von Del Harder, einem von General Motors gekommenen Leiter der Fertigungstechnik, das Wort *automation* eingeführt und 1947 sogar eine Automationsabteilung eingerichtet. Das vorgestellte Konzept von *automation* war kaum sensationell zu nennen und im Grunde eine konsequente Fortführung einer seit 1935 bei Ford stattfindenden Umgestaltung des Herstellungsprozesses. Im Cleveland Motorenwerk sollte die verbindende Arbeit zwischen den automatischen Maschinen, also der Transport, das Spannen, die Zwischenkontrolle usw., vollmechanisiert ablaufen. Das war kein höherer Automatisierungsgrad als bei der Transfermaschinerie selbst, stellte es doch keine neue Produktionsmaschine, geschweige denn eine neue Art von Kontrolle, sondern nur eine weitere, allerdings ausgeklügeltere mechanische Födereinrichtung dar (vgl. Bright 1958, S.59 ff.; Flink 1988, S.243). Jede daran arbeitende Schicht brauchte mindestens 36 Bediener und elf Wartungsarbeiter. Es funktionierte ohne Rückkopplungskontrolle, es gab keine automatische Aussonderung schadhaften Materials. Den bedeutendsten Fortschritt stellte die Integration des mechanisierten Transports zwischen den Maschinen und der Produktionsausrüstung dar.

Die öffentliche Einführung des Begriffs *automation* übernahm 1948 der American Machinist mit einem Beitrag „Ford Handles by Automation“ (vgl. Le Grand 1948, vgl. auch Abschnitt 2). Innerhalb von nur wenigen Jahren wandelte sich diese ein eher bekanntes Produktionskonzept beschreibende Bezeichnung zu einem Schlagwort, in das sehr viel Sprengstoff und sehr viel Hoffnung hineingelegt wurde und das sich dadurch von den ursprünglichen Inhalten weit entfernte. An diesem Schlagwort entzündete sich eine kurze, aber heftige Debatte, die ihren Ursprung in Amerika nahm. Schon die ersten Veröffentlichungen, die sich nicht im engen Rahmen einer betrieblichen Anwendung der *automation* befanden, kamen zu weitreichenden Konsequenzen; und selbst Del Harder, der das Wort geprägt und das Konzept mit entworfen hatte, sprach später von einer „philosophy of manufacturing“ (Bright 1967, S. 639).

Ausgangspunkt dieser Debatte war eine Veröffentlichung des Mathematikers Norbert Wiener aus dem Jahre 1950, in der dieser eine weitgehende Automatisierung des Produktionsprozesses mit der seit den 1940er Jahren weiter vorangetriebenen Entwicklung von Computern zusammenführte und zu einem Schreckensgemälde zukünftiger gesellschaftlicher Entwicklung kam. Wiener malte aus, daß Computer sich zum Zentrum der automatischen Fabrik entwickeln und darüber hinaus andere Bereiche der menschlichen Arbeit nicht nur mechanisieren, sondern auch lenken würden. Die Ersetzung der menschlichen Arbeit durch Automaten hätte eine Arbeitslosigkeit zur Folge, „mit der verglichen die augenblicklichen Rückgänge und sogar die Depression der dreißiger Jahre als harmloser Spaß erscheinen werden“ (Wiener 1952, S. 172).[28] Wesentlich positiver, wenn auch nicht unkritisch, behandelte eine zweite, aus der Debatte nicht wegzudenkende Veröffentlichung das Thema, das erste Buch, das den nun schon einige Jahre alten Begriff im Titel führte: „Automation – The Advent of the Automatic Factory“ von John Diebold. Auch hier nahm die elektronische Rechenmaschine einen wichtigen Platz in der Argumentation ein, doch warnte Diebold vor einer Überschätzung der Kontrolle durch sie. Das Tempo der Veränderung hin zu einer automatischen Fabrik, die für ihn ohne Arbeiter nicht denkbar schien, sah er im Gegensatz zu Wiener, der im Frieden von zehn bis zwanzig, im Kriegsfall von zwei bis höchstens fünf Jahren ausging, als

28 Später revidierte Wiener, allerdings weitgehend unbemerkt in der Diskussion, diese Bemerkung.

sehr viel langsamer an (vgl. Diebold 1984, S.38 ff., S.225 ff, S.236 ff.; Wiener 1952, S. 170 f.).

Die diesen beiden Veröffentlichungen in den USA folgende Debatte in den Jahren 1954–1955 wurde mit ähnlichen Argumenten zwischen 1955 bis etwa 1958 in Deutschland,[29] aber auch in anderen europäischen Staaten wiederholt. Besonders bei den prognostizierten Folgen nahm sie zeitweilig fast hysterische Züge an, wenn etwa von einer Freisetzung von 60 % der Werker innerhalb von 20 Jahren die Rede war (vgl. Emrich 1957, S.55). Insgesamt lassen sich in der Debatte zwei Ebenen unterscheiden, die der Praktiker aus Wirtschaft und Gesellschaft, die Umgang mit oder doch vertiefte Kenntnis der Technologien hatten und um die die folgende Darstellung kreist, und die der mehr theoretisch damit Befaßten, der Schriftsteller, Philosophen und ähnlicher Berufsgruppen. Dabei kann man sich des Eindrucks nicht erwehren, daß sich beide im allgemeinen nicht allzu viel zu sagen hatten, sie in relativ geschlossenen Zirkeln debattierten. Das heißt aber nicht, daß auf der theoretischen Seite die Gegner und auf der praktischen die Befürworter standen. Nicht zu übersehen ist auch, daß es zeitweilig nur vordergründig um die Automatisierung ging, sondern viel genereller „um Deutung und Vergewisserung von Sinn, um Zukunftsentwürfe und Lebensperspektiven“ (Vahrenkamp 1988, S.112). Helmut Schelsky beklagte 1957: „Die Utopien, die zukunftsaufschließenden Gedanken der letzten Jahrhunderte, haben sich verschlissen; jetzt gewinnt das bloße Faktum neuer technischer Möglichkeiten den Charakter eines universalen Utopie-Ersatzes . . . Diese Kristallisation aller umherstehenden Probleme und Wirkabsichten an die Automatisierung ist sicherlich die gegenwärtig auffallendste und wirkungsbreiteste soziale Folge dieses technischen Vorganges . . . Man kann nur auf die innere Gesetzlichkeit psychologisch begründeter Übertreibungen und Dramatisierungen hoffen: auf ihre schnelle Abnutzung als Aktualitätsvehikel“ (Schelsky 1957, S.42 f.).

Nahmen sich die Erfahrungen mit der Automatisierung selbst in Amerika – verglichen mit der Größe der Industrie – noch spärlich aus, so fielen sie um so geringer in Deutschland aus. Solange es hier keine Untersuchungen in automatisierten oder doch zumindest teilautomati-

29 Der Schwerpunkt der Debatte lag in den Jahren 1956 und 1957.

sierten Betrieben gab, solange es überhaupt kaum automatisierte Betriebe oder Branchen gab, waren besonders die gesamtgesellschaftlichen Auswirkungen von Automatisierung stark von amerikanischen Ergebnissen und Prognosen bestimmt. Auffällig ist diese Tatsache selbst in der gründlichen Materialiensammlung von Friedrich Pollock, die 1956 erschien (vgl. Pollock 1956). Dieses Buch lag vielen Folgerungen auch für die deutsche Wirtschaft und Gesellschaft zugrunde.

Eine weitere Schwachstelle in der Automatisierungsdebatte war die Unsicherheit über den Begriff selbst. 1958 beklagte sich der Wirtschaftsjournalist Hans Roeper zu Recht, der Inhalt sei „dehnbar wie Gummi", eine „Allerweltsbezeichnung" (Roeper 1958, S. 35). Auch in den USA gab es zu dieser Zeit keine unumstrittene Definition (vgl. Steeger 1956, S. 1401); 1961 kritisierte ein Ford-Mitarbeiter, „Automation" bezeichne nun „jeden technologischen Fortschritt, so gering er auch sein möge" (Garner 1961, S. 11).

Deutsche Techniker und Ingenieure in den Betrieben, auch Fachleute aus der Rationalisierung, lehnten sich seit 1956 überwiegend an die voranstehend erwähnte Definition an, die 1956 von Carl Martin Dolezalek in die Diskussion eingeführt worden war und die wegen ihrer Technikneutralität sowie wegen ihres Bezugs auf den arbeitenden Menschen hervorstach (vgl. Abschnitt 2): „Automatisierung ist die Befreiung des Menschen von der Ausführung immer wiederkehrender gleichartiger Verrichtungen und insbesondere seine Loslösung aus der zeitlichen Bindung an den Rhythmus maschineller und anderer technischer Einrichtungen" (Dolezalek 1956, S. 564; vgl. auch Hake/Wolff 1956, S. 16).

Die Debatte fiel in eine Zeit des wirtschaftlichen Aufschwungs der Bundesrepublik: 1951 hatte die gesamte industrielle Produktion den Stand des Jahres 1938 überschritten und sich zwischen 1950 und 1960 verzweieinhalbfacht, was einer durchschnittlichen jährlichen Wachstumsrate von 9,6 % entsprach. Bei der verarbeitenden Industrie machte sich zwischen 1950 und 1955 ein Produktivitätszuwachs bemerkbar, den man sicherlich auch auf die in der Zwischenzeit erfolgten Erneuerungen im Maschinenpark und auf rationalisierende Maßnahmen zurückführen kann, der aber weitgehend mit der Vorkriegstechnologie erreicht wurde. Jedenfalls stieg der Produktionsindex von 100 auf 183, während der Beschäftigungszuwachs von 100 auf 131 sehr viel geringer ausfiel. Gleichzeitig hatte sich die Arbeitslosenrate halbiert (von 10,2 % auf 5,1 %), um in den folgenden Jahren weiter zu fallen, bis sie ihren tiefsten Stand im Jahre 1965 mit 0,5 % erreichte. Im Gegenzug war gleichzeitig die Anzahl der offenen Stellen gestiegen (vgl. Neumann 1976; Abelshauser 1983; Statistisches Jahrbuch für die Bundesrepublik Deutschland 1956 und 1963). Dieses Absinken der Arbeitslosenzahlen bei wachsender Arbeitskräftenachfrage und das trotz der ständigen Zuwanderung aus der DDR nachlassende Arbeitskräfteangebot, das sich zum Beginn der Debatte 1956 und 1957 abzeichnete, bot den Automatisierungsbefürwortern eine gute Argumentationsgrundlage. Da außerdem demographische Verwerfungen aufgrund der kriegsbedingten hohen Sterblichkeit und Geburtenausfälle für die sechziger Jahre prognostiziert waren, weiterhin durch die bevorstehende Gründung der Bundeswehr[30] arbeitsfähige junge Männer aus dem Produktionsprozeß eine Zeit lang ausscheiden mußten, schien eine verstärkte Rationalisierung, wenn nicht gar Automatisierung unausweichlich, wenn der Lebensstandard nicht sinken, sondern steigen sollte.

Dieser Argumentation entzog sich keine gesellschaftliche Gruppe. Schnell kristallisierten sich aber einige Fragen heraus, die immer wieder gestellt wurden: nach einer technologischen Arbeitslosigkeit und, damit im Zusammenhang, nach einer zweiten industriellen Revolution sowie nach der Veränderung von Berufen (up- and downgrading). Die Stellungnahmen zeigten in den fünfziger Jahren noch kaum verhärtete Fronten zwischen den gesellschaftlichen Interessengruppen, vielmehr oft nur graduelle Unterschiede und Akzentverschiebungen. Einig waren sich fast alle, daß wegen der (noch) hohen Anschaffungskosten und der durch den raschen technischen Fortschritt kurzen Abschreibungsfristen nur wenige, und dann auch überwiegend nur Großbetriebe, die Massenprodukte herstellten, zumindest aber ein länger gleichbleibendes Produktionsprogramm besaßen, zur Automatisierung schreiten könnten. Klein- und Mittelbetriebe schienen nur dann eine Chance zu haben, wenn sie sich als Zulieferer für die Großen betätigten, „insbesondere dann, wenn sie *langfristige Kontrakte* mit Großunternehmen abgeschlossen" hätten (Hohmann 1957, S. 4). Ein weitgehender Konsens bestand auch dahingehend, daß wegen der hohen Kosten in der Automatisierung der

30 Am 1.4.1957 rückten die ersten Pflichtsoldaten ein.

Fertigung aller Wahrscheinlichkeit nach zunächst die Büroarbeit automatisiert werden würde.

Die deutschen Gewerkschaften standen der Automatisierung weitgehend zwar skeptisch, aber nicht grundsätzlich ablehnend gegenüber. Sie befaßten sich erstmals im Januar 1958 umfassender mit diesem Thema. Besonders aus ihren Reihen – sowie aus denen der SPD – kamen die Stimmen, die von der Automatisierung, zumeist im Zusammenspiel mit der Atomenergie, als von einer zweiten industriellen Revolution sprachen.[31] Damit warnten sie vor möglichen sozialen Verwerfungen, die im Zuge einer verstärkten Automatisierung in der Wirtschaft auftreten könnten (vgl. etwa Matthöfer 1956, S. 18; Bayer 1957, S. 71 ff.).[32] Die Entschließung des DGB vom Januar 1958 nahm deshalb eine Reihe von Forderungen auf, um die Folgen der Automatisierung sozial abfedern zu können. Sie reichten von einer Vollbeschäftigungspolitik über einen Ausbau der Schulbildung, einer kostenlosen Umschulung der von der Automatisierung betroffenen Werker bis zu mehr Mitbestimmung am Arbeitsplatz, Lohnerhöhungen und Arbeitszeitverkürzung. Interessanter Weise tauchte der Anspruch, daß kein Werker durch die Automatisierung entlassen werden dürfe, nicht auf, sondern die Forderung nach Übergangsgeld und Abfindung (vgl. Brenner 1958, S. 200 f.). Die Stellung der deutschen Gewerkschaften war dabei nicht unbeeinflußt von der der amerikanischen. Der Vorsitzende des CIO (Congress of Industrial Organisation), Walther P. Reuther, rief Mitte der fünfziger Jahre dazu auf, die Errungenschaften der zweiten industriellen Revolution für die Werker zu nutzen und einen höheren Lebensstandard sowie mehr Freizeit zu schaffen; denn „es ist jedenfalls klüger, sich an die Begleiterscheinungen der neuen Revolution des Atom- und Elektronenzeitalters

31 Ludwig Rosenberg zweifelte, „ob die Automatisierung für sich die gleichen tiefgreifenden Wirkungen haben" werde (Rosenberg 1957, S. 119).

32 Dem Revolutionsbegriff blieb auch die DAG noch Mitte der 1960er Jahre treu (vgl. Automation. Ein Diskussionsbeitrag der Deutschen Angestellten-Gewerkschaft 1965, S. 4); dagegen sprach Erich Göttlicher davon, daß es sich bei der Automatisierung „bei nüchterner Betrachtung weniger um eine industrielle Revolution als vielmehr um eine mit neuen technischen Mitteln bereicherte Fortsetzuung der industriellen Evolution" handele (Göttlicher 1957, S. 364).

zu gewöhnen, als einen erbitterten und vergeblichen Kampf dagegen zu führen“ (Reuther 1955, S. 132).

Viel Skepsis verlautete auch auf sozialdemokratischer Seite, wo Carlo Schmid zu den prominentesten Warnern gehörte: „Nun hat die zweite industrielle Revolution begonnen. Die Rationalisierung nimmt mit der Automatisierung schwindelerregende Ausmaße an“, schrieb er 1957 und warnte vor einem neuen Manchestertum. Zur Abwehr desselben plädierte er für eine Kontrolle durch die gesellschaftlichen Kräfte (nicht durch den Staat) (vgl. Schmid 1956; Schmid 1957, S. 115). Pragmatischer nahm sich dagegen Schmids Parteifreund Leo Brandt der Automatisierung an. Brandt gehörte zu denjenigen SPD-Mitgliedern in verantwortungsvoller Stellung – er war Staatssekretär im nordrhein-westfälischen Wirtschafts- und Verkehrsministerium –, die nach dem Krieg vehement für eine verstärkte Rationalisierung der Wirtschaft eingetreten waren. Bei Brandt spielte die Sorge eine Rolle, wissenschaftlich, technisch und dann auch wirtschaftlich hinter anderen Ländern, etwa den USA, zurückzufallen. Nicht, daß er die mögliche Gefahr einer Freisetzung von Arbeitskräften durch die Automatisierung nicht sah; seine Einstellung war jedoch zupackender, faszinierter auch von den Rationalisierungsmöglichkeiten (vgl. Brandt 1956, S. 12 ff.). Anschluß an die Automatisierungsentwicklung zu finden und sie gleichzeitig gesellschaftlich zu kontrollieren, war auch ein Anliegen Fritz Erlers, der sich zudem gegen jegliche Form von Maschinenstürmerei wandte, die er in einem Streik britischer Werker 1956 in Coventry zu entdecken glaubte, des ersten großen Automatisierungsstreiks in Europa: „Man kann die Automation nicht verhindern“ (Erler 1956, S. 167).

Die mögliche Freisetzung von Arbeitskräften wurde von kaum einem Debattenteilnehmer verneint. Manche glaubten, wie der Ingenieur Dolezalek, an eine vollständige Kompensation an anderer Stelle, etwa bei den Dienstleistungen. „Auf diese Weise werden die Opfer, die die Automatisierung an einzelnen Stellen fordert, . . . wiedergutgemacht“ (Dolezalek 1959, S. 193). Stellungnahmen aus der Wirtschaft verneinten den Verlust von Arbeitsplätzen im Zuge fortschreitender Automatisierung ebenfalls nur bedingt (vgl. Paulsen 1957, S. 117). Zwar waren auch hier viele überzeugt, freigesetzte Arbeiter im eigenen Betrieb oder in anderen Unternehmen unterbringen zu können (vgl. z. B. Könecke 1957, S. 5), doch gab es auch Stimmen, die vor einer Verharmlosung einer kurzfristigen technologischen Arbeitslosigkeit warnten. Denn nicht immer sei der Arbeitsmarkt flexibel genug, um Entlassungen zu kompensieren, so daß es zu Anpassungsschwierigkeiten kommen könne. Doch auch hier herrschte die Auffassung vor, daß sich langfristig der Arbeitsmarkt wieder einpendelte, wenn es gelänge, durch Preissenkungen und Anhebung des Lohnniveaus den Lebensstandard zu erhöhen und damit eine steigende Nachfrage zu sichern (vgl. 'Das Bild der Automation . . . ' 1955). Eine derartige Auffassung war nicht allzu weit von der gewerkschaftlichen Forderung entfernt, nur in Zeiten steigender Konjunktur und Nachfrage zu automatisieren, um Entlassungen zu vermeiden (vgl. Sturmthal 1956, S. 398). Sie fand sogar Zustimmung von unternehmerischer Seite, als 1956 auf der Tagung der Deutschen Volkswirtschaftlichen Gesellschaft in Bad Harzburg der Industrielle Jungbluth erklärte: „Rationalisieren und Automatisieren mit aller Entschlossenheit in Zeiten wirtschaftlichen Aufschwungs, also jetzt. Dagegen würde ich um jeden einzelnen Mann kämpfen, der in Flautezeiten entlassen werden soll“ (Bittdorf 1957, S. 3).

Doch mit einer steigenden Produktion wachse auch das „Bedürfnis“ nach Absatz, und damit werde „die Versuchung zur unsittlichen Überredung der Werker zunehmen“, kritisierte man auf Arbeitgeberseite. Es sei daher viel Einsicht in die Kunst des Maßhaltenkönnens erforderlich (vgl. Kisker 1957, S. 52 ff.). Die hier verlangte sittliche Bildung spielte auf gewerkschaftlicher Seite kaum eine Rolle. Allerdings gab es zwischen beiden den Konsens einer veränderten, zumindest aber weitgehenden schulischen und betrieblichen Ausbildung. Auf Seiten der Wirtschaft ging man überwiegend von einem steigenden Bedarf an Facharbeitern aus, so daß eine gründliche Lehrlingsausbildung weiterhin vonnöten schien (vgl. 'Die sozialpolitischen . . . ' 1957). Aber: „Allgemein darf man sagen, daß die Automatisierung ein Mehr an qualifizierten Kräften erfordert mit der Tendenz, im Produktionsprozeß selbst zunächst die Handlanger überflüssig zu machen. Der Automatisierungsprozeß durchläuft jedoch unterschiedliche Entwicklungsstufen, so daß zumindest vorübergehend auch gegenläufige Tendenzen zu registrieren sind“ (Meenzen 1956, S. 205).[33]

33 Vgl. auch Wiedemann (1956), S. 8: „Die Automatisierung wird nicht nur weitere körperliche Arbeitskraft ersetzen wie die bisherige Mechanisierung, sondern auch geistige. Sie wird also nicht nur den Bedarf an ungelernten Arbeitern verringern, sondern auch spezialisiertere Kräfte freisetzen.“

Auf der ersten westdeutschen Automatisierungsschau jedoch stellte Ludwig Rosenberg klar, daß die Gewerkschaften von einem Zurückdrängen des Facharbeiters zugunsten der Angelernten ausgingen.

Ein nicht unwesentliches Argument für die Automatisierung war die Furcht vor Konkurrenz, aber nicht nur aus den USA, sondern auch aus dem Osten. In der Sowjetunion und ebenfalls in der DDR wurde die Automatisierung fast ungeniert gefördert. Mangelnde Informationsmöglichkeiten machten es schwer, die tatsächlichen Erfolge zu überprüfen (vgl. Roeper 1958). Aber der Druck wurde von vielen empfunden: „Der Fortschritt im Osten muß die Automatisierung im Westen wesentlich vorantreiben, wenn Europa industriell nicht ins Hintertreffen geraten will" (Bittdorf 1956 a, S. 26; vgl. auch Bittdorf 1956). Daß Anspruch und Wirklichkeit oft auseinanderklafften, läßt sich am Werkzeugmaschinenbau in der DDR belegen. Er sollte als Rationalisierungsmotor dienen und wurde dementsprechend gefördert. Zwar machte er in der zweiten Hälfte der fünfziger Jahre durchaus Fortschritte (vgl. Roesler 1983), doch insgesamt fiel die Bilanz eher dürftig aus (vgl. Deppe/Hoß 1989).

Zieht man ein Fazit der in allen gesellschaftlichen Kreisen geführten Diskussion, von der hier nur ein kleiner Ausschnitt gezeigt werden konnte, so muß man feststellen, daß die Debatte weitgehend von einem Grundkonsens getragen wurde: Daß Automatisierung aus vielerlei Gründen, wegen des Wettbewerbs, zur Arbeitserleichterung, zur Produktivitätserhöhung etc., notwendig war. Bei den befürchteten negativen Folgen lagen die Debattenteilnehmer – jedenfalls die Praktiker – selten weit auseinander. Die Gewerkschaften, die in den fünfziger Jahren im Zeichen sinkender Arbeitslosigkeit oft die „Rationalisierungspeitsche" schwangen und Lohnerhöhungen durchsetzten (vgl. Staudt 1981), akzeptierten die Automatisierung insoweit, als sie damit Verbesserungen für die Werker erreichen konnten. Und auch die Werker selbst, soweit sie in Betrieben arbeiteten, die automatisierten, standen dieser Technik zwar reserviert, nicht aber eindeutig negativ gegenüber. In einer Ende der fünfziger Jahre durchgeführten Befragung über die Automatisierung zeigte sich bei Werkern in automatisierten Betrieben, wo in den letzten Jahren keine Umstellungen mehr vorgenommen worden waren, eine stärkere Arbeitszufriedenheit (weniger Wechselwünsche) als in rückständigeren Firmen, und das, obwohl überdurchschnittlich viele Werker in automatisierten Betrieben eine größere psychische Belastung konstatierten – ebenso, wie überdurchschnittlich viele die körperliche Belastung als leichter einstuften. Mit zunehmender Größe der Betriebe sank die Skepsis der Werker. Die Gefahr einer größeren Arbeitslosigkeit wurde von Werkern in automatisierten Betrieben stärker gesehen als von Werkern generell (47 % zu 43 %). Trotzdem waren immerhin noch 34 % der Werker in automatisierten Betrieben der Meinung, in einer Krise müsse die Automatisierung erst recht beschleunigt werden; das waren nur 3 Prozentpunkte weniger als die Fraktion derjenigen, die den Prozeß sofort abstoppen wollten (vgl. Benad/Paul 1958). Die Ergebnisse sind zwar nicht unbedingt widersprüchlich, aber auch nicht eindeutig. Ähnliches brachte 1960 eine Untersuchung in der nordrhein-westfälischen Metallindustrie zutage. Die eigene Arbeits- und Betriebserfahrung spielte eine erhebliche Rolle bei der Einschätzung der Folgen des technischen Fortschritts (vgl. Neuloh/Wiedemann 1969).

Die öffentliche Debatte verflachte schon Ende der 1950er Jahre. Es folgten noch vielbeachtete, aber keineswegs mehr so intensiv diskutierte Tagungen und Veröffentlichungen wie die der List Gesellschaft 1957, deren Tagungsband erst 1960 erschien (vgl. Zimmermann 1960), oder wie die drei großen Tagungen der IG Metall 1963, 1965 und 1968 (vgl. Friedrichs 1963, Friedrichs 1965, Friedrichs 1971). Einen gewissen Aufschwung nahm diese Diskussion nochmals mit der Einführung der Mikroelektronik in die Produktion, die die Automatisierungsmöglichkeiten verfeinerte bzw. ihr bisher ungeahnte Möglichkeiten zu geben schien. Es wurde nun sogar einer dritten industriellen Revolution das Wort geredet (vgl. z. B. Balkhausen 1971). Doch hat diese Diskussion, die weitgehend mit den alten Argumenten geführt wurde, nicht die Ausmaße erreicht wie die Automatisierungsdebatte der 1950er Jahre.

3.3 Herausbildung beruflich-industrieller Qualifikation

3.3.1 Zum Begriff des Berufes

Während in den USA, vor allem aufgrund der Fließfertigung, der Berufsausbildung keine besondere Bedeutung zugesprochen wurde, verband sich in Deutschland die Entwicklung automatisierter Produktion von Anfang an mit der übernommenen handwerklichen Berufsausbildung und der Vorstellung des Berufs. Der Soziologe Max Weber bestimmte als *Beruf* jene Spezifizierung und Kombination von Leistungen einer Person, die Grundlage einer kontinuierlichen Versorgungs- oder Erwerbschance ist. Weiter heißt es, daß zum Gegenstand selbständiger und stabiler Berufe nur Leistungen werden, die ein Mindestmaß von Schulung voraussetzen und für die darüber hinaus kontinuierliche Erwerbschancen bestehen (vgl. Weber 1964, S. 104 f.). Folgt man diesen Definitionen, so ist der Beruf neben der Erwerbstätigkeit an Schulung bzw. Ausbildung gebunden.

Soll die Ausbildung nicht willkürlich bleiben, sondern über einen zufälligen Ausbildungsrahmen hinausreichen, bedarf es einer hinreichenden Beschreibung des Arbeitsgebietes des jeweiligen Berufes und einer Benennung des notwendigen und erwünschten Wissens und Könnens, das während der Ausbildung erworben werden muß. Mit dem *Berufsbild* wird somit ein Qualifikationsprofil definiert, das den betreffenden Beruf gegen andere abgrenzt.

Der Begriff wurde erstmals im Jahr 1920/21 in den 'Berufskundlichen Unterlagen für die Berufsberatung und Lehrstellenvermittlung' des Landes Sachsen-Anhalt für Angaben über Berufsbezeichnungen, Anforderungen, Ausbildung und wirtschaftliche Verhältnisse für etwa 200 Berufe verwendet (vgl. Mann 1973, S. 62). Das Berufsbild ist grundlegender Bestandteil jeder heutigen Berufsausbildung. Im Berufsbildungsgesetz vom 14. 08. 1969 wird in §1 Abs. 2 die berufliche Qualifizierung auf Facharbeiter- bzw. Fachangestelltenniveau durch folgende Merkmale charakterisiert:

- Breit angelegte berufliche Grundausbildung,
- fachliche Fertigkeiten und Kenntnisse zur Ausübung qualifizierter Berufstätigkeit,
- geordneter Ausbildungsgang,
- Erwerb erforderlicher Berufserfahrungen (vgl. Benner 1987, S.269).

3.3.2 *Zur Herausbildung fabrikeigener Lehrlingsausbildung*

Die Anfänge einer fabrikeigenen systematischen Ausbildung lassen sich bis in die 80er Jahre des vergangenen Jahrhunderts noch einzeln nennen. So gründete 1860 z. B. die Maschinenbauanstalt G. Kuhn in Stuttgart-Berg eine Lehrwerkstatt für Former und 1872 auch solche für Dreher, Maschinenschlosser und Monteure. 1878 errichteten die preußisch-hessischen Staatseisenbahnen Lehrwerkstätten. Die Gründung fabrikeigener Lehrwerkstätten setzte allgemein aber erst in den 90erJahren des vergangenen Jahrhunderts ein, z. B. bei M.A.N. zwischen 1892 und 1896. Die meisten Lehrwerkstätten wurden jedoch nach der Jahrhundertwende eröffnet.

Während 1911 lediglich 28 private Firmen mit Lehrwerkstätten ermittelt werden konnten, waren es 1914 bereits 67. Einschränkend ist allerdings zu bemerken, daß die Erfassung wahrscheinlich unvollständig ist. Die meisten Lehrwerkstätten fanden sich in der Maschinenindustrie und Metallverarbeitung, wie beispielsweise bei MAN, Krupp, Loewe, Borsig, der Werft Blohm & Voss. In der Elektroindustrie gründeten Siemens & Halske, Schuckert und Bosch Lehrwerkstätten, in der optischen Industrie die in allen sozialen Belangen vorbildliche Firma Zeiss in Jena, in der chemischen Industrie lediglich Bayer, wobei diese nur zur Ausbildung von Schlosserlehrlingen für Nebenbetriebe diente. Erst 1916 gründeten die Daimler-Motoren Gesellschaft in Stuttgart-Untertürkheim und die Benz und Cie. in Mannheim Lehrwerkstätten. Werksschulen gab es noch 1900 nur in 17, 1914 jedoch schon in 70 bis 75 Unternehmen, davon 37 in der mechanischen Industrie und 25 im Bergbau (vgl. Fischer 1987, S.21).

Als Vorläufer und Vorbild systematischer Lehrlingsausbildung in Berlin gilt die Ludwig Loewe AG. Im Januar 1900 eröffnete dieser

Betrieb die erste Werkschule in der Stadt. Im Jahre 1909 gab es eine Reorganisation der Werkschule in größerem Umfang. Es wurden nicht nur die Lehrlingsquote auf 10 % erhöht, ein hauptamtlicher Leiter eingestellt und das Ausbildungsangebot ausdifferenziert, sondern auch eine Fortbildungsschule für an- und ungelernte Jugendliche sowie Sonderklassen für kaufmännische und technische Praktikanten eingerichtet. Damit besaß die Firma Loewe ein differenziertes innerbetriebliches Bildungsangebot. Der Unterricht war zunächst in enger Anlehnung an die praktische Tätigkeit auf Werkstatt- und Eisenhüttenkunde sowie Geometrie, Algebra und gewerbliches Zeichnen begrenzt. Mit der Anerkennung als Fortbildungsschule traten 1905 Deutsch, kaufmännisches Rechnen und schließlich gewerbliche Buchführung, Volkswirtschaftslehre aber auch Bürgerkunde hinzu.

Die unmittelbar berufsbezogenen Fächer wurden mit dem Lehrplan von 1913 erweitert. Das erweiterte Bildungsangebot erstreckte sich auf Berufskunde, Werkstattkunde, Rohstoffkunde, Werkzeug- und Maschinenkunde sowie Mechanik. Damit reagierte der Betrieb auf die rasche technologische Entwicklung, lange bevor das staatliche Schulwesen diesen Tendenzen in verallgemeinerter Form entsprechen konnte.

Im Jahre 1908 bildete Siemens – Halske seine Mechanikerlehrlinge in einer zentralen Lehrwerkstatt aus, die sich am Vorbild der Firma Loewe AG orientierte. „Der Lehrplan der Schule beginnt zunächst mit Deutsch, Rechnen/Mathematik, Zeichnen, verschiebt sich dann aber von Jahr zu Jahr hin zu anspruchsvolleren Gegenständen, bis im letzten Jahr dann allein die berufsbezogenen Spezialfächer (Physik, Technologie, Elektrotechnik) gelehrt werden. Der Unterricht wird ausschließlich von Beamten des Werks mit technischer bzw. kaufmännischer Vorbildung erteilt, die „pädagogisches Geschick“ und „Lehrtalent“ besitzen.

Die praktische Ausbildung in der Lehrwerkstatt beginnt mit Feilarbeiten (Würfel); nach 5 bis 6 Wochen soll der Lehrling imstande sein, die notwendigsten Werkzeuge für den eigenen Gebrauch selber herzustellen. Nach einem Jahr erfolgt der Wechsel in die Werkstätten mit halbjährlicher Versetzung, besonders befähigte Lehrlinge werden im letzten halben Jahr im Werkzeugbau oder in der Versuchswerkstatt ausgebildet“ (Hanf 1987, S. 170). Diese Werkschule sollte aber nicht nur jene Qualitätsarbeiter ausbilden, die das Handwerk kaum noch bereitstellen konnte, sondern ausdrücklich zur Formung einer exklusiven Stammbelegschaft beitragen.

Bei der Einstellung von Lehrlingen wurden vor dem Hintergrund von Streikbewegungen und „sozialdemokratischen Umtrieben" vornehmlich die Söhne von Beamten und Werkern der Firma berücksichtigt.

Vor allem aufgrund unsachgemäßer Bedienung wertvoller Maschinen durch angelernte Arbeiter und einer komplizierter werdenden Technik (vgl. Mommertz 1981, S. 130 ff.) eröffnete die AEG 1913 ihre erste Lehrwerkstatt für 100 Lehrlinge (Mechaniker, Werkzeugmacher, Dreher). Während ihrer vierjährigen Lehrzeit waren sie zum Besuch der Fortbildungsschule und des „Gewerbesaals", einer Fachschule für Metallhandwerker, verpflichtet.

Die Ausbildung sollte sich ausdrücklich nicht nur auf das Fachliche reduzieren, sondern auch die Allgemeinbildung vertiefen: „Zur Hebung der Allgemeinbildung dient eine reichhaltige Schülerbücherei. In regelmäßiger Folge finden Unterhaltungsabende statt, an denen in verschiedenen Gruppen Lichtbildvorführungen, Vorlesen unterhaltender und belehrender Stoffe, Musikübungen für Instrumente, Gesangsübungen und Unterhaltung durch Brettspiele geboten werden" (AEG 1917, S. 5). In diesem Lehrplan wurde noch im Kern an der Vorstellung einer Bildung des ganzen Menschen, also der Bildung von „Hirn, Herz und Hand" (Pestalozzi) festgehalten. Andererseits sollte mit diesem Allgemeinbildungsangebot wohl auch bestimmten Bestrebungen der Arbeiterbewegung und romantisch verklärten Fluchttendenzen damaliger Jugendbewegung entgegengetreten werden.

Ansätze zur Vereinheitlichung der Facharbeiterausbildung wurden wesentlich von der AEG vorangetrieben. Das betraf insbesondere die Ausführungsvorschriften und Zeichenvorlagen. Sie erhielten die Form von „Normalienblättern" und bildeten den Hauptteil des Lehrplans für die Ausbildung gewerblicher Lehrlinge. Die Lehrlinge wurden angehalten, die Fortbildungsschule zu besuchen, die aus der religiösen bzw. gewerblichen Sonntagsschule hervorgegangen war. Sie hatte die Aufgabe, den Stoff der Volksschule zu wiederholen und zu erweitern sowie, insbesondere durch Unterrichtung im Zeichnen und durch Naturkunde, gewerbefördernd zu wirken. Erst nach 1920 begann sich – maßgeblich beeinflußt durch G. Kerschensteiner (vgl. Blankertz 1969, S. 136 ff.) – die Bezeichnung „Berufsschule" gegenüber der Benennung „Fortbildungsschule" durchzusetzen.

Den Anlaß zur Umbenennung gab die Reichsschulkonferenz von 1920 in Berlin, in deren Vorverhandlungen und Entwürfen die Bezeichnung im neuen Sinne gebraucht wird. Die Berufsschule sollte der Erfüllung der Schulpflicht nach Vollendung des volksschulpflichtigen Alters dienen. Ihr wurde die Aufgabe zugesprochen, die berufliche Ausbildung zu ergänzen und zu vertiefen. Zugleich sollte sie durch staatsbürgerliche Belehrung und Pflege des staatsbürgerlichen Gefühls auf die Erfüllung späterer Aufgaben innerhalb des staatlichen Lebens vorbereiten. Der Unterricht der Berufsschule wurde als ein notwendiger Bestandteil der Berufsausbildung betrachtet. Nach dieser Konzeption sollte die Berufsschule fähig werden, zur „Allgemeinbildung“ aus eigener Sinngebung heraus beizutragen, indem sie berufliche und politische Bildung neben grundlegender Weltorientierung („allgemeiner Bildungsdrang“) und sportlicher Betätigung als eigene Vermittlungsaufgabe postulierte (vgl. Dörschel 1972, S. 168).

In den großen Betrieben der Metall- und Elektroindustrie waren Arbeitszerlegung, Normierung der Arbeitstätigkeit, Leistungslohn, die theoretische und praktische Aus- und Weiterbildung weitgehend realisiert. Nur ein Problem stellte sich noch vordringlich: die Kriterienfindung für die Auslese geeigneter Arbeitskräfte. Wie konnten die physischen und psychischen Vorgänge bei der Arbeitstätigkeit objektiv erfaßt und in einem Einstellungstest für die Berufseignung zusammengefaßt werden?

Dieser Aufgabe, der Entwicklung einer „Industriellen Psychotechnik“, widmete sich der ehemalige Werkschullehrer Schlesinger von der Ludwig Loewe AG, nunmehr seit 1904 der erste Lehrstuhlinhaber für Werkzeugmaschinenbau an der TH Charlottenburg. Er entwickelte frühzeitig eine Beschreibung von Aufgaben und Eigenschaften der verschiedenen Handwerke im Maschinenbau. Für 17 Tätigkeitsbereiche bestimmte Schlesinger das erforderliche Wissen und Können (vgl. Schlesinger 1920). Welche Bedeutung dieser Forschung beigemessen wurde, geht aus der 1918 erfolgten Gründung des ersten Instituts für Industrielle Psychotechnik an der Charlottenburger TH hervor.

Während sich in der Großindustrie eine systematische Lehrlingsausbildung zunehmend durchsetzte, blieben aber die Fragen der Gesellenprüfung und des erforderlichen Wissens und Könnens für die jeweilige Tätigkeit bis weit in die zwanziger Jahre hinein offen. Ihre endgültige Regelung fand die industrielle Facharbeiterausbildung, die nachfolgend skizziert wird, erst in den 30er Jahren.

3.3.3 *Schritte zur institutionellen Verankerung industrieller Facharbeiterausbildung*

Ein wesentlicher Schritt zur Professionalisierung der Fabrikarbeit war die Gewerbeordnungsnovelle von 1897. Sie legte das duale System fest, d. h.

- praktische Ausbildung im Betrieb,
- theoretischer Unterricht in der Berufsschule und

bildete die Grundlage für jede weitere Berufsausbildung im gewerblich-technischen Bereich. Die Lehrlingshaltung wurde nunmehr von der Gesellenprüfung bzw. von handwerklicher Berufserfahrung abhängig gemacht. Obwohl es zu jenem Zeitpunkt auch schon in der Industrie Lehrlinge gab, blieb diese öffentlich-rechtliche Normierung auf das Handwerk beschränkt. Somit fehlte eine Regelung des industriellen Prüfungswesens (vgl. Poelke 1987, S. 38 ff.).

Es gab also um die Jahrhundertwende keine rechtlich verbindliche Abgrenzung industrieller Facharbeit und auch keine fachlich-inhaltlich geregelte Ordnung industrieller Berufsausbildung. Die Ausbildung des Facharbeiternachwuchses blieb jedem Unternehmen selbst überlassen. Diese Uneinheitlichkeit war nicht nur für die Auszubildenden, sondern auch unter gesamtwirtschaftlichen Gesichtspunkten für die Industrie von Nachteil. So wurde auf Betreiben des Verbandes Deutscher Maschinenbauanstalten und des Vereins Deutscher Ingenieure 1908 der „Deutsche Ausschuß für technisches Schulwesen" (DATSch) zunächst mit der Aufgabenstellung gegründet, das technische Schulwesen in Deutschland zu vereinheitlichen.

Im Dezember 1911 verabschiedete der DATSch Leitsätze zur „Erziehung und Ausbildung des Nachwuchses der Facharbeiterschaft für die mechanische Industrie (unter besonderer Berücksichtigung der Maschinenindustrie)". Sieben Punkte betrafen die Berufsausbildung im engeren Sinne, und zwar die

- Ausbildungsdauer,
- Anzahl der Lehrlinge zur Sicherung des Facharbeiterbedarfs,
- Notwendigkeit, einen schriftlichen Lehrvertrag abzuschließen,
- Regelung der Ausbildungsvergütung,

- Abschlußprüfung,
- planmäßige Ausbildung und
- systematische Grundbildung (vgl. Leitsätze 1912, S. 98 ff.).

Der durch den Weltkrieg bedingte Mangel an qualifizierten Arbeitskräften sowie die Schwierigkeiten bei Bedienungsunterweisungen an komplizierten Maschinen und auch der Zwang zur Materialersparnis bei hohem Leistungssoll begünstigten den Durchbruch der Massenfertigung. Damit war die Auflösung der an einem Werkstück notwendigen Arbeitsgänge und deren Verteilung auf mehrere Maschinen verbunden. Die teure und komplexe Universalmaschine wurde durch eine Reihe einfacher Einzweckmaschinen ergänzt, deren Bedienung in kürzester Zeit „angelernt" werden konnte.

So entwickelte der DATSch sowohl Lehrgänge als auch Anlerngänge. Da war zunächst der Lehrgang für Maschinenschlosser im Jahre 1919, der sich eng an dem Lehrplan für die Ausbildung gewerblicher Lehrlinge der AEG orientierte. In den 20er Jahren folgten Lehrgänge für Schlosser (1926), Werkzeugmacher (1927) und Feinmechaniker (1928). 1928 legte der DATSch die Anlerngänge für Bohrer und Fräser vor, 1929 den Anlerngang für Dreher sowie 1930 einen Anlerngang für Hobler.

Ein wesentlicher Schritt auf dem Weg zur Vereinheitlichung industrieller Berufsausbildung war die von den industriellen Spitzenverbänden und dem DATSch betriebene Gründung des „Arbeitsausschusses für Berufsbildung" (AfB) im Jahre 1925, dem sich 1926 der DIHT und 1927 auch die Spitzenverbände des Handwerks anschlossen.

Seine Tätigkeit bestimmte sich wesentlich durch die Zielsetzung industrieller Lehrlingsausbildung, wie sie sich vor allem in den 20er Jahren herauskristallisiert hatte. Danach sollte der Lehrling in der Industrie nicht zu einem Fachmann in einem eng begrenzten Spezialgebiet herangebildet werden, sondern zu einem Facharbeiter, der die notwendige Flexibilität besaß, sich auf die wechselnden Anforderungen der Technik einzustellen. Grundlage hierzu war eine systematischen Ausbildung in den Grundfertigkeiten. Vor dem Hintergrund der zunehmenden Rationalisierung der Produktion, die sich nicht mehr nur auf Werkzeuge und Maschinen, sondern auch die Arbeitspersonen beziehen mußte, wurde die Verwirklichung einer solchen Zielsetzung immer dringlicher (vgl. Muth 1987, S. 194). Aufgabe dieses Arbeitsausschusses war es somit zunächst, eine Abgrenzung der handwerklichen und industriellen Berufe vorzunehmen und Vorschläge für einheitliche Berufsbezeichnungen zu unterbreiten. Zugleich wurde der Versuch unternommen, präzise Berufsbilder auszuarbeiten.

Auf der Grundlage definitorischer Unterscheidungen von Facharbeitern, angelernten und ungelernten Werkern sowie einer inhaltlichen Bestimmung der Arbeitsgebiete und des Ausbildungsstandes jeweiliger Lehrberufe durch ein Berufsbild mit einheitlich festgelegter Berufsbezeichnung und Ausbildungsdauer hat der DATSch im Rahmen des AfB im Jahre 1926 die erste Berufsabgrenzung in der Metallindustrie vorgenommen. Ein in diesem Zusammenhang veröffentlichter Beitrag enthielt 53 Lehrberufe sowie Beispiele für Bezeichnungen und Tätigkeiten von angelernten und ungelernten Werkern. Hier begann erst die eigentliche Arbeit zur Ordnung der industriellen Berufsausbildung (vgl. Benner 1987, S. 272).

Ungeachtet vorliegender Berufsbilder konnte im Rahmen der Diskussion über das Berufsausbildungsgesetz von 1927 noch keine Einigung hinsichtlich der Durchführung von Abschlußprüfungen für Industrielehrlinge erzielt werden, die nach wie vor ihre Prüfung vor der Handwerkskammer ablegen mußten. Erst im Jahre 1935 wurde durch den Reichswirtschaftsminister die Gleichwertigkeit von handwerklicher Gesellenprüfung und industrieller Facharbeiterprüfung bestätigt. Die Gleichrangigkeit und Gleichartigkeit der Prüfungen fand ihre abschließende Bestätigung durch einen Erlaß des Reichs- und Preußischen Ministers für Wissenschaft, Erziehung und Volksbildung aus dem Jahre 1938 (vgl. Kipp 1987, S. 229).

Im Jahre 1945 existierten 336 Lehrberufe und 248 Anlernberufe (vgl. Benner 1987, S. 276). Heute liegt die Gesamtzahl aller staatlich anerkannten Ausbildungsberufe bei 377 (vgl. Berufsbildungsbericht 1991, S. 81). Für die Revision und Weiterentwicklung der Berufsbildung war eine zentrale Stelle erforderlich, die etwa die Funktion des DATSch erfüllen sollte. Am 1. Juli 1947 konnte aufgrund von Vereinbarungen der Industrie- und Handelskammer in Dortmund eine „Arbeitsstelle für gewerbliche Berufserziehung" gegründet werden. Kurz darauf gab es in München eine entsprechende „Arbeitsstelle für kaufmännische Berufserziehung". Diese Arbeitsstellen hatten die Aufgabe, Berufsbilder, Prüfungsanforderungen und Berufsbildungspläne zu erstellen. Beide Arbeitsstellen wurden 1951 in Bonn zur „Arbeitsstelle für Berufserziehung des Deutschen Industrie- und Handelstages" zusammengefaßt. Der Trägerschaft dieser Institution traten 1953 der Bundesverband der Deutschen Industrie und die Bundesvereinigung der Deutschen Arbeitgeberverbände bei. Von diesem Zeitpunkt an hieß sie „Arbeitsstelle für Betriebliche Berufsausbildung“ (ABB).

Die Arbeitsstelle wurde 1971 zwei Jahre nach dem Inkrafttreten des Berufsbildungsgesetzes aufgelöst. Das Berufsbildungsgesetz von 1969 ist die bundeseinheitliche und für alle Ausbildungsbereiche, einschließlich

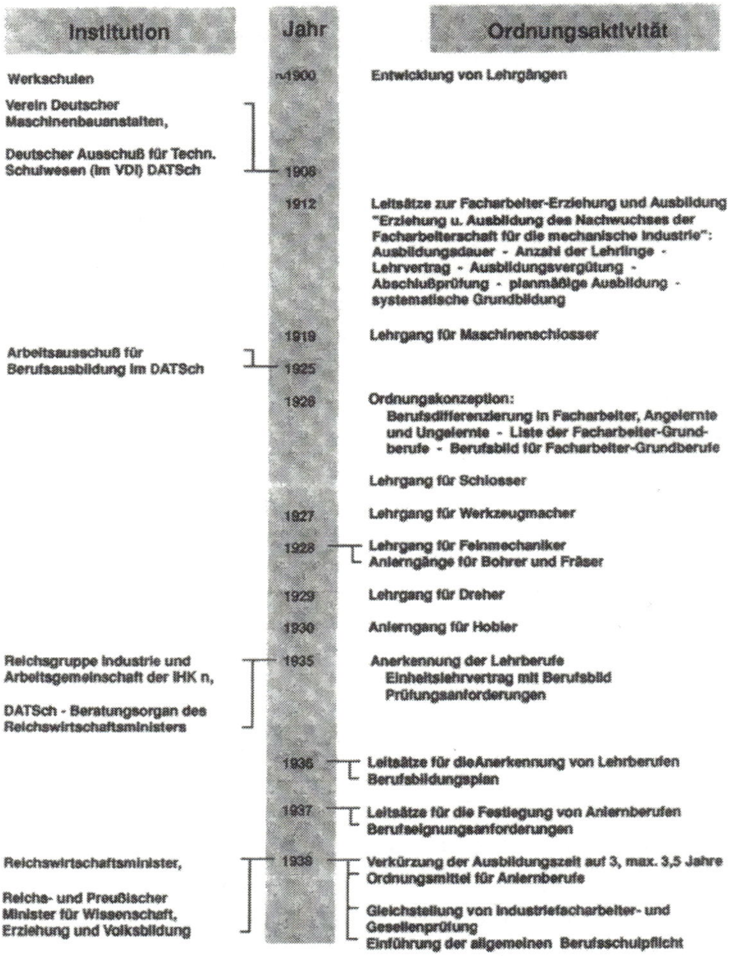

Abbildung 25: Zeittafel zur Ordnungsarbeit in der Industrie (nach Benner 1987)

des Handwerks, geltende Rechtsgrundlage für die betriebliche Berufsausbildung. Auf der Grundlage dieses Gesetzes wurde das „Bundesinstitut für Berufsbildung" (BIBB) gegründet, das die Berufsbildung durch eigene Forschungen befördern soll und insbesondere mit der Aufgabe betraut ist, zur Klärung der Grundlagen der Berufsbildung, zur Ermittlung von Zielen und Inhalten und zur Anpassung der Berufsbildung an die technische, wirtschaftliche und gesellschaftliche Entwicklung beizutragen.

Das Handwerk war in qualitativer wie auch quantitativer Hinsicht – so kann rückblickend festgestellt werden – immer weniger in der Lage, den steigenden Anforderungen der Industriearbeit zu genügen. Vor allem die rasch voranschreitende Technik und der Umgang mit den neuen Maschinen verlangten in der Industrie einen anpassungsfähigen, technisch gebildeten Facharbeiter. Zwar konnten durch den Einsatz immer einfacherer Maschinen viele industrielle Tätigkeiten von Angelernten übernommen werden, zugleich erforderten Arbeitsvorbereitung, Wartung und Beaufsichtigung der Maschinen einen höher qualifizierten, gelernten Facharbeiter, der in der Lage sein mußte, den wechselnden und steigenden technischen Anforderungen zu genügen.

Die Gründung eigener Werkschulen bzw. Lehrwerkstätten durch die Großindustrie macht darauf aufmerksam, wie sehr öffentliche Schule und ausbildendes Handwerk den Erfordernissen technischer Entwicklung nacheilten. Den raschen Technologieschüben vermochte die Industrie nur durch eigene Ausbildungsmaßnahmen zu entsprechen, d.h. nur durch eine eigene industrielle Berufsausbildung, die nicht – wie zumeist im Handwerk – von Zufälligkeiten des Arbeitsprozesses bestimmt wurde, sondern durch eine systematische, lehrgangsmäßige Gliederung der Ausbildung. Der Einsatz immer einfacherer oder aber komplexerer Maschinen machte jedoch die Facharbeit nicht überflüssig, vielmehr bildeten immer besser qualifizierte Facharbeiter eine notwendige Voraussetzung für technische Weiterentwicklungen.

4 Dimensionen gegenwärtiger Automatisierung

4.1 Die Fabrik als rechnerintegrierter Zusammenhang

Vor dem Hintergrund des in Abschnitt 2 skizzierten sozio-technischen Zusammenahngs scheint es gerechtfertigt, die Fabrik als systemisches Produktionsmittel zu charakterisieren. Die Entwicklung der Fabrik wird dabei nicht nur von wirtschaftlichen Bedingungen und Ereignissen sowie technischen Entwicklungen geprägt, vielmehr ergeben sich wesentliche Einflüsse aus dem sozialen, kulturellen und politischen Umfeld, die in der aktuellen Situation um ökologische Aspekte ergänzt werden.

In technischer und ökonomischer Perspektive sind Flexibilität, Produktivität und Qualität unter Berücksichtigung der Wirtschaftlichkeit herausragende Leitziele moderner Produktion. Diese Ziele werden durch eine zunehmende informationstechnische Vernetzung maschineller Systeme angestrebt. Gemeinsames Kennzeichen der gegenwärtigen Fabrik ist somit der Einsatz der Informationstechnik in allen Bereichen und Funktionen der Produktion. Integrierte Fabrikstrukturen zeichnen sich durch einen durchgängigen Informationsfluß aus, bei dem die elektronische Datenverarbeitung in einem bereichsübergreifenden Informationssystem alle mit der Produktion zusammenhängenden Betriebsbereiche verbindet: Vom Entwurf des Produktes über seine Herstellung bis zum Versand an den Kunden.

Die rechnerintegrierte Fabrik gliedert sich in die rechnerunterstützte Produktentwicklung (CAE), die rechnerunterstützte Konstruktion (CAD), die rechnerunterstützte Planung (CAP), die rechnerunterstützte Fertigung (CAM) sowie die rechnerunterstützte Qualitätssicherung (CAQ). Mit der Bezeichnung CA (Computer Aided) wird darauf hingewiesen, daß es sich um die Unterstützung von Arbeitstätigkeiten durch den Rechner handelt.

Die rechnerunterstützte Produktentwicklung (CAE) beinhaltet konstruktionsbegleitende Tätigkeiten, wie die Berechnung und Simulation von Entwicklungsentwürfen. Der Begriff Computer Aided Design (CAD) bezeichnet alle rechnerunterstützten Tätigkeiten im Rahmen der Konstruktion. Rechnerunterstütztes Konstruieren bezieht sich im engeren Sinn auf die graphisch-interaktive Erzeugung, Modellierung und Darstellung von Gegenständen mit Hilfe des Rechners (vgl. Abschnitt 4.2.2.1). Ein bedeutender Schritt zur rechnerintegrierten Fabrik ist die Möglichkeit der Weiterverarbeitung der in der Konstruktion erzeugten Daten in allen nachfolgenden Bereichen.

So erfolgt eine Kopplung von Konstruktion und Arbeitsplanung, indem die in der Konstruktion mit Hilfe von CAD-Systemen erzeugten Geometriedaten in den Rechnern der Arbeitsplanung für Fertigungs- und Montageanweisungen von Teilen und Baugruppen verwendet werden. Die rechnerunterstützte Arbeitsplanung wird in auch als CAP (Computer Aided Planning) bezeichnet. Hierbei handelt es sich um Planungsaufgaben, die auf konventionelle Weise oder mit Hilfe von CAD-Systemen erstellten Arbeitsergebnisse der Konstruktion zurückgreifen, um rechnerunterstützt die Planung von Arbeitsvorgängen und Arbeitsvorgangsfolgen durchzuführen sowie die Fertigungsverfahren und Betriebsmittel auszuwählen.

Mit CAM (Computer Aided Manufacturing) wird die Fertigungssteuerung, Fertigungsplanung und die direkte Steuerung von Arbeitsmaschinen, verfahrenstechnischen Anlagen, Handhabungsgeräten sowie Transport- und Lagersystemen bezeichnet. Die momentanen Zustände der einzelnen Bearbeitungsprozesse können mit Hilfe von Sensoren erfaßt und zur Auswertung an übergeordnete Leit- bzw. Betriebsrechner weitergeleitet werden (vgl. Abschnitt 4.2.1.2).

Rechnerunterstützte Produktionsplanungs- und Steuerungssysteme (PPS) dienen der Planung, Steuerung und Überwachung der Produktionsabläufe unter Mengen-, Termin- und Kapazitätsaspekten. Die wesentlichen PPS-Funktionen bestehen aus Produktionsprogrammplanung, Mengenplanung, Termin- und Kapazitätsplanung sowie Auftragsauslösung und -begleitung. Der Einsatz angepaßter PPS-Systeme ermöglicht erhebliche Bestandsreduzierungen, darüber hinaus können Durchlaufzeiten, Termintreue und Kapazitätsauslastung verbessert werden. Produktionsplanungs- und Steuerungssysteme bilden ein Bindeglied zwischen den produktionswirtschaftlichen und den produktionstechnischen Funktionen der Fabrik.

Erhöhte Anforderungen an die Qualität der Produkte führen auch zu einer zunehmenden Automatisierung in der Qualitätssicherung. Die rechnerunterstützte Planung und Durchführung der Qualitätssicherung ist mit CAD, CAP, PPS und CAM eng verbunden. Unter CAQ (Computer Aided Quality Assurance) wird einerseits die Erstellung von Prüfplänen, Prüfprogrammen und Kontrollwerten verstanden, andererseits die Durchführung rechnerunterstützter Meß- und Prüfverfahren. CAQ kann sich an den in der Konstruktion, Planung und Fertigung erfaßten geometrischen, technologischen und organisatorischen Daten orientieren.

Die Integration von Entwicklung und Konstruktion (CAD), von Arbeitsplanung (CAP), von Steuerung und Überwachung der Arbeitsmaschinen und technischen Systeme (CAM) und einer jeweils damit verbundenen Qualitätssicherung (CAQ) wird als CAD/CAM (Computer Aided Design and Manufacturing) zusammengefaßt. Flexible Fertigungssysteme sind eine Variante der Anwendungen von CAM. Der

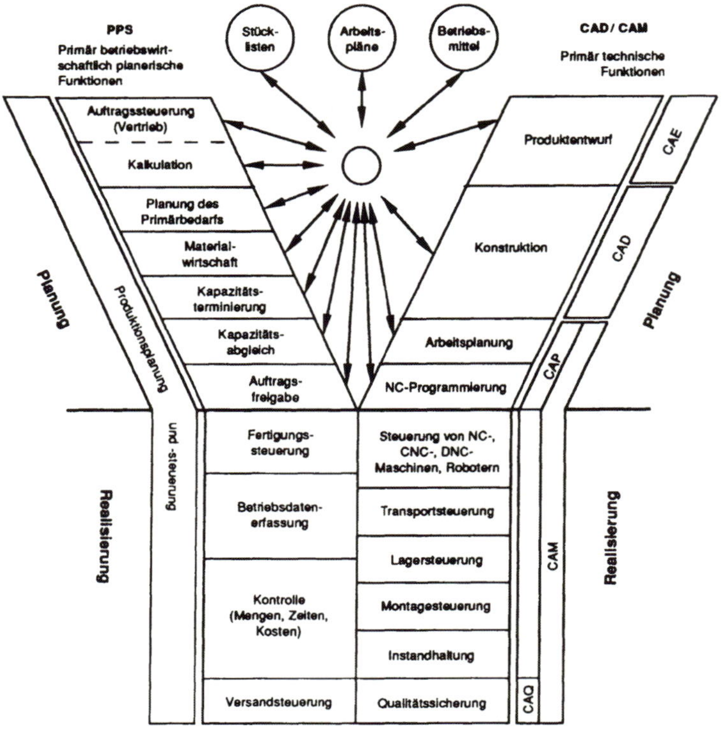

Abbildung 26: Teilsysteme der rechnerintegrierten Fabrik (nach Scheer 1988)

integrierte Einsatz der Informationstechnik in allen mit der Produktion zusammenhängenden Betriebsbereichen wird als Computer-Integrated Manufacturing (CIM) bezeichnet. Was unter dem Begriff CIM subsumiert wird, ist jedoch teilweise sehr unterschiedlich (vgl. Spur 1986; Geitner 1987; Köhl u.a. 1989; Schultz-Wild/Nuber u.a. 1989). Nach einer verbreiteten Abgrenzung umfaßt CIM das rechnerunterstützte Zusammenwirken zwischen CAD, CAP, CAM, CAQ und PPS durch bereichsübergreifende Nutzung einer gemeinsamen Datenbasis (vgl. AWF 1985). Eine eindeutige, allgemein anerkannte Definition steht allerdings bislang noch aus.

Mit der Tendenz zur Rechnerintegration in der Fabrik verbindet sich, daß Untersuchungen zur Automatisierung über die technische Entwicklung hinaus auch korrespondierende Wirkungen auf das Sozialsystem der Fabrik und auf die hier beschäftigten Menschen, umfassen müssen. Wie in der Darstellung der historischen Entwicklung gezeigt, geht mit der technischen Weiterentwicklung auch ein Wandel der Arbeitstätigkeiten einher. Die Notwendigkeit, die Arbeitspersonen auf neue Tätigkeitsanforderungen vorzubereiten, erfordert eine vorausschauende, zumindest aber eine begleitende Anpassung der Qualifikation und Qualifizierung.

Der Prozeß der Rechnerintegration in der Fabrik als wichtiges Ziel der zukünftigen Produktionserneuerung wird individuell sehr unterschiedlich empfunden. Beispielsweise ist zu vermuten, daß zunehmende Automatisierung auch zu höheren Arbeitsintensitäten und somit zu erhöhten psychischen Beanspruchungen führen kann. Fragestellungen zu dieser Problematik verweisen zudem auf die individuelle Bereitschaft der Arbeitspersonen, einer drohenden Unterqualifikation durch kontinuierliche Weiterbildung vorzubeugen. Diese wenigen, schlaglichtartig dargestellten Implikationen von Fabrikautomatisierung mögen genügen, die Vielschichtigkeit des Automatisierungsphänomens anzudeuten.

Da der Rechnereinsatz in der Fabrik aus heutiger Sicht noch nicht vollständig in allen zukünftig einzubeziehenden Funktionen beschrieben werden kann, wird im Anschluß an einen Überblick über Teilbereiche des rechnerintegrierten Fabrikbetriebs anhhand fortgeschrittener Elemente der Fabrikautomatisierung, der rechnerunterstützte Konstruktion und Fertigung, eine Analyse der Wirkungen von Automatsierung auf die betriebliche Arbeitswelt exemplarisch vorgenommen. Unter Berücksichtigung der skizzierten Wirkzusammenhänge wird dazu eine Betrachtungsweise zugrundegelegt, die Fabrikautomatisierung in seiner soziotechnischen, qualifikatorischen und auch seiner psychologischen Dimension betrachtet.

4.2 Sozio-technische Dimension

4.2.1 Elemente des rechnerintegrierten Fabrikbetriebs

4.2.1.1 Produktplanung und -entwicklung

Funktionen und Ablauf der Produktplanung
Der Bereich der rechnerunterstützten Produktplanung und -entwicklung beinhaltet die rechnerunterstützte Produktplanung sowie die rechnerunterstützte Produktentwicklung (CAE). Die rechnerunterstützte Produktentwicklung schließt die rechnerunterstützter Konstruktion (CAD) und das rechnerunterstützte Meß- und Prüfwesen (CAT) ein.

Eine Nutzung der Rechnertechnik beginnt bereits in der Produktplanung. Zur Beurteilung der Automatisierbarkeit der Produktplanung muß zwischen Routineaufgaben, wie Datenaufbereitung und -analyse, Reportgenerierung, Visualisierung, Datenspeicherung, Sensitivitätsanalysen u. a., der Synthese und Beurteilung der Ergebnisse sowie der zu treffenden Entscheidung unterschieden werden. Die Routineaufgaben lassen sich mit Hilfe des Rechners schneller, genauer und kostengünstiger durchführen. Vom Produktplaner werden die erfahrungsintensiven Aufgaben, wie Methodenauswahl und Ergebnisbeurteilung, also die nicht algorithmisierbaren Aufgabenteile wahrgenommen. Der Systemnutzer führt einen interaktiven Dialog mit dem Rechner. Er wählt die relevanten Analysefunktionen der Prognose- bzw. Planungssoftware aus. Die Ausführung erfolgt durch den Rechner.

Bei der Produktplanung kann durch den Rechner insbesondere die Informationsgewinnung erleichtert werden. Der Planer kann beispielsweise on-line-Datenbankrecherchen vornehmen, die einen leichten Zugang zu gespeichertem Informationsmaterial bieten. Die technische und wirtschaftliche Fachliteratur wird zunehmend in Datenbanken gespeichert. Eine Abfrage von Datenbanken kann die Zugriffszeiten auf allgemeine Informationen erheblich verkürzen.

Die Produktplanung der Unternehmen bezieht wesentliche Informationen aus Markterhebungen. Zur Bestimmung künftiger Marktanteile dienen Absatzprognosen, die das Verhalten der Konkurrenz sowie der Käufer im Marktsegment antizipieren. Der Rechner unterstützt insbesondere die Datenaufbereitung, Datenspeicherung sowie die Erstellung graphischer und tabellarischer Reports. Neben gängiger statistischer Software zur Aufbereitung von Marktumfragedaten sind auch Programme zur rechnerunterstützten Erstellung quantitativer und qualitativer Prognosen verfügbar.

Auch in der rechnerunterstützten Produktplanung können die Möglichkeiten einer rechnerinternen funktionalen Produktmodellierung genutzt werden. Rechnerinterne Produktmodellierung bedeutet, daß Ausprägungen von Produktfunktionen im Rechner hinterlegt werden. Bei der Modellierung einer Werkzeugmaschine können beispielsweise bereits entworfene Maschinenkomponenten, die nach dem Baukastenprinzip konstruiert sind, für die Darstellung von Produktvarianten herangezogen werden. Dies bedarf keiner detaillierten Konstruktion der Maschinenkomponenten. Verschiedene Produktvarianten können durch morphologische Kombination der Grundfunktionen eines Produktes dargestellt werden. Der Produktplaner kann die visualisierten Produktvarianten mit seinen aus Marktanalysen abgeleiteten Vorstellungen der Produktmerkmale vergleichen.

Bei einer wertorientierten Produktplanung zeigen sich neben den vielfältigen Möglichkeiten auch die Grenzen rechnerunterstützter Methoden. Dies wird bei der Wertanalyse besonders deutlich. Die Methode der Wertanalyse bezieht sich auf technisch-wirtschaftliche Probleme, die nicht vollständig algorithmisierbar sind. Mit Hilfe der Wertanalyse wird der Prozeß der Produktgestaltung ganzheitlich betrachtet. Dies erfolgt mit dem Ziel, die Finanz- und Personalressourcen für die wertbestimmenden Produktbestandteile einzusetzen. Der Wertanalyseprozeß vollzieht sich durch eine Abfolge von Analysephasen, die durch eine Reihe verschiedener Methoden, wie Portfolio-Analyse, ABC-Analyse und Nutzwertanalyse, unterstützt werden können. Einzelne Analysemethoden lassen sich auch durch den Rechner wirkungsvoll unterstützen, wobei der Produktplaner die Bewertung und Zusammenführung der Einzelergebnisse vornimmt. Das Ziel solcher wertanalytischer Prozesse sind bedarfsgerechte, marktfähige Leistungen, die von den Abnehmern im Hinblick auf Menge, Preis, Funktion, Qualität, Umweltverträglichkeit, Aussehen, Geschmack akzeptiert werden. Für ein derartiges Zielsystem gibt es keine Regeln, die eine simultane rechnerunterstützte Optimierung dieser qualitativen und quantitativen Wertkriterien erlauben.

Die rechnerunterstützte Produktentwicklung beinhaltet die rechnerinterne funktionale, technologische und geometrische Beschreibung von Produkten. Die rechnerunterstützte Produktentwicklung (CAE) umfaßt die Bereiche der rechnerunterstützten Konstruktion (CAD) sowie das rechnerunterstützte Meß- und Prüfwesen (CAT).

Rechnerunterstütztes Konstruieren mit Hilfe von CAD-Systemen war anfangs auf die graphisch-interaktive Erzeugung rechnerintern gepeicherter Geometriemodelle gerichtet. Die Entwicklung der Rechnertechnik führte zu einer Erweiterung der Anwendungsbereiche von CAD-Systemen. Mit Hilfe neuerer CAD-Technik konnten Konstruktionsentwürfe direkt in rechnerinterne Geometriemodelle überführt werden. In weiterentwickelten CAD-Systemen sind zudem umfangreiche Berechnungs- und Simulationsprogramme enthalten. Die dynamische Bewegungssimulation ermöglicht beispielsweise eine vorausschauende Bestimmung der Eigenschaften von Konstruktionsobjekten.

Beim gegenwärtigen Stand der CAD-Technik wird der Konstrukteur überwiegend von einfachen Routineaufgaben entlastet. Dies sind insbesondere die automatische Erstellung von Zeichnungen, die automatische Schnittbilderzeugung, die automatische Übertragung geometrischer Daten sowie die Erzeugung von Flächen-, Draht- und Volumenmodellen. Die Entwicklung der CAD-Systeme zielt auf umfassendere Systeme, die der Konstruktionssystematik entsprechen, d. h. auch Technologie- und Qualitätsdaten sowie Kostengrößen verarbeiten. Die Bereitstellung solcher Informationen kann durch die Integration wissensverarbeitender Programme erreicht werden. Solche wissensverarbeitenden Programme können beispielsweise zur Definition und Weiterverarbeitung von Fertigungs- und Qualitätsfeatures genutzt werden. Diese Informationssysteme unterstützen neben einfachen Modellieraktionen auch indirekte Konstruktionstätigkeiten.

Alle geometrieorientierten Konstruktionsbestandteile können heute zu einem rechnerinternen Modell verknüpft werden. Es gibt jedoch auch Produktinformationen, die über Geometrieangaben hinausgehen. Dies sind beispielsweise Informationen, die die Fertigungsgenauigkeit, die Werkstoffverwendung, die Bearbeitungsreihenfolge von Werkstückflächen sowie die späteren Einsatz- und Nutzungsbedingungen etc. betreffen. Eingesetzte rechnerunterstützte Konstruktionssysteme enthalten Speicherstrukturen, die nur einem geringen Teil der verfügbaren Informationen sinnvoll verknüpfen. Eine solche Organisation der Informationen führt zu Nutzungsproblemen in nachgelagerten Produktionsbereichen. Der Einsatz weiterentwickelter Entwicklungssysteme wird, bedingt durch den hohen Entwicklungsaufwand rechnerinterner Produkt-, Prozeß-, Fabrik- und Nutzungsmodelle, erst für das nächste Jahrhundert erwartet (vgl. Krause 1990).

Trotz dieser technologischen Entwicklungslücke der CAD-Technik ist der Einsatz heutiger CAD-Systeme mit erheblichen Rationalisierungs-

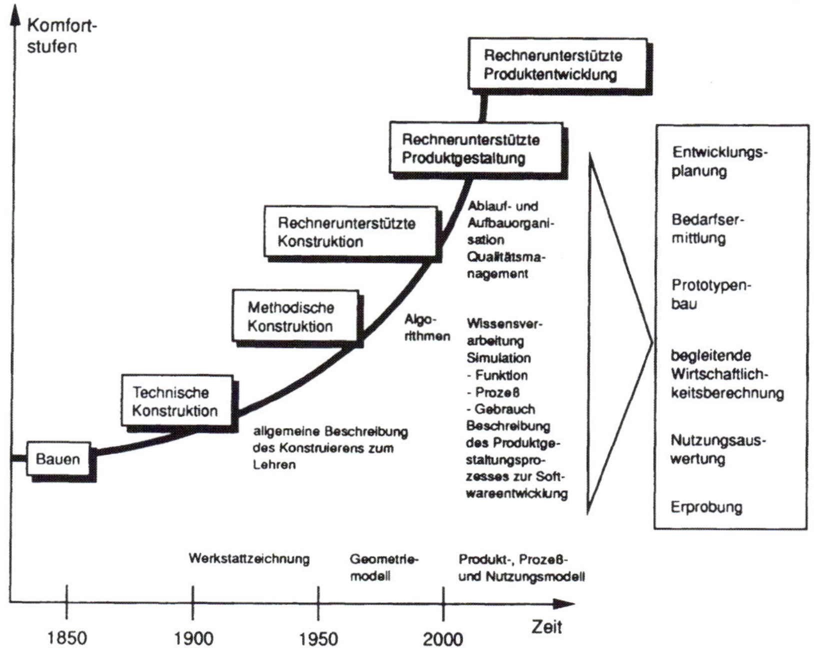

Abbildung 27: Entwicklungsstufen der Produktentwicklung (nach Krause 1990)

chancen verbunden. Geometriebezogene Entwicklungstätigkeiten können durch den Rechner vom Entwurf bis zur Detailkonstruktion unterstützt werden. Eine Erzeugung kompletter Entwicklungsvarianten erfolgt auf der Grundlage weniger, interaktiv eingegebener Modellparameter. Aus den erzeugten Varianten lassen sich durch den Rechner Zeichnungen, graphische Darstellungen, Berechnungs- und Simulationsmodelle erzeugen.

Bei einer rechnerunterstützten Produktentwicklung können nachgelagerte Produktionsbereiche sowie Querschnittsfunktionen der Produktion die gespeicherten Produktinformationen weiterverarbeiten. Eine wichtige Querschnittsfunktion ist die Qualitätssicherung. Die Aufgaben der Qualitätssicherung beginnen bereits bei der Produktplanung und -entwicklung. Produktplaner und -entwickler legen in hohem Maße die Qualitätskosten der Produkte fest. Anhand der Informationen rechnerinterner Entwicklungsmodelle können die Mitarbeiter der Qualitätssicherung bereits sehr früh den Dialog mit der Produktplanung und -entwicklung über die Kosten der Produktqualität aufnehmen. Damit steigen die Chancen einer wertorientierten Qualitätskostenbeeinflussung.

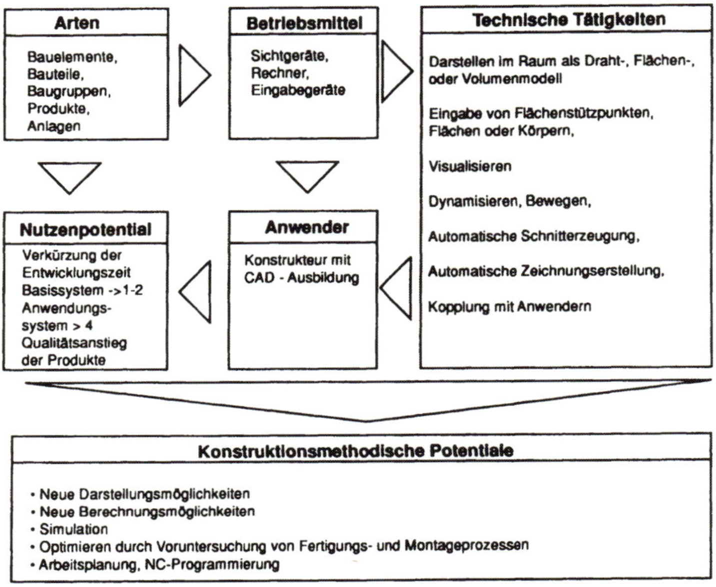

Abbildung 28: Rechnerunterstützte Entwicklung mit 3D-CAD (Krause/Gross 1989)

Integrierter Rechnereinsatz in der Produktplanung und -entwicklung
Der produktorientierte Informationsfluß beginnt in der Produktplanung. Die Informationsgewinnung, -verarbeitung und -speicherung von Produktdaten zieht sich durch die gesamte produktbezogene Prozeßkette der Fabrik. Produktorientierte Informationsflüsse bilden die Grundlage für eine integrierte rechnerunterstützte Produktion. Integrationsfähige Fabrikstrukturen bauen auf den in der Produktplanung und -entwicklung erzeugten Daten auf. Für die Fabrik bedeutet Rechnerintegration eine Zusammenfassung von Daten, Programmen oder Funktionen zu einem rechnerunterstützten Fabrikinformationssystem.

Die Produktplanung und -entwicklung nimmt eine wichtige technologische Schlüsselfunktion für einen raschen und durchgängigen Produktinformationsfluß ein. Die Verkürzung der Planungs- und Entwicklungszeiten kann durch Parallelisierung vorbereitender Funktionen, wie die simultane Entwicklung der Produkte und Betriebsmittel, erfolgen. Simultane Arbeitsabläufe sind in der Regel mit einem höheren Kommunikationsbedarf der beteiligten Fabrikbereiche verbunden. Bei konventioneller Informationsverarbeitung kann die Kommunikation zur Abstimmung simultaner Arbeitsabläufe zu erheblichen Zeitverlusten führen. Ein Rechnerverbund der Planungs-, Entwicklungs- und Konstruktionssysteme schafft die Informationsbasis, die den Planern und Entwicklungsingenieuren verschiedener Entwicklungsbereiche einen schnellen Zugriff auf die jeweils aktuellen Daten erlaubt, so daß durch den Rechnerverbund simultane Arbeitsabläufe erst wirtschaftlich möglich werden. Dies setzt allerdings die Entwicklung integrationsfähiger Datenbanksysteme voraus.

Die Vorteile integrierter Rechnertechnik liegen in der durchgängigen Verwendung aufeinander abgestimmter Datenstrukturen und Methoden. Die Entwicklung integrierter Anwendersoftware muß in Richtung auf den nächsten bzw. parallelen Entwicklungsschritt der Produktprozeßkette ausgerichtet werden. Bereichsübergreifende Informationsinhalte können durch Verwendung der Featuretechnik programmiert werden. Fertigungs- und Qualitätsfeatures (vgl. Abschnitt 4.2.1.2) in der Konstruktion fördern insbesondere das Verständnis der Entwickler für funktions- und fertigungsgerechte Produkteigenschaften. Zur fertigungsgerechten Produktentwicklung gehört beispielsweise die Vorbereitung der Komplettbearbeitung von Werkstücken.

Unter Computer Aided Engineering (CAE) wird die rechnerunterstützte Berechnung und Simulation von Entwicklungsvarianten verstanden. Computer Aided Testing (CAT) beinhaltet die Verwendung rechnerunterstützter Methoden des Meß- und Prüfwesens.

Die Entwicklungsgeschwindigkeit des Marktes bestimmt den Planungshorizont neuer Produkte. Das innovativste Unternehmen gibt das Entwicklungstempo vor. Ein wichtiger Einfluß auf die Entwicklungsgeschwindigkeit neuer Produkte geht von der Komplexität der Produktart aus. Bei zunehmender Produktkomplexität nehmen die Rationalisierungsmöglichkeiten durch Rechnerunterstützung zu.

Durch die Einführung rechnerunterstützter Planungs- und Entwicklungssysteme lassen sich Zeiteinsparungen insbesondere bei der Modellpflege und der Entwicklung von Produktvarianten erzielen. Bei der Modellpflege wird eine begrenzte Zahl von Bauteilen verändert. Pro-

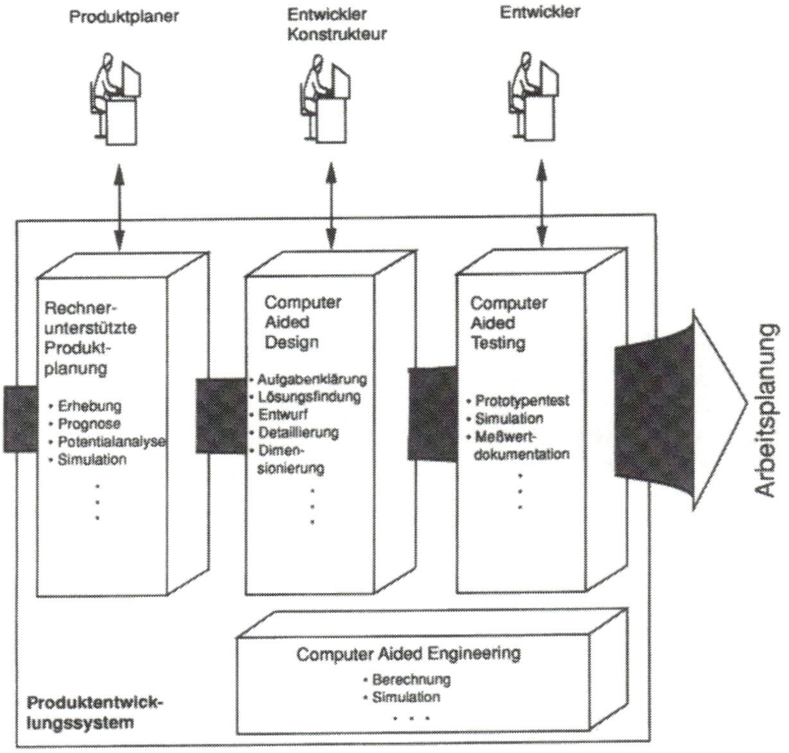

Abbildung 29: Informationsfluß in Produktplanung und -entwicklung

duktvarianten unterscheiden sich durch veränderte Baugruppen. Bei einer Normung der Bauteil- und Baugruppenverbindungen kann durch den Austausch modellierter Bauteile und Baugruppen eine im Vergleich zur konventionellen Produktentwicklung erheblich schnellere Anpassung des Produktmodells vorgenommen werden. Dies ist insbesondere deshalb von großer Bedeutung, weil Entwicklungstätigkeiten mit geringen Wertänderungen des Prozesses teilweise einen hohen Zeitanteil am Produktentwicklungsprozeß besitzen. Solche Änderungen müssen für die gesamte Prozeßkette mit geringem Aufwand durchführbar sein.

Die Art des Rechnerverbunds beeinflußt die Arbeitsteilung zwischen Produktplaner und -entwickler. Eine Datenübergabe zwischen Planungs- und Entwicklungssystem ist überwiegend aufgabenneutral. Nur die wiederholte Dateneingabe wird vermieden. Eine Daten- oder Funktionsintegration erweitert dagegen insbesondere das Handlungsvermögen der Produktplaner. Der Produktplaner kann Entwicklungen abrufen, bereits entwickelte Produkte oder Baugruppen mit seinen Vorstellungen künfti-

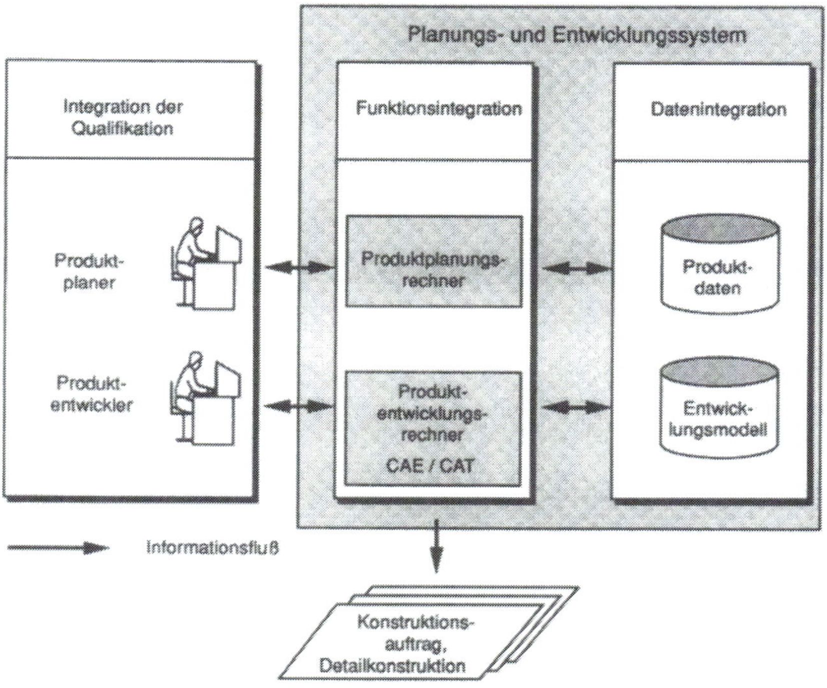

Abbildung 30: Arbeitsprinzip im Datenverbund

ger Produkte vergleichen und bei einer Funktionsintegration sogar das Entwicklungsmodell nach neuen Gesichtspunkten verändern. Der Produktplaner wird damit gleichzeitig Entwicklungsingenieur. Mit Hilfe der Rechnerintegration läßt sich insofern die vertikale Arbeitsteilung in der Produktplanung und -entwicklung verringern. Dies ist nur möglich, wenn sich die Qualifikation der Produktplaner und -entwickler angleicht. Anstelle vertikaler Arbeitsteilung tritt dann eine eher horizontale Arbeitsteilung, die eine Arbeitsteilung nach Art oder Menge der Produkte, Baugruppen oder Bauteile beinhaltet. Ab einem bestimmten Detaillierungsgrad der Konstruktionsobjekte ist eine horizontale Arbeitsteilung der Konstruktionstätigkeiten notwendig. Dies gilt insbesondere deshalb, weil die Detailkonstruktion von Baugruppen oder -teilen auch beim Einsatz von CAD-Systemen mit einem hohen Zeitaufwand verbunden ist. Den mit einer horizontalen Arbeitsteilung verbundenen Nachteilen kann durch Teambildung begegnet werden. Der Vorteil vertikal integrierter Planungs- und Entwicklungssysteme liegt insbesondere in einer Verminderung „geistiger" und datentechnischer Rüstzeiten (vgl. Wildemann 1990).

Fahrzeugtechnik

Die Unternehmen der Fahrzeugtechnik sind aufgrund der Produktkomplexität und der internationalen Marktverflechtungen zu einer intensiven und aktiven Produktpolitik gezwungen. Die Produktpolitik orientiert sich in besonderem Maße am Gebrauchswert der Produkte. Die Anforderungen an die Produktfunktionen werden darüber hinaus von länderspezifischen rechtlichen Normen mitbestimmt. Bei produktbedingten Unfällen verschärft zudem die Produzentenhaftung die Beweislage der Unternehmen. Durch die zunehmende Produktdifferenzierung steigen die in der Produktplanung und -entwicklung verarbeiteten Informationen.

Der Rechner kann alle Produktdaten der Entwicklung erfassen. Mit Hilfe von Datenbanken läßt sich die Vielfalt an Produktinformationen besser ordnen und darstellen. Gleichzeitig wird die Qualität der Produkte dokumentiert.

Als wertbestimmende Faktoren der Fahrzeugtechnik lassen sich unter anderem folgende Produktfunktionen ableiten, die sich bei konkreter Beschreibung und Festlegung als Vorgaben für die Entwicklung und Konstruktion von Fahrzeugen eignen:

- Fahrsicherheit, Fahrverhalten, Fahrzeugkennwerte, c_w-Werte,
- Kraftstoffverbrauch, Design, Diagnosefunktionen sowie
- ökologiebetonte Anlage des Produktnutzungszyklus.

Der Fahrzeugmarkt ist zunehmend durch ökologisch motiviertes Käuferverhalten bestimmt, die Käufer fragen umweltverträgliche Fahrzeuge nach. Die Produkte der Fahrzeugtechnik weisen insofern verstärkt ökologiebezogene Produktfunktionen auf. Neben dem steigenden Umweltbewußtsein sind hierfür auch wirtschaftliche Gründe, wie die Fahrmöglichkeit bei zeitweisen Verkehrseinschränkungen, verantwortlich.

Mit steigendem Informationsbedarf der Produktplanung und -entwicklung werden die Entwicklungszeiten neuer Fahrzeuge zu einem bedeutenden Wettbewerbsfaktor. Eine rechnerunterstützte Produktplanung und -entwicklung bietet hier besondere Wettbewerbsvorteile, denn die hohe Produktkomplexität führt zu hohem Zeit- und Kostenaufwand im Entwicklungsverlauf. Insbesondere vertikal integrierte Planungs- und Entwicklungssysteme können gemeinsam mit einer horizontal geglieder-

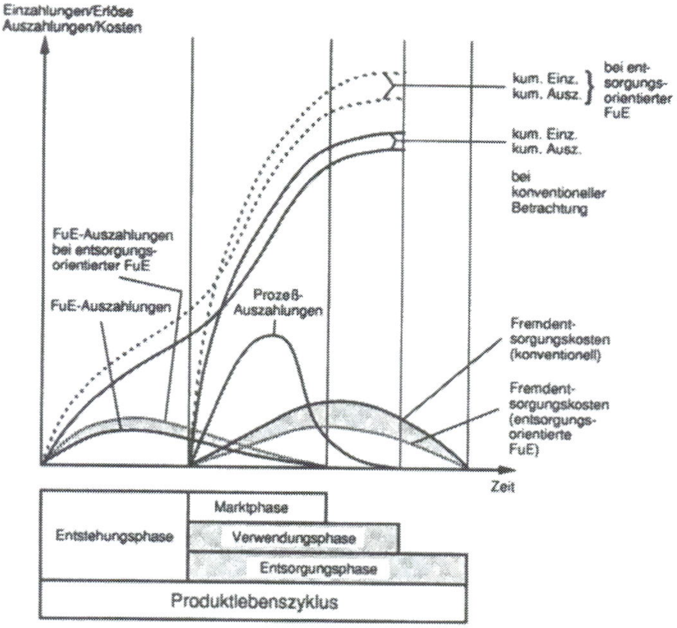

Abbildung 31: Integrierte FuE-, Produkt- und Entsorgungsplanung (Hahn 1989, S.42)

ten Planungs- und Entwicklungsorganisation zur Senkung der Entwicklungszeiten beitragen.

Die in der Produktplanung vollzogenen Entscheidungen legen schon in einer frühen Phase der Produktentstehung den größten Teil der späteren Produktionskosten fest (vgl. Koch 1986, S. 27). Dies ist insbesondere bei den hochwertigen Produkten der Fahrzeugindustrie bedeutsam. Die wirtschaftlichen Risiken steigen mit der Vielfalt der in die Entwicklung einfließenden Informationen. Die rechnerinterne Erfassung, Dokumentation und Aufbereitung von Kostenursachen schließt eine Informationslücke, die zur Enstehung systematischer Entwicklungsfehler führen kann. Die sinnvolle Verbindung wirtschaftlicher und technischer Entwicklungsaspekte ist in den verfügbaren Anwendungssystemen der Fahrzeugtechnik noch nicht ausreichend verwirklicht. Erst aus einer Gegenüberstellung von Kostenursachen und Produktfunktionswerten läßt sich ein rechnerunterstützter Wirtschaftlichkeitsvergleich von Produktvarianten ableiten. Rechnerunterstützte Controllingwerkzeuge können diese technologische Entwicklungslücke schließen.

Berechnungen und Simulationen ersetzen bzw. ergänzen schon heute die Erzeugung von Fahrzeugprototypen. Die Entwicklungsbereiche können insofern Qualitätsentscheidungen früher treffen. Die frühzeitige Korrektur von Entwicklungsfehlern spart erhebliche Entwicklungs- und Fertigungskosten, die beispielsweise durch Detailkonstruktion, Betriebsmittelentwicklung und -fertigung entstehen. Die entwickelten rechnerinternen Modelle stehen zur Erzeugung von Modellvarianten zur Verfügung, so daß geleistete schneller Entwicklungsarbeit wiederverwendbar wird.

Die Arbeit der Entwickler neuer Großserienfahrzeuge kann anhand der folgenden Beispiele verdeutlicht werden. Die hier vorgestellte rechnerunterstützte Arbeitsweise ist nicht für Fahrzeugtypen der Kleinserien- und Luxusklasse typisch. Solche Fahrzeuge werden mit weniger Rechnertechnik entwickelt, denn die Entwicklungssysteme haben hohe Einstandskosten, die sich in der Regel erst bei Großserienprodukten amortisieren.

Der rechnerunterstützte Entwicklungsprozeß beginnt mit der rechnerinternen Darstellung von Styling-Studien (vgl. Stübig 1988, S. 73). Den Informationsfluß bei der Entwicklung eines Fahrzeugs gibt die folgende Abbildung wider:

Bei der durchgängigen Verwendung rechnerinterner 3D-Modelle lassen sich Berechnungsmodelle in den dem Styling folgenden Phasen mit deutlich geringerem Aufwand automatisch erzeugen. Die Modellbildung reicht vom Gesamtfahrzeug über Karosserie, Fahrwerk bis zur Abbildung einzelner Aggregate (vgl. Seiffert 1989, S. 96). Eine automatische Erzeugung von Modellen der Finite Elemente Methode (FEM) verkürzt die Entwicklungszeiten der Fahrzeuge und reduziert die durch den Fahrzeugprototypenbau entstehenden Entwicklungskosten. Finite Elemente sind Grundelemente, denen Eigenschaften, wie Materialkennwerte, zugewiesen werden. Aus diesen Grundelementen werden Konstruktionsobjekte, wie Baugruppen oder ganze Fahrzeuge, gebildet. Solche Objekte haben

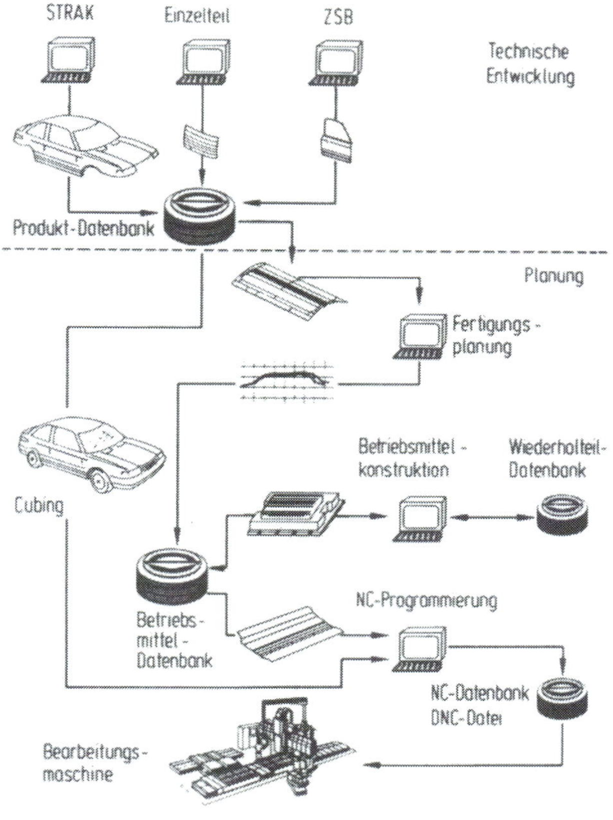

Abbildung 32: Phasen der CAD-CAM-Projektierung in der Entwicklung (Stübig 1988)

neben geometrischen auch nutzungs- bzw. sicherheitstechnische Eigenschaften. Beispielsweise können Kräfte im Rechner vorgegeben werden, die mögliche reale Betriebs- oder Unfallbelastungen des Fahrzeugs darstellen. Die Auswirkungen dynamischer Belastungssituationen lassen sich mit Hilfe eines Fahrzeugsimulationsmodell bestimmen.

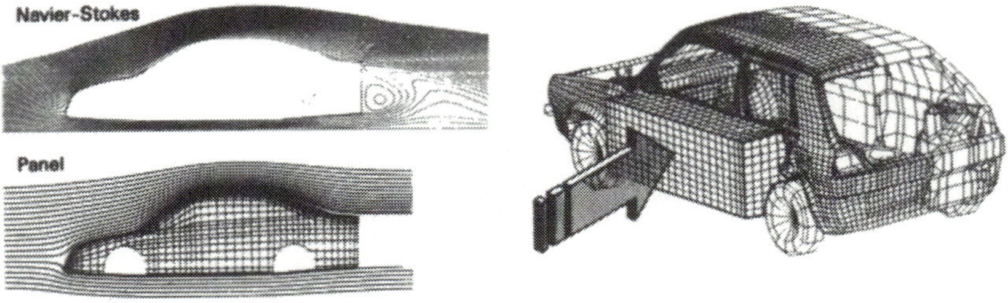

Abbildung 33: Aufprall- und Strömungssimulation (Seiffert 1989, S. 97)

Bei der Auslegung des Innenraums eines PKW werden durch Berechnung der Sichtverhältnisse Sichtanalysen durchgeführt und Elemente der Innenraumausstattung entworfen. In der Entwicklung befinden sich Verfahren zur Modellierung von sich ablösenden Strömungen und Wirbeln, die die aerodynamischen Eigenschaften beeinflussen und damit den Kraftstoffverbrauch, die Fahreigenschaften und das Verschmutzungsverhalten mitbestimmen.

Die Beispiele aus der rechnerunterstützten Fahrzeugentwicklung zeigen, daß die Rechnertechnik für den Entwicklungsingenieur der Fahrzeugtechnik ein wichtiges Hilfsmittel ist, das die Entwicklungsgeschwindigkeit und -qualität verbessert. Zur Lösung kreativer Aufgaben benötigt der Produktplaner sowie der Entwicklungsingenieur Zeit, die durch die Entlastung von einfachen Routineaufgaben verfügbar wird. Eine solche Entlastung wird durch den Einsatz der Rechnertechnik erreicht.

Maschinenbau

Die Industriebranche Maschinenbau besteht aus einer großen Vielfalt von Unternehmen, die sich durch ihre Produkte bzw. Leistungsangebote deutlich unterscheiden. Das Leistungsspektrum der Unternehmen reicht von der Lohnfertigung bis zur Entwicklung und Produktion komplexer

Produktsysteme, wie Druckmaschinen oder flexible Fertigungssysteme. Die Organisationsform der Produktplanung und -entwicklung hängt insbesondere von der Produktkomplexität, der Produktionsstückzahl und der Innovationszykluszeit der Produkte ab. Der Produktplanungs- und -entwicklungsprozeß kann insofern nur an Beispielen der Klein- und Mittelserienfertigung skizziert werden. Typisch für diese Leistungstypen der Produktion sind Werkzeugmaschinen und Industrieroboter.

Bei der kundenorientierten Entwicklung maschinenbaulicher Produkte erhalten spezielle Funktionen der Produkte, wie beispielsweise Verfügbarkeit, Qualitätsgarantie und Benutzerfreundlichkeit, eine weiter zunehmende Bedeutung (vgl. Neipp 1989, S. 108). Die Produktentwicklung bildet ein sehr komplexes, zeit- und personalintensives Aufgabenfeld. Entwickler von Werkzeugmaschinen setzen den Rechner u. a. zur Qualitätssicherung und Verwaltung bereits entwickelter Maschinenkomponenten ein.

Mit Beginn der Produktentwicklung wird am CAD-System eine Strukturanalyse der Werkzeugmaschine durchgeführt. Modular aufgebaute Werkzeugmaschinen ermöglichen die Verwendung von Funktionskomponenten, so daß Maschinenvarianten und Designstudien nahezu automatisch durch den Rechner erzeugt werden. Der Entwickler bewertet aufgrund seiner Entwicklungserfahrungen die visualisierten Ergebnisse. Zur konstruktiven Gestaltung von Werkzeugmaschinen eignen sich Untersuchungen am rechnerinternen Entwicklungsmodell. Das Entwicklungsmodell besteht aus Gleichungen, die das Bewegungsverhalten der Werkzeugmaschine beschreiben. Die errechneten Positionen der Maschinenelemente werden über Graphikschnittstellen auf dem Bildschirm dargestellt. Verbesserungen der Werkzeugmaschine können aufgrund der Berechnung und Darstellung des Maschinenverhaltens vorgenommen werden. Bei Beachtung von Kostengesichtspunkten lassen sich qualitativ vergleichbare Konstruktionsergebnisse ohne Rechnerunterstützung kaum realisieren.

Wesentliche Einsichten in die Produkteigenschaften von Industrierobotern gibt die rechnerunterstützte Simulation von Bewegungsabläufen, die vom Rechner auf der Basis eines kinematischen Modells, eines Prozeßmodells oder eines Modells der erwarteten Anlagengesamtstruktur erzeugt werden. Der Produktentwickler bestimmt die Modellierungstiefe.

Automatische Analysen des modellierten Übertragungsverhaltens liefern beispielsweise Einsichten zur Dynamik, dem Schwingungsverhalten und dem Platzbedarfs hinsichtlich des Arbeitsraums, so daß die Produktfunktionen auf das projektierte Einsatzspektrum abgestimmt werden können.

Der Einsatz wissensbasierter Systeme zur Produktentwicklung setzt bei der Konfiguration von Maschinenkomponenten an (vgl. 4.2.1.3). Konfigurierende Expertensysteme können sowohl bei der Auswahl von Baugruppen als auch in der Konstruktion eingesetzt werden. Einfache Entwicklungsaufgaben lassen sich durch wissensbasierte Systeme wirkungsvoll unterstützen. Derartige Entwicklungssysteme sind bereits im Einsatz. Bei der Entwicklung von Wendeschneidplatten werden beispielsweise zur Optimierung geometrischer und funktionaler Eigenschaften wissensbasierte Systeme eingesetzt (vgl. Pfeiffer/Siepmann/Teichmann 1988). Versuchsergebnisse und Erfahrungen zur Spanbildung sind als regelorientiertes Wissen im Rechner gespeichert. Bei der Entwicklung von Wendeschneidplatten lassen sich durch das Expertensystem Entwürfe zur geometrischen Gestaltung automatisch erzeugen.

Wissensbasierte Systeme der Produktplanung und -entwicklung sind überwiegend zur Beratung der Entwickler konzipiert. Das „Expertensystem Bohren“ kann beispielsweise zwischen Angebotserstellung und Produktentwicklung eingefügt werden. Dieses Expertensystem dient

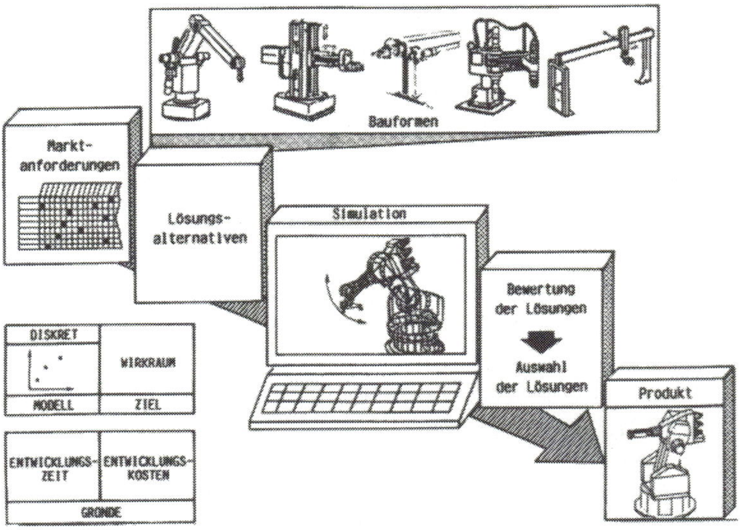

Abbildung 34: Simulation in der Produktplanung (Eversheim 1986, S. 125)

insofern der Aufgabenanalyse, die vor der Produktentwicklung durchzuführen ist.

Außer zur Unterstützung des Auswahlprozesses von Standardwerkzeugen enthält das System eine Komponente zur Auslegung von Sonderwerkzeugen. Zur Sicherstellung einer NC-Datengenerierung, der automatischen Datenübernahme in angeschlossene CAD-Systeme sowie einer Datenbankkopplung werden entsprechende Schnittstellen und Erweiterungskomponenten entwickelt (vgl. Neipp 1989). Solche Expertensysteme unterstützen typischerweise begrenzte Arbeitsgebiete der industriellen Produktion.

Elektrotechnik

Für den Bereich Elektrotechnik wird die rechnerunterstützte Entwicklung anhand einer ausgewählten Produktgruppe beschrieben. Die rechnerunterstützte Entwicklung soll am Beispiel elektronischer Baugruppen dargestellt werden. Typisch für diese Produktgruppe ist ein großer Anteil teilautomatisierter Qualitätssicherungssysteme.

Zur Entwicklung und Prüfung von Elektronikbausteinen und Leiterplattenlayouts werden Computer Aided Testing – Systeme (CAT) eingesetzt. Der Entwicklungsingenieur gibt die Plazierung elektronischer Bauelemente auf der Leiterplatte vor. Der Rechner entwickelt selbsttätig Vorschläge zum Aufbau der Verbindungsleitungen und prüft das Schaltverhalten der Baugruppe. Die Prüfung der Funktionsfähigkeit einer

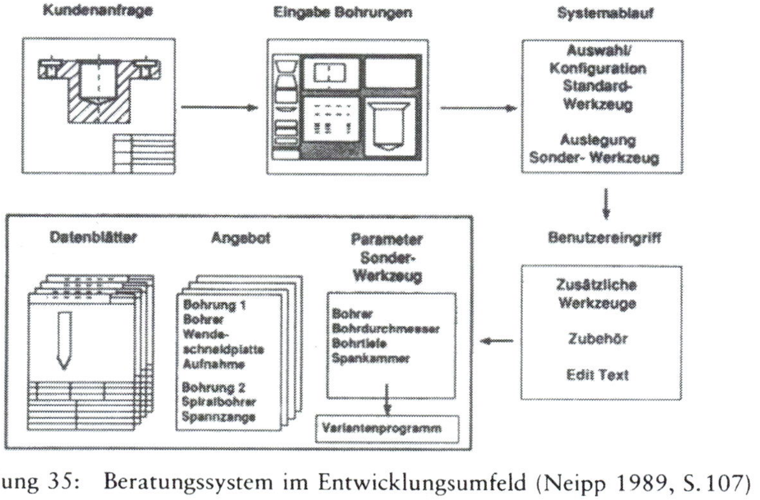

Abbildung 35: Beratungssystem im Entwicklungsumfeld (Neipp 1989, S. 107)

Baugruppe erfolgt beispielsweise durch rechnerintern erzeugte Testgrößen, die mit Hilfe von Simulationsmodelle weiterverarbeitet werden. Der Entwickler erhält die Testergebnisse in Form von Reports, die gleichzeitig die Entwicklungsqualität der Produkte dokumentieren. Dies wird aufgrund verschärfter Vorschriften der Produzentenhaftung zunehmend wichtiger.

Der Einsatz von CAT-Systemen kann Fehler, die durch Routinetätigkeiten entstehen, bereits in der Entwicklungsphase vermeiden. Eine fehlerintensive Routinetätigkeit ist beispielsweise das Zeichnen von Verbindungsleitungen. Treten in der nachgelagerten Elektronikfertigung dennoch Fehler auf, so kann das Prüfpersonal anhand der Prüfreports die Fehlerursachen leichter eingrenzen.

Die Vorteile rechnerunterstützter Prüfsysteme erhalten durch das Vordringen der mehrschichtigen Layouttechnik zunehmende Bedeutung. Die mehrschichtige Layouttechnik ist auf automatische Entwurfssysteme angewiesen, weil der Rechner 3D-Layoutentwürfe besser und schneller darstellen kann. Der Entwickler von Elektronikbaugruppen kann sich durch die Unterstützung dialogfähiger Entwurfssysteme auf die funktions- und wertbestimmenden Entwicklungstätigkeiten und -entscheidungen konzentrieren.

Die skizzierten Beispiele aus den hier Industriebranchen Fahrzeugtechnik, Maschinenbau und Elektrotechnik zeigen, daß die flexible Automatisierung der Produktplanung und -entwicklung im Vergleich zur Fertigung in geringerem Maße zu einer Entkopplung des Menschen vom Prozeß führt. Allerdings verändert sich die Tätigkeit der Produktplaner und -entwickler insofern, als sich der Arbeitsprozeß von der Zeichnung, dem materiellen Modell oder dem Prototyp auf das rechnerinterne Entwicklungsmodell verlagert. Der größte Teil der Planungs- und Entwicklungstätigkeiten wird im Dialog mit dem Rechner ausgeführt. Dies gilt insbesondere für höherwertige Tätigkeiten, wie Bewerten und Entscheiden. Der Mensch bleibt also im Produktplanungs- und -entwicklungsprozeß eng an den Rechner gebunden.

4.2.1.2 Verbund von Konstruktion, Arbeitsplanung und Fertigung

Mit der Einführung der NC-Technik ändert sich die Vorgehensweise der Arbeitsplanung sowie anderer der Fertigung vorgelagerter Produktionsbereiche. Bei der flexiblen Automatisierung ist es im Gegensatz zur konventionellen Fertigung notwendig, die einzelnen Bearbeitungsaufgaben wesentlich detaillierter aufzugliedern, um damit auch mehrteilige oder komplexe Bauteile funktions-, kosten- und qualitätsgerecht herzustellen. Der mit einer erweiterten Aufgabenstellung verbundene Aufwand in Konstruktion, Arbeitsplanung und Qualitätssicherung steigt mit der Anzahl unterschiedlicher Produkte bzw. Produktvarianten. Unmittelbar am Werkstück verrichtete Tätigkeit wird in vorgetane Arbeit, wie Planung und Programmierung, umgewandelt. Solche Arbeitsstruktureffekte können als Arbeitsverschiebung bezeichnet werden.

Ein Einsatz vernetzter Systeme der Konstruktion, Arbeitsplanung und Fertigung ist mit einer Reihe verschiedener Organisationsformen der produktbezogenen Prozeßkette verbunden. Unter produktbezogener Prozeßkette wird der wechselseitige Informationsfluß insbesondere zwischen den Funktionen der Produktplanung und -entwicklung, Arbeitsplanung und Fertigung verstanden. Mögliche Organisationsformen dieser Funktionen sind die konstruktionsgesteuerte, die arbeitsteilige und die fertigungsgesteuerte Prozeßkette. Bei einer konstruktionsgesteuerten Prozeßkette wird der Hauptteil der Planungs- und Steuerungstätigkeiten der Produktion in die Konstruktion verlagert. In der arbeitsteiligen Prozeßkette werden die Funktionen Konstruktion, Planung, Fertigungssteuerung und Fertigung jeweils einzelnen Kompetenzbereichen zugeordnet. Die fertigungsgesteuerte Prozeßkette zeichnet sich demgegenüber durch einen Planungs- und Steuerungsschwerpunkt im Bereich der Fertigung aus.

Eine nach diesen Organisationsprinzipien vorgenommene Rechnerintegration führt zu entsprechend entwickelten Anwendersystemen. Dies sind spezifische CAD-Konstruktionssysteme, CAP-Arbeitsplanungssysteme und Programmiersysteme sowie rechnerunterstützter Fertigungssteuerungssysteme:

Eine rechnerunterstützte Verbindung von Konstruktion, Arbeitsplanung und Fertigung wird als CAD-CAM-Verbund bezeichnet. Bei einer Verbindung rechnerunterstützter Systeme wird zwischen Integration und

Kopplung unterschieden. Eine Rechnerkopplung stellt eine Verbindung bereichsbezogener Systeme her, d. h. Daten verschiedener Produktionsbereiche lassen sich zwischen den Rechnersystemen austauschen. Die Integration faßt dagegen Funktionen zu einer Systemeinheit zusammen. Eine Integration von Funktionen hat insofern technische und organisatorische Wirkungen.

Mit zunehmendem Integrationsgrad wachsen verschiedenartige Betriebsbereiche zusammen. Eine vormals stark vertikale Kompetenzverteilung wird durch eine prozeßorientierte Rechnerintegration von Daten und Funktionen der Produktion verringert. Derartige Integrationsmaßnahmen führen insofern zu einer geringeren Organisationstiefe. Auf gleichen Organisationsebenen nehmen die Aufgaben insgesamt zu. Sie können nach Art oder Menge auf gleichartige Kompetenzbereiche verteilt werden. Bei einer stärker horizontal gegliederten Arbeitsstruktur steigt gleichzeitig die Organisationsbreite der Produktion.

Die Aufgaben der Arbeitsplanung können beispielsweise in den vorgelagerten Bereich der Konstruktion oder in den nachgeordneten Bereich der Fertigung eingegliedert werden. Der Aufgabenzuwachs dieser Bereiche muß durch eine größere Anzahl horizontal gegliederter Bereiche, Abteilungen und Gruppen kompensiert werden. Dies gilt sowohl für die konstruktionsgesteuerte als auch für die fertigungsgesteuerte Prozeßkette.

Eine rechnerunterstützte Integration von Konstruktion und Arbeitsplanung bewirkt eine Erweiterung der Aufgaben des Planungs- und Konstruktionsbüros. Dies wirkt sich auch auf die Personalstruktur aus.

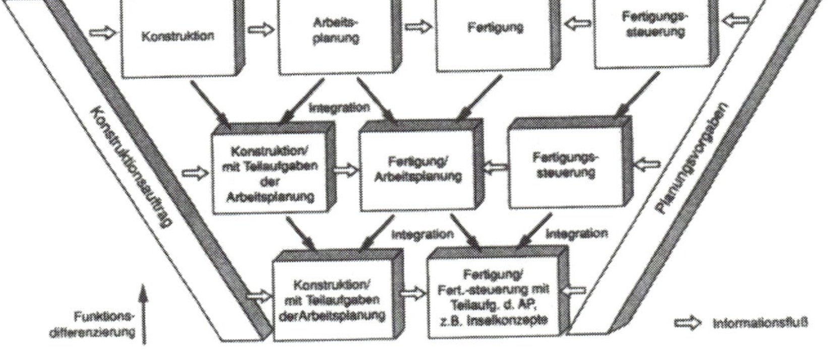

Abbildung 36: Organisationsstrukturen der produktbezogenen Prozeßkette

Neben dem Arbeitsplaner werden Spezialisten zur Systembetreuung und -entwicklung benötigt. Systemassistenten passen die Funktionen des CAD-Systems den Anforderungen der Projektkonstrukteure, Entwurfs-

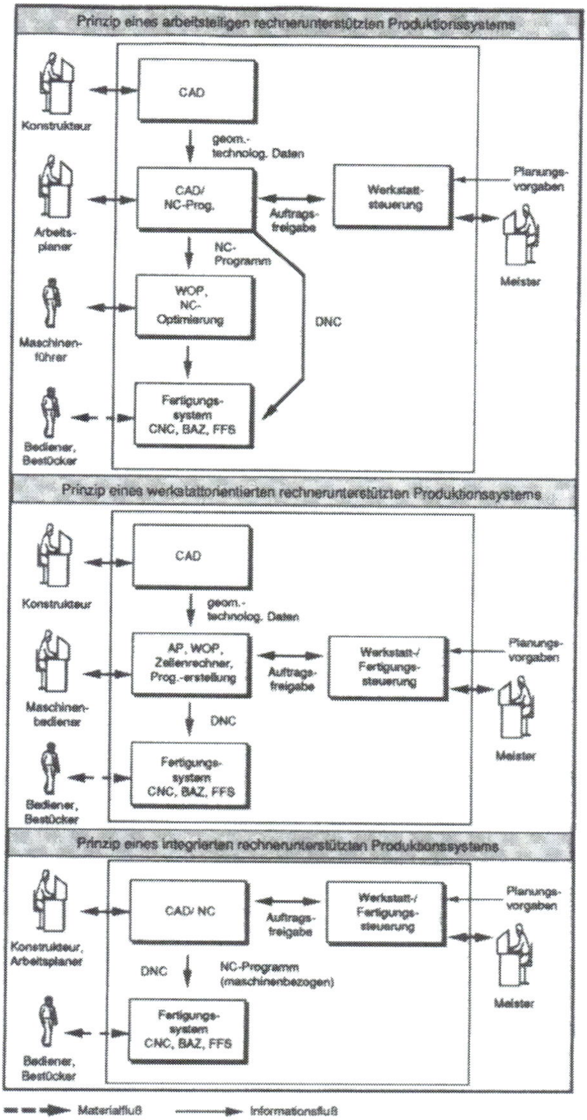

Abbildung 37: Funktionsintegration im CAD-CAM-Verbund

konstrukteure und der technischen Zeichner an. Die Mitarbeiter der CAD-Systembetreuung sind CAD-Fachleute, die mit Hilfe der Funktionen des CAD-Basissystems die Anwendersoftware weiterentwickeln und einen zuverlässigen Systembetrieb sichern (vgl. Abschnitt 4.3.4.2).

Projektkonstrukteure erarbeiten Funktionsprinzipien, die von den Entwurfskonstrukteuren gemeinsam mit Konstruktionsspezialisten geometrisch ausgestaltet, berechnet sowie fertigungs- und montagegerecht ausgelegt werden. Entwurfskonstrukteure können mit Hilfe eines CAD-Systems die Konstruktionsentwürfe schneller verfeinern und darstellen. Technische Zeichner führen die Detailkonstruktion weiter und erarbeiten technische Zeichnungen, Dokumentationen und Stücklisten.

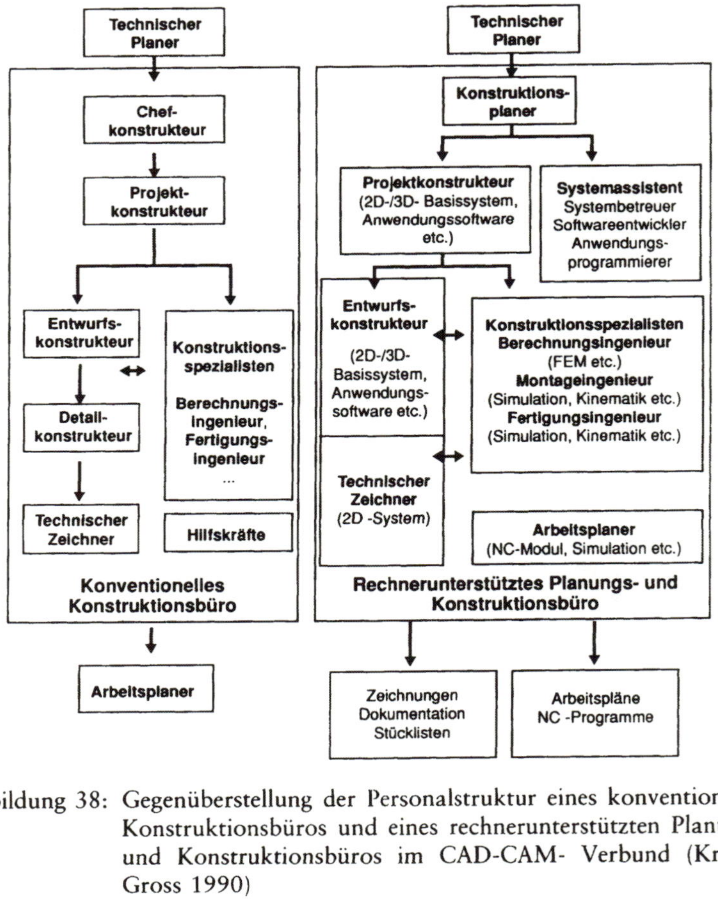

Abbildung 38: Gegenüberstellung der Personalstruktur eines konventionellen Konstruktionsbüros und eines rechnerunterstützten Planungs- und Konstruktionsbüros im CAD-CAM- Verbund (Krause/ Gross 1990)

Der Übergang von der konventionellen zur rechnerintegrierten Prozeßkette führt zu einer Verringerung der vertikalen Arbeitsteilung. Die hierbei genutzten Rationalisierungspotentiale rechnerintegrierter Konstruktions- und Planungsstrukturen liegen insbesondere in einer Verkürzung der Durchlaufzeiten produktbezogener Informationen. Dies wird beispielsweise durch eine Verminderung geistiger Rüstzeiten sowie die Verringerung einfacher Routinetätigkeiten erreicht.

Solche integrationsbedingten Rationalisierungspotentiale lassen sich auch im Bereich der Qualitätssicherung nutzen. In einen CAD/CAM-Verbund kann auch die rechnerunterstützte Qualitätssicherung integriert werden. Die rechnerunterstützte Qualitässicherung wird als Computer Aided Quality Assurance (CAQ) bezeichnet. Eine integrierte Qualitätssicherung nimmt die Qualitätsaufgaben vor Ort wahr. Sie besteht aus den Grundfunktionen der rechnerunterstützten Qualitätsplanung, der rechnerunterstützten Qualitätsprüfung und der rechnerunterstützten Qualitätslenkung. Die langfristige Qualitätsplanung ist eng mit den Aufgaben der Produktplanung verbunden. Diese Qualitätsplanungsaufgaben lassen sich insofern in das Produktplanungssystem integrieren. Die operative Qualitätsplanung kann als Aufgabe der Arbeitsplanung aufgefaßt werden. Bei der operativen Qualitätsplanung wird beispielsweise die Auswahl der Meßmaschinen, die Erstellung der NC-Meßprogramme usw. vorbereitet. Die Qualitätsprüfung ist ein Teil der rechnerunterstützten Fertigung (CAM). Sie wird beispielsweise bei flexiblen Fertigungssystemen vom Systemleitrechner in Verbindung mit den NC-Meß- und Prüfeinrichtungen wahrgenommen.

Die Qualitätslenkung bezieht sich auf die auftragsbezogene Steuerung der Produktqualität. Rechnerunterstützte Qualitätslenkungsfunktionen können als Teilaufgaben der Produktionsplanungs- und -steuerungssysteme definiert werden. Die Qualitätslenkung ist insofern nicht Teil der produktbezogenen Prozeßkette.

Die rechnerunterstützte Arbeitsplanung unterscheidet kurz-, mittel- und langfirstige Planungsaufgaben. Diese nach der Fristigkeit unterschiedenen Teilaufgaben der Arbeitsplanung bleiben auch in einem CAD-CAM-Verbund erhalten. Eine Integration von Arbeitsplanungsfunktionen verteilt diese Aufgaben auf unterschiedliche Kompetenzbereiche der Produktion. Die verwendeten Rechnersysteme werden um die jeweiligen Arbeitsplanungsfunktionen erweitert.

Als Kernaufgaben der Arbeitsplanung umfaßt ein CAD/CAM-Verbund:

- Bestimmung der Werkzeugmaschine für die Bearbeitungsaufgabe,
- Auswahl eines zur Maschinensteuerung kompatiblen Postprozessors (Programm zur Anpassung des Teileprogramms an die Befehle der Werkzeugmaschine),
- Festlegen der Spannsituation,
- Werkzeugauswahl,
- Festlegung der Bearbeitungsfolge,
- Schnittaufteilung und Kollisionsprüfung bei der Ermittlung der Werkzeugwege,
- Erstellung und Verwaltung der erstellten NC-Programme,
- Geometrische und technologische Simulation und
- Überwachung und Aktualisierung der Rohteilgeometrie.

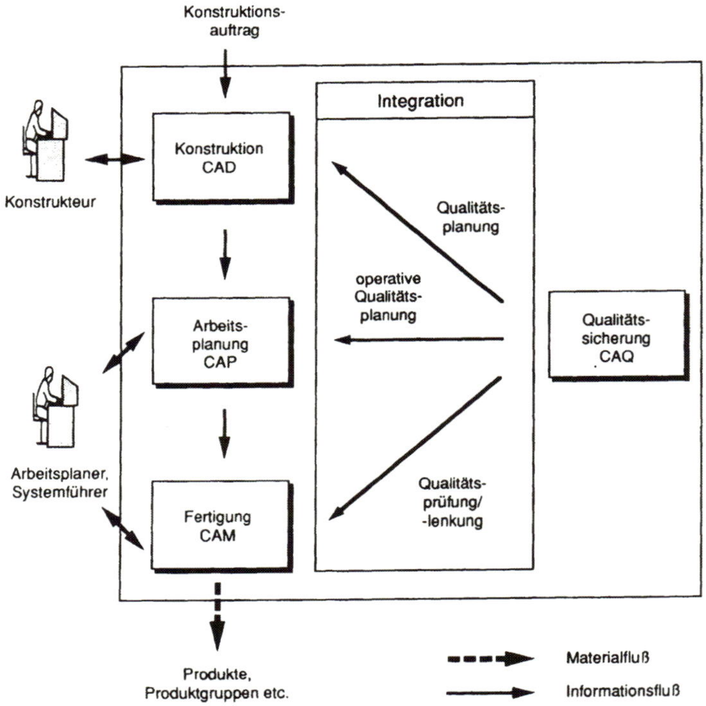

Abbildung 39: Qualitätssicherung im CAD/CAM-Verbund

Zur Verdeutlichung organisatorischer und personeller Wirkungen eines Rechnerverbundsystems wird beispielhaft die Verbindung von CAD und NC-Programmierung betrachtet. Bei einer CAD-NC-Integration ist die NC-Programmierung als Teil der Arbeitsplanung betroffen. Ihre Aufgaben werden entweder in die Konstruktion oder in die Fertigung verlagert.

Der Programmierprozeß im CAD/NC-Verbund unterscheidet sich schon bei der Bereitstellung der Werkstückgeometrie erheblich vom konventionellen Vorgehen. Zuerst werden die für die NC-Bearbeitung benötigten Geometriedaten aus der CAD-Datenbasis herausgelöst und entweder in CAD-NC-Moduln weiterverarbeitet oder in das NC-Programmiersystem übertragen. Im NC-Programmiersystem werden Informationen zur Oberflächengüte und Maßtoleranzen in einem interaktiven Dialog zugefügt oder aber aufgrund einer vorhandenen Wissensbasis automatisch in technologische Informationen umgesetzt. Anschließend werden die Werkzeugwege programmiert und gegebenenfalls in einem Simulationslauf verifiziert. Danach erfolgt eine Ergänzung der Technologiedaten und die Umsetzung des Quellprogramms durch den Postprozessor in ein lauffähiges NC-Programm.

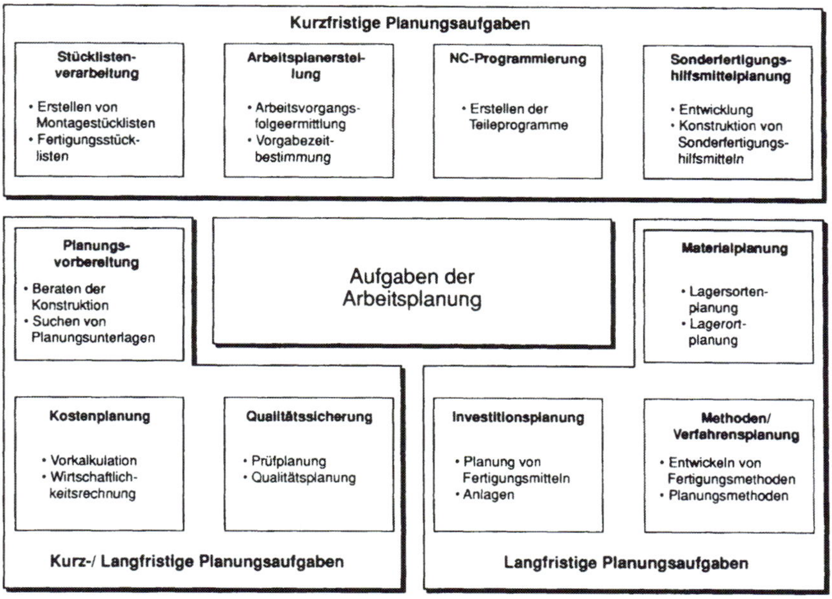

Abbildung 40: Aufgaben der Arbeitsplanung (Spur/Krause 1984)

Eine Überführung von Werkstückkonturen in Werkzeugbewegungen erfolgt nach Festlegung der Rohteilgeometrie, der Auswahl der Fertigungsverfahren und der Bestimmung der Werkzeuggeometrie. Die Werkzeuggeometrie kann interaktiv-graphisch eingegeben oder entsprechend der Automatisierungsstufe aus technologischen Dateien, wie Werkzeug- und Werkstoffdateien, ergänzt werden. In Teilbereichen der Programmierung werden automatische Programmierhilfen verwendet. Bei einer Übertragung von Fertigungs-Features aus der Konstruktion kann beispielsweise ein Teil des NC-Programms automatisch erzeugt werden (vgl. Krause/Altmann 1989). Zur Transformation geometrischer Daten in die Achskoordinaten der Werkzeugmaschine können Transformationsalgorithmen den NC-Programmierer unterstützen.

Insbesondere bei Werkstücken, die durch eine Fülle von Geometriedaten sowie technologisch relevanter Angaben wie Oberflächengüte und Toleranzen beschrieben werden, bietet es sich aus wirtschaftlichen Gründen an, die Weiterverarbeitung der im CAD-System erfaßten Daten in einem angeschlossenen NC-Programmiersystem vorzunehmen. Die Gestaltung eines solchen CAD/NC-Systems ist häufig nur anwenderspezifisch möglich und dabei von den Eigenschaften des CAD-Systems, des NC-Programmiersystems sowie den vorhandenen Maschinensteuerungen abhängig.

Die Art des NC-Programmiersystems wird durch den geplanten Programmierort, d.h. die damit beauftragte Organisationseinheit, bestimmt. Bei einer Programmierung in der Konstruktion wird ein CAD-NC-Modul verwendet, das die geometrischen Funktionen des CAD-Systems nutzt. Der Vorteil liegt darin, daß die Arbeit des CAD-Konstrukteur erleichtert wird, weil fertigungstechnische Programmieraufgaben auf dem ihm vertrauten CAD-System durchgeführt werden.

Die Mitarbeiter der Arbeitsplanung besitzen spezielle Kenntnisse der NC-Programmierung. Auf diese Vorkenntnisse sind die Programmiersysteme der Arbeitsplanung abgestimmt. Sie geben dem Programmierer die Möglichkeit, seiner eigenen Programmiersystematik zu folgen. Die Programmeingabe mit Systemen der Arbeitsplanung erfolgt beispielsweise überwiegend durch satzweise Eingabe der Steuerbefehle.

Die Programmierung mit werkstattorientierten Programmierverfahren (WOP) baut auf einem interaktiv-graphischen Dialog auf. Ein Verbundprojekt zur Entwicklung werkstattorientierter Programmiersysteme entwickelt eine einheitliche, technologieübergreifende Programmiertechnik, die insbesondere dem Facharbeiter die Programmierung von NC-Maschinen erleichtert (vgl. Pilland 1988, S.299).

Die überwiegende Zahl eingesetzter CAD/NC-Systeme kann ausschließlich geometrische Daten übertragen. Eine Übertragung geometrischer Daten aus der Konstruktion kann die Zeichnung als Informationsmittel für den Programmierer nicht ersetzen. Die technologischen Daten der Konstruktionsobjekte müssen weiterhin durch Fertigungs- und Montagezeichnungen der Arbeitsplanung übermittelt werden. Dies betrifft beispielsweise die Auswahl der Werkzeuge, die Programmierung der Bearbeitungsfolge und die Schnittaufteilung.

Eine CAD/NC-Kopplung kann die technische Zeichnung erst ersetzen, wenn an die Geometriedaten technologische Informationen, wie Angaben über Werkstoff, Oberflächengüte und Toleranz, angebunden werden. Solche verknüpften Technologiedaten könnten im CAP-System weiterverarbeitet werden. Mit einer geometrischen und technologischen Schnittstelle, wie dem geplanten Standard STEP, wird eine Übertragung geometrischer und technologischer Daten zwischen CAD- und CAP-Systemen möglich. Eine solche Standardschnittstelle für technologische und geometrische Daten kann die Detailzeichnung ersetzen, wenn es gelingt, die Anbieter von CAD- und CAP-Systemen davon zu überzeugen, eine derartige Schnittstelle in die CAD- und CAP-Systeme einzufügen (vgl. Warnecke/Mertens 1987).

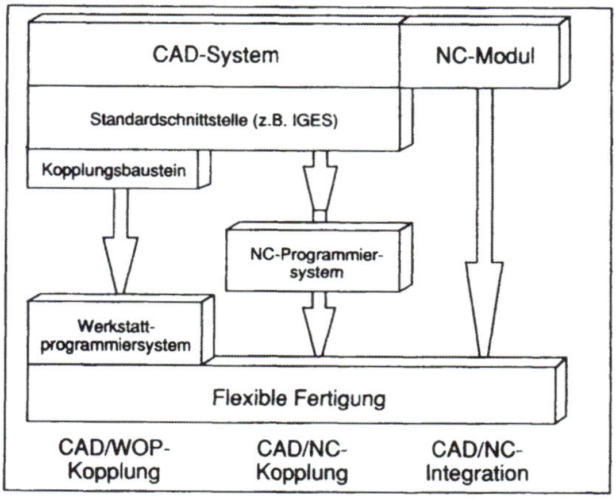

Abbildung 41: Organisationsformen im CAD/NC-Verbund (nach Beck/Hohwieler/Potthast 1990)

Die Programmierung mit einem CAD/NC-System integriert die Funktionen der NC-Programmierung in das CAD-System. Als Nachteil erweist sich die Belastung kostenintensiver CAD-Arbeitsplätze durch NC-Programmierarbeiten. Dabei werden aufwendige Graphikprozessen und CAD-Features nicht genutzt. Durch die NC-Programmierung im Konstruktionsbereich steigt der Bedarf an Mitarbeitern in der Konstruktion. Ein steigender Bedarf an Konstrukteuren kann zusätzlich zur Sachkostensteigerung auch zu einer erheblichen Erhöhung der Personalkosten führen.

Der Einsatz von Konstrukteuren bei der Programmierung verändert das Aufgabenprofil der Konstrukteure nachhaltig (vgl. Abschnitt 4.3.4). Eine schwächere Aufgabenverschiebung liegt vor, wenn nur Teilaufgaben der NC-Programmierung, wie die Auswahl und Separierung geometrischer Daten, in die Konstruktion verlagert werden. Der Vorteil der Vorbereitung der Geometrie liegt darin, daß CAD-Systeme eine sehr komfortable Geometrieverarbeitung erlauben. Der Konstrukteur benötigt im Gegensatz zur Vollintegration der NC-Programmierung zudem weniger fertigungstechnisches Wissen.

Die im folgenden vorgestellten Ergebnisse einer empirischen Untersuchung sind bezüglich der Einsatzanteile von Rechnerverbundssystemen als Momentaufnahme anzusehen. Die mit einem Rechnerverbund verknüpften Aufwendungen, wie Investitionen Rechnersysteme und Personalqualifizierung, lassen aber eine kurzfristige Änderung der aufgezeigten Verteilung der Funktionen nicht erwarten (vgl. Lay/Boffo/Schneider 1987).

Für die Erstellung eines NC-Programms in CAD/CAM-Systemen werden im gesamten Aufgabenspektrum überwiegend NC-Programmierer aus der Arbeitsvorbereitung eingesetzt. Einzige Ausnahme ist die Separierung der CAD-Daten, die zur geometrischen Beschreibung der Fertigungsaufgabe notwendig sind. Diese Aufgabe wird vorwiegend dem Konstruktionsbereich zugeordnet. Diese Tätigkeit entsteht erst durch die Integration von CAD und CAM und ersetzt die Programmierung der Geometriedaten. Vor allem in größeren Unternehmen überwiegt eine Zuordnung der NC-Programmierung zur Arbeitsplanung. Die Programmierung in der Arbeitsplanung wird überwiegend als vorteilhaft bezeichnet, wenn unterschiedliche Fertigungsverfahren und eine große Anzahl von NC-Maschinen zur Bearbeitung komplexer Werkstücke eingesetzt werden (vgl. Manske/Wolf 1988; dagegen Dunkhorst 1985).

Die vorgestellten Organisationsformen schließen sich gegenseitig nicht aus. Die NC-Programmierung kann durch Art- oder Mengenteilung das Teilespektrum auf die Programmiersysteme der Werkstatt und der Arbeitsplanung aufteilen. Bereits erstellte NC-Programme können durch den Austausch der NC-Programme in beiden Programmierbereichen genutzt werden. Dies macht eine Übermittlung der NC-Programme im Quellcode notwendig. So kann eine Rückübersetzung maschinenspezifischer NC-Programme mit entsprechenden Informationsverlusten vermieden werden (vgl. Pilland 1988). Eine einheitliche Benutzeroberfläche erleichtert die Weiterverarbeitung der NC-Programme. Dies ist ein Gebiet intensiver Forschungsarbeit. Solche einheitlichen Benutzeroberflächen sind in der industriellen Praxis bisher kaum zu finden.

Die zeitliche Aufgabenverteilung der Arbeitsplanung soll anhand einer Momentaufnahme zeigen, daß die NC-Programmierung von der Arbeitszeit der Arbeitsplanung nur einen geringen Zeitanteil beansprucht (vgl. Schaele/Hellberg 1987). Die Einführung einer CAD-NC-Kopplung verringert den Zeitanteil der NC-Programmierung, der durch die Eingabe geometrischer Konstruktionsdaten aus einer Zeichnung verursacht wird. Mit der Darstellung der Zeitanteile soll der Meinung begegnet werden, eine CAD-NC-Kopplung bewirke eine erhebliche Reduzierung planerischer Funktionen der Arbeitsplanung.

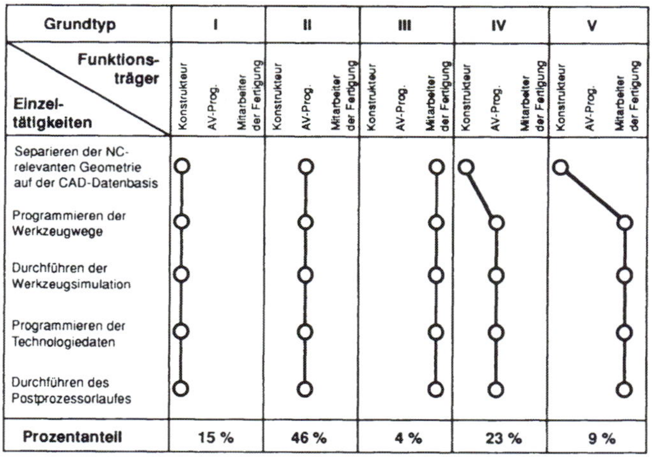

Abbildung 42: Prozentuale Verteilung der NC-Programmierung auf Konstruktion, Arbeitsplanung und Fertigung (vgl. Lay/Boffo/Schneider 1987)

In der Literatur zur Produktionstechnik wird seit längerer Zeit die Möglichkeit einer umfassenderen Automatisierung der Arbeitsplanung diskutiert (vgl. Debler u.a. 1972; Wessel/Steudel 1980; Luszek u.a. 1987, S.49–50; Walter/Hofmeister 1987, S0.130–132; Warnecke/Mertens 1987; Tönshoff/Rudolph 1989). Die rechnerinterne Abbildung der Technologieplanung ist ein Forschungsgebiet, in dem auch wissensbasierte Systeme erprobt werden (vgl. Schaele/Hellberg 1987). Impulse zur Beschleunigung des Informationsflusses werden beispielsweise von einer automatisierten Auswertung und Separierung von Konstruktionszusatzangaben, wie Werkstoffangaben, Oberflächengüte und Bearbeitungstoleranzen, erwartet.

Die Möglichkeiten und Grenzen der wissensbasierten Technologieplanung können anhand der folgenden Aussagen verdeutlicht werden:

- Wissensbasierte Systeme unterstützen die Informationsverarbeitung eng begrenzter Arbeitsgebiete.
- Die Effektivität wissensbasierter Systeme hängt von der organisatorischen Einbindung in das Arbeitsplanungssystem ab. Für einen wirt-

Funktionen / technische Systeme	**Verbundfunktionen**		
	Konstruktion	**Arbeitsplanung**	**Fertigung**
unverbunden	**rückläufig**		
gekoppelt	**weitere Verbreitung** z.B. Geometrie- und Technologiedatenübertragung		**zunehmende Bedeutung** z.B. Quellcodeaustausch, ähnliche Benutzeroberflächen
integriert*	**langfristig erfolgreichste Anwendung** Aufgabenerweiterung der Konstruktion z.B. Featuremodellierung, Qualitätsentwicklung		Aufgabenerweiterung der Fertigung z. B. Feinplanung, NC-Programmierung

*der höchste Integrationsgrad führt die Funktionen zu einem Betriebsbereich zusammen

Abbildung 43: Trends der CAD/NC-Kopplung

schaftlichen Einsatz der Systeme ist eine intensive Nutzung und Aktualisierung des im System abgelegten Wissens erforderlich.

- Es gibt bisher keine Methoden, die die Wissensakquisition von Systemen der Künstlichen Intelligenz so effektiv gestalten, daß breite Wissensgebiete wirtschaftlich erschlossen werden können.
- Die Weiterentwicklung lernender Systeme kann zu einer Kostenreduzierung der Wissensakquisition führen. Ein derartiger Entwicklungsschritt kann die Anwendungsfelder wissensbasierter Systeme erweitern.

Bei einer automatischen NC-Programmierung müssen Datenbanken verwendet werden, in denen aktuelle Maschinen-, Werkzeug-, Werkstoff- und Spannmitteldaten gespeichert sind. Der Aktualisierungsaufwand kann sehr hoch sein. Die Aktualisierung der Werkstoffdatei muß zwischen Arbeitsplanung und Konstruktion abgestimmt werden. Bei einer Intergation von Daten auf einer gemeinsam genutzten Datenbasis sind die Zugriffsverfahren so festzulegen, daß eine Änderung der Daten nur durch autorisierte Nutzer erfolgen kann und die Änderungen leicht erkennbar sind. Dies zu verwirklichen, hängt insbesondere davon ab, ob eine konsistente Integration bestehender Datenbestände gelingt (vgl. Krause/Abuosba/Kempf 1990).

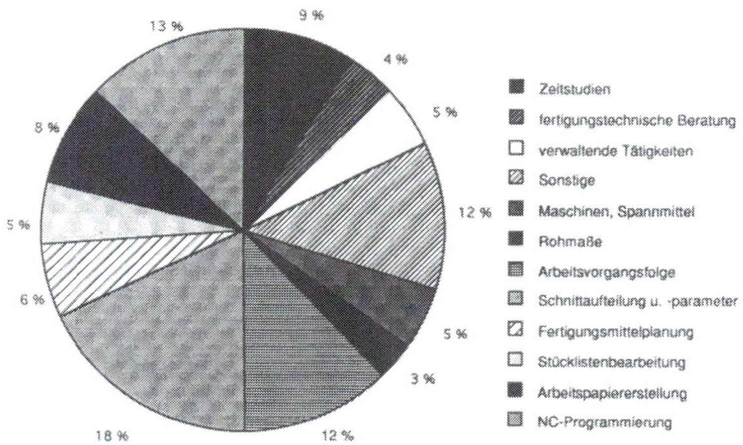

Abbildung 44: Zeitanteile der Arbeitsplanung (Schaele/Hellberg 1987)

4.2.1.3 Wissensbasierte Systeme

Artificial Intelligence (AI) oder Künstliche Intelligenz (KI) versteht sich als der Teil der Informatik, der Rechnersysteme mit Leistungen entwikkelt, die gewöhnlich menschlichem, intelligentem Verhalten zugerechnet werden (vgl. Barr/Feigenbaum 1981). Die mit den Methoden der KI entwickelten Systeme werden wissensbasierte Systeme genannt. Expertensystem ist die Bezeichnung einer Untermenge wissensbasierter Systeme. Sie speichern Expertenwissen und schlußfolgern damit anfragegerecht Antworten. Die KI-Forschung hat Methoden und Techniken entwickelt, die bestimmte intelligente Verhaltensweisen des Menschen nachvollziehen. Zu den Ergebnissen zählen u.a. Programmiersparchen wie LISP, Softwarewerkzeuge zur Unterstützung der Entwicklung wis-

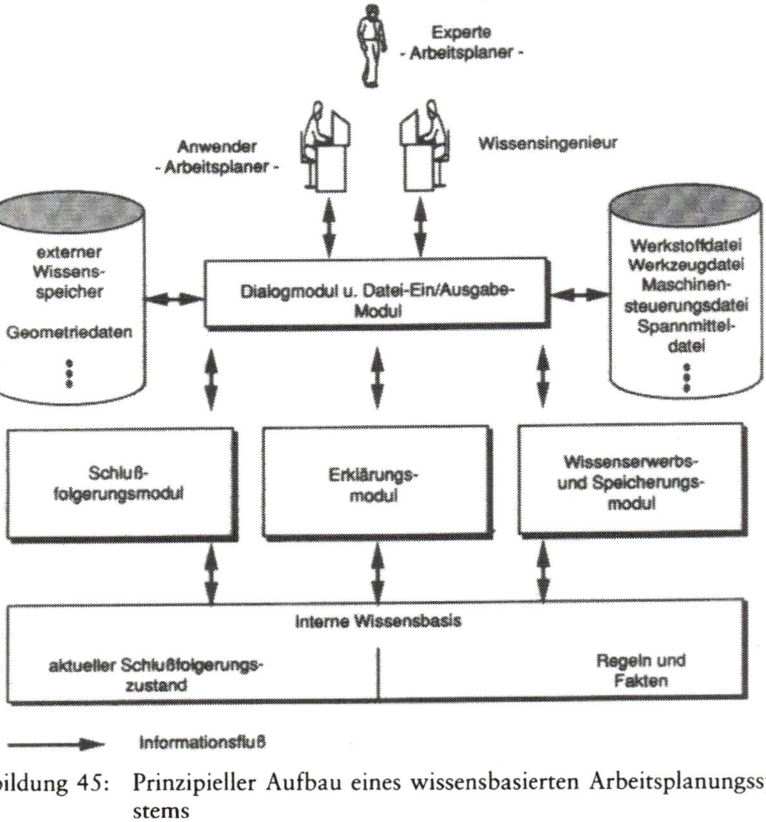

Abbildung 45: Prinzipieller Aufbau eines wissensbasierten Arbeitsplanungssystems

sensbasierter Systeme wie KEE, Repräsentationsverfahren für „Wissen" sowie Suchprozesse über Wissensstrukturen (vgl. Specht 1989).

Eine wichtige Fähigkeit wissensbasierter Systeme ist die Repräsentation von Wissen. Unter Repräsentation wird ein formales System verstanden, das vielfältige Wissensformen in symbolischer Form abbilden kann. Die symbolische Darstellung ermöglicht die Bearbeitung von Wissen im Rechner. Beispielsweise werden in einem prozeduralen System Regeln gespeichert. Eine Fragestellung wird im Arbeitsspeicher geladen. Durch Anwendung der Regeln kann das gespeicherte Wissen umgeformt bzw. verändert werden. Dieses veränderte Wissen kann als „neues" Wissen der Wissensbasis zugefügt werden. Schlußfolgerungsprozesse mit Hilfe von Regeln werden als „Inferenz" bezeichnet.

Wissensbasierte Systeme enthalten weiterhin ein Erklärungs- und Kommunikationsmodul. Die Erklärungskomponente zeichnet den Lösungsweg nach, versucht also, dem Nutzer des Systems die Schlußfolgerungen durch schrittweise Erläuterung des Such- bzw. Inferenzprozesses verständlich zu machen. Die Systemmeldungen werden über die Kommunikationskomponente auf das Ausgabegerät übertragen. Ausgabegeräte sind heute Graphikbildschirme, die dem Nutzer die Systemmeldungen beispielsweise über Menüleisten, Symbole oder als Text anzeigen.

Zu den Anwendungsbereichen wissensbasierter Systeme gehören insbesondere Diagnose, Planung, Beratung, Überwachung, Kontrolle, Lehre und Lernen sowie Wissenssuche und Wissensvermittlung (vgl. Hayes-Roth u.a. 1983). Wissensbasierten Systeme werden z. B. in folgenden Arbeitsfeldern angewandt:

- Entwicklung intelligenter Industrieroboter,
- Bilderkennung und -verarbeitung,
- Verarbeitung natürlicher Sprache,
- Planungssysteme,
- lernende und lehrende Systeme,
- Simulationssysteme,
- Diagnosesysteme,
- automatische Programmierung und Programmverifikation,
- Interpretation von Sensordaten sowie
- „intelligente" Arbeitsplätze.

Die Aufgaben wissensbasierter Systeme werden nachfolgend anhand einiger Beispiele näher erläutert.

Diagnosesysteme
Diagnose-Expertensysteme finden und analysieren Fehler. Bekannt ist die Anwendung von Expertensystemen in der medizinischen Diagnostik. Medizinische Diagnosesysteme verbinden Krankheitssymptome mit den von Experten angegebenen Krankheitsursachen. Die wissensbasierte Diagnose wird aber auch zum Zweck der Instandhaltung von Geräten, Maschinen und Anlagen eingesetzt. Industrielle Diagnosesysteme vergleichen gemessene Betriebsdaten einer Maschine mit errechneten Betriebsdaten.

Das Wissen über das Betriebsverhalten der Maschine wird beispielsweise in einem Modell gespeichert. Das Modell beschreibt die verhaltensrelevanten physikalischen Eigenschaften der Maschine. Die eingelesenen Eingangsgrößen wie maschinenlesbare Steuerprogramme werden der Maschinensteuerung und parallel dem Maschinenmodell zugeführt. Der „tatsächliche" Betriebszustand der Maschine wird aus den gemessenen Betriebsdaten bestimmt, während aus dem Maschinenmodell die „betriebsnormalen" Zustandsdaten errechnet werden. Der Vergleich tatsächlicher und betriebsnormaler Zustandsgrößen führt in der Regel zu Abweichungen, die im Diagnosesystem eine Fehlermeldung auslösen, sobald bestimmte Grenzwerte überschritten werden. Die Fehlermeldung wird auf dem Bildschirm angezeigt. Fehler können automatisch kompensiert werden oder auch Anlaß für Reparaturmaßnahmen sein. Die Entwicklung von Diagnose-Expertensystemen ist weit vorangeschritten, so daß diese Systeme bereits in Industrie und Dienstleistung eingesetzt werden.

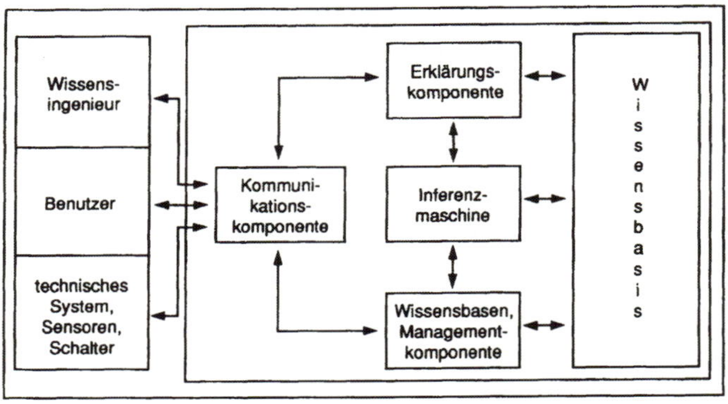

Abbildung 46: Struktur eines wissensbasierten Systems (Specht 1989)

Planungssysteme
Von Planungssystemen werden aufgrund von Planungsvorgaben und -anforderungen Pläne erstellt. Planungsvorgaben werden aus Zielen abgeleitet. Pläne legen Entscheidungen fest, die künftige Aktionen beschreiben, um vorgegebene Ziele zu erreichen. Expertensysteme für die Planung befinden sich überwiegend im Forschungsstadium.

Konstruktionssysteme
Wissensbasierte Konstruktionssysteme können im weiteren Sinn als Planungssysteme angesehen werden. Wissensbasiertes Konstruieren bedeutet, den Konstruktionsprozeß am Rechner so zu unterstützen, daß der Konstrukteur einer Konstruktionssystematik folgen kann, die an seine Problemlösungsfähigkeit angepaßt ist.

Der Konstrukteur gestaltet das Produkt, in dem er Produktfunktionen, -geometrie und technologische Daten vorgibt. Produktfunktionen werden am Anfang des Konstruktionsprozesses festgelegt. Anschließend wird die Produktgeometrie bestimmt und mit den dazugehörigen technologischen Daten verbunden.

Der Produktgestaltungsvorgang vollzieht sich grundsätzlich nach dieser Konstruktionslogik. Der Konstrukteur kann die Phasen wiederholt aufnehmen, um die Konstruktion entsprechend den Vorgaben zu verbessern. Beim Einsatz von CAD-Systemen werden Arbeitsverfahren verwendet, die sich den einzelnen Konstruktionsphasen zuordnen lassen und die durch wissensbasierte Systeme unterstützt werden können (vgl. Krause/Abuosba/Kempf 1990). Nach dem Grad der Autonomie der Aufgabenbearbeitung können wissensbasierte Konstruktionssysteme in integrierte, assistierende und autonome Systeme unterteilt werden (Forkel/Göbler 1990).

Integrierte Konstruktionssysteme erweitern die Funktionen konventioneller CAD-Systeme und zielen auf eine vereinfachte Bedienung. Eine einfachere Bedienung kann erreicht werden, in dem aus der Vielfalt möglicher Interaktionen von Bediener und System diejenigen Handlungen ausgewählt werden, die bei dem jeweiligen Konstruktionsschritt sinnvoll eingesetzt werden können. Dazu muß das Wissen über Zweck und Konsequenzen einzelner Konstruktionsschritte im System gespeichert werden.

Der Konstrukteur kann bei vielen Arbeitstätigkeiten durch ein wissensbasiertes System unterstützt werden. Für den Konstrukteur ist zum

Beispiel bei der Klärung der Aufgabenstellung, der Konstruktionsplanung und dem Entwurf von Konstruktionsskizzen der Zugriff auf das richtige Informationsmaterial von großer Bedeutung. Wissensbasierte Systeme können dieses Informationsmaterial schneller, umfassender und besser strukturiert bereithalten. Ein System mit integrierter Wissensverarbeitung bezieht über die Produktgestaltung hinaus auch die Informationsgewinnung in das CAD-System ein. Wissensbasierte Systeme können leicht in gängige CAD-Systeme eingebaut werden. Konstruktionssysteme mit wissensbasierten Systemteilen werden voraussichtlich sehr bald in der industriellen Konstruktionspraxis eingesetzt.

Wissensbasierte Assistenzsysteme geben dem Konstrukteur Grundlageninformationen, erläutern die zugrundeliegenden Schlußfolgerungen und erstellen Handlungsempfehlungen. Ein Nachteil solcher Konstruktionssysteme besteht darin, daß eine formale Abbildung von Konstruktionsschritten immer auch den Entfaltungsspielraum des Konstrukteurs einengt. Mit einem breiten Einsatz von Assistenzsystemen ist erst in einigen Jahren zu rechnen (vgl. Forkel/Göbler 1989).

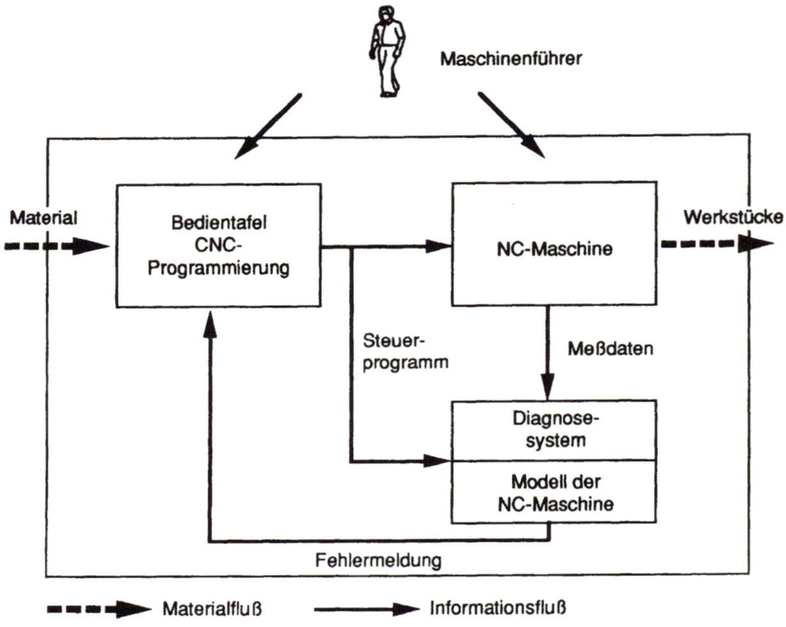

Abbildung 47: Prinzip eines modellbasierten Diagnosesystems

Autonome Konstruktionssysteme lösen die Konstruktionsaufgabe ohne Eingriff des Konstrukteurs. Das Konstruktionssystem vollzieht die bisher vom Konstrukteur getroffenen Entscheidungen. Derartige Systeme benötigen ein breites Konstruktionswissen. Das Konstruktionswissen muß außerdem folgerichtig durch Prozeduren, wie Regeln, bearbeitet werden. Autonome Systeme befinden sich bei einfachen Konstruktionsanforderungen bereits im Einsatz. Eine einfache Konstruktionsaufgabe liegt vor, wenn eine bestimmte Produkt- oder Bauteilart konstruiert wird und der Lösungsweg zumindest grundsätzlich bekannt und im System abgebildet ist. Autonome Konstruktionssysteme für komplexe Konstruktionsaufgaben werden sich in absehbarer Zeit nicht realisieren lassen.

Überwachungs- und Kontrollsysteme
Expertensysteme zur Überwachung, Steuerung und Kontrolle eignen sich insbesondere zur Unterstützung eines unbeaufsichtigten Betriebs flexibler Fertigungsanlagen. Der Systemführer wird zeitweise von der Überwachung der Maschinen entlastet. Überwachungs- und Kontrollsysteme zeigen fehlerhafte Maschinenfunktionen an, geben Hinweise auf mögliche Fehlerursachen und können bei leicht erkenn- und behebbaren Fehlern Gegenmaßnahmen einleiten. Überwachungs- und Kontrollsyste-

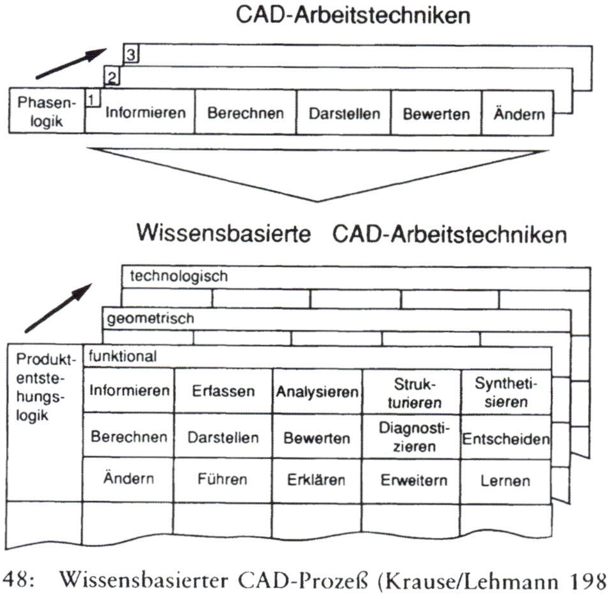

Abbildung 48: Wissensbasierter CAD-Prozeß (Krause/Lehmann 1989)

me arbeiten in Echtzeit, d.h. die Fehlerfindung und -analyse erfolgt schritthaltend mit den ausgeführten Maschinenoperationen.

Die Qualitätssicherung ist eine Steuerungsfunktion, die den gesamten Produktionsprozeß begleitet. Wissensbasierte Qualitätsplanungssysteme eignen sich beispielsweise zur Erstellung von Prüfplänen oder zur Auswahl von Meß- und Prüfmitteln. Die Qualitätsprüfung kann durch wissensbasierte Systeme unterstützt werden, die Qualitätsabweichungen registrieren und nach Fehlerursachen suchen. Eine Verbindung mit Maschinendiagnosesystemen bietet sich an, denn Maschinenfehler bilden eine häufige Ursache für Qualitätsabweichungen.

Wissensbasierte Qualitätssicherungssysteme wurden bisher in geringer Zahl entwickelt. Sogar konventionelle rechnerunterstützte Qualitätssicherungssysteme sind nur für einzelne Aufgaben der Qualitätssicherung verfügbar. Durch den Querschnittscharakter der Qualitätssicherung ist eine konsistente Datenhaltung besonders schwierig. Mitarbeiter aus den verschiedensten Unternehmensbereichen benötigen und verarbeiten Qualitätsdaten. Alle Mitarbeiter müssen brauchbare Informationen erhalten. Daher bedeutet konsistente Datenhaltung, daß aktuelle und zueinander passende Daten gespeichert werden. Ein breiter Einsatz wissensbasierter Systeme in der Qualitätssicherung erhöht die Qualitätsdatenbestände, so daß die Verfahren zur Sicherung der Aktualität und Richtigkeit der Daten weiter verbessert werden müssen, um bereichs- und funktionsübergreifende Systeme effektiv betreiben zu können.

Lehr- und Lernsysteme

Für den einzelnen Menschen und sogar den Fachspezialisten ist das vorhandene und neu entwickelte Wissen schwer überschaubar. Daher besteht ein großer Bedarf an Hilfsmitteln, die das Fachwissen strukturiert und abrufbar bereithalten. Wissensbasierte Systeme werden mit

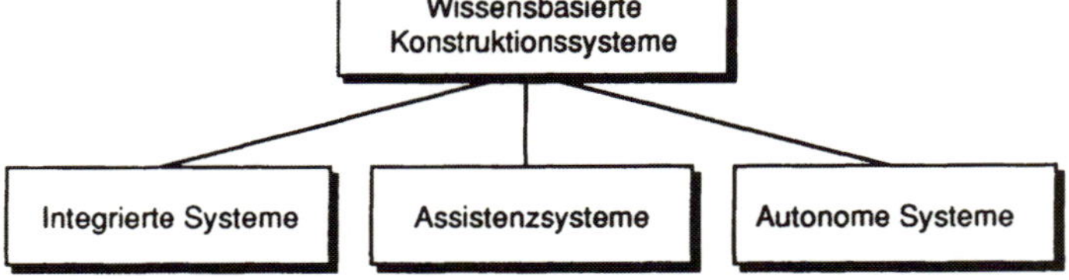

Abbildung 49: Autonomiegrad wissensbasierter Konstruktionssysteme (Forkel/Göbler 1989)

dem Ziel entwickelt, das gespeicherte Wissen so zu vermitteln, daß die Wissensvermittlung benutzerangepaßt verläuft. Wissensbasierte Lehrsysteme sollen sich auf den Lernenden einstellen. Ein solches „intelligentes“ Lehrsystem muß sehr flexibel sein, denn es soll nicht nur einzelne Fehler des Lernenden erkennen, sondern auch ganze Lernkonzepte diagnostizieren und in geeigneter Form darauf eingehen. Ein wissensbasiertes Lehrsystem benötigt daher zumindest

- gespeichertes Wissen über das Lehrgebiet,
- ein Verhaltensmodell des Lernenden,
- mögliche Problemlösungsstrategien im Lehrgebiet,
- Lehr- und Kontrollmechanismen
- sowie eine benutzergerechte Kommunikationsfähigkeit.

Bei der Entwicklung von wissensbasierten Lehrsystemen ergeben sich besondere Schwierigkeiten bei der Modellierung des Verhaltens Lernender, der Problemlösungsstrategien und der Lehr- und Kontrollstrategien. Wissensbasierte Lehrsysteme können nicht für Lehrziele eingesetzt werden, die eine hohe Flexibilität, Urteilsfähigkeit und menschliches Gespür erfordern. Wissensgebiete der Kunst, Geschichte und Kultur lassen sich nicht durch wissensbasierte Systeme vermitteln. Grenzen wissensbasierter Systeme ergeben sich im allgemeinen dort, wo die Anforderungen über die Durchführung kognitiver Prozesse hinausgehen (vgl. Dreyfus/Dreyfus 1987).

Der Einsatz wissensbasierter Systeme bietet sich aber in sachbezogenen Lehrgebieten wie bei technischen Sachverhalten mit angebbaren Problemlösungsstrategien und einem definierten Umfeld an. Solche Lehrgebiete sind beispielsweise in der technischen Weiterbildung, etwa an CAD-Systemen, CNC-Maschinen und flexiblen Fertigungssystemen gegeben. In diesen Gebieten sind auch komplexe Lehrsysteme einsetzbar, denn die Lernenden sind im Umgang mit dem Rechner geübt.

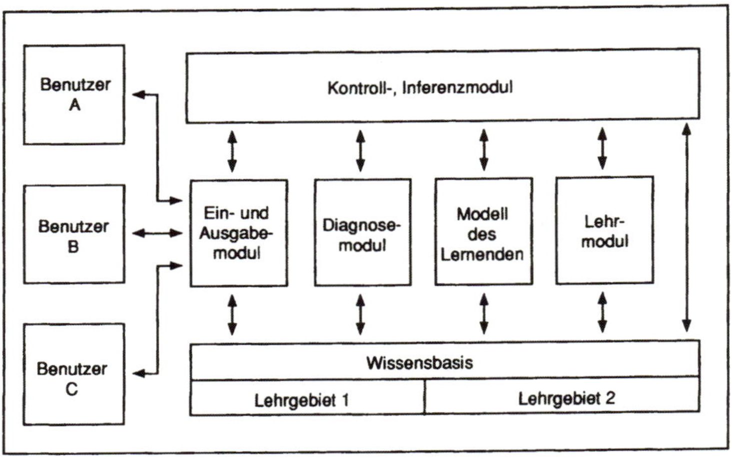

Abbildung 50: Aufbau eines wissensbasierten Lehrsystems (Specht 1989)

4.2.2 *Fortgeschrittene Elemente flexibel automatisierter Produktionstechnik*

4.2.2.1 CAD im Konstruktionsbereich

4.2.2.1.1 Wandel der konventionellen Informationsmittel

Es entspricht der Konstruktionssystematik wie der Produktionssystematik, Abläufe der Konstruktion und Prozeßgestaltung zu analysieren und mit Vorgehensschritten in Form von Phasen zu beschreiben. Werden diese Phasen miteinander verbunden, ergibt sich eine produktorientierte Prozeßkette. Der technische Informationsfluß in der rechnerintegrierten Fabrik beginnt in der Konstruktion (vgl. Spur/Krause/Germer 1989).

CAD (Computer Aided Design) betrifft das rechnerunterstützte Konstruieren. In einer engeren Begriffsdefinition ist nur die zeichnerische, d. h. geometrieverarbeitende Form gemeint. In einer heutigen weitergefaßten Definition ist der gesamte Konstruktionsprozeß einschließlich Modellbildung, Berechnungen, abgeleiteter Darstellungen in Zeichnungen und Bildern sowie eine bestimmte Wissensverarbeitung betroffen (vgl. Spur/Krause 1984). Mit CAD-Systemen werden die Produkte rechnerintern so beschrieben, daß die nachfolgende Arbeitsvorbereitung und Fertigung mit Hilfe von Programmsystemen und numerisch gesteuertern Maschinen den Herstellprozeß zwar interaktiv, aber dann in hohem Maße automatisch vollziehen kann.

2D-CAD-Systeme

Die Diskussion Anfang der 80er Jahre bezog sich im wesentlichen auf Erfahrungen mit Zeichnungssystemen (vgl. Wingert 1984). Zeichnungssysteme sind sogenannte 2D-CAD-Systeme, die es gestatten, Zeichnungen in einer zweidimensionalen Ebene mehr oder weniger automatisiert herzustellen. Der Betreiber setzt dabei sein bisheriges konventionelles Wissen der Zeichnungserstellung mit den ihm geläufigen Zeichenregeln am Bildschirm schrittweise um. Der Rechner vollzieht nach seinen Anweisungen die Darstellung, z. B. das Zeichnen der Linien, das Eintragen der Bemaßung oder die Schraffur von Flächen. Die Erstellung der Zeichnung geschieht also nur teilautomatisiert. Automatisch lassen sich nur schon vorher definierte oder erstellte Geometrieelemente einfügen. Die Fachkompetenz des Bearbeiters ist dabei nach wie vor notwendig. Die mit Hilfe des Rechners so entstandene Zeichnung könnte die gleichen Mängel oder Fehler enthalten wie eine konventionelle Zeichnung. Die Vorteile des Einsatzes von 2D-CAD-Systemen sind:

- Schnellere Erstellung besonders bei sich wiederholenden Zeichnungselementen.
- Schnellere Änderungs- und Ergänzungsmöglichkeit.
- Saubere, einheitlichere Zeichnungsausführung.

Die kritische Betrachtung (vgl. Wingert 1984) betraf im wesentlichen:

- Die Schulung des Mitarbeiters zur Beherrschung des CAD-Systems.
- Die physische und psychische Belastung durch die Arbeit am Bildschirm.
- Die Sorge, durch Automatisierung Arbeitsplätze zu verlieren.

3D-CAD-Systeme

Etwa ab Mitte der 80er Jahre hatten 3D-CAD-Systeme einen technischen Stand erreicht, der es ermöglichte, sie auch in größerem Umfang industriell zu nutzen (vgl. Encarnacao/Schlechtendahl 1983; Spur/Krause 1984). 3D-CAD-Systeme gestatten eine Modellbildung eines künftigen Produkts mit einer dreidimensionalen Beschreibung. Solche Systeme bieten von sich gegenüber 2D-CAD-Systemen hinsichtlich der Produktbeschreibung folgende Vorteile:

- Integrität, d.h. Vollständigkeit,
- Konsistenz, d.h. Widerspruchsfreiheit im Produktmodell und
- Kompatibilität, d.h. unterschiedliche Modellbildung und Darstellungsmöglichkeiten aus einem gleichen Modell, wenn letzteres ein vollständiges Volumenmodell ist.

Mit dieser Entwicklung beginnt die eigentliche tiefgreifende Veränderung im Konstruktionsbereich (vgl. Engelken 1986; Reinking 1987). Die zur Zeit auf dem Markt erhältlichen 3D-CAD-Systeme entsprechen allerdings nicht alle in gleichem Maße oder gleichzeitig den Anforderungen, die an eine befriedigende Produktbeschreibung gestellt werden müssen. Beispiele sind:

- Nicht alle Systeme können alle geometrischen Formen beschreiben.
- Die Funktionalität ist oft noch nicht ausreichend, was zu umständlichen Operationen des Bearbeiters oder zu langen Antwortzeiten des Systems führt.
- Die technische Beschreibung ist noch ungenügend, so daß der Bearbeiter seine eigentliche Absicht oder die zweckmäßige Produktbeschreibung (noch) nicht formulieren kann (vgl. Grabowski 1985).

Ungeachtet solcher beispielsweise angeführten Mängel ist aber zu erwarten, daß sich die Systeme relativ rasch vervollständigen werden und sich auch die Benutzerschnittstelle der Arbeitsaufgabe entsprechend verbessern wird. Jedenfalls ist mit einer raschen Zunahme von CAD-Systemen zu rechnen (vgl. Schultz-Wild 1988; Simmonds 1988). Das bedeutet, daß die Generierungs- und Änderungstechniken, also die Arbeitstechniken schlechthin, noch entwicklungsfähig und vor allem auch noch -bedürftig sind. Ein wesentlicher Beitrag insbesondere von wissenschaftlichen Einrichtungen ist daher das Aufzeigen von neuen Möglichkeiten und Setzen von Maßstäben hinsichtlich der Funktionalität und Benutzerfreudlichkeit solcher Systeme. Zur Zeit sind folgende Aspekte besonders entwicklungswürdig (vgl. Pahl/Bachmann 1988; Krause 1987):

- Einfache Generierungstechniken technisch komplexerer Zusammenhänge, z. B. Funktionsabschnitte, Wirkzonen, Wirkkomplexe (auch Features (Komplexe) genannt).
- Änderbarkeit bereits modellierter Zonen durch partiellen Zugriff, ohne das Erreichte wieder neu generieren zu müssen.

- Einfache aber gleichzeitig hinsichtlich Funktion und Raumbedarf zutreffende 3D-Beschreibung von Norm- und Wiederholteilen. Der Bedarf an vordefinierten Norm- und Wiederholteilen wird steigen, um den Generierungsaufwand zu verringern.
- Eine der Arbeitsaufgabe entsprechende Benutzersprache, mit dessen Hilfe der Benutzer im Dialog seine technischen Absichten einfach und eindeutig formulieren kann.

Auch unter Nutzung von 3D-CAD-Systemen ist eine vollständige Automatisierung des Konstruktionsprozesses bei Neu- und Anpassungskonstruktionen nicht zu erwarten. Vollautomatisierte Abläufe sind bestenfalls in der Variantenkonstruktion in vorgedachtem Rahmen bestimmter Produktgruppen denkbar. Hingegen ist die automatische Erstellung von aus dem Produktmodell abgeleiteten Zeichnungen oder Bilder prinzipiell möglich und wird in absehbarer Zeit in zunehmendem Maße praktiziert werden.

Wie dargelegt, sind bei Vorhandensein einer rechnerinternen Produktbeschreibung in Form eines 3D-Volumenmodells im Dialog definierte und dann automatisch erstellte Zeichnungen oder Bilder möglich. Da diese jeweils abgerufen werden können, kann ihr Inhalt und ihre Form auf den jeweiligen Informationszweck ganz speziell abgestimmt werden. Z. B. Zeichnung für die Kontur, die gefräst werden soll, eine Einbauzeichnung für den Monteur, eine Explosionszeichnung für den Service, ein farbschattiertes Bild für den Kunden, aus dem er die reale Gestalt wie auf einer Fotographie ersehen kann, obwohl das Produkt noch nicht körperhaft existiert.

Die konventionelle Einzelteilzeichnung, aus der (fast) alle Fertigungs- und Qualitätsangaben für alle Fertigungs- und Prüfoperationen entnommen werden konnten, muß nicht mehr angefertigt werden. An ihre Stelle treten möglicherweise lediglich abgeleitete Zeichnungen mit Spezialinformationen oder nur Bilder, wobei die einzelnen Fertigungs- und Prüfinformationen aus dem Modell entweder automatisch oder im Dialog mit anderen rechnerunterstützten Systemen in der Arbeitsvorbereitung, bei der NC-Programmierung u.ä. abgeleitet werden.

Eingriffe oder Ergänzungen zwecks Vervollständigung und Übertragbarkeit erfolgen durch entsprechend geschulte Mitarbeiter bei jeweils zuständigen Fachabteilungen ebenfalls rechnerunterstützt. Im Idealfall enthält das Produktmodell bereits alle notwendigen Informationen auch für die nachgeschalteten Arbeitsbereiche.

Einen völligen Verzicht auf konventionelle Informationsmittel wird es aber dennoch nicht geben. Zeichnungen, Mitteilungen und Anweisungen in Papierform werden – möglicherweise in veränderter Form und mit anderen Inhalten – aber weiterhin nötig sein. Hierfür sprechen mehrere Gründe:

- Ein allgemeines Informationsbedürfnis, sich über das zu erreichende Ziel oder einen erreichten Zustand nachvollziehbar und unabhängig von einer Rechnerstation vergewissern und alles in Ruhe prüfen zu können, wird bleiben. (Nicht immer und überall ist der Zugang zu einem visualisierenden Bildschirm möglich oder zweckmäßig).
- Die Notwendigkeit einer Zwischen- und Enddokumentation in einer von einer Rechenanlage unabhängigen Form bleibt aus Gründen der Sicherheit, des Datenschutzes und nicht zuletzt wegen der Praktikabilität erhalten.
- Auch auf noch längere Zeit wird es in der Industrie mit ihren sehr unterschiedlichen internen Firmenstrukturen und sehr verschieden ausgerichteten und ausgerüsteten Zulieferfirmen graduell und umfangsmäßig sehr verschiedene Rechnerausstattungen und -fähigkeiten geben. Eine vollständige Integration im Sinne eines nicht unterbrochenen Datenflusses (vgl. Behr/Hirsch-Kreinsen 1987) ist kurzfristig überhaupt nicht und langfristig nur unter erheblichen Aufwendungen zu realisieren. Es wird daher immer ein Kommunikationsbedarf bestehen bleiben, der entweder die Datenflüsse begleitet oder hilft, Datenbrüche zu überwinden.

Ungeachtet dessen wird sich aber mit zunehmendem CAD-Einsatz und Integration mit den Fertigungsbereichen (CAM Computer Aided Manufacturing, CAQ Computer Aided Quality Assurance, PPS Produktionsplanung und Steuerung usw.) eine neue Form von Informationsübermittlung herausbilden, die die klassische Zeichnung zwar nicht überflüssig, aber doch wesentlich verändern wird.

Allerdings gibt es zur Zeit weder im Konstruktions- noch im Fertigungsbereich hierzu klare Vorstellungen. Angesichts der derzeitigen Unzulänglichkeiten von rechnerinternen Produktmodellen, z. B. bezüglich der Zuweisung von Toleranzen und Passungen, der nicht vollständigen Beschreibungsmöglichkeiten von Rundungen und Fasen (Fillets), der ungenügend beschriebenen Baustruktur eines Erzeugnisses, ist der Rückgriff auf konventionelle Zeichnungsformen oder Informationsmittel vielfach noch erforderlich. Sich ausbildende Mischformen geben aber auch derzeit Anlaß zur Klage auf mangelnde Klarheit, ungenügende Vollständigkeit oder nicht akzeptable Umständlichkeit.

Zur Zeit wird nämlich unter Verwendung von 3D-CAD-Systemen häufig zuerst ein 3D-Modell nur in einer mehr oder weniger ausgeprägten Grobgestalt gebildet, die dann mit Hilfe von 2D-Zeichnungssystemen feingestaltet und ergänzt wird, wobei dann konventionelle Darstellungsformen gewählt werden. Der Übergang vom 3D- zum 2D-System wird von der Fähigkeit des 3D-Systems, von einem arbeitssparenden Vorgehen und auch vom Können der Mitarbeiter bestimmt. Derzeit sind wirtschaftliche Gründe gegeben, diesen Übergang im Arbeitsfluß möglichst früh zu vollziehen. Die Tendenz geht aber dahin, diesen Übergang möglichst spät zu vollziehen oder sogar auf die Weiterbearbeitung im 2D-System zu verzichten. Fest steht, daß zur Nutzung aller Informationsmittel, sei es am Bildschirm, sei es durch abgeleitete Darstellungen unterschiedlicher Art in Papierform, nach wie vor

- räumliches Vorstellungsvermögen,
- die genaue Kenntnis der Darstellungsmöglichkeiten mit Hilfe von Axonometrien oder senkrechten Tafelprojektionen,
- die Konventionen normgerechter Darstellung in Zeichnungen,
- das Toleranz- und Passungssystem beherrscht werden müssen.

Die mehr oder weniger automatische Ableitung von Zeichnungen oder Bildern erfordert eher ein schnelleres und sicheres Erkennen des Dargestellten als bisher, da es nur in begrenztem Maße selbst erarbeitet wurde und in der angebotenen Form nicht beim Bearbeiter schrittweise entstand. In Zukunft wird die Auswahl geeigneter Darstellungsmöglichkeiten und die richtige Interpretationsfähigkeit wichtiger sein als die handwerkliche Fähigkeit zur Zeichnungserstellung.

4.2.2.1.2 Eigenschaften automatisierter Konstruktionssysteme

Grundthese ist, daß der Mensch die Aufgaben übernimmt, die er besser und verständiger erledigen kann, während das automatische System den Teil vollzieht, in dem es fehlerfreier, schneller und zuverlässiger ist. Dabei soll der Mensch Systembeherrscher und nicht Systemdiener sein.

Verantwortung und Handlungsspielraum
Der *Interaktionsgrad* (Art und Häufigkeit der Eingriffe des Menschen) muß an die Absichten des Bearbeiters angepaßt sein. Vollautomatisierte Abläufe fordern nicht zu eigener Aktivität auf. Gut strukturierte Dialoge hingegen fördern Flexibilität beim Handeln, den Willen zur optimalen Lösung und erhalten Kritikfähigkeit.

Die *Dialoggestaltung* sollte den Benutzer einerseits führen und ihm Hilfen anbieten, ihn andererseits aber auch anregen, nach Lösungen zu suchen und seine Kritik- und Kontrollfähigkeit herausfordern.

Der Zusammenhang zwischen Interaktionsgrad und Handlungsspielraum einerseits und Motivation und Verantwortung für das Ergebnis andererseits ist wenig beachtet bzw. erforscht worden. Die Gestaltung von automatisierten Systemen, hier speziell CAD-Systemen, bestimmt Motivation und Verantwortungsbewußtsein.

Selbsterklärungsfähigkeit
Automatisierte Systeme müssen selbsterklärend sein. Der Benutzer muß über den jeweiligen Zustand, den gegenwärtigen Ablauf und das erzielte Ergebnis in einer unmißverständlichen Form vom System unterrichtet werden. Dies gilt für alle automatischen Systeme, seien es CAD-Systeme, automatisch gesteuerte Waschmaschinen oder automatisch eingreifende Sicherheitseinrichtungen (vgl. Pahl/Beitz 1986). In bestimmten Fällen sind, gegebenenfalls auf Anforderung, Begründungen oder ergänzende Erklärungen vom System zu geben. Bei Berechnungsprogrammen gehört dazu z. B. auch die Ausgabe interpretierbarer Zwischenergebnisse.

Benutzerschnittstelle
Die Kommunikation des Benutzers mit einem automatischen System muß ergonomischen und psychologischen Anforderungen genügen. Am

Beispiel von CAD-Systemen bedeutet dies unter anderem, daß möglichst nur eine Arbeitsfläche eingerichtet wird. Mehrere Arbeits- oder Operationsflächen mit häufigem Blick- oder Tastenwechsel fördern Fehler, vermindern die Übersichtlichkeit und ermüden schneller.

Ein Kompromiß ist bei großen und artverschiedenen Informationen einzugehen. So kann die Trennung von geometrischer und alphanumerischer Information entlastend sein. Dabei kann auf einer Fläche eine Fenstertechnik nur so lange hilfreich sein, bis die einzelnen Fenster nicht andere Informationen überdecken oder verwirren. Anderenfalls sind maximal zwei parallele Sichtflächen (graphischer und alphanumerischer Bildschirm) zweckmäßiger.

Inner- und außerbetriebliche Normung verstärken sich
Sind automatisierte Systeme eingeführt, ziehen sie weitere automatische Systeme nach. So besteht z. B. bei CAD-Systemen ein erheblicher Generierungsaufwand bei der Erstellung des rechnerinternen Produktmodells. Dieser Aufwand, der nicht nur materiell (Geld und Zeit), sondern auch im Hinblick auf eine vernünftige Arbeitstätigkeit des Menschen zu sehen ist, kann durch Wiederverwendung bereits erstellter Modelle (Partialmodelle) reduziert werden. Infolgedessen entsteht ein verstärkter Drang zur Definition von Norm- und Wiederholteilen, die in geeigneten Datenbanken, und für die ersteren auch allgemein zugänglich, bereitgestellt werden müssen. Probleme bestehen derzeit bezüglich der zweckmäßigsten Generierungsform, in der Aktualisierung und in fehlenden Methoden, die Sucharbeit nach schon vorhandenen Teilen durch weitere automatisierte Systeme zu unterstützen.

Produktsystematik
Automatisierte Systeme sind vielfach nicht flexibel. Der Mensch vermag notwendige Abweichungen, Veränderungen oder Anpassungen viel besser zu erkennen als das automatische System, auch wenn letzteres „intelligent" programmiert ist. So erfordert der Einsatz von CAD-Systemen eine logische und in einzelne Elemente gliederbare Produktsystematik (vgl. Pahl/Beitz 1986), nach deren Struktur automatische Teilabläufe geplant und eingesetzt werden können. Dies ist eine hochwertige strategische Aufgabe, die nur vom planenden und verständigen Menschen erfüllt werden kann.

Verselbständigung von Automatismen
Es ist weder ökonomisch noch vom humanen Verständnis wünschenswert, vorstehend beschriebene Planungen wiederum automatisierten Systemen zuzuordnen. Abgesehen davon ist es z. B. nicht vorstellbar, daß eine Automatisierung in bestimmten Teilbereichen, die wiederholende Tätigkeiten aufweisen, so weit sinnvoll getrieben werden kann, daß sie ihrerseits automatisierte Systeme zur Herstellung selbst laufender Automatismen erzeugt.

Automatische Systeme erfordern zu ihrer Entwicklung, ihrem Aufbau, ihrem Betrieb und ihrer Wartung die Mitwirkung des verständigen Menschen. Ohne diese Mitwirkung werden diese Systeme unweigerlich veraltern, funktionsunfähig und in sich zusammenbrechen.

Im Vergleich zu früheren Epochen ohne technisch-energetische und informationstechnische Unterstützung ändert sich die Arbeitswelt des Menschen von der handwerklich körperlichen Arbeit zu einer planenden und steuernden mit höheren Anteilen an gedanklich-geistigen Fähigkeiten. Dem damit Beschäftigten muß es dadurch nicht leichter werden, denn Handlungszwang und Entscheidungsdruck werden zunehmen. Dem wiederum muß durch andere Arbeitsformen und einer neuen Vorstellung von Arbeit begegnet werden, was noch Gegenstand weiterer forschender Betrachtung sein wird.

4.2.2.2 Zur Charakteristik flexibel automatisierter Fertigungsmittel am Beispiel flexibler Fertigungssysteme

In der Großserienfertigung, bei der über lange Zeiträume gleiche Werkstücke in großer Zahl gefertigt werden, waren automatisierte Fertigungssysteme schon seit den 20er Jahren erfolgreich im Einsatz. Mit der Entwicklung der numerischen Steuerung konnten in den sechziger Jahren erstmals auch wirtschaftliche Automatisierungslösungen für die Klein- und Mittelserienfertigung bereitgestellt werden.

Das Streben nach einer wirtschaftlicheren Produktion vor allem im Bereich der Mittelserienfertigung führte zur Entwicklung flexibler Fertigungssysteme (FFS), deren Konzeption auf eine Synthese zwischen der Produktivität der Transferstraße und der Flexibilität der numerisch gesteuerten Einzelmaschine abzielte (vgl. Dolezalek/Ropohl 1970).

Systemstruktur
Die Einzelwerkzeugmaschine wird hier als Bestandteil eines umfassenden Fertigungssystems angesehen, wobei die Integration sowohl materialflußtechnisch als auch informationstechnisch realisiert wird. Flexible Fertigungssysteme gliedern sich in die Teilsysteme

- Bearbeitungssystem,
- Materialflußsystem,
- Informationsflußsystem und
- Energiesystem (vgl. Abschnitt 3.1).

Flexible Fertigungssysteme bestehen aus mehreren rechnergesteuerten Maschinen mit zugeordneten Versorgungseinrichtungen für Werkstücke und Werkzeuge, „gegebenenfalls zusätzlich aus Meßmaschinen, Reinigungs- und Wärmebehandlungsanlagen. Automatische Förder- und Maschinenbeschickungseinrichtungen befördern die Werkstücke und eventuell auch die Werkzeuge zu den einzelnen Maschinensystemen. Den flexiblen Bewegungsablauf und die Versorgung der Zentren mit Steuerinformationen besorgt im allgemeinen ein zentraler Rechner, so daß unterschiedliche Werkstücke in beliebiger (geplanter) Folge zu den Maschinen transportiert werden. Es gilt das Prinzip 'Werkstücke werden zum Werkzeug befördert'“ (DIN 69651). Flexible Fertigungssysteme werden nach der Art der zu fertigenden Werkstücke in Systeme für die Fertigung prismatischer und rotationssymmetrischer Teile unterschieden. Ein flexibles Fertigungssystem weist darüber hinaus folgende kennzeichnende Merkmale auf:

- Die Fertigungsmittel sind über ein zentrales Steuerungssystem miteinander verbunden (Außenverkettung),
- der Werkstücktransport erfolgt ungetaktet,
- es kann eine Bearbeitung auf sich ergänzenden und auf sich ersetzenden Fertigungsmitteln erfolgen,
- die Bearbeitungsstufen sind variabel,
- zum Ausgleich unterschiedlicher Operationszeiten und zur Bevorratung von Werkstücken beinhaltet ein flexibles Fertigungssystem Pufferplätze,
- das Rüsten einzelner Bearbeitungsstationen erfolgt ohne Systemstillstand.

Ein flexibles Fertigungssystem besitzt eine über die Funktionen der automatisierten Einzelmaschine hinausgehende neue Qualität (vgl. Mertins 1985a). Insofern kann Aussagen, flexible Fertigungssysteme seien keine neuen Maschinen, sondern lediglich Kombinationen bereits vorhandener Komponenten, nur mit Einschränkung gefolgt werden (vgl. Kief 1988a, S.5.7).

Autonomer und integrierter Betrieb
Flexible Fertigungssysteme können als autonome Anlagen oder als Bausteine eines rechnerintegrierten Gesamtkonzepts betrieben werden. Die Bearbeitungseinheiten eines flexiblen Fertigungssystems werden durch einen Systemrechner gesteuert. Diese Aufgabe übernehmen DNC-Steuerungen (Direct Numerical Control). Damit wird eine weitere Stufe der flexiblen Automatisierung bezeichnet. Die DNC-Steuerung integriert über eine zentralisierte Steuerungsdatenverwaltung und -verteilung die unabhängig voneinander arbeitenden NC-Werkzeugmaschinen, indem sie diese mit allen für den Fertigungsablauf erforderlichen Daten versorgt. Über die DNC-Steuerung kann der Fertigungsablauf der miteinander gekoppelten Werkzeugmaschinen geplant, gesteuert und überwacht werden. Die ständige Rückmeldung von augenblicklichen Daten des Bearbeitungsvorgangs, also des Systemzustandes, ermöglicht die effektive Planung und Überwachung des Fertigungsprozesses dieses Maschinensystems. Über offene lokale Kommunikationsnetzwerke (LAN) erfolgt zunehmend eine informationstechnische Integration der flexiblen Fertigungssysteme in ein übergeordnetes, gesamtbetriebliches Informationssystem.

Modularisierung
Die erste Inbetriebnahme eines flexiblen Fertigungssystems in der Bundesrepublik Deutschland geht auf die frühen 70er Jahre zurück. Die Zahl der Installationen nahm anfangs nur zögerlich zu, ab 1980 war jedoch eine deutliche Beschleunigung der Verbreitung zu verzeichnen. Nach Schätzungen kommen flexiblen Fertigungssystemen künftig eine große wirtschaftliche Bedeutung zu (vgl. Hänsel/Scheller/Thomaßen 1989).

Zu den Anwendern flexibler Fertigungssysteme zählen in erster Linie Unternehmen des Maschinenbaus, der Automobilindustrie sowie der Elektro- und Büromaschinenindustrie. Waren zu Beginn der Entwicklung hauptsächlich große Systeme im Einsatz, entwickelt sich der Trend zunehmend in Richtung kleinerer Systeme mit zwei bis vier Maschinen, wobei hier Systeme mit sich ersetzenden Maschinen weit überwiegen. Die Vielzahl der Komponenten eines flexiblen Fertigungssystems sowie die Möglichkeit, die betriebsspezifischen Gegebenheiten der Anwender bei der Konfiguration zu berücksichtigen, machen deutlich, daß diese Anlagen in der Regel kundenspezifische, für den jeweiligen Anwendungsfall konzipierte Lösungen darstellen. Eine schrittweise Einführung flexibler Fertigungssysteme in die Produktion hat sich als eine ertragreiche Vorgehensweise herausgestellt, der modulartige Aufbau gegenwärtiger Systeme erlaubt dabei eine stetige Erhöhung des Automatisierungsgrads.

Entkopplung vom Bearbeitungsprozeß
Mit dem Einsatz von flexiblen Fertigungssystemen verbinden sich im wesentlichen zwei Hauptziele:

- die automatische Bearbeitung von unterschiedlichen Werkstücken in wahlfreier Folge bei einer möglichst kurzen Durchlaufzeit,
- die Erhöhung der Nutzungszeit des Fertigungssystems durch erhöhte Auslastung der Maschinen und eine bedienungsarme Systemführung, z. B. in Pausen oder einer dritten Schicht.

Mit diesen Zielen geht die Reduzierung der Eingriffe des Menschen einher, wie etwa das Um- und Aufspannen der Werkstücke, der Werkzeugtausch im Magazin, die Werkzeugvoreinstellung oder die Werkstückmessung (vgl. Thole 1986). Die flexiblen Fertigungssysteme sind ein wichtiger Baustein auf dem Weg zur weitergehenden Rechnerintegration des Produktionsprozesses (vgl. Heinz/Lange 1989).

Diese flexibel automatisierten Arbeitsmittel entkoppeln den Werker noch weiter vom Bearbeitungsprozeß. Die maschinelle Bearbeitung und das damit verbundene Arbeitshandeln treten nicht mehr nur zeitlich, sondern auch räumlich immer stärker auseinander. Zuordnungen und Kopplungen werden damit variabel (vgl. Hirsch-Kreinsen/Wolf 1987). Es eröffnet sich eine Entkopplung des Zusammenhangs von Mensch und Maschine, d.h. das zunehmende Heraustreten der Arbeitsperson aus dem unmittelbaren Bearbeitungsprozeß (vgl. Staudt 1982; Spur/Specht 1987). Die Arbeit kann damit vielfältig organisiert werden.

Gestaltungsmöglichkeiten

Bei der technischen Auslegung flexibler Fertigungssysteme bestehen erhebliche Gestaltungsmöglichkeiten, die jedoch immer mit anlagenspezifischen Tätigkeitsanforderungen verbunden sind (vgl. Schulz 1986). Das Informationssystem übernimmt im flexiblen Fertigungssystem alle Funktionen der Steuerung und Überwachung des gesamten Fertigungsablaufs. Damit wird die Disposition, Überwachung und Regelung der durch das System automatisch ausgeführten Zerspanungsprozesse zur zentralen Arbeitstätigkeit des Werkers, der das System weniger manuell bedienen als vielmehr über die Leitstation führen muß. Manuell bezogene Tätigkeiten verlieren somit tendenziell an Gewicht, dispositive, regulierende und kontrollierende Tätigkeiten nehmen zu.

Mit der funktionalen Erweiterung flexibel automatisierter Fertigungssysteme Systeme und der Möglichkeit der Entkopplung der Arbeitspersonen vom unmittelbaren Produktionsprozeß gehen steigende Anforderungen an das Abstraktionsvermögen einher, auch wenn technische Maßnahmen zur Veranschaulichung getroffen werden. Die Führung hochkomplexer Anlagen erfordert Überblick, Kompetenz, selbständiges Handeln und Entscheiden. Voraussetzung für die Arbeit mit solchen Maschinensystemen ist eine umfassende fachliche, methodische und soziale Qualifikation.

Wieviele Personen am flexiblen Fertigungssystem arbeiten und wie ihre Aufgaben verteilt sind, geht aus den technischen Anforderungen eines flexiblen Fertigungssystems nicht eindeutig und zwingend hervor. Hieraus ergibt sich als Aufgabe der Qualifizierungsplanung darauf zu achten, ob es bei der Aufgabenzuweisung oder der Auswahl der Werker im Anwenderunternehmen zu Konflikten kommt, um gegebenenfalls eine empfehlende Mittlerfunktion zu übernehmen (vgl. Herter 1991).

Systemdokumentation

Flexible Fertigungssysteme können aufgrund ihrer komplexen materialflußtechnischen und informationstechnischen Verknüpfung eine hohe Anfälligkeit für technisch und organisatorisch begründete Störungen aufweisen, die sich allerdings durch eine Reduktion der Komplexität des Gesamtsystems, durch eine schnelle Austauschbarkeit der Systemeinheiten, aber auch durch eine hinreichende Qualifizierung der Systemführer vermindern lassen. Wie erwähnt sind flexible Fertigungssysteme überwiegend kundenbezogene Lösungen, daraus folgt, daß sie oft nur unzureichend dokumentiert werden können. Jedoch ist eine ausführliche und verständliche Dokumentation eine wesentliche Voraussetzung für einen wirtschaftlichen Systembetrieb durch Vermeiden von Fehlbedienungen und raschem Überwinden von Stillstandszeiten. Besondere Be-

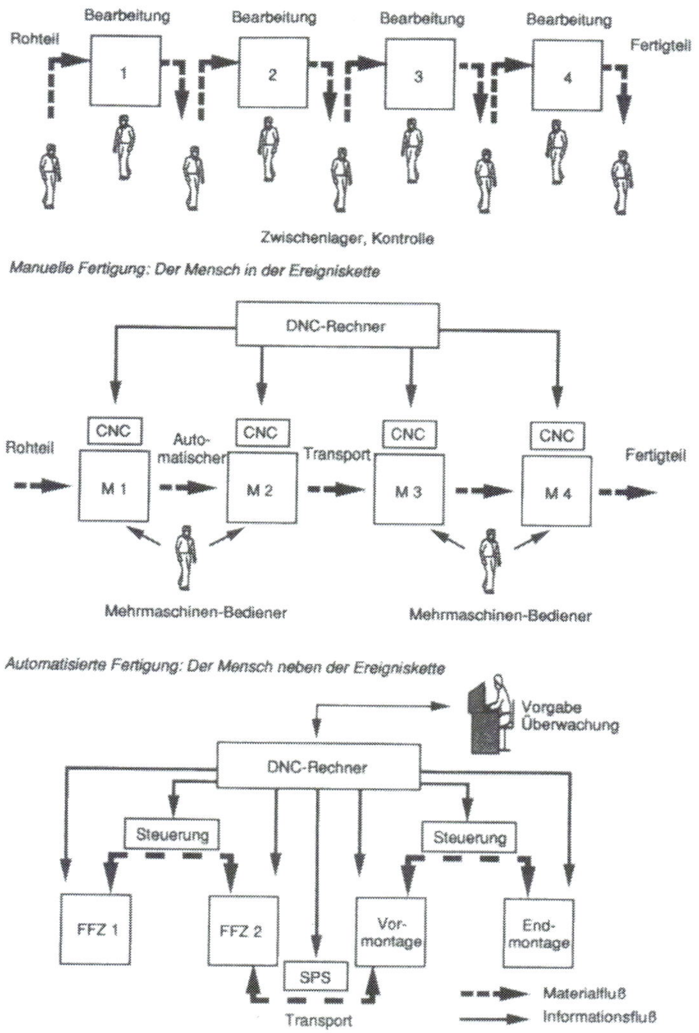

Abbildung 51: Einfluß der Automatisierung auf den Menschen im Arbeitsumfeld der Maschinen (nach Kief 1988a)

deutung kommt in diesem Zusammenhang dem Bedienungshandbuch zu, das die Funktionen des Fertigungssystems beschreibt und Sicherheitshinweise zur Unfallverhütung gibt. In diesem Verständnis hat das Bedienungshandbuch jedoch nicht nur den Charakter eines *Auskunftssystems*, sondern es ist zugleich auch ein *Lernsystem*. In diesem Verständnis wandelt sich das Bedienungshandbuch zu einer Bedienerführung (vgl. Herter/Spur/Thomas 1989).

Erweiterung der Arbeitszeit
Mit dem Einsatz flexibler Fertigungssysteme ist eine Zunahme von Schichtarbeit zu verzeichnen, d.h. die Tendenz, das System rund um die Uhr auszulasten (vgl. Hammer 1986). Jede Form der Schichtarbeit trägt jedoch nicht zur Attraktivität von Fabrikarbeit bei. Schichtarbeit kann nur als ein wirtschaftlich-technisch bedingtes Zwischenstadium mit dem Ziel verstanden werden, sie durch weitergehende technische Innovationen einzuschränken bzw. gänzlich zu überwinden. Grundsätzlich ist man bestrebt, eine unbediente dritte Schicht zu realisieren. Vielfach wurde erreicht, daß das System während der Pausen und einer verlängerten zweiten Schicht unbedient arbeitet (vgl. Shah 1985). Die Automatisierung führt in diesen Schichten zu einer Personalverminderung (vgl. Flexible Fertigungssysteme.. 1987, S. 24).

4.2.3 *Veränderungen der Arbeitswelt durch Fabrikautomatisierung*

4.2.3.1 Gestaltungsoptionen der rechnerintegrierten Produktion

Die vollständig rechnerintegrierte Fabrik ist eher eine „Produktionsvision" als ein tatsächlich angestrebtes technisches Ziel. Rechnerintegration zielt darauf ab, bestehende Automatisierungsinseln in der Fabrik durch Informationstechnik zu vernetzen, um die Potentiale der Unternehmensbereiche Entwicklung, Beschaffung, Produktion und Vertrieb jeweils maximal ausschöpfen zu können. Umfassend rechnerintegrierte Fabriken bleiben noch auf Einzelfälle beschränkt, Prognosen über die globale informationstechnische Vernetzung der Fabrik haben sich somit bisher nicht bestätigt. Auch bleibt festzuhalten, daß die Rechnerintegration „keine Patentlösung für eine mannlose Fabrik der Zukunft ist, in der man auf der einen Seite seine Wünsche eingibt und bei der auf der anderen Seite das fertige Produkt herauskommt, wobei womöglich auch noch der Versand automatisch erfolgt und der Rechnungsbetrag selbsttätig vom Konto des Bestellers abgebucht wird. CIM ist ein Denkmodell für eine Organisation, bei der möglichst viele Abläufe einer flexiblen Fabrikation durch Rechner integriert gesteuert werden" (Kapp 1988).

Obwohl aus technischer Sicht die Automatisierung der Produktion durchaus entwicklungsfähig erscheint, ist zu erwarten, daß durch die zunehmende Komplexität doch deutlich Grenzen sichtbar werden, die mit der Fähigkeit der menschlichen Systemnutzer zur Duchdringung der komplexen Funktionen zusammenhängen. Untersuchungen haben hier bereits gezeigt, daß sich die Erwartungen an das Flexibilitätspotential rechnerintegrierter Fabriken in vielen Fällen nicht voll erfüllt haben. Dabei konnte festgestellt werden, daß organisatorische und personelle Probleme und Erfordernisse zumeist eng mit der informationstechnischen Seite der Realisierung rechnerintegrierter Strukturen verknüpft sind und sie daher in den Betrieben oft nur als technische Probleme definiert und behandelt werden (vgl. Hirsch-Kreinsen 1990). Die Rechnerintegration sollte somit angesichts der offensichtlichen und noch zu behandelnden arbeitsorganisatorischen, personalwirtschaftlichen und betriebspolitischen Probleme vorrangig als Anforderung an die Organisationsstrategie aufgefaßt werden, bei der Fragen des Rechnereinsatzes und der Rechnerintegration zunächst eine nachgeordnete Rolle spielen. Das Zielsystem der Fabrik erweitert sich somit um human- und sozialbezogene Leitziele.

Schon aus der Betrachtung der Erscheinungsformen flexibel automatisierter Maschinenkonzepte (vgl. Abschnitt 3.1.4) wird deutlich, daß aufgrund der Vielfalt der branchen- und betriebsspezifischen Produktionsbedingungen eine einheitliche Entwicklung der Automatisierung nicht zu erwarten ist. Sowohl innerhalb der großen und mittleren Betriebe als auch bei vergleichbaren Kleinbetrieben gelangen unterschiedliche Konzepte zur Anwendung, da rechnerunterstützte Produktionstechniken einen breiten Gestaltungsspielraum für Arbeitsorganisation und Arbeitszeitgestaltung eröffnen. Automatisierungen werden somit nicht von sich aus das vielzitierte Ende der Arbeitsteilung bewirken oder die Verbreitung ganzheitlicher Arbeitsstrukturen erzwingen. Vielmehr ergeben sich mehrere unterschiedliche Entwicklungsrichtungen in der Gestaltung von Produktionsarbeit. Fabrikautomatisierung bietet darüber hinaus eine Vielzahl an Möglichkeiten, die Leistungserstellung in Richtung weiterer Vereinfachungen sowohl im Hinblick auf die eingesetzte Technik als auch bezüglich der Arbeitsorganisation zu optimieren (vgl. Abschnitt 4.2.3).

Gestaltungsperspektiven der Fabrikorganisation

Die Entwicklung von Technik und Organisation verläuft in der Fabrik zumeist von einfachen zu komplexen Lösungen. Dies gilt auch für Automatisierung. Überschreitet der Grad der Komplexität des Systems Fabrik das mit erträglichen Kosten beherrschbare Maß, kann durch den Einsatz von Energie wieder ein Zustand geringer Komplexität hergestellt werden. Aus der historischen Darstellung kann abgeleitet werden, daß die jeweils nächste Generation industrieller Produktionstechnik zwar ein Leistungsniveau erreicht, das mit den vorhandenen Technologien nicht verwirklicht werden konnte, diese Entwicklung jedoch eine Zunahme der organisatorischen Komplexität der Abläufe nach sich zieht. Betrachtet man diese Entwicklung im Zeitverlauf, so folgen auf Phasen hoher Komplexität regelmäßig Phasenwechsel, in denen nach systematisch durchgeführten Inventions- und Innovationsprozessen eine Veränderung und Vereinfachung von Produktion und Organisation erfolgt, um vorhandene Techniken beherrschbarer einsetzen zu können. Auf dieser Ebene werden wiederum neue Formen des rechnerunterstützten Technikeinsatzes ermöglicht.

Vor diesem Hintergrund ist zu beobachten, daß sich in der gegenwärtigen Phase der Fabrikentwicklung ein Wechsel der Gestaltungsparadigmen abzeichnet. Nach einer Phase technikorientierter Rationalisierung einzelner betrieblicher Funktionen durch den Einsatz automatisierter Produktionsmittel erfolgt aufgrund offensichtlich erkannter Grenzen gegenwärtiger Automatisierungstechnik zunehmend eine Betrachtung bereichsübergreifender organisatorischer Rationalisierungspotentiale. Die gegenwärtige Situation läßt sich so auch als Übergangsphase von hoher Komplexität zu beherrschbarer Komplexität sowohl der eingesetzten Technik als auch der Abläufe in der Fabrik charakterisieren. Es ist zu erwarten, daß die hieraus resultierende Vereinfachung von Verrichtungen und Prozessen künftig auch Möglichkeiten eines rechnerunterstützten Technikeinsatzes in Bereichen eröffnet, die gegenwärtig nur mit großem Aufwand automatisierbar sind.

Daher erscheint das Aufkommen des „lean-management“, des schlanken Unternehmens, als die konsequente und auch erwartete Fortsetzung dieses Vereinfachungsgedankens (vgl. Womack/Jones/Ross 1990). Das hierin enthaltene Konzept der schlanken Produktion ist als geschlossener Ansatz zu verstehen, in dessen Rahmen alle Abläufe im und zwischen Unternehmen mit dem Ziel überprüft werden, eine Minimierung nicht wertschöpfender Funktionen zu erreichen. Grundlegende Prinzipien dieses Organisationskonzepts sind innerhalb der Fabrik einerseits die Übertragung eines Maximums von Aufgaben und Verantwortung an die Arbeitspersonen in den ausführenden Bereiche sowie andererseits Maßnahmen, die bei Fehlern in der Produktion auf die Beseitigung der Fehler*ursachen* abzielen.

Der Begriff „lean-management“ ist durch eine vergleichende Studie des MIT über die Produktionskonzepte der japanischen, amerikanischen sowie europäischen Automobilindustrie geprägt worden. Es wird davon ausgegangen, daß aufgrund der Dynamik und Kompexität der Umweltbedingungen von Industrieunternehmen konventionelle Organisationsformen untauglich werden. Charakteristische Merkmale eines „schlanken Unternehmens“ sind die Minimierung der unproduktiven Nutzung („Verschwendung“) von Arbeitsleistung, Material und Zeit insbesondere durch Reduzierung organisatorischer Hierarchien, Verkürzung von Entscheidungswegen, Verlagerung von Aufgaben und Kompetenzen auf die

Wirtschaftliche und technische Ziele	Human-/sozialbezogene Ziele
- Steigerung von + Produktivität + Rentabilität + Kapazitätsauslastung + Flexibilität bezüglich • Stückzahländerungen und Personaleinsatz • Typen, Varianten, Produktänderungen • geänderten Fertigungsverfahren • Arbeitszeiten - Senkung der Lohnkosten - Senkung der Gemeinkosten - Verringerung der Entwicklungszeiten - Verringerung der Durchlaufzeiten - Verringerung der Fehlzeiten - Steigerung der Produktqualität - Sicherung einer geringen Störanfälligkeit - Verringerung von Fluktuation	- Gestaltungsmöglichkeiten bezüglich + Arbeitsumfang und Arbeitsinhalte + Arbeitsablauf + Arbeitsgeschwindigkeit + individueller Leistungsentfaltung + Übernahme dispositiver Tätigkeiten - hohes Qualifikationsniveau - Weiterbildungsmöglichkeiten - flexible Arbeitszeit - Arbeitssicherheit - Kommunikationsmöglichkeiten - Gesundheitsschutz - optimale Belastung und Beanspruchung - ergonomische Arbeitsplatzgestaltung - Selbstverantwortung und Eigenkontrolle - Erhalt von Arbeitsplätzen

Abbildung 52: Beispiele für Entwicklungsziele des Fabrikbetriebs (vgl. Spur/Mertins 1989)

ausführenden Gruppen, durch „faire" Kooperation mit Zulieferunternehmen sowie durch intensivierte Kundenbeziehungen. Für die Mitarbeiter in der Fabrik, so wird festgestellt, ist die Einführung des „lean-management" aufgrund eines permanenten Strebens nach Optimierung des Arbeitsumfelds mit erhöhten Anforderungen verbunden (vgl. Womack/Jones/Ross 1990, S. 104 ff.)

Die im Rahmen der Studie durchgeführten empirischen Untersuchungen scheinen eine Überlegenheit des Konzepts des „schlanken Unternehmens" gegenüber der als Gegensatz dargestellten europäischen und amerikanischen „Massenproduktion" zu belegen. Sowohl Ergebnisse als auch Empfehlungen der Studie haben insbesondere in der Industrie einen breiten Eingang in die aktuelle Diskussion zur künftigen Fabrikgestaltung gefunden.

„Lean-management" ist jedoch weniger als ein *neues* Konzept zu beurteilen. Vielmehr zeigt sich, daß im wesentlichen eine konsequente und konzentrierte Anwendung bereits bekannter Rationalisierungsmaßnahmen angestrebt wird, durch die ein ganzheitlicher Effekt erreicht werden soll. Viele der in der Studie angeführten empirischen Belege für die Effizienz von „lean-management" sind allerdings nur eingeschränkt nachvollziehbar, da grundlegende Bestimmungen, wie beispielsweise Arbeitsteilung zwischen Zulieferunternehmen oder Abgrenzung von Produktkategorien, aus der Untersuchung nicht hinreichend deutlich hervorgehen. Der Begriff der „Massenproduktion" wird darüber hinaus mißverständlich interpretiert. Während der Begriff im allgemeinen die Fertigung hoher Stückzahlen über einen langen Zeitraum charakterisiert, stellt der in der Studie verwendete Begriff auf eine Produktionsweise ab, die durch vorwiegend manuelle Tätigkeiten an getakteten Montagebändern charakterisiert ist. Diese Vorstellung, die als Sinnbild für die Automobilproduktion bei Ford in den 20er Jahren steht, wird vereinfachend und verkürzend auf die gegenwärtige Produktionsweise in europäischen Fabriken angewendet.

In bezug auf den Aspekt der Qualifizierung ist anzumerken, daß das in den USA eingeführte und in Japan adaptierte Bildungssystem mit dem Konzept der dualen Berufsausbildung in Deutschland kaum vergleichbar ist, in dem eine Ausbildung zum qualifizierten Facharbeiter erfolgt (vgl. Abschnitt 3.3). Vor diesem Hintergrund sind die vorgeschlagenen arbeitsorganisatorischen Konzepte zu bewerten, die auf eine Qualifizierung durch permanenten Tätigkeitswechsel in Gruppen abzielen. Weiterhin kann in Deutschland, im Gegensatz zu anderen Bildungssystemen, zwischen Absolventen an Fachhochschulen und Hochschulen unterschieden werden, für die in der Regel auch unterschiedliche betriebliche Aufgabenspektren vorgesehen sind. Der in der Untersuchung verwendete Ingenieurbegriff wird jedoch unscharf verwendet, diesbezügliche Folgerungen aus quantitativen Vergleichen sind somit kritisch zu befragen.

Im Verhältnis zwischen Zulieferunternehmen und Montagewerk liegt in idealtypischer Vorstellung des „schlanken Unternehmens" ein System der Preisfestsetzung zugrunde, das ausgehend vom Preis des Endprodukts retrograd die Kostengrenzen für einzelne Komponeneten bestimmt. Bei der Gewinnplanung für die Zulieferunternehmen wird, insbesondere mit Unterstützung wertanalytischer Verfahren, von einer Realisierung des Lernkurveneffekts ausgegangen, so daß sich ein Gewinn nur bei kontinuierlicher Senkung der Produktionskosten in den Zulieferunternehmen einstellt. Kann diese Voraussetzung nicht erfüllt werden, ergeben sich erhebliche wirtschaftliche Risiken für die Zulieferunternehmen. Die Darstellung der Studie beinhaltet somit insgesamt die Gefahr, die darin enthaltenen Elemente und Erfolgsfaktoren des „lean-management" im Sinne eines „Methodendogmatismus" auf Produktionsverhältnisse übertragen zu wollen, die in ihren Voraussetzungen nicht vergleichbar sind. Hierzu gehören beispielsweise die im Gegensatz zu Japan einflußreichere Stellung deutscher Gewerkschaften in Betrieben sowie eine stärkere Betonung individueller Werte und Verhaltensweisen in westlichen Kulturkreisen.

Ein ähnlicher Ansatz zur Reorganisation der Produktion stellt das Konzept des „Reverse Engineering" dar (vgl. Wildemann 1991). Ziel des Reverse Engineerings ist es, vom Ergebnis ausgehend die gesamte Wertschöpfungskette der Produkte und Dienstleistungen zu reorganisieren und auf die Anforderungen des unternehmensspezifischen Markt- und Wettbewerbsumfelds auszurichten. Gemeinsames Merkmal beider Konzepte ist es, daß die angestrebte Optimierung organisatorischer Abläufe als eine wesentliche Voraussetzung für einen verstärkten und wirtschaftlicheren Einsatz flexibel automatisierter Produktionstechniken angesehen wird.

Im Trend dieser Ansätze zur Reduktion der organisatorischen Komplexität liegt die autonome Dezentralisierung von Entscheidungskompetenz. In diesem Sinne wird die Flexibilität der Produktionsmittel auch dadurch erhöht, daß die dezentral operierenden Systeme kleiner und damit für den Menschen wieder überschaubarer werden. Umgekehrt ist erkennbar, daß große, auf zentrale Informationsverarbeitung ausgelegte Rechnersysteme sinkende, störungsbedingte Verfügbarkeiten aufweisen.

Zwischenbetriebliche Arbeitsteilung
Die Weiterentwicklung der Produktionstechnik verweist auch auf neue Möglichkeiten zur Fokussierung der Unternehmenskompetenz auf wenige, strategisch bedeutsame Produkte und Diensteistungen. Neben der zentralisierten, automatisierten Produktion verstärken sich hierzu verschiedene Organisationskonzepte dezentraler Produktion. Teile der Fertigungs-, Montage- oder Informationsverarbeitungsaufgaben werden bereits dezentral entweder im eigenen Unternehmensverbund oder von externen, spezialisierten Unternehmen im Sinne einer Verringerung der Fertigungs- und Dienstleistungstiefe durchgeführt.

Durch die Rechnerunterstützung von Informations- und Materialprozessen im Rahmen dezentraler Produktionsformen, beispielsweise durch die informationstechnische Anbindung von Zulieferunternehmen an das Montagewerk in der Automobilindustrie, weist Automatisierung schon heute über die Grenzen der Fabrik hinaus. Bestrebungen zur weiteren Optimierung der Fertigungstiefe, Just-In-Time-Produktions- und Anlieferungsstrategien sowie Produktionsverbünde bewirken eine Verstärkung der zwischenbetrieblichen Arbeitsteilung. Gemeinsame Voraussetzung für eine Realisierung dieser Konzepte ist ein Zusammenwirken der beteiligten Fabriken auf der Basis einer intensiven Nutzung moderner Informations- und Kommunikationstechniken sowie einer funktionierenden Verkehrsinfrastruktur.

Die neue flexibel automatisierte Produktionstechnik ermöglicht unterschiedliche Gestaltungsoptionen, d.h. es existiert ein nicht eindeutig determinierter Zusammenhang zwischen der rechnerunterstützten Produktionstechnik und ihrem betrieblichen Einsatz hinsichtlich Arbeitsorganisation und Qualifikation. Ein wesentliches Merkmal besteht in der erwähnten weitgehenden Entkopplung von Technik, betrieblicher Organisation und Arbeitsgestaltung (vgl. Lehner 1989). Der Einsatz identischer Produktionstechnik kann in Betrieben mit unterschiedlichen Organisationsstrukturen auch zu unterschiedlichen Arbeitsabläufen mit entsprechend verschiedenartigen Arbeitsplätzen führen (vgl. Hirsch-Kreinsen/Lutz 1987; Wildemann 1989).

Arbeitsgestaltung und Arbeitsorganisation
Die Vorstellung, daß auf Arbeitsteiligkeit völlig verzichtet werden könne, war Auslöser für Modelle, mit denen an traditionelle handwerkliche Arbeitsformen angeknüpft werden sollte. Die Entkoppelung im Produktionsprozeß schuf hierfür die Voraussetzungen. Vor diesem Hintergrund werden sowohl real ablaufende als auch zu erwartende betriebliche Umgestaltungsprozesse in systematischer Absicht in den Gegensätzen 'Taylorismus oder integrierter Aufgabenzuschnitt', 'Zentralisierung oder dezentrale Arbeitsstruktur' sowie auch 'Technisches oder soziales Modell der Produktivität' analysiert (vgl. Sattel 1985; Mense 1987; Manske 1987; Naschold 1987; Fiedler/Regenhard 1991).

Danach verbinden sich mit der rechnerunterstützten Produktionstechnik allgemein zwei unterschiedliche Entwicklungsrichtungen, die in der gegenwärtigen Diskussion auch als „technozentrischer" und der „anthropozentrischer" Pfad bezeichnet werden (vgl. Brödner 1986). Mit diesen Begriffen korrespondieren die Formulierungen „High-Tech-Automatisierung" und „High-Touch-Automatisierung".

Den Prozeß vermeintlicher technischer Grenzen kommentiert Brödner: „Ironischerweise läßt gerade das dominante Vordringen technikzentrierter Produktionskonzepte, das eigentlich deren Erfolg signalisieren sollte, stattdessen deren Probleme und Schattenseiten immer deutlicher hervortreten. Während die ihnen zugrunde liegenden Strategien der 'High-Tech'-Automatisierung, die lebendige Arbeit nachzuahmen und weitgehend zu ersetzen suchen, immer größere Probleme der Flexibilität, Verfügbarkeit und Produktivität aufwerfen, erscheinen alternative Produktionskonzepte, die stattdessen auf 'High-Touch'-Organisation, qualifizierte Arbeit und menschengerecht gestaltete Technik setzen, umso vorteilhafter im Lichte ökonomischer Effizienz und sozialverträglicher Arbeit. Die ganz unterschiedlichen Produktionsstrategien im Automobilbau (etwa bei GM, Ford, Volvo oder Toyota) oder die technikzentrierten CIM-Implementationen im Vergleich zur Realisierung integrierter Gruppenfertigung im Maschinenbau können hier als Lehrbeispiele dienen" (Brödner 1990).

Die neuen Informations- und Kommunikationstechniken erlauben einerseits eine weitere Zerteilung der Arbeitstätigkeit sowohl in der Produktion als auch der Verwaltung und eine zunehmende Zentralisierung von Produktionsplanung, -steuerung sowie -kontrolle. Dadurch können hierarchisch höher angesiedelte Positionen die Entscheidungen bei sich konzentrieren, indem sie auf die Datenbestände nachgeordneter Ebenen zugreifen. Andererseits ist es jedoch auch möglich, eine dezentrale Vernetzung von kleineren teilautonomen Einheiten innerhalb des Fabrikbetriebes vorzunehmen, und somit zu einer „Enthierarchisierung der Produktionsorganisation“ (Rauner/Heidegger 1989, S. 214) beizutragen. In diesem Fall verbleiben Kompetenz und Entscheidung weitgehend in der Werkstatt. Anhand vorgegebener Rahmendaten organisieren der Werker oder die Arbeitsgruppe dann relativ selbständig den Ablauf des Bearbeitungsprozesses.

Der letztgenannte 'integrierte Aufgabenzuschnitt' ist bestrebt, menschliche Arbeit als wertvolle Ressource wahrzunehmen und ihre Produktivitäts- und Problemlösungspotentiale betrieblich zu nutzen. Eine breite Aktivierung dieser Humanpotentiale kann erreicht werden durch

- Qualifikation,
- Motivation,
- Eröffnung von Dispositionsspielräumen.

Umfassende Arbeitsinhalte enthalten demzufolge disponierende, arbeitsvorbereitende sowie kontrollierende Elemente (vgl. Spur/Mertins 1989, S. 37). Angesichts der Gestaltungsoptionen künftiger Fertigungstechnik werden die unterschiedlichen Entwicklungsrichtungen auch als „computerintegrierter Neotaylorismus“ oder „rechnerunterstützte Partizipation“ diskutiert (vgl. Rauner 1989, S. 113f.). „Der computerintegrierte Neotaylorismus bedeutet eine verstärkte Einflußnahme und Überwachung der Produktion, die Fortsetzung der extremen Arbeitsteilung sowie die Festschreibung bestehender Strukturen. Dieser Weg wird als technologisch machbar, sozial jedoch als riskant bezeichnet, da er in der hierarchisch-zentralistischen und arbeitsteiligen Tradition der 'alten Fabrik' einen extrem technozentrischen Entwicklungsweg darstellen könnte und somit eine verstärkte Spaltung der Gesellschaft in 'Überwacher' und 'Ausführer' bewirken würde. Die rechnergestützte Partizipation hingegen wird in ihren technischen, organisatorischen und qualifikatorischen Komponenten als Möglichkeit einer humanen Technikgestaltung benannt. Dazu gehören Konzepte der Arbeitsgestaltung, die Wahlmöglichkeiten zwischen verschiedenen Arbeitsformen anbieten, die Verlagerung von Kompetenzen der Konstruktion und Arbeitsvorbereitung auf die Werkstattebene, die Erweiterung von Entscheidungsspielräumen der Beschäftigten, das Prinzip der Gruppenarbeit, eine durch die Anwender gestaltbare Software sowie eine vom technischen Stand unabhängige Entwicklung von Bildung und Qualifikation" (Spur/Mertins 1989, S. 122).

Die Konzeption „rechnerunterstützter Partizipation" steht in der Tradition des Bemühens um eine „Humanisierung der Arbeit", die an folgenden Formen der Arbeitsgestaltung orientiert ist:

- Arbeitsplatzwechsel (job rotation),
- Aufgabenerweiterung (job enlargement),
- Aufgabenbereicherung (job enrichment) sowie der Bildung von
- relativ autonomen Arbeitsgruppen (vgl. Hund 1978, S. 391).

Die Bildung von Arbeitsgruppen orientiert sich am Kriterium der Schaffung ganzheitlicher Arbeitsprozesse in der Einheit von Zielsetzung und Ausführung. Diese Arbeitsprozesse zielen in der Regel auf die Herstellung von Produkt- oder Teilefamilien ab, die ähnliche Anforderungen an Produktionsvorbereitung, Fertigung und Montage stellen. Dabei wird angenommen, daß das Konzept der Gruppentechnologie auf die ganze Fabrik anwendbar ist: „Nach den diesem menschenzentrierten Produktionskonzept zugrunde liegenden organisatorischen Prinzipien der Gruppentechnologie und qualifizierten Gruppenarbeit, die genauso allgemeingültig und weitreichend wie die Grundsätze Taylors sind, läßt sich die ganze Fabrik neu strukturieren. So entsteht ein Verbund von Fertigungs-, Konstruktions- und gegebenenfalls Logistikinseln, in denen das operative Geschäft weitgehend autonom, unter Einhaltung grobmaschiger Auftrags- und Terminvorgaben, abgewickelt wird. Die zentrale Planung und Steuerung des Gesamtprozesses schrumpft dann auf wenige Aufgaben von strategischer Bedeutung für das Geschäft zusammen (..). Um in diesen neuen, qualifikationsorientierten Organisationsstrukturen effizient arbeiten zu können, müssen die hierbei einzusetzenden DV-Systeme anders als bei der technikzentrierten Produktionsstrategie hinsichtlich Funktionsteilung und Interaktion zwischen Mensch und Rechner als Arbeitsmittel gestaltet sein, die Initiative, Planung, Bewertung und Entscheidung dem Menschen überlassen" (Brödner 1990).

Das Konzept „Werkstattprogrammierung" der IG-Metall, das ebenfalls auf die Schaffung ganzheitlicher Arbeitsprozesse zielt, orientiert sich am Referenzmodell für qualifizierte Facharbeiter an konventionellen Maschinen (vgl. Blum 1990). Dieses Konzept verfolgt das Ziel einer Verringerung von Arbeitsteilung durch Rückführung planerischer Tätigkeiten in die Facharbeit. Dieser Prozeß findet jedoch seine Grenze in der Wirtschaftlichkeit des Produktionsprozesses.

Es wird deutlich, daß aus der flexibel automatisierten Fertigungstechnik mit Notwendigkeit kein bestimmtes Modell der Arbeitsorganisation resultiert, vielmehr eröffnen sich Gestaltungsmöglichkeiten mit unterschiedlichen Folgen für Qualität und Quantität der Arbeit (vgl. Hirsch-Kreinsen/Schultz-Wild u. a. 1990). Die Grundentscheidung ist zwischen rechnerunterstützter zentraler und dezentraler Arbeitsorganisation zu treffen: „In einer zentralen Arbeitsorganisation werden die intelligenten und höher qualifizierten Tätigkeiten weitgehend zentralisiert; in der Produktion verbleiben fast ausschließlich quantitativ ausgedünnte Hilfsarbeiten, sowie wenige Überwachungs- und Instandhaltungstätigkeiten, wobei letztere zunehmend von qualifizierten Technikern übernommen werden. In diesem Modell stehen also unqualifizierte Hilfstätigkeiten hochqualifizierten Steuerungs- und Instandhaltungstätigkeiten gegenüber. In einer dezentralen Arbeitsorganisation dagegen verbleibt ein beträchtlicher Teil der intelligenten und qualifizierten Planungs-, Steuerungs- und Kontrollfunktion in der Produktion und im Verantwortungsbereich qualifizierter Facharbeiter, deren Tätigkeit zudem umfassender und interessanter ausgestaltet ist. Es entsteht also keine Polarisierung von niedrig- und hochqualifizierten Tätigkeiten und kein Verlust von Facharbeiterfunktionen“ (Lehner 1989, 14f.).

Diese systematische Gegenüberstellung schließt jedoch nicht aus, daß im Rahmen einer zentralen Arbeitsorganisation auch dezentrale Fertigungseinheiten und damit verbundene qualifizierte Tätigkeiten vorhanden sein können und im anderen Fall bei dezentraler Arbeitsorganisation auch ausgedünnte Hilfsarbeiten existieren. Es ist das Verdienst der vorstehend genannten Ansätze, alternative arbeitsorganisatorische Ansätze aufgezeigt und in die Diskussion um Arbeitsgestaltung und Arbeitsorganisation eingeführt zu haben. Gleichwohl sind alle technischen und organisatorischen Lösungen vor dem Hintergrund betriebsspezifischer Anforderungen an die Produktion zu bewerten, Methodendogmatismen somit kritisch zu befragen.

Sowohl die zentral als auch die dezentral konzipierte rechnerintegrierter Fertigung verbindet sich mit organisatorischen Umgestaltungen des Betriebes. Sie gehen fast immer einher mit neuen Anforderungen an die Qualifikation der Beschäftigten (vgl. Abschnitt 4.3.3). Angesichts der sich abzeichnenden informationstechnischen Vernetzung des

Fabrikbetriebes reicht es nicht mehr aus, nur die Funktionen einer Maschine zu beherrschen. Vielmehr ist die Fähigkeit gefordert, das jeweilige Arbeitshandeln auch in die betrieblichen Gesamtzusammenhänge einzuordnen.

Folgt man einem „anthropogenen Leitbild", dann kann die Fabrik nicht mehr nur als Arbeitswelt betrachtet werden, sondern muß auch als Lebenswelt Berücksichtigung finden. „Engt man den lebensweltlichen Raum in der Fabrik ein," so warnt Rauner, „in dem die Beschäftigten auf ihre Arbeitskraftdimension reduziert werden und nur noch als Funktions- und Qualifikationsträger in eine berechnete und berechenbare Struktur eingefügt sind, dann ginge damit einher eine zerstörerische Deformation für die Menschen und für die Fabrik" (Rauner 1989, S. 107). Vor diesem Hintergrund ist auch die jüngste Diskussion über die Unternehmenskultur zu gewichten, derzufolge alle Mitarbeiter des Betriebes in Planung und Entscheidungsfindung konstruktiv einbezogen werden sollen (vgl. Streich 1989, S. 443ff.; VDI 1989, S. 15). Die zukünftige Fabrikentwicklung wird sich damit nicht mehr allein oder überwiegend aus technisch-wirtschaftlicher Sicht bestimmen lassen, sondern von vornherein mit einer einheitlichen Gestaltung der betrieblichen Arbeits- und Lebenswelt verbunden sein. Aus dieser Perspektive wird die Fabrik hier als ein unauflösbarer soziotechnischer Zusammenhang begriffen (vgl. Ropohl 1979, S. 187).

4.2.3.2 Sozial-, Human- und Umweltverträglichkeit von Automatisierungsprozessen

Sozialverträglichkeit

Die Fabrik steht gesellschaftlich insbesondere unter dem Einfluß von wirtschaftlichen, politisch-sozialen und kulturellen Bedingungen. So hat sich in der Zeit von etwa 1960 bis 1975 ein Wandel der verhaltensrelevanten Werte in der Bevölkerung vollzogen. Damit sind die sogenannten „Pflicht- und Akzeptanzwerte" zugunsten der Werte Selbstentfaltung und Selbstbestimmung in den Hintergrund getreten. Dieser Wertewandel ist bei der Gestaltung automatisierter Technologien und des betrieblichen Umfeldes zu berücksichtigen. Aus diesen Zusammenhängen resultiert die Forderung einer *sozialverträglichen* Organisation des Fabrikbetriebes (vgl. Kamp 1989). Mit der Technik gehen immer bestimmte Anforderungen an die Arbeitstätigkeit und Qualifikationen sowie an die Gestaltung der Arbeitsorganisation und des Arbeitsplatzes einher (vgl. Herter 1991).

Der VDI versteht unter sozialverträglicher Technikgestaltung einen Gestaltungsprozeß, „bei dem Aspekte der Technikbewertung und Technikfolgenabschätzung bereits im Entwicklungsprozeß eines Automatisierungsvorhabens berücksichtigt werden (vgl. VDI 1989). Als Hilfsmittel für die Gestaltung von Automatisierungsvorhaben wurden im Rahmen des VDI/VDE-Gemeinschaftsausschusses „Mensch und Automatisierung" sechs Grundsätze entwickelt, die als praxisbezogene Vorschläge für eine menschengerechte und effektive Gestaltung von sozio-technischen Systemen angesehen werden sollen:

- "Gleichzeitige Planung von menschlicher Arbeit und Technikeinsatz,
- frühzeitige und kontinuierliche Zusammenarbeit von Entwicklern und Anwendern,
- umfassende Mitarbeiterbeteiligung, partizipativer Führungsstil,
- gezielte Anknüpfung an betriebliche Stärken und Schwächen, Einbindung in die Unternehmensstrategie,
- frühzeitige und umfassende Informations- und Schulungsmaßnahmen,
- Einbettung des neuen Automatisierungsvorhabens in den Markt und die gesellschaftliche und natürliche Umwelt" (VDI 1989).

Humanverträglichkeit

Automatisierte Produktionsmittel sollen Arbeitspersonen von körperlichen und geistigen Arbeit entlasten, die als unzumutbar betrachtet wird. Was Maschinen, z. B. in gesundheitsgefährdenden Produktionsbereichen, tun können, sollte nicht von Menschen ausgeführt werden. Insbesondere können repetitive Arbeiten von Maschinen übernommen werden, wie beispielsweise gleichförmige Bedienung, gleichförmige Montagearbeiten und gleichförmige Informationsbearbeitung.

Das Ziel der Entlastung des Menschen durch Arbeitsmittel beinhaltet in dieser Sichtweise auch, daß Technik vor dem Hintergrund der Marktanforderungen und den betrieblichen Bedingungen nicht nur wirtschaftlich verträglich sein, sondern auch im Hinblick auf Arbeitsplatz und Arbeitstätigkeit, den physischen und psychischen Voraussetzungen des Menschen gemäß, *humanverträglich* gestaltet werden muß (vgl. Rauner 1988). Die Humanverträglichkeit bezieht sich auch auf die betrieblichen Qualifizierungsmaßnahmen.

Zu den humanbezogenen Zielen gehören nicht mehr nur die eher traditionellen Zielstellungen, wie Arbeitssicherheit, Gesundheitsschutz oder ergonomische Arbeitsplatzgestaltung. Vielmehr gewinnen zunehmend auch solche Ziele an Bedeutung wie die Gewährleistung von persönlichkeitsfördernden Arbeitsinhalten, Kommunikationsmöglichkeiten oder Spielräumen bei der Arbeitsgestaltung (vgl. Gesamtmetall 1989; Seliger/Schallock 1989). Die Forderung nach Humanverträglichkeit bedeutet auch, daß die Anforderungen automatisierter Produktionsmittel mit der menschlichen Natur übereinstimmen müssen, d.h. mit der körperlichen Konstitution des Menschen, seinen kognitiven, motivationalen und emotionalen Fähigkeiten. Diese Fähigkeiten müssen ganzheitlich berücksichtigt werden, um ein positives Erleben am Arbeitsplatz zu befördern. In der Verbesserung der Kommunikation von Mensch und Maschine liegt eine der wichtigsten Aufgaben für die informationstechnische Forschung. Der *Mensch* muß sich in automatisierten Systemen berücksichtigt sehen.

Während einerseits davon ausgegangen wird, daß sich die wirtschaftlichen und technischen Ziele mit den human- und sozialbezogenen im Unternehmen letztlich relativ konfliktlos vereinbaren lassen, sehen andere, insbesondere aus gewerkschaftsorientierter Sicht, hier einen grundlegenden Gegensatz in den Zielstellungen. Mögliche Risiken und Gefahren werden gesehen in

- einer Vereinsamung der Arbeitspersonen, etwa in personalarmen Schichten,
- einer Belastungszunahme an Konzentration und Verantwortung, etwa bei der Arbeit an Leitrechnern oder in Leitständen, für die der Arbeitnehmer nicht ausreichend qualifiziert wurde,
- einem Verlust des Selbstwertgefühls des Werkers, dessen Arbeitsresultate scheinbar nur noch von den technischen Eigenschaften der flexibel automatisierten Maschinen oder Systeme abhängen sowie in
- einer automatischen Kontrolle der Arbeitstätigkeiten, die zur lückenlosen Leistungs- und Verhaltenskontrolle führen kann (vgl. Zimmermann 1985, S.113ff.; Blum 1987; S.255ff., Hildebrandt 1987; Hurrle 1988, S.168ff.).

Das gewerkschaftliche Politik- und Selbstverständnis kann daher heute wie folgt zusammengefaßt werden: „Um zu schützen, müssen wir vorausschauend gestalten“ (Blum 1990; vgl. auch Kamp 1989).

Umweltverträglichkeit

Zu der Human- und Sozialverträglichkeit zählt heute auch die Umweltverträglichkeit. Die industrielle Produktion gebietet einen sparsamen Umgang mit Rohstoffen, Materialien, aber auch mit der Energie (vgl. Erbe/Hoppe 1983, S.9ff.). Zudem gehört es immer mehr zur Planung industrieller Produktion, die Frage der Entsorgung zu berücksichtigen. Überdies verbindet sich mit einer neuen Fabrik auch der Gedanke, mögliche Umweltprobleme schon von vornherein zu vermeiden und die Produktion in einen humanen und sozialen Rahmen zu stellen.

So hebt Seliger hervor: „Einiges wäre schon vorher machbar: Umwelttechniken, Rohstoff- und Recyclingforschung sind Ansatzpunkte. Bereits bei der Entwicklung eines Produkts müßte auf die Verwertung der Reststoffe geachtet werden. Material- und Energieeinsparungsmöglichkeiten sind auszuschöpfen. 50 Kilogramm Glasfaserkabel bewältigen heute genausoviel Telefonkommunikations-Kapazität wie früher eine Tonne Kupferkabel. Die Herstellung dieser Glasfaserkapazität erfordert aber nur fünf Prozent der Energie, die für die Produktion einer Tonne Kupfer erforderlich ist. Und um zum Ausgangspunkt zurückzukommen: Die Produktion sollte auch nach den Entfaltungsmöglichkeiten menschlicher Fähigkeiten geplant werden. Akzeptanz muß in der Demokratie zur Konstruktionsvorschrift werden. Menschliche Kreativität und die Fähigkeit zum Lernen können entfaltet werden, wenn es gelingt, die flexible Automatisierung im Sinne einer universellen Qualifikation für den arbeitenden Menschen zu nutzen. Der Mensch bleibt unsere größte Stärke. Eine Technik, die ihm nicht mehr fremd ist, die er angenommen hat und beherrscht, braucht er nicht zu fürchten“ (Seliger 1989, S.225).

4.3 Qualifikatorische Dimension

4.3.1 *Qualifikationsstruktureffekte der Automatisierung*

Neben der notwendigen Veränderung bestehender betrieblicher Aufbau- und Ablauforganisationen gehen mit der flexiblen Automatisierung sich wandelnde Arbeitsanforderungen und damit eine Umgestaltung der Qualifikationsstruktur der in diesem Bereich tätigen Erwerbspersonen einher. Die makroanalytische Betrachtung der Entwicklung der Qualifikationsstruktur im verarbeitenden Gewerbe zeigt eine Tendenz zur Höherqualifizierung der in diesen Wirtschaftszweigen tätigen Personen, jedoch sind nach übereinstimmender Auffassung nicht allein die neuen Technologien für diese Entwicklung ursächlich. Vielmehr rücken konjunkturelle Einflußfaktoren, betriebsinterne Strategien sowie die allgemeine Bildungsexpansion ebenfalls in den Mittelpunkt der Betrachtung (vgl. Albrecht/Schmid 1985; Brenke/Hagen/Pfeiffer 1987; BIBB/IAB 1987; Staehle 1987; Beuschel/Gensior/Sorge 1988).

Aber der Wandel von Qualifikationsanforderungen wird nicht allein durch die neuen Techniken determiniert. Die neue Technik muß sich auch an gegebene soziale Strukturen anpassen (vgl. Hirsch-Kreinsen/Lutz 1987). Zu berücksichtigen ist ebenso die Organisation, in der die menschliche Arbeitskraft in Verbindung mit der neuen Technik eingesetzt wird. „Die Betriebe entscheiden hierüber auf dem Hintergrund einerseits von Preis und Leistungsfähigkeit der verfügbaren Techniken sowie den im Betrieb und am Arbeitsplatz verfügbaren Personalqualifikationen. Empirisch beobachtete Veränderungen der Qualifikationsanforderungen im Zusammenhang mit der Einführung neuer Techniken können demnach in der Regel nicht direkt und ausschließlich auf den Einfluß der Technik zurückgeführt werden" (Koch 1987, S. 166).

Eine isolierte Betrachtung der Wirkung von Prozeßinnovationen (Automatisierung) auf die Entwicklung der Qualifikationsstruktur führt zu dem Ergebnis, daß Innovationen im Prozeßbereich offensichtlich einen verstärkten Einsatz betrieblichen Know-hows erfordern. Sie üben einen relativ deutlichen qualifikationssteigernden Effekt aus (vgl. ISG 1988, S. 112).

Für den Bereich der programmgesteuerten Arbeitsmittel ist vor allem eine hohe schulische Qualifikation der Anwender festzustellen, „die deutlich von jener der Nicht-Anwender abweicht. Weit über den Trend einer Höherqualifizierung Erwerbstätiger hinaus werden programmgesteuerte Arbeitsmittel von Erwerbstätigen eingesetzt, die Abschlüsse oberhalb des Hauptschulniveaus erworben haben. Dieser Trend dürfte sich – angesichts der Entwicklung des Bildungswesens – eher verstärkt fortsetzen. Die Bildungsexpansion hat inzwischen das Erwerbssystem erreicht und bewirkt nachhaltige Änderungen der Strukturen des Zugangs zu Ausbildungswegen und Tätigkeiten." (Stooß 1987, S. 117)

Als Ergebnis bleibt festzuhalten, daß als generelle Tendenz die Qualifikationsanforderungen an die Erwerbstätigen zunehmen. Dies wird insbesondere bei der Betrachtung der von IAB durchgeführten Projektion des Arbeitskräftebedarfs nach Qualifikationen bis zum Jahr 2000 deutlich, auch wenn einschränkend bemerkt wird, daß die Untersuchungen zur künftigen Entwicklung der Qualifikationsstruktur keine im eigentlichen Sinne prognostische Qualität haben, sondern sich auf unterschiedliche Projektionsansätze beschränken, bei denen Gegenwartsstrukturen oder Vergangenheitsentwicklungen der Qualifikationsstrukturen mechanistisch in die Zukunft fortgeschrieben werden (vgl. Rothkirch/Weidig 1986, S. 20).

Im Vordergrund traditioneller Qualifikationsforschung steht das Wechsel- und Spannungsverhältnis von Qualifikationspotential und -anforderungen sowie von Ausbildung und Arbeitsqualifikationen unter Berücksichtigung des technischen Wandels. Als Qualifikation wird in den meisten bildungspolitischen und industriesoziologischen Untersuchungen die Gesamtheit der fachlichen und sozialen Voraussetzungen verstanden, die von den Arbeitenden zur Erfüllung bestimmter Arbeitstätigkeiten erwartet werden (vgl. Bargmann 1989, S. 65; Seppelfeld/Rost-Schaude/Klatt 1986, S. 27).

Trotz intensiver Bemühungen um theoretische und empirische Klärung des Zusammenhangs zwischen technischem Wandel und Qualifikationsentwicklung, so wird häufig betont, hätten die bisherigen wissenschaftlichen und empirischen Befunde derart angelegter Qualifikationsuntersuchungen vielfältige Ergebnisse mit oftmals gegensätzlichen Aussagen hervorgebracht (vgl. Alemann/Schatz 1987, S. 404 ff.; Schmiede 1987, S. 176 ff.; Schumann u. a. 1989, S. 1).

Gründe für das weite Spektrum der aufgestellten Thesen in den bisher veröffentlichten Studien liegen vor allem in der fehlenden Kompatibilität der Untersuchungsfelder und -methoden, der undifferenzierten Sichtweise bezüglich der Erfassung der Berufsbildung sowie in einem verengten Verständnis von Qualifikationsanforderungen (vgl. Gensior 1986, S.36 f.). Die Analyse von Statistiken, insbesondere die Auswertung von Zeitvergleichen und die Beurteilung von Projektionen, beinhalten darüber hinaus die nicht zu vernachlässigende Problematik der Überlagerung der Analyseergebnisse durch exogene Einflußfaktoren.

Grundsätzlich haben sich durch die Bildungsreform, begleitet durch eine verstärkte Nachfrage nach höheren Bildungsabschlüssen im Zuge des Wertewandels, die Abschlüsse an den allgemeinbildenden Schulen erhöht. Die Mehrheit der neu in den Arbeitsmarkt Eintretenden besitzt einen besseren Schulabschluß als die Generation vorher (vgl. Klemm/Rolff/Tillmann 1985, S.80 ff.).

Vom Institut für Arbeitsmarkt- und Berufsforschung der Bundesanstalt für Arbeit wird die Bedeutung des Einstellungsverhaltens der Unternehmen hervorgehoben. Die Ex-post-Analyse zeigt, daß sich das Einstellungsverhalten verändert hat – tendenziell in Richtung auf höhere Qualifikationsanforderungen an die Erwerbstätigen. „Die verfügbaren Daten lassen jedoch nur die Resultate des veränderten Einstellungsverhaltens der Arbeitgeber erkennbar werden. Welche Ursachen dafür ausschlaggebend sind, läßt sich nicht erklären. Die naheliegende und sicherlich nicht unplausible Interpretation besteht in der Annahme, daß mit einem veränderten Tätigkeitsbedarf sich auch der Qualifikationsbedarf bei der Ausübung dieser Tätigkeiten ändert. Andererseits ist die Tatsache zu berücksichtigen, daß sich im gleichen Zeitraum auch das Qualifikationsangebot verändert hat, ebenfalls mit der Tendenz zur Höherqualifikation. Diese wechselseitigen Beziehungen zwischen Qualifikationsangebots- und -bedarfsseite sind bisher weder theoretisch noch empirisch zufriedenstellend geklärt“ (vgl. Rothkirch/Weidig 1986, S.19 f.).

Das Institut für Sozialforschung und Gesellschaftspolitik (ISG) identifiziert darüber hinaus einen weiteren Einflußfaktor: „Bei insgesamt eher stagnierender bzw. rückläufiger Entwicklung der Beschäftigtenzahl haben sich die Qualifikationsanforderungen an die Arbeitskräfte – gemessen an der Entwicklung der Leistungsgruppen der Lohn- und Gehaltsstrukturstatistik – in den 70er und 80er Jahren stetig erhöht, d.h. die Beschäftigungsstrukturen haben sich insbesondere im Bereich der Angestellten, mit Abstrichen aber auch der Werker, zu Lasten der unteren Qualifikationsstufen verschoben. Die Nutzung moderner Techniken, gemessen an verschiedenen Indikatoren der Innovationstätigkeit, hat zu diesem Höherqualifizierungsprozeß allerdings nur in verhaltenem Umfang beigetragen. Eine verstärkte Innovationstätigkeit fördert zwar den angedeuteten qualifikationsspezifischen Umschichtungsprozeß. D. h. sie erfordert in der Tendenz einen vermehrten Einsatz insbesondere besser qualifizierter Angestellter und wirkt sich tendenziell negativ auf die Beschäftigungschancen weniger qualifizierter Arbeitskräfte aus. Der Qualifizierungseffekt moderner Techniken muß (bislang) jedoch als gering angesehen werden. Er ist zudem in großem Umfang durch konjunkturelle Einflußfaktoren überlagert" (ISG 1988, S. 111).

Diese Tendenzaussage wird auch vom Institut für Stadtforschung und Strukturpolitik GmbH gestützt: „Zum einen zeigt sich eine Konzentration der Neueinstellungen auf die mittelhohen und hohen Qualifikationen, zum anderen betreffen Freisetzungen bzw. Austritte in der überwiegenden Mehrzahl un- und angelernte Mitarbeiter. Dabei dürfte ein Teil dieser Selektionsprozesse nicht allein der Technik zuzurechnen sein. Er entspricht auch dem laufenden Strukturwandel" (IfS 1988, S. 155).

Vor diesem Hintergrund kann festgestellt werden, daß empirisch beobachtete Veränderungen der Qualifikationsanforderungen im Zusammenhang mit der Einführung neuer Techniken in der Regel nicht direkt und ausschließlich auf den Einfluß der Technik zurückgeführt werden können (vgl. Koch 1987, S. 166).

Offensichtlich gibt es jedoch eine Gruppe von Beschäftigten, die vom Prozeß der kontinuierlichen Produktionsmodernisierung in den Betrieben profitiert, während andere, vornehmlich weniger qualifizierte, zu den Verlierern gezählt werden müssen (vgl. Steffens 1988, S. 18). Angesichts dieser Entwicklung befürchten die Gewerkschaften für die Arbeitswelt nicht nur die Heterogenisierung der Belegschaften und damit verbundene Entsolidarisierungen, sondern auch eine Entstandardisierung der Arbeitsbedingungen, wie die Auflösung traditioneller Arbeitszeitmuster, des Normalarbeitstages sowie des Normalarbeitszeitverhältnisses in Richtung auf Teilzeitarbeit, Befristung und Leiharbeit (vgl. Bargmann 1989, S. 73).

4.3.2 *Automatisierung als Auslöser quantitativer Beschäftigungsveränderungen*

Die Frage, ob die technische Weiterentwicklung zur Schaffung von Arbeitsplätzen oder zu deren Abbau führt, gehört zu den dauerhaften Kontroversen in der öffentlichen Diskussion. Unbestritten ist jedoch, daß die Wettbwerbsfähigkeit einer industriellen Volkswirtschaft als Grundvoraussetzung jeder Beschäftigungssicherung vor allem von der Entwicklung und Produktion leistungsfähigher und nachgefragter Produkte bestimmt wird. In isolierter Betrachtungsweise wirkt sich die Weiterentwicklung der Technik über die Wirkfelder Produktinnovation und Prozeßinnovation auf die Beschäftigung gegenläufig aus. Einerseits generieren bzw. sichern Produktinnovationen sowohl Wettbewerbsfähigkeit als auch Beschäftigung, tendieren also zur Beschäftigungsausweitung, andererseits wirken Prozeßinnovationen ceteris paribus arbeitssparend, möglicherweise beschäftigungsvernichtend. Automatisierung kann dabei als wesentliches Element von Prozeßinnovation charaktersiert werden (vgl. Buttler 1990).

Dieser analytische Zusammenhang läßt sich jedoch so in empirischen Untersuchungen nicht bestätigen. Wesentliche Gründe hierfür sind, daß sich Produkt- und Prozeßinnovationen nicht eindeutig gegeneinander abgrenzen lassen, und darüber hinaus begleitende ökonomische Aspekte, die über Wachstums- oder Schrumpfungsprozesse die Technikwirkungen entweder verstärken oder kompensieren, zu berücksichtigen sind (vgl. Ewers/Becker/Fritsch 1990; Pries/Schmidt/Trinczek 1990).

Empirischen Untersuchungen verschiedener Forschungsinstitute im Rahmen der Meta-Studie „Arbeitsmarktwirkungen moderner Technologien" (Meta II) haben jedoch unter anderem gezeigt, daß vor allem die Branchen, die keine Innovationen realisieren, tendenziell Beschäftigung abbauen, während die Branchen mit überwiegend Produktinnovationen Beschäftigung ausbauen, jene mit überwiegend Prozeßinnovationen ihre Beschäftigung halten können (vgl. Matzner/Schettkat/Wagner 1988).

„Damit ist die Automatisierung von dem Odium der Beschäftigungsvernichtung entlastet" (Buttler 1990). Automatisierung wirkt dabei sowohl auf das Arbeitskräftepotential als auch den Arbeitskräftebedarf. So kann Arbeitsbereitschaft und -fähigkeit eine Folge von

Automatisierung sein, wobei eine neue Flexibilität bei der Gestaltung von Arbeitsort, Arbeitszeit und Arbeitsinhalt ebenfalls als potentialerhöhend zu beurteilen ist. Auf der Nachfrageseite wird der Bedarf an Arbeitskräften bei Automatisierungsvorhaben meist unterschätzt.

Abschließende Untersuchungen über quantitative Beschäftigungsveränderungen aufgrund von Automatisierung liegen noch nicht vor. Die durch Automatisierung bewirkten direkten Beschäftigungsveränderungen zeigen sich zunächst auf der Ebene des einzelnen Unternehmens. Sie werden jedoch häufig innerhalb der Betriebe kompensiert und somit in diesen Fällen nicht arbeitsmarktwirksam. Die Wirkungen der Automatisierung auf den Beschäftigungsstand können darüber hinaus auch zeitlich verschoben auftreten. Im Prozeß der Einführung automatisierter Produktionsmittel ist möglicherweise ein höherer Beschäftigungsstand erforderlich, so daß Einsparungen erst im „eingeschwungenen Zustand" erfolgen, wenn alle Friktionen des Innovationsprozesses bewältigt sind.

Allenfalls existieren Fallstudien, deren Verallgemeinerung bzw. Hochrechnung jedoch problematisch ist. Nach einer Berechnung des Fraunhofer Instituts für Systemtechnik und Innovationsforschung zu den wirtschaftlichen und sozialen Auswirkungen des CNC-Maschineneinsatzes aus dem Jahre 1981 geht hervor, daß durch 12000 eingesetzte CNC-Werkzeugmaschinen im Laufe von fünf bis sieben Jahren etwa 22000 Beschäftigte freigesetzt wurden. Ob alle diese Beschäftigten tatsächlich entlassen wurden, hängt davon ab, inwieweit in den jeweiligen Betrieben der Personalabbau durch ein entsprechend höheres Produktionsvolumen ausgeglichen werden konnte (vgl. Rempp 1982, S. 179; Zimmermann 1985, S. 121, Scharfenberg 1987, S. 62 ff.).

Das Deutsche Institut für Wirtschaftsforschung hat weiterhin versucht, die Beschäftigungswirkungen von Industrierobotern und numerisch gesteuerten Werkzeugmaschinen zu ermitteln und zu prognostizieren. Dabei wurden zunächst die unmittelbaren Beschäftigungsfolgen bestimmt, dann aber zusätzliche Nachfrageeffekte berücksichtigt. Als Ergebnis wurde festgestellt, daß sich der Einsatz dieser automatisierten Produktionsmittel im Anwenderbetrieb zwar arbeitssparend auswirkte, bei den jeweiligen Hersteller und deren Zulieferunternehmen aber leicht positive Beschäftigungswirkungen eintraten. Nur bei einer solchen umfassenden Betrachtung ergeben sich die gesellschaftlich relevanten Effekte, die allerdings weit geringer ausfallen, als die unmittelbaren direkten Effekte (vgl. DIW 1988; Dostal 1989).

Aus diesem Grunde setzen Globalbetrachtungen an Entwicklungen in einzelnen Branchen an. In der Vergangenheit beobachtete Beschäftigungsveränderungen werden mit technischen Innovationen in diesen Zeiträumen in Verbindung gebracht, ohne daß die ursächlichen Wirkungsketten hinreichend geklärt sind. Werden Ab- und Aufschwungphasen in dieser Weise betrachtet, lassen sich kaum plausible, auf technischen Wandel beruhende Begründungen für Beschäftigungsveränderungen erkennen.

Somit bleibt festzuhalten, daß die Forschung zu den quantitativen Beschäftigungswirkungen von Technik durch die Meta-Studie grundsätzlich auf ein neues Niveau gehoben wurde, sich aber auch gezeigt hat, daß wegen der komplexen Realität kurzgefaßte, eindeutige und vollständige Modelle nicht entwickelt werden konnten (vgl. Dostal 1989).

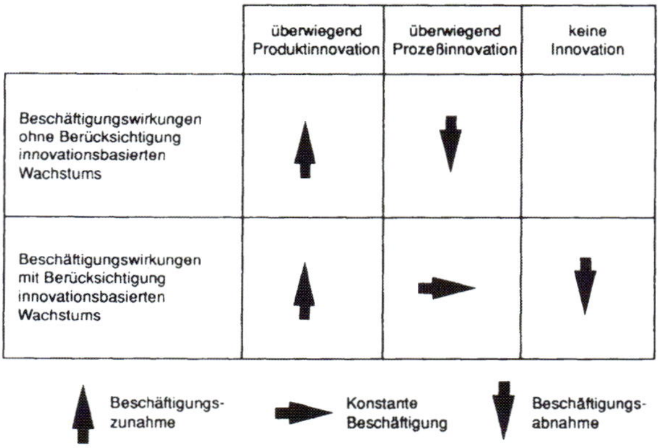

Abbildung 53: Beschäftigungswirkungen von Technik (nach Dostal 1989)

Bei dem globalen Beschäftigungsrückgang, der für den Produktionssektor auch für die Zukunft erwartet wird, und wegen zurückgehender Neueinstellungsraten ergeben sich große Probleme hinsichtlich einer schnellen Qualifikationsanpassung (vgl. Hofer/Weidig/Wolff 1989). Berufsbegleitende Qualifizierungen erhalten somit einen immer größeren Stellenwert.

4.3.3 *Qualifizierung, betriebliche Arbeitswelt und Bildungstendenzen*

Es lassen sich folgende wechselseitig aufeinander einwirkende Bestimmungsfaktoren des Wandels von betrieblicher Arbeitswelt und Qualifizierung identifizieren:

- technische und arbeitsorganisatiorische Entwicklungstendenzen,
- Veränderungen der Einstellung zur Arbeit,
- Betriebsvereinbarungen zur Personalentwicklung,
- neugeordnete Berufsbilder der Metall- und Elektroindustrie,
- Bedeutungszuwachs betrieblicher Weiterbildung.

Entwicklungstendenzen von Technik und Arbeitsorganisation
Die beschriebene Entwicklung flexibel automatisierter Produktionsmittel, die Tendenz informationstechnischer Integration von Produktionsabläufen oder ganzer Fabrikbereiche demonstrieren die Veränderungen betrieblicher Arbeitswelt. Dieser Prozeß technischer Innovation ist vielfach verbunden mit einer grundlegenden Umgestaltung der Arbeitsorganisation, die von der neuen Technik entweder vorausgesetzt oder aber von ihr im Sinne von Gestaltungsoptionen ermöglicht wird. Die größere Flexibilität bei der Zuordnung von Arbeit und Technik weist der Qualifizierung Aufgaben zu, die weit über die Beherrschung einzelner rechnerunterstützter Produktionsmittel hinausweisen.

Mit einer zunehmenden informationstechnischen Integration des Fabrikbetriebes werden auch jene Qualifizierungen, die auf rechnerunterstützte Einzelmaschinen gerichtet sind, die ganze Fabrik als Produktionssystem thematisieren müssen. Der bei Qualifizierungen zu berücksichtigende systemische Charakter der Fabrik ist vielfach gekennzeichnet durch den Zusammenhang von informationstechnischer Vernetzung und veränderten Formen der Arbeitsorganisation. Neue Formen der Arbeitsorganisation können die unterschiedlich zu gestaltende Gruppenarbeit sein, aber auch solche Schneidungen von rechnerunterstützten Arbeitstätigkeiten, die sich eng an bestehende hierarchische Strukturen des Betriebes anlehnen. Unübersehbar sind jedoch besonders in der Automobilindustrie jene Tendenzen, die Flexibilität von Produktionsabläufen nicht nur durch die neue Technik, sondern auch durch eine flexiblere Arbeitsorganisation zu erreichen (vgl. Jürgens/Malsch/Dohse 1989). Die damit tendenziell verbundene

Entdifferenzierung der Arbeitsteilung in den Bereichen Fertigung und Montage führt zu einem Bedeutungszuwachs fachlicher Kompetenz im Sinne der Facharbeit.

Es werden immer mehr einzelne Arbeitsplätze in das systemische Ganze betrieblicher Abläufe eingebunden. Vor diesem Hintergrund werden sowohl die Befähigung zu systematischem Handeln als auch zu abteilungsübergreifender Kooperation, fachbezogener Kommunikation und Teamarbeit immer bedeutsamer. Die beschleunigten technischen und organisatorischen Entwicklungen in den Betrieben bewirken, daß der erworbene Facharbeiterabschluß lediglich als notweniger Einstieg in ein lebenslanges berufliches Lernen zu gewichten ist.

Veränderung der Einstellung zur Arbeit

Die betriebliche Arbeitswelt befindet sich in einem weiteren die Qualifizierung bestimmenden Wandlungsprozeß. In den letzten Jahrzehnten hat sich eine Veränderung verhaltensrelevanter Werte in der Bevölkerung vollzogen, die nicht ohne Auswirkungen auf die Einstellung zur Arbeit blieb. Wie erwähnt treten die sogenannten „Pflicht- und Akzeptanzwerte“ immer mehr hinter die Werte der Selbstentfaltung und Selbstbestimmung zurück. Der Wertewandel führte auch dazu, daß immer höhere Bildungsabschlüsse nachgefragt werden. Eine sich herausbildende neue Leistungsethik betrachtet Arbeit als Herausforderung, in der sich Originalität, Kreativität, Phantasie und Selbstentfaltung verwirklichen lassen. Diese Entwicklung bleibt nicht ohne Einfluß auf die Gestaltung flexibel automatisierter Systeme und des betrieblichen Umfelds.

Betriebsvereinbarungen

Die Qualifizierung muß diesen veränderten personalen Voraussetzungen auch vor dem Hintergrund betrieblicher Mitbestimmung durch die Arbeitnehmervertretung entsprechen. In vielen großen Unternehmen existieren Betriebsvereinbarungen zwischen Unternehmensleitung und Betriebsrat zur Personalentwicklung, die teilweise sehr detaillierte Vorgaben zu möglichen Qualifizierungszielen und -inhalten, Vermittlungsmethoden und -medien unter Berücksichtigung unterschiedlicher Lernorte machen. Derartige Betriebsvereinbarungen dokumentieren das im Unternehmen vorherrschende Menschenbild auch hinsichtlich gewandelter Führungsstile.

Neugeordnete Berufsbilder
Solange die technische Auslegung von Maschinen und die starre Arbeitsorganisation eine rigide Arbeitsteilung und Spezialisierung beförderten, erfolgte die Qualifizierung anhand spezialisierter Berufsbilder. Sie bezog sich ein auf eine bestimmte Technik oder sogar nur auf die Befähigung zur Bedienung eines besonderen Maschinentyps. Eine grundsätzliche Wende wurde durch die Informationstechnik und die flexibel zu gestaltende Arbeitsteilung eingeleitet. So gehören auf der Basis der Einsicht in den systemischen Charakter der Fabrik nicht allein Mechanik, Hydraulik, Elektrik und Elektronik, sondern auch die Programmierung der NC-Steuerungen zu den Aufgabenbereichen heutiger industrieller Facharbeit. Mit der Perspektive einer „Hybridqualifikation“ setzte in den achtziger Jahren die grundlegende Umgestaltung bestehender Berufsbilder, vor allem im Bereich der industriellen Metall- und Elektroberufe, ein. Exemplarisch kann dieser Umgestaltungsprozeß am Beispiel der neuen Metallberufe skizziert werden.

Intentionen der neugeordneten Metallberufe
Den mit der rechnerunterstützten Produktionstechnik verbundenen Anforderungen versucht die Neuordnung der Berufsausbildung in den industriellen Metallberufen von 1987 zu entsprechen. Die Neuordnung orientierte sich an folgenden Zielen:

- Vermeidung frühzeitiger Spezialisierung,
- Verankerung berufsfeldbreiter Grundbildung,
- Vorbereitung auf rechnerunterstützte Produktionstechnik und
- Befähigung zu selbständigem und lebenslangem Lernen, insbesondere zu fachlicher Weiterbildung.

37 Berufe der industriellen Metalltechnik wurden zu sechs neuen Berufen zusammengefaßt:

- Industriemechaniker/in,
- Werkzeugmechaniker/in,
- Zerspanungsmechaniker/in,
- Konstruktionsmechaniker/in,
- Anlagenmechaniker/in,
- Automobilmechaniker/in.

Damit wird versucht, das Prinzip des sog. Monoberufs zu überwinden und verschiedene Berufe eines Berufsfeldes zu bündeln. Gemeinsame Basis dieser mehrstufig aufgebauten „Bündelberufe" ist die „berufsfeldbreite Grundbildung". Darauf folgen die „berufliche Fachbildung" und abschließend die „berufliche Fachbildung in Fachrichtungen". Die Ausbildungsdauer beträgt einheitlich 3 1/2 Jahre.

Methoden betrieblicher Erstausbildung
Der neue Facharbeiter soll die ihm übertragenen Tätigkeiten selbständig durchführen und die Durchführung selbständig planen sowie kontrollieren. So wird unter „Qualifikation" jene berufliche Handlungsfähigkeit verstanden, in die das selbständige

- Planen (z. B. Festlegung von Arbeitsabläufen),
- Durchführen (z. B. Inbetriebnahme von Systemen oder Maschinen) und
- Kontrollieren (z. B. Ermittlung oder Vergleich von Betriebsdaten)

von vornherein einbezogen ist (vgl. Pahl 1989a). In die Handlungsfähigkeit eingeschlossen ist auch die Fähigkeit zu kooperativem Umgang mit den Kollegen, insbesondere hinsichtlich des fachbezogenen, aber auch berufsübergreifenden Informationsaustausches. Damit haben sich die Arbeitstugenden immer mehr von einer anleitenden Fremdbestimmung zu einer eigenverantwortlichen Selbständigkeit verschoben (Die früheren Arbeitstugenden sind in den folgenden jeweils aufgehoben):

50er Jahre	*60er/70er Jahre*	*80er Jahre*
Ordnung	Flexibilität	Selbständigkeit beim
Sauberkeit	Mobilität	Planen
Fleiß	technische Sensibilität	Durchführen
Pünktlichkeit	technische Intelligenz	Kontrollieren
Ausdauer	Leistungsbereitschaft	
Zuverlässigkeit		Kooperationsfähigkeit
Genauigkeit		Disponibilität
		Initiative
		Orientierungsfähigkeit

(vgl. Lisop 1985, S. 263)
Überall dort, wo die betriebliche Berufsbildung auf moderne Arbeitsprozesse vorbereitet, sind den traditionellen Ausbildungsmethoden enge

Grenzen gesetzt. Die rechnergesteuerten automatisierten Fertigungsabläufe lassen die unmittelbaren sinnlichen Erfahrungen an der Oberfläche bleiben, denn die wesentlichen Ursachen – Wirkungszusammenhänge sind der direkten Anschauung kaum noch zugänglich. Die Beistell-Lehre, also das Zusehen und Nachmachen, die sogenannte Drei-Stufen-Methode (Vormachen – Nachmachen – Üben) und die in der TWI (Training Within Industry) sowie REFA (Verband für Arbeitsstudien) verbreitete Vier-Stufen-Methode (Vorbereitung – Vorführung – Ausführung – Vervollkommnung) genügen nur noch ansatzweise für die Vermittlung moderner Produktionstechnik (vgl. Arnold 1987, S. 182 ff.). Das Imitationslernen als ein „Stehlen mit dem Auge" oder das Erfahrungslernen als theorieorientierter Mitvollzug sinnlich zugänglicher maschineller Bearbeitungsprozesse reichen allein nicht mehr aus. Es stellt sich die Frage, wie im Rahmen der betrieblichen Berufsbildung derartige Qualifikationen vermittelt werden können.

Durch besondere Ausbildungsmethoden und Medien, wie etwa die Leittextmethode oder dem individuellen Lernprozeß angemessene Ausbildungsmittel, soll der Auszubildende schon frühzeitig an Selbsttätigkeit und Eigeninitiative gewöhnt werden. Damit folgt die Berufsausbildung jenen pädagogischen Prinzipien der Individualisierung und Differenzierung, die sich bereits im Rahmen der allgemeinbildenden Schule in den letzten Jahrzehnten mehr oder weniger ausgeprägt haben (vgl. Robinson/Thomas 1968). So entspringt die Entwicklung neuer Ausbildungsmethoden nicht nur den gewandelten technischen Anforderungen, sondern auch den methodischen Erfahrungen, welche die Auszubildenden vielfach schon in der allgemeinbildenden Schule erworben haben.

Die Erprobung neuer Ausbildungsmethoden wird auch durch die unterschiedlichen schulischen Voraussetzungen des Auszubildenden beeinflußt (vgl. Freytag 1987). Der Anteil von Auszubildenden mit dem Realschulabschluß und der Hochschulreife hat in den letzten Jahren zugenommen. Er betrug 1989 für den Ausbildungsbereich „Industrie und Handel" mehr als 50 % (vgl. Berufsbildungsbericht 1991, S. 36). Bei den Maschinenschlossern z. B. besaßen bereits 1986 38,1 % der Auszubildenden einen Realschul- oder vergleichbaren Abschluß gegenüber 45,2 % mit einem Hauptschulabschluß (vgl. Berufsbildungsbericht 1988, S. 34 f.). Die hieraus resultierenden individuellen Unterschiede hinsichtlich von Motivation und Lernfähigkeit erfordern zunehmend eine methodisch differenzierte betriebliche Ausbildung.

Das Zusammenwirken von flexibel automatisierter Produktionstechnik und flexibler Arbeitsorganisation, das tendenziell mehr Selbständigkeit und Verantwortung herausfordert, aber auch die unterschiedlichen Voraussetzungen, die die Auszubildenden aus der allgemeinbildenden Schule mitbringen und denen aufgrund der metallberuflichen Neuordnung im „betrieblichen Ausbildungsplan" entsprochen werden muß, gaben vor allem den Anstoß, die betrieblichen Ausbildungsmethoden weiterzuentwickeln. Eine bloße Anreicherung der Berufsbildung mit neuen Inhalten reicht nicht mehr aus. Es sind zugleich fachübergreifende Qualifikationen im flexibel automatisierten Produktionsprozeß gefordert (vgl. Gebert 1985). Diese Basisqualifikationen sind etwa mit folgenden Fragen verbunden, die bisher im Rahmen traditioneller Berufsbildung weniger Beachtung fanden:

- Wie können neue Kenntnisse selbständig angeeignet werden?
- Wie kann die selbständige Bewältigung von Arbeitsaufgaben erlernt werden?
- Wie entwickelt sich Verantwortungsgefühl?
- Wie wird Problemlösungsfähigkeit erreicht?
- Wie wird Entscheidungskompetenz verstärkt?
- Wie können Fähigkeiten zur Mitgestaltung erhöht werden? (vgl. Holz 1985, S. 188)

Die Frage, ob angesichts der permanenten Weiterbildungsnotwendigkeit die Bedeutung der beruflichen Erstausbildung zurückgeht, läßt sich dahingehend beantworten, daß die berufliche Erstausbildung – aufbauend auf der allgemeinbildenden Schule – jene Fundamente schafft, die zum lebenslangen Lernen befähigen. Insofern weisen beide Bereiche aufeinander zu und können nicht mehr getrennt voneinander betrachtet werden. In der beruflichen Erstausbildung wird damit die Vermittlung von Methodenkompetenz immer bedeutsamer. Das „Wie" des beruflichen Lehr- und Lernprozesses wird zu einer bestimmenden Qualitätsfrage.

Die neuen Ausbildungsordnungen verpflichten den Betrieb zur Erstellung eines betrieblichen Ausbildungsplans, der auch Angaben zum methodischen Vorgehen und zu den Ausbildungsmitteln enthalten soll. Die Ausarbeitung dieser Pläne liegt in der Verantwortung des Betriebes. Vielfach waren und sind die Betriebe mit den an sie gerichteten neuen Ansprüchen überfordert (vgl. Bleck-Klatt u. a. 1988). Im Zusammenhang mit der Neuordnung hat das „Bundesinstitut für Berufsbildung" (BIBB) Ansätze zur Weiterentwicklung betrieblicher Ausbildungsmethoden entwickelt (vgl. Koch 1988). In industriellen Ausbildungsbetrieben wurden vor allem projektorientierte Methoden und die „Leittextmethode" erprobt, „durch die eine Steigerung der Lernmotivation, der Selbständigkeit, der Kooperationsfähigkeit, der Methoden- und Planungskompetenz erreicht werden kann.

Es muß davon ausgegangen werden, daß aufgrund der raschen technischen Entwicklung auch im Bereich industrieller Metallberufe der erlernte Beruf als nichts Abgeschlossenes gelten kann. Schnell veraltende Kenntnisse fordern eine permanente Weiterbildung heraus. Das „lebenslange Lernen" bedarf jedoch einer breiten allgemeinen Basis. In diesem Zusammenhang kommt es sehr darauf an, daß die Erstausbildung nicht zu spezialisiert erfolgt. Das, was in ihrem Rahmen vermittelt wird, sollte inhaltlich und methodisch die Grundlage für die Aneignung neuer Kenntnisse und Fertigkeiten schaffen, die in der beruflichen Fortbildung verlangt werden. Für die betriebliche Ausbildung hieße das, die Erstausbildung von vornherein mit den Weiterbildungsaktivitäten des Betriebes zu verzahnen.

Bedeutungszuwachs betrieblicher Weiterbildung
Der technische Wandel führt nicht im Selbstlauf und auch nicht unmittelbar zu neuen anforderungsgemäßen Berufsbildern. Neue Qualifikationsanforderungen lassen sich zu einem frühen Zeitpunkt technischer Entwicklungen nur schwer identifizieren und verallgemeinern. So kommt es notwendig zu einem „time lag" bei der Anpassung des Ausbildungssystems an neue Qualifikationsanfordernisse.

Zu den Indikatoren des Tempos industrieller Innovation gehört auch die Dauer ihres Entstehungszyklus. Bei der Mikroelektronikanwendung ist diese Zeitspanne in den letzten zehn Jahren von durchschnittlich vier auf teilweise unter zwei Jahre abgesunken. Dadurch können Qualifikationsengpässe auftreten, die sich je nach Innovationsphase als Mangel von Ingenieur-, Facharbeiter- oder Instandsetzungspersonal äußern. Durch den raschen technologischen und strukturellen Wandel, dem sich die berufliche Erstausbildung durch ihre lange Reaktionszeit nicht schnell genug anpassen kann, werden Umstrukturierungsprozesse und Fortbildungsmaßnahmen in Zukunft noch stärker von der betrieblichen Weiterbildung wahrgenommen werden müssen (vgl. Göbel/Schlaffke 1987; Eversheim/Ottenbruch/Schmidt 1988; Staudt 1988).

Insgesamt stellt der Bedeutungszuwachs betrieblicher Weiterbildung ein Merkmal der mit der industriellen Innovation verbundenen Qualifikationsentwicklung dar. Die Berufstätigkeiten der Zukunft können nicht einfach nach der Berufsausbildung ergriffen werden, in sie wachsen die Werker über Weiterbildung hinein. Das gilt ganz besonders in einer Phase technologisch bedeutsamer Umwälzungen und wirtschaftlicher Herausforderungen (vgl. Eversheim/Leutner/Ottenbruch 1987; Korndörfer 1987). In solchen Zeiten wird die Fähigkeit und Bereitschaft zu fortgesetztem Lernen und flexibler Anpassung an veränderte Bedingungen extrem gefordert (vgl. Dobischat/Lipsmeier 1988).

Weiterbildung kann jedoch keinesfalls nur aus der Perspektive notwendiger Anpassung des Menschen an die Erfordernisse industrieller Innovation betrachtet werden. Denn auch dieser Bildungsweg reagiert nicht lediglich auf technisch-soziale Entwicklungsprozesse. Weiterbildung bereitet diese Prozesse immer auch mit vor; sie ist in ihrem Bemühen um die Erweiterung individuellen Wissens und Könnens selbst ein Faktor wirtschaftlicher und gesellschaftlicher Innovationen. Das trifft nicht nur im gesellschaftlichen Maßstab zu. Auf betrieblicher Ebene erweist sich Personalentwicklung durch gezielte Weiterbildung zunehmend als eine wichtige Voraussetzung erfolgreicher technologischer Innovation (vgl. Sorge u.a. 1982; Martin/Rauner 1983; Schepanski 1986; Behringer/Brasche 1986).

Weiterbildung gilt nicht nur als eine Antwort auf den permanenten Wandel der Anforderungen technischer Entwicklung und das schnelle Veralten angeeigneten Detailwissens sowie das Entstehen neuer Tätigkeiten, sondern wird auch durch voraussehbare demographische Veränderungen in ihrem gesellschaftlichen Stellenwert noch zusätzlich verstärkt. Infolge des Geburtenrückgangs vermindert sich mittelfristig auch der Zugang aktuell ausgebildeter Bevölkerungsgruppen (vgl. Schmidt 1988, S.296). D. h. die notwendige Erneuerung des Wissensstandes verlagert sich auch vor diesem Hintergrund von der Schule und beruflichen Erstausbildung zunehmend in die Bereiche betrieblicher und überbetrieblicher Weiterbildung. Immer mehr Berufstätigen fällt die Aufgabe zu, neue Fragen zu stellen und permanent zu lernen. Es sind deshalb neue Methoden eines Lernens zu entwickeln, das die Generationen miteinander verbindet. In den Betrieben muß eine solche Weiterbildung von

Mitarbeitern und Angestellten mittleren Alters bereits heute in Angriff genommen werden, wenn diese morgen bei den ersten Anzeichen des prognostizierten Nachwuchsmangels rechtzeitig zur Verfügung stehen sollen.

Träger betrieblicher Weiterbildung

Von allen öffentlichen und privaten Organisationsformen bzw. Trägern beruflicher Weiterbildung hat sich die interne, betriebliche Weiterbildung als besonders effektiv erwiesen, eine Tatsache, die sich in ihrem relativ hohen Anteil im Katalog aller Weiterbildungsmaßnahmen ausdrückt (vgl. Staehle 1987). Die Betriebe werden mit Abstand zum wichtigsten Träger der betrieblichen Weiterbildung in der Bundesrepublik. Nach einer Umfrage des Instituts der deutschen Wirtschaft haben 1987 nach Auskunft von 1505 befragten Unternehmen mit 2,3 Millionen Beschäftigten schon 1,2 Millionen Arbeitnehmer an einer betrieblichen Weiterbildung teilgenommen (vgl. idw 1989, S. 5).

Weiterbildungsangebote unterbreiten vor allem solche Institutionen und Betriebe, die die neue Technik entwickeln bzw. anwenden. Insofern wächst diesen Betrieben zuerst die Aufgabe einer zumindest innerbetrieblichen Weiterbildung zu. Sie wendet sich an unterschiedliche Personengruppen. Während für das Management der Einbezug neuer Technik zur Optimierung des Produkts und der Produktion einschließlich betrieblicher und sozialer Auswirkungen im Vordergrund stehen, handelt es sich bei der Weiterbildung von Werkern oder Meistern eher um eine unmittelbare Anpassung an neue Tätigkeitserfordernisse.

Hier ist die enge produktspezifische Anpassungsqualifikation, die von den Herstellern angeboten wird, von jener auch auf dem Bildungsmarkt angebotenen Weiterbildung zu unterscheiden, die sich nicht nur auf ein Produkt bezieht, sondern übergreifend auch den Produktionsprozeß und seine sozialen Zusammenhänge thematisiert (vgl. Schulungsangebote von Nixdorf, Siemens, Bosch etc.).

Weiterbildungsprobleme in kleinen und mittleren Betrieben

Doch gerade die Vorteile betrieblicher Weiterbildung – eigene Ausbilder, Einheit von Ausbildungs- und Arbeitsplatz, (eigene) praxisorientierte Programme etc. – verkehren sich für kleine und mittlere Betriebe oft zu unüberwindlichen Schranken (vgl. Koch 1988 a). Solche Vorteile fungieren nämlich gleichzeitig als ökonomische Voraussetzungen, über die kleine und mittelere Betriebe in der Regel nicht verfügen (vgl. Spur/Specht/Ebert/Schröder 1989). Bei Klein- und Mittelbetrieben sind allein aufgrund ihrer Größe einige Besonderheiten zu berücksichtigen:

- Kleine und mittlere Betriebe können den Grad der innerbetrieblichen Arbeitsteilung nicht so weit treiben, daß eine besondere innerbetriebliche Professionalisierung für die Weiterbildung entstehen kann. Eigene Weiterbildungsabteilungen oder Zuständigkeiten, wie sie in Großbetrieben möglich sind, können somit nur schwer gebildet werden.
- Besonders kleine Unternehmen trifft das Freistellungsproblem.
- Widerstände in der Unternehmensleitung gegen Weiterbildung, da sie insbesondere bei zertifizierten Weiterbildungsmaßnahmen mit Lohnforderungen rechnen müssen. Probleme entstehen ebenfalls, wenn weitergebildete Mitarbeiter zur Konkurrenz gehen oder sich selbständig machen.
- Eine weitere Schwierigkeit ist insbesondere die geringe Überschaubarkeit des Weiterbildungsmarktes.
- Externe Weiterbildungsangebote erfordern aufgrund ihrer heterogenen Teilnehmerstruktur ein von der spezifischen betrieblichen Situation abstrahierendes Schulungsangebot. Dies wird von Klein- und Mittelbetrieben als Nachteil empfunden.

Angesichts dieser Situation bieten sich grundsätzlich zwei Möglichkeiten an: Entweder greifen betroffene Betriebe auf externe Angebote der Kammern, öffentlicher Weiterbildungsträger, kommerzieller Institute und auf die sog. Kundenschulung entsprechender Herstellerfirmen zurück, oder sie versuchen, ihre strukturellen Schranken durch Kooperation mit anderen Betrieben und durch den Aufbau etwa von Weiterbildungsverbundsystemen aufzuheben.

Herstellerschulung

Die Tendenz ist unverkennbar, daß die Hersteller flexibel automatisierter Maschinen und Systeme ihre produktspezifischen Einweisungen zu einer ganzheitlichen Schulung erweitern müssen (vgl. Lipsmeier 1989; Ebert/Herter/Thomas 1989; Treffert 1989; Herter 1991). Eine Schulung, die sich auf die Vermittlung fachlichen Wissens und Könnens beschränkte, bliebe z. B. auch hinter den mit den flexiblen Fertigungssystemen gegebenen fachübergreifenden Anforderungen zurück (vgl. 4.3.5), wie Team- und Kooperationsfähigkeit sowie situationsadäquate fachliche Verbalisationsfähigkeit. Der Werker muß befähigt werden, sich auftragsbezogen die notwendigen Informationen selbständig zu beschaffen und zu verarbeiten. Im Rahmen der Vermittlung von Fachkompetenz zielte diese Schulung deshalb zugleich auf den Erwerb von Sozial- und Methodenkompetenz (vgl. Schreuder 1989, S. 18).

In diesem Verständnis folgte sie der mit der Neuordnung der industriellen Metallberufe verbundenen Intention selbständigen Planens, Durchführens und Kontrollierens von Arbeitstätigkeiten. Erst damit wandelte sich die herkömmliche produktspezifische Unterweisung zu einer ganzheitlichen Herstellerschulung, die sowohl den technischen Anforderungen als auch humanen Bedingungen entspräche.

In der betrieblichen Praxis offenbaren sich jedoch im Bereich der Kundenschulungen noch große Probleme. So erfolgt die Einweisung zukünftiger Systemführer in das flexible Fertigungssystem in einer Vielzahl der Fälle beim Hersteller; für Klein- und Mittelbetriebe bedeutet dies aufgrund der knappen Personalressourcen, daß die Schulungsmaßnahmen mit Produktionsausfällen verbunden sind. „In-house-Schulungen" gewinnen deshalb zunehmend an Bedeutung (vgl. Bußmann/Johannsen 1985, S. 92; Leistungssteigerungen ... 1988, S. 18).

Die hohe Komplexität der flexiblen Fertigungssysteme erfordert neben der technischen auch eine besondere didaktische Qualifikation des Lehrpersonals. Mit diesem Problemkreis eng verbunden ist die Art und die Qualität der Schulungsmaterialien sowie die Dokumentation zur Führung der flexiblen Fertigungssysteme. Im Rahmen der Herstellerschulung werden aber nur in wenigen Fällen nach didaktisch-methodischen Kriterien entwickelte Lehr-/Lernmaterialien eingesetzt (vgl. Herter/Spur/Thomas 1989; Spur/Herter/Zurlino 1990).

Kundenschulung im Bereich neuer Technologien sollte mit den anderen Formen der betrieblichen Aus- und Weiterbildung koordiniert werden, um entsprechende Synergieeffekte zu nutzen. Größere Hersteller und auch Anwender sind deshalb bestrebt, die betriebliche Erstausbildung mit den Maßnahmen zur Weiterbildung des Betriebes inhaltlich und organisatorisch zu verbinden. So finden Inhalte und Methoden der betrieblichen Erstausbildung im Bereich von Weiterbildungsmaßnahmen Eingang, umgekehrt werden Erfahrungen der Weiterbildung auch in die betriebliche Erstausbildung integriert (vgl. Meyer-Dohm/Schütze 1987; Jaehrling/Schupp 1989).

Methoden betrieblicher Weiterbildung

Die Effizienz des Einsatzes neuer Technologien hängt wesentlich von ihrer optimalen Nutzung ab. Diese wird jedoch entscheidend dadurch mitbestimmt, ob die Belegschaften über adäquate Qualifikationen verfügen und wie die Arbeit organisiert wird (vgl. Jorissen/Kämpfer/Schulte 1986, S. 91 ff.). Geht man davon aus, daß steigende Komplexität der Arbeit, beschleunigte Innovationsgeschwindigkeit und moderne Führungssysteme eine hohe Arbeitsteilung tendenziell immer weniger zulassen werden, dann steigt auch die Bedeutung der Handlungsfähigkeit kleiner Produktionseinheiten. Dies gilt insbesondere für die Gestaltung von flexibel automatisierten Produktionsabläufen und Fertigungsstrukturen (vgl. Spur 1986).

Weiterbildung hat es mit erwachsenen Menschen zu tun, für die Schule und schulisches Lernen oder auch berufliche Ausbildung in der Regel nur noch in der Erinnerung existieren. In dieser Situation sind andere, dem Erwachsenenalter entsprechende Formen und Methoden des Lernens geboten (vgl. Bunk 1989). Sie müssen an bereits vorhandene Arbeitserfahrungen anknüpfen, an gegenständliches Tun sowie an kollegiale und partnerschaftliche Umgangsformen. Die Methoden der Weiterbildung müssen dem Lernen vor allem Ernstcharakter geben (vgl. Heeg/Deserno 1987).

Die Aneignung neuer Fähigkeiten, Kenntnisse und Verhaltensweisen bedarf in der beruflichen Weiterbildung einer wechselseitigen Durchdringung von theoretischer Anleitung und praktischer Handlungsorientierung, von Begriff und Erfahrung, von produktiver Arbeit und analytischer Erfassung ihrer Elemente und Strukturen. In diesen methodischen Bedingungen erfolgreicher Weiterbildung finden solche betrieblichen Organisationsformen sowie alle Konzeptionen ihre Bestätigung, die, wie beispielsweise das Training on the job, auf dem unmittelbaren Zusammenwirken von Arbeit und Qualifizierung beruhen. Für die betriebliche Bildungsarbeit ergeben sich vor allem die Aufgaben:

- erweiterte fachliche Kompetenz der Industriearbeit unmittelbar vor Ort durch *Aufgabenintegration* zu erreichen (beispielsweise vorbeugende Instandhaltung und Störungsbeseitigung, Qualitätssicherung),

- soziale Kompetenz etwa durch Einrichtung von *Fertigungsteams* und mehr Gruppenarbeit zu ermöglichen sowie

- die traditionell vorherrschende Trennung in weniger qualifizierte Produktionstätigkeiten und qualitativ höherwertige produktionsvorbereitende oder begleitende Fachtätigkeiten ansatzweise zu überwinden (vgl. Hohmann 1986, S.620).

In den letzten Jahrzehnten war die betriebliche Bildung von einer Tendenz bestimmt, intentionale Lehr/Lernprozesse durch verstärkte Systematisierung und Pädagogisierung im Sinne organisierten beruflichen Lernens zunehmend aus dem Arbeitsprozeß herauszulösen. Durch die neuen Technologien scheint ein Umdenken insofern Platz zu greifen, als die Forderungen nach integrativem Lernen und „Ganzheitlichkeit" dem Prozeß der Arbeit und somit dem Lernort Arbeitsplatz eine neue Lernqualität verleihen.

Waren betriebliche Bildungsmaßnahmen in den 60er und 70er Jahren noch stark am Modell des Unterrichts in der Schule orientiert, so nehmen gegenwärtig vielfältige organisierte Verfahren des Training on the job zu, die dem individuellen Lern- und Arbeitsverhalten der Mitarbeiter besser Rechnung tragen und dafür sorgen, daß sie ihre gewohnte Umgebung nicht verlassen müssen. Formen des selbstgesteuerten Lernens (Werkstattzirkel, team- und projektorientierte Ansätze) wollen Eigeninitiative und Motivation verstärken.

Die traditionellen, passiv-rezipierenden Lernformen wurden in vielen Weiterbildungsangeboten überwunden. So bildeten sich vor allem in größeren Industriebetrieben eine Reihe von Lernformen heraus, die die Teilnehmer nicht nur fachlich, sondern auch zur selbständigen Gestaltung ihrer Lernprozesse befähigen wollen, wie die Quality Circles oder die Lernstatt (vgl. Schelten 1989).

Qualitätssicherung der Weiterbildung

Die Qualität weiterbildender Maßnahmen hängt entscheidend von der regelmäßigen Weiterbildung der Lehrkräfte ab. Hier ergibt sich für die außerbetriebliche Weiterbildung oft das Problem des hinreichenden fachlichen Bezugs zu den konkreten betrieblichen Arbeitsanforderungen. Große Betriebe lösen diese Aufgabe, das „train the trainer", durch Freistellung geeigneter Mitarbeiter ausschließlich für Weiterbildungszwecke, bzw. sie errichten eigene Weiterbildungsabteilungen, deren Aufgaben das Training der Ausbilder einschließt.

Schwierigkeiten haben auch hier kleine und mittlere Unternehmen. Für sie ist daher eine Qualitätssicherung in der Weiterbildung, die Gewährleistung und Einhaltung von Weiterbildungsstandards, von besonderer Bedeutung. Dazu gehören die Beschreibung der Zielgruppe, der Inhalte und Methoden in einem allgemeinen Bildungsplan; die Ermittlung von Defiziten in den Bereichen Allgemeinbildung, beruflicher Bildung, methodischer Fähigkeiten oder schulischer Abschlüsse; die inhaltliche Ausgestaltung von Lehrgängen nach Lehrgangsrichtlinien, Maßnahmeablaufplänen, Stoffplänen, Lehrmedien und -materialien sowie die Erstellung individueller Qualifizierungspläne, anhand derer die Ergebnisse weiterbildender Maßnahmen bewertet werden können.

Solche qualitätssichernden Standards sollten allgemein und verbindlich werden. Im Interesse künftiger Berufsmöglichkeiten der Teilnehmer an Weiterbildungsveranstaltungen, aber auch im Personalplanungsinteresse einstellender Betriebe wäre eine gemeinsame Instanz zu wünschen, an der etwa Vertreter des Bildungswesens, der Tarifparteien, Wirtschaftsverbände und der Weiterbildungsträger beteiligt sein müßten (vgl. Albach 1989).

Als Fazit kann festgehalten werden, daß vor allem im Zusammenhang mit den neuen Produktionstechniken eine erhöhte und qualitativ neue Lernbereitschaft gefordert ist. Durch die betriebliche Erstausbildung, die auf mehr Selbständigkeit und verbesserte Kooperationsfähigkeit abzielt, durch neue Organisationsformen im Betrieb, die arbeitsbezogenes Lernen ermöglichen, wird im Rahmen betrieblicher Bildung methodisch versucht, dem Erfordernis lebenslangen Lernens ansatzweise zu entsprechen. So stehen die Betriebe mit flexibel automatisierter Produktion zunehmend vor der Notwendigkeit, ein „ganzheitliches betriebliches Bildungskonzept" zu entwickeln, das u.a. folgende Elemente miteinander verbindet:

- Förderung des fachlichen Lernens (arbeitsplatz- und abteilungsbezogene Schulung),
- Förderung des sozialen Lernens (Qualitätszirkel, Lernstatt),
- Einsatz rechnergestützter Lehrmaterialien (selbstinstruierendes Lernmaterial),

- didaktische Strukturierung der produktspezifischen Anpassungsfortbildung (Kundenschulung),
- Verbindung von betrieblicher Erstausbildung und Weiterbildung.

Eine derartig integrierte betriebliche Bildungskonzeption könnte die technologischen Entwicklungen nicht nur begleiten, sondern richtete ihr Interesse auch darauf, absehbare Innovationen inhaltlich und auch zugleich methodisch vorzubereiten.

Wendung des Weiterbildungsverständnisses
Angesichts der Fülle der zu verarbeitenden Informationen und der Schnelligkeit, mit der das aktuelle Sach- und Fachwissen entwertet wird, gewinnt ein flexibles Lernverständnis gegenüber einem statischen immer größere Relevanz.

Die Erweiterung beruflicher Denk-, Entscheidungs- und Handlungsfelder erfordert eine personale Kompetenzerweiterung, eine Weiterbildung, deren Charakteristik nun gerade in der Verallgemeinerung spezialisierten Wissens und Könnens liegt. Über die dargestellten kognitiven, kommunikativen und sozialen Qualifikationen hinaus gehört zu den Schwerpunkten eines umfassenderen Weiterbildungsverständnisses auch die Vermittlung von gesellschaftspolitischem und ökonomischem Orientierungswissen sowie die Förderung von geistig-ästhetischem Reflexionsvermögen (vgl. Gewerbliche Unternehmen . . . 1989). Ein Ansatz hierzu wäre die Schaffung von Kontinuitäten zwischen Erstausbildung und Weiterbildung.

Auf die Entwicklung und den Ausbau des Weiterbildungssektors kann heute nicht mehr verzichtet werden. Ohne permanente Bildungsbemühungen, ohne die Bereitschaft zu lebenslangem Lernen, triebe die von der industriellen Innovation ausgehende Dynamik der Qualifikationsanforderungen in ein wirtschaftlich verhängnisvolles Bildungsdefizit (vgl. Thomas/Elstermann 1986).

Dennoch sollte die gesellschaftliche Bildungsfunktion beruflicher wie allgemeiner Weiterbildung im Verhältnis zu den übrigen Bildungssektoren nicht verabsolutiert werden. Weiterbildung kann kein Reparaturbetrieb mangelhafter bzw. fehlgeleiteter Allgemeinbildung oder beruflicher Erstausbildung sein. Im Gegenteil: Erfolg und Niveau weiterbildender Maßnahmen hängen nicht unwesentlich von der Qualität bereits vorhandener Bildungsgrundlagen ab. Solide Berufsausbildung und hohe Allgemeinbildung stellen inhaltliche und methodische Instrumentarien für weiteres Lernen bereit, geben aber zugleich Selbstvertrauen als vielleicht wichtigstem Bestandteil einer das Lernen begründenden Motivation.

Wenn in diesem Sinne Weiterbildung als vierte Säule des Bildungssystems verstanden wird, dann sollte der gebotene innere Zusammenhang aller Bildungsbereiche mitbedacht werden. Die aus der industriellen Innovation resultierende Bildungsaufgabe besteht darin, alle menschlichen Fähigkeiten in jeder Lebensphase in allen gesellschaftlichen Bereichen optimal zu fördern (vgl. Thomas 1989; Thomas 1990). Nur auf dieser Basis vermag Weiterbildung ihren eigenständigen Zweck zu erfüllen, der darin besteht, Menschen über die notwendige Anpassung an den Innovationsprozeß hinaus zu befähigen, den technisch-sozialen Entwicklungsprozeß begreifend und selbsttätig mitzugestalten (vgl. Ropohl 1985; Bungard/Lenk 1988).

Bildungstendenzen

Die sich mit dem technischen Fortschritt verändernden Anforderungen an die individuelle und gesellschaftliche Qualifikationsstruktur betreffen nicht nur deren Niveau. Vielfältigen Veränderungen unterliegen auch die Bildungsziele und -inhalte, der Umfang des notwendigen Wissens und Könnens, die Methoden und die Struktur institutionalisierter Bildung und Qualifikation sowie nicht zuletzt die Funktion des Bildungssystems für die wirtschaftliche und gesellschaftliche Entwicklung (vgl. Hesse/Rolff/Zöpel 1988). Damit wird Bildungspolitik in der ganzen Breite ihrer Aufgabenfelder vor die Notwendigkeit gestellt, sich dem Qualifikationsbedarf und seiner Entwicklung nicht erst im Nachhinein anzupassen, sondern selbst innovativ tätig zu werden.

Innovation der Schule

Auch die Schule ist von der technischen Innovation in ihrem Selbstverständnis grundlegend betroffen. Die neuen Qualifikationsanforderungen müssen längerfristig zu einer Veränderung des fachlich-methodischen Profils der allgemeinbildenden Schule führen (vgl. Haefner 1985; Klemm/Rolff/Tillmann 1985).

Gerade im Hinblick auf die steigende Bedeutung allgemeiner Bildung gewinnt die Frage nach den heute angemessenen Zielen, Inhalten und Methoden schulischer Bildungsprozesse sowie nach ihrem pädagogisch-kategorialen Zusammenhang wieder an Gewicht (vgl. Tenorth 1986;

Klafki 1985; Lüth 1988). Angesichts ihrer Herausforderung durch die technische Entwicklung hat die Schule dabei zumindest drei Ansprüchen zu genügen, um ihrem Allgemeinbildungsauftrag zu entsprechen:

- Sie soll eine Grundbildung für die neuen Technologien vermitteln und deren Bildungserfordernisse in alle Fächer integrieren. Die Begrenzung z. B. auf ein isoliertes neues Fach Informatik entspräche nicht den sich abzeichnendenVeränderungen.
- Sie muß sich auf eine neue polytechnische Allgemeinbildung einstellen, d.h. weniger jene rasch veraltenden Spezialkenntnisse vermitteln, dafür mehr grundlegendes ökonomisch-technisches, politisch-soziales und kulturelles Grundwissen.
- Sie soll schließlich anhand erprobter Methoden der Gruppenarbeit, wie z. B. des Projektunterrichts, Eigeninitiative, Verantwortungsbewußtsein, Kreativität und praktische Kompetenz sowie Kommunikations- und Kooperationsfähigkeit fördern, insbesondere aber das Denken und Handeln in Zusammenhängen.

Die Einlösung dieser Forderungen bedeutet vor allem eine inhaltliche Weiterführung der Schulreform, die auch eine kontinuierliche Lehrerfortbildung einschließen muß. Hier eröffnen sich Partnerschaften zwischen Bildungssystem und Wirtschaft. Das Ziel einer solchen Partnerschaft hätte in der Orientierung schulischer Arbeit an den gesellschaftlichen Erfordernissen allgemeiner Höherqualifizierung, einer umfassenden Allgemeinbildung und einer methodisch allseitigen Fähigkeitsentwicklung zu bestehen. Formal vollendete sich die allgemeine Schulpflicht durch ein Abitur.

Polytechnik und methodisch-soziale Kompetenz für alle: Darin bestehen auch angesichts der neuen Produktionstechnik die neuen Aufgaben der Schule. Eine polytechnische Allgemeinbildung verlangt die Integration technischen Wissens und Könnens in einen seinerseits durch Reflexion der neuen gesellschaftlichen und personalen Lebensbedingungen reformierten Lehrplan allgemeiner Bildung (vgl. Ebert/Herter 1987; Oberliesen/Stiebeling 1988; Kraatz 1989). Dadurch verändert sich nicht nur die traditionelle Bildungskonzeption, insofern diese durch Technik eine weitere „realistische Wendung" erfährt. Im Kontext einer solchen Bildung vermag auch Technik den Schein einer fremden, menschlicher Selbstverwirklichung widersprechenden Macht zu verlieren.

In diesem Zusammenhang stellt sich jedoch auch das Problem eventueller Grenzen für eine Höherqualifizierung aller. Zwar ist zweifellos noch nicht das Maximum an Förderqualität von Schule erreicht, trotzdem bleibt anzuerkennen, daß weder der hochqualifizierte Werker in der Industrie letztlich Maßstab für Schulreformen sein kann noch die Fiktion einer vollständigen Machbarkeit von Qualifikationen.

Technische Bildung

Für eine Allgemeinbildung, die Technik auch methodisch konsequent integriert, werden die neuen Informations- und Kommunikationstechniken als Diensttechniken des Bildungssystems einen hohen Stellenwert erhalten. Es wird zunehmend möglich, Maschinenintelligenz zur Verstärkung der Humanintelligenz zu nutzen und rechnerunterstützte Medien zu entwickeln, die Lehr- und Lernsysteme, Wissenssysteme, Erklärungssysteme, Entscheidungs- und Kommunikationssysteme einschließen. Diese Medien können und sollen den Lehrer als personalen Bezug pädagogischer Prozesse nicht ersetzen, doch sie können neue Methoden erzieherischen Handelns anbahnen.

Rechnerunterstützte Medien sind in der Lage, den Bildungsprozeß für individualisierende und differenzierende Maßnahmen zu intensivieren und standortvariable Bildungshilfen zu ermöglichen. Damit vermögen sie durchaus zur Optimierung von Selbstlernanteilen beizutragen.

Bildung im Sinne des klassischen Bildungsideals verfehlt ohne den Einbezug technischer Inhalte und Methoden bereits heute, aber mehr noch in der Zukunft, völlig ihren humanen Zweck (vgl. Bach 1989; Husen 1989). Für die allseitige und ganzheitliche Persönlichkeitsentwicklung reduziert sich technische Bildung inzwischen gerade nicht mehr auf ihre Funktion für den materiellen Erfolg menschlicher Arbeit. Sie ist vielmehr konstitutiv für ein humanistisches Menschenbild, das ganz in der Tradition Humboldts, aber geschichtlich aktualisiert, den Vernunftsanspruch auf die humane Gestaltung gesellschaftlicher Realität nicht preisgeben will (vgl. Ebert/Herter/Thomas 1987a).

Die bewußte Wahrnehmung der gesellschaftlich strukturierten Außenwelt als entscheidende inhaltliche Dimension jeder Bildung muß sich auch auf die Objektivation der Technik im menschlichen Handeln erstrecken. Technische Bildung geht vom Entwicklungsprozeß ihres Gegenstandes aus und bestimmt sich inhaltlich durch die gegenwärtigen und künftigen Aufgaben dieses Prozesses in wirtschaftlicher, sozialer und kultureller Hinsicht. Dabei wird technische Bildung als integraler Bestandteil allgemeiner Bildung unmittelbar durch die Entwicklungsgeschwindigkeit technisch-industrieller Innovationen beeinflußt. Das führt letztlich zu Beeinflussungen des gesamten Bildungsprozesses in allen institutionellen Formen.

Wissenschaft und Universitäten

Wesentliche Grundlage und Triebkraft der weiterhin notwendigen Höherqualifizierung ist der zunehmende Anteil kognitiver Tätigkeiten an der gesellschaftlichen Gesamtarbeit. Von dieser Entwicklung sind vor allem die Natur- und Technikwissenschaften betroffen. Ausgangspunkt jenes qualitativ neuen Verhältnisses zwischen Wissenschaft und Technik auf der einen und ihrer produktiven Verwertung auf der anderen Seite war das Entstehen von Industrien, deren Produktion unmittelbar auf Forschungsergebnissen basierte. Dazu gehören bis heute insbesondere die Chemische Industrie, der Maschinenbau und die Elektroindustrie sowie der Automobilbau. Mit den neuen Technologien nahm die Bedeutung forschungsintensiver Industrien weiter zu, so daß sich auch die Innovationsfunktion der Forschung verstärkte.

Doch auch die Sozialwissenschaften haben in diesem Zusammenhang ihren Forschungsbeitrag zur industriellen Innovation zu leisten. Dennn je stärker heute der technische Wandel voranschreitet und das Leben des Einzelnen bestimmt, um so dringender stellen sich zugleich die Fragen nach den sozialen und gesellschaftlichen Auswirkungen der Technik, nach den ethisch begründeten Grenzen menschlichen Handelns und nach dem Wertesystem und dem Menschenbild unserer Gesellschaft (vgl. Schaff 1985; Evers/Nowotny 1987; Bungard/Lenk 1988). Dabei gilt es, an zwei Fronten Aufklärung zu betreiben: einerseits gegen den Mythos der unbedingten technischen Machbarkeit, andererseits aber auch gegen die naive Idylle einer nicht-technisch-wissenschaftlichen Zivilisation (vgl. Lenk 1982).

Die gemeinsame Bedeutung und gesellschaftliche Verantwortung von Natur-, Technikwissenschaften und Human-, Sozialwissenschaften kommt in der Zunahme interdisziplinärer Forschungsprojekte bereits ansatzweise zum Ausdruck. Dennoch zeigen sich auf diesem Feld noch erhebliche Defizite (vgl. Mittelstrass 1986). Die überlieferte Problematik zweier gegensätzlicher Kulturen (vgl. Kreuzer 1987) fordert im Interesse humaner industrieller Innovation objektiv zur Einrichtung von weit mehr interdisziplinären Projekten und Projektschwerpunkten heraus.

Im Rahmen beruflicher Erstausbildung an wissenschaftlichen Hochschulen stellt sich die Frage: Fachstudium oder Allgemeinbildung? Gegen eine Reduktion des Studiums auf fachwissenschaftliche Studien ließen sich vor dem Hintergrund dargestellter industrieller Qualifikationen erhebliche Bedenken anmelden. Unbestritten bleibt Fachwissen eine durch nichts ersetzbare, grundlegende berufliche Qualifikation. Obgleich mehr Funktionen der direkten Bearbeitung von den Maschinen übernommen werden, bleibt doch die fachliche Ausbildung auch für den Betrieb von zentraler Wichtigkeit. Allerdings weist diese Qualifikation, dem soziotechnischen Charakter ihres Anwendungsfeldes gemäß, mehr und mehr fachlich unspezifische Fähigkeiten auf, wie methodische und soziale Kompetenz, Kreativität, Kommunikationsfähigkeit, Motivation, Partizipation oder personale Autonomie. Ohne deren Aneignung können die gestiegenen Verhaltungsanforderungen kaum bewältigt werden.

Fachwissen allein reicht nicht mehr aus. Zumeist werden dem Ingenieur Führungsaufgaben übertragen, die angesichts gewandelter Mitarbeitervoraussetzungen psychologische und bildungswissenschaftliche Kenntnisse erfordern. In der Praxis wird der breit ausgebildete Fachmann benötigt, etwa der Ingenieur, der an exemplarischem Fachwissen gelernt hat, methodisch zu arbeiten (vgl. Treier 1986; Wankum/Henning 1988; Faix u.a. 1989; Heeg 1989). Die notwendige Spezialisierung für den beruflichen Einsatz kann dagegen in den Betrieben zumeist zielbewußter erfolgen als an der Hochschule. Das verlangt ein praxisorientiertes Studium, wie es nur durch eine intensive Kooperation zwischen Wirtschaft und Wissenschaft möglich wird. Grundlage einer solchen Kooperation können u.a. gemeinsame an den Innovationsschwerpunkten orientierte Forschungsprojekte sein.

Das Tempo des technologischen Innovationsprozesses führt dazu, daß Qualifikationen auf allen Ebenen einer raschen Veralterung ausgesetzt sind (vgl. Litwinski 1988). Es kann von einer sinkenden „Halbwertzeit" beruflichen Wissens gesprochen werden. So sind heute z. B. die fachlichen Kenntnisse eines Elektroingenieurs in weniger als vier Jahren weitgehend überholt (vgl. Thiele 1986, S.5). Es gehört zu den Aufgaben einer vorausschauenden betrieblichen Personalentwicklung und Bildungsarbeit, die Belegschaft in die Lage zu versetzen, nicht nur die innovativen Veränderungen mitzuvollziehen, sondern sie auch mitzugestalten. Mit zunehmendem Einsatz rechnerunterstützter Produktionstechnik wird die Befähigung der Mitarbeiter zu lebenslangem Lernen eine unverzichtbare Aufgabe (vgl. Göbel/Schlaffke 1987, S. 44 ff.). So bilden sich erst durch die Integration von Fachwissen aus Erstausbildung sowie Weiterbildung und einer erneuerten allgemeinen Bildung jene Qualifikationen, die den Anforderungen des Menschen und zugleich den heutigen technologischen Innovationen genügen.

4.3.4 *Tätigkeits- und Qualifikationsanforderungen am Beispiel CAD*

4.3.4.1 Aussagetendenzen bisheriger Untersuchungen zu technischen Handlungsanforderungen

Im Konstruktionsbereich wird die Rechnerunterstützung (Computer Aided Design) von Beschäftigten mit sehr unterschiedlicher Tätigkeit und Qualifikation genutzt. Die Aufgabe der beteiligten Konstrukteure ist es, für gegebene Aufgabenstellungen Lösungen zu finden und diese soweit eindeutig und vollständig zu beschreiben, daß aus den entstandenen Unterlagen in den nachgeordneten Bereichen der Arbeitsvorbereitung, Fertigung und Montage das beabsichtigte Produkt einwandfrei hergestellt werden kann. Dazu werden in der Regel folgende *Konstruktionshauptphasen* des Konstruierens durchlaufen (vgl. Pahl/Beitz 1986):

- Aufgabenstellung klären.
- Konzipieren: Prinzipielle Lösungen suchen und Konzepte erarbeiten.
- Entwerfen: Die Baustruktur (Baugruppen und Bauteile) von der prinzipiellen Lösung ausgehend nach technischen und wirtschaftlichen Gesichtspunkten durch Festlegung von Werkstoff und Gestalt eindeutig und vollständig erabeiten.
- Ausarbeiten (Detaillieren): Die Detaillierung der Einzelteile so weit vornehmen, daß verbindliche Fertigungs- und Montageunterlagen entstehen.

Die dazu benötigten Tätigkeiten lassen sich grob unterteilen in *direkte Tätigkeiten* wie

- Lösungen suchen,
- Gestalten,
- Berechnen,
- Ändern und Anpassen,
- Darstellen,
- Aufstellen von Stücklisten und Schemata,
- Kontrollieren

und *indirekte Tätigkeiten* wie

- Informieren,
- Suchen in Normen, Katalogen und Unterlagen,
- Besprechen mit Kunden, Zulieferern, Kollegen und Vorgesetzten.

Eine übliche, aber nicht immer scharf unterscheidbare Einteilung der *Konstruktionsarten* deutet auf gewisse Tätigkeitsschwerpunkte hin:

- *Neukonstruktion*: Erarbeiten eines neuen Lösunggprinzips für im Ganzen oder auch nur für Teilbereiche des Erzeugnisses.
- *Anpassungskonstruktion*: Anpassen eines bekannten Lösungsprinzips oder einer vorhandenen Lösung an eine veränderte Aufgabenstellung.
- *Variantenkonstruktion*: Variieren von Größe und/oder Anordnung innerhalb Grenzen vorgedachter Systeme.

Nach einer Befragung von 87 repräsentativen Maschinenbaufirmen im Jahre 1974, veranlaßt durch das Forschungskuratorium Maschinenbau, liegt der Schwerpunkt im Maschinenbau mit 55,5 % bei der Anpassungskonstruktion, während die Neukonstruktion mit 24,5 % und die Variantenkonstruktion mit 20 % vertreten sind. Dabei werden nach der gleichen Quelle für die Konstruktionshauptphasen ermittelt: 0 bis 10 % Arbeitsaufkommen für das Konzipieren, 20 bis 4o % für Entwurf und Gestaltung, über 60 % für die Ausarbeitung und Detaillierung. Letztere Feststellung deutete auf die damalige hohe Bedeutung von 2D-CAD-Zeichnungssystemen zum Zwecke der Rationalisierung (vgl. Beitz/Eversheim/Pahl 1974).

Im allgemeinen kann nach der *Tätigkeitsart und Qualifikation* wie folgt unterschieden werden:

- *Entwicklungsingenieure*, die sich vornehmlich mit der Entwicklung prinzipieller Lösungen auf konzeptioneller Ebene beschäftigen und im Zuge von Vorentwicklungen auch maßstäbliche Untersuchungen in mehr oder weniger vollständigen Gesamtzeichnungen vornehmen. Der Anteil planender und berechnender Arbeiten kann dabei recht hoch sein. Hier gind vornehmlich DiplomIngenieure universitärer Ausbildung aber auch Fachhochschulingenieure tätig.

- *Selbständige Konstrukteure*, die ausgehend von konzeptionellen Vorgaben vornehmlich Neu- und Anpassungskonstruktionen in sehr selbstständiger Arbeitsweise erarbeiten, dabei neue Lösungen wenigstens partiell finden müssen, auch Berechnungen durchführen und in der Entwurfsphase die fertigungs- und montagegerechte Gestaltung maßgeblich bestimmen. Dieses Feld wird hauptsächlich von Fachhochschulingenieuren bearbeitet.

- *Konstrukteure*, die Teilaufgaben der selbständigen Konstrukteure übernehmen, vornehmlich Gestalten, Anpassen und ändern sowie Kontrollarbeiten übernehmen. Ihnen obliegt häufig auch die Durchführung von Variantenkonstruktionen. Sie sind Fachhochschulingenieure oder aber auch erfahrene Techniker.

- *Detailkonstrukteure*, die vom Entwurf in Form einer Gesamtzeichnung ausgehend unter Anleitung die Gestaltung der Einzelteile im Detail insbesondere in fertigungstechnischer Hinsicht vervollständigen und damit endgültig festlegen. Diese Konstrukteure sind vornehmlich Techniker oder haben sich teils als Facharbeiter mit Erfahrungen aus der Arbeitsvorbereitung oder Fertigung in dieses Gebiet eingearbeitet.

- *Technische Zeichner*, die nach Vorgaben der Konstrukteure vornehmlich Einzelteilzeichnungen als Dokumente für die Fertigung sowie sonstige Zeichnungen, Bilder, Schemata, Flußbilder für die Montage und den Vertrieb nach Vorlagen erstellen. Sie haben in der Regel eine ordnungsgemäße Lehre als Technischer Zeichner abgeschlossen.

Die beschriebenen Tätigkeiten lassen sich in der Praxis nicht scharf voneinander trennen, sondern überlappen sich vielfach je nach Branche, Produktart, Problemlage und Betriebsorganisation. Bei hohen Anteilen von Neukonstruktionen wird z. B. die Mitwirkung von Hoch- und Fachhochschulingenieuren höher sein. Bei reiner Anpassungs- oder gar Variantenkonstruktion wirken Techniker und Technische Zeichner mit höherer Eigenständigkeit mit. Im Konstruktionsbereich sind so Tätigkeiten und damit auch Qualifikationsanforderungen sehr vielfältig und es arbeiten Arbeitspersonen unterschiedlicher Ausbildung im Team sehr eng zusammen.

Der *typische Arbeitsplatz* und Mittel zum Darstellen war bisher das Zeichenbrett (Reißbrett), auf dem die Ideen und Vorstellungen sowie die endgültigen Zeichnungen in orthogonalen Rissen, d.h. in zweidimensionalen Ansichten nach senkrechter Parallelprojektion, festgehalten wurden. Daneben nutzten die Konstrukteure insbesondere in der Phase der Lösungssuche aber auch grobmäßstäbliche Skizzen oder solche mit dreidimensionaler Darstellung in Form von Isometrien und Dimetrien.

Die neuzeitliche *Rechnerunterstützung* mit Hilfe von CAD revolutioniert die Tätigkeiten des Konstrukteurs in voller Breite und Tiefe, indem für das Berechnen und Darstellen ein neues Werkzeug zur Verfügung steht, das andere Vorgehensweisen und zusätzlich die Beherrschung des CAD-Systems verlangt (vgl. Spur/Krause 1984). Dabei sind alle Beschäftigten im Konstruktionsbereich direkt und indirekt betroffen, denn sie nutzen Berechnungsprogramme sowie Beschreibungen und Darstellungen mit Hilfe des Rechners. Weiterhin ist die Einführung von Wissenssystemen im Gange.

Bei der Diskussion dieser Veränderungen wird u.a. leider häufig nicht zwischen der Anwendung von 2D-Systemen zur reinen Zeichnungserstellung und 3D-Systemen zur Produktmodellbildung unterschieden, was zu unzulässigen Pauschalaussagen führen kann.

Bei der Anwendung von *2D-Zeichnungssystemen* bleiben konventionelle Wissensinhalte zur sach- und normgerechten Darstellung eines Gegenstandes grundsätzlich unberührt. Dies wird durch Untersuchungen von Reinking bestätigt (vgl. Reinking 1987). Der Benutzer hat lediglich die Systemnutzung mit der Generierung, Anpassung und Löschung von Zeichnungselementen zusätzlich zu erlernen und wird dabei von der handwerklichen Ausführung befreit. Das bisherige Vorgehen zum Erstellen von Zeichnungen kann dabei im wesentlichen beibehalten werden.

Bei *3D-Systemen*, die eine Modellbildung des Produkts zum Ziel haben und aus denen dann je nach Zweck sehr unterschiedliche Darstellungen des Produkts als Zeichnungen oder Bilder automatisch abgeleitet werden können, ändert sich die Vorgehensweise zum Generieren eines solchen Modells dagegen ganz erheblich (vgl. Pahl 1990). Es werden neben der Beherrschung eines noch komplexeren Systems erhöhte Anforderungen an das räumliche Vorstellungsvermögen, an die Wahl von Generierungs- und Anpassungsstrategien zur Erzeugung der Geometrieelemente und an die Planung des eigenen Gesamtvorgehens gestellt. Reinking spricht von einer neuen Dimension bei der Entwurfstätigkeit (vgl. Reinking 1987).

In räumlichen rechnerinternen Modellen müssen schon recht früh Festlegungen getroffen werden, die bei konventionellen Arbeiten noch offen bleiben konnten. Fertigungsorientierte Gestaltelemente sind eher vollgültig zu berücksichtigen, weswegen der Konstrukteur Entscheidungen zu treffen hat, die oft eine Rückverlagerung von Aufgaben, z. B. aus der Arbeitsvorbereitung, in den Konstruktionsbereich bewirken. Damit vergrößern sich Umfang und Tiefe konstruktiver Arbeit.

3D-Systeme sind erst in der jüngsten Zeit zu einer bestimmten, wenn auch hinsichtlich gewisser technischer Zielsetzungen noch unbefriedigend verbleibenden Reife entwickelt worden. Ihre Verbreitung ist somit bedeutend geringer als die von 2D-Systemen. Daher können sie auch in den Untersuchungen der letzen zehn Jahren noch keine repräsentative Rolle spielen, obgleich ihre Bedeutung für die künftige Tätigkeit der Konstrukteure ungleich höher und gravierender ist, als die Einführung der 2D-CAD-Systeme. Die relativ geringe betriebliche Durchdringung der CAD-Technologie (insbesondere von 3D-CAD-Systemen) erlaubt derzeit *keine statistisch gesicherten Aussagen* mit repräsentativem Charakter (vgl. Frieling 1986). Die meisten Untersuchungen im Zusammenhang mit CAD-Systemen unterscheiden daher auch nicht zwischen 2D- und 3D-Systemen oder unterstellen ein 2D-System ohne es auszusprechen. Infolgedessen sind die derzeitigen Literaturaussagen mit einem bestimmten Vorbehalt oder einer entsprechend richtigen Einordnung zu betrachten.

Die *Arbeitsbedingungen von Konstrukteuren* im Forschungs- und Entwicklungsbereich unter besonderer Berücksichtigung des Computereinsatzes untersuchte in neuerer Zeit Frieling: Der Zeit- und Arbeitsaufwand bei Neukonstruktionen werde durch den CAD-Einsatz nicht verringert. Bei den anderen Konstruktionsarten Anpassungs- und Variantenkonstruktion sei aber der Einsparungseffekt beträchtlich. Die generell vorgetragene Behauptung, CAD schaffe Kreativitätsspielräume sei ebenso falsch, wie die andere, daß CAD ein Instrument zur Mechanisierung geistiger Tätigkeiten ist. Mit der eingesparten Zeit können aber bessere Lösungsvarianten durch Untersuchung von Alternativen entwickelt werden (vgl. Frieling 1986).

Besonders interessant in den Untersuchungen von Frieling ist, daß gemäß einer Befragung von über 400 Konstrukteuren diese im Hinblick auf CAD sich zu gewünschten und nicht gewünschten Veränderungen ihrer Tätigkeit äußerten. Dabei stellte es sich heraus, daß fast alle „ungeliebten" Tätigkeiten CAD-fähig, d.h. mehr oder weniger automatisierbar sind. Es sind dies bei selbständigen Konstrukteuren und Konstrukteuren: Detaillieren, ändern und Stücklisten bearbeiten. Bei den Detailkonstrukteuren: Ändern und Stücklisten bearbeiten und bei den Technischen Zeichnern: Ändern von Zeichnungen. Da der Zeitgewinn durch CAD beim Ändern besonders hoch ist, führt der CAD-Einsatz zwangsläufig dann auch zu höherwertigen Tätigkeiten der Detailkonstrukteure und Technischen Zeichnern, die sich entsprechende Qualifikationen aneignen müssen. Weiterhin bestand der Wunsch nach mehr Berechnungsmöglichkeiten zur besseren Optimierung des Produkts, was ebenfalls durch den Rechnereinsatz insbesondere für die selbständigen Konstrukteure und Konstrukteure erfüllt werden kann.

Reinking verweist in diesem Zusammenhang auf die Änderung der *Tätigkeitsprofile.* Da die Zeitanteile für das Zeichnen und Berechnen durch den CAD-Einsatz reduziert werden, werden die Tätigkeiten Gestalten, Berechnen, Informieren und Besprechen mit höheren Zeitanteilen die künftige Arbeit bestimmen.

Frieling verweist auch auf die Veränderung der *Arbeitssituation* selbst. Die Arbeit am CAD-System bewirkt eine höhere Dauerkonzentration und ein hohes Anspannungsniveau des Benutzers. Der sogenannte Dialog ist mehr ein Reiz-Reaktions-System, bei dem die Arbeitsperson ständig aufgefordert wird, zu reagieren. Dies ist auch unter dem Aspekt zu betrachten, ob das System das gewünschte Arbeitsergebnis liefern wird, und welche Maßnahmen gegebenenfalls zu treffen sind, das gewünschte Ergebnis denoch zu erreichen. Unterbrechungen der Bildschirmsitzung zum Zwecke von Besprechungen, Gruppenarbeit zur Lösungssuche usw. können hier mental und physisch entspannend sein.

Schließlich wird noch auf notwendige *Schulungsmaßnahmen* aufmerksam gemacht. Befürworter einer möglichst umfassenden, das Grundverständnis betreffenden Schulung plädieren für hersteller- und betriebsunabhängige Unterweisung. CAD-Hersteller und Betriebsleitungen sind mehr für eine rein funktionelle, d.h. auf die Bedienung des jeweiligen Systems bezogene Schulung. Beides wird in einem ausgewogenen Verhältnis nötig sein und wäre in Aus- und Weiterbildungsplänen zu verankern. Basisqualifikationen sind aber bei verschiedensten Mitwirkungen auf unterschiedlichen Hierarchiestufen unerläßlich. Systembezogene Schulungen sollten nur im unmittelbaren Zusammenhang mit dem Systemgebrauch durchgeführt werden.

In neuerer Zeit durchgeführte Untersuchungen der Auswirkung der *CAD-Technik* auf den Konstrukteur, die die Beanspruchung des Benutzers untersuchten, ergaben nach Umfragen trotz höherer Arbeitsbelastung und Anspannung ein positiveres Bild, als es allgemein erwartet wurde (vgl. Badura/Beitz/Luczak 1990; Langner 1991). So wurde danach gefragt, ob man der Aussage zustimmen könne, daß die Arbeit mit dem CAD-System im Endeffekt im Vergleich zum Zeichenbrett mehr Vor- als Nachteile habe. 36 % der Befragten haben dieser Frage voll und 47 % eher zugestimmt. 43 % stimmten voll und 41 % teilweise der Frage zu, daß ihre Arbeit erleichtert werde. Allerdings meinten nur 49 %, daß die Nutzung von CAD kreativer mache. Bemerkenswert ist noch das Ergebnis, daß 40 % der Befragten tendenziell einen starken Leistungsdruck empfinden, während nur ein Siebtel diese Aussage völlig ablehnte.

Langner weist nach, daß der Zeitanteil von Systemmanagement-Operationen bei 3D-Systemen höher ist als bei 2D-Systemen. Zum einen Teil ist dies auf die Tatsache zurückzuführen, daß diese Systeme in ihrer Funktionalität (noch) nicht den Ansprüchen einer technischen Modellbildung entsprechen und der Konstrukteur u.a. gezwungen ist, nach Analyse des sich Vorgestellten die Geometrie umständlich vorwiegend mit Primitivkörpern aufzubauen. Daher setzt nach den Untersuchungen von Langner eine einsetzende Ermüdung bei 3D-Systemen früher ein als bei 2D-Systemen. Er weist schließlich auch darauf hin, daß zwischen steigendem Schulungsaufwand und positiv erlebter Schulung sich auch positive Auswirkungen auf das Arbeitsergebnis und den Arbeitsablauf ergeben. So werden dann die Folgen von CAD-Technologien auch positiver beurteilt. Bei Konstrukteuren und Zeichnern seien erhebliche Defizite hinsichtlich allgemeiner CAD-Kenntnisse festzustellen.

Die Informationsgewinnung wird künftig durch wissensbasierte *Systeme* merklich unterstützt werden. Von Bedeutung sind zunächst solche, die die Technologieentscheidungen des Konstrukteurs stützen können, denn durch die CAD-technisch bedingten Rückverlagerungen in den Konstruktionsbereich entsteht entsteht hier ein hoher Bedarf (vgl. Warnecke/Mertens 1988). Auch die Lösungsfindung und Variantenbildung von Lösungen wird künftig durch wissensbasierte Systeme profitieren können, wenn diese konstruktions- und konstrukteurgerecht aufgebaut sind (vgl. Pahl 1989).

Die Aussagetendenzen bisheriger Untersuchungen lassen sich wie folgt zusammenfassen: Die Tätigkeiten und Qualifikationen im Konstruktionsbereich sind außerordentlich vielfältig und vielschichtig. Es findet eine starke Arbeitsteilung bei gleichzeitig enger Zusammenarbeit mit Arbeitspersonen recht unterschiedlicher Qualifikation statt. Alle Beteiligten werden vom CAD-Einsatz berührt. Angesichts relativ wenig aufwendiger 2D-Zeichnungssysteme und des höheren Rationalisierungspotentials sind zur Zeit die Detailkonstrukteure und Technischen Zeichner am stärksten betroffen. Aber auch die Entwicklungsingenieure, selbständigen Konstrukteure und Konstrukteure nutzen rechnerunterstütze Berechnungtechniken und werden mit sich fortentwickelnden 3D-Systemen zunehmend mit CAD konfrontiert.

Die Akzeptanz von CAD ist bei frühzeitiger Einbeziehung in die Systemplanung und entsprechend guter Schulung recht hoch. Die eingeführten Systeme werden als hilfreich eingeschätzt. Automatisierbare Abläufe führen zu schnelleren Ergebnissen. Handwerkliche Tätigkeiten, wie Zeichnen, treten zurück. Dafür werden nicht unbeträchtliche Zeiten zur Systembeherrschung insbesondere bei 3D-Systemen benötigt. Kreativität, Planung der eigenen Arbeit und Teambereitschaft als unmittelbare Fähigkeiten des Menschen rücken stärker in den Vordergrund, da Routinetätigkeiten abnehmen. An die fachliche und allgemeine Qualifikation werden auf allen Ebenen höhere Anforderungen gestellt. Weiterbildungs- und Schulungsmaßnahmen sowie angepaßte, neue Betriebsorganisationsstrukturen müssen den Umstellungsprozeß unterstützen.

4.3.4.2 Neue Tätigkeitsanforderungen an Konstrukteure und technische Zeichner

Tätigkeit des Konstrukteurs

Die prinzipielle Aufgabenstellung, funktionserfüllende, sichere und wirtschaftliche Lösungen zu finden und zu fertigungsreifen Produkten zu konkretisieren, verändert sich nicht. Die Durchführung dieser Entwicklungsarbeit soll aber mit Hilfe der Rechnerunterstützung durch Teilautomatisierung qualitativ höherwertig, schneller und für die nachgeschalteten Fertigungsbereiche besser vorbereitet geschehen. Dies kann durch den Einsatz der beschriebenen 2D- und 3D-Systeme prinzipiell erreicht werden. Dabei treten aber sogenannte Rückverlagerungen in den Konstruktionsbereich auf. Beispiele sind:

- Durchführung komplexer Berechnungsaufgaben, die früher von Berechnungsabteilungen übernommen wurden und künftig durch zur Verfügungstellung geeigneter Rechenprogramme vom Konstrukteur verantwortet werden müssen.
- Simulation von Einbauuntersuchungen, die früher mit körperhaften Modellen vorgenommen wurden.
- Untersuchung von kinematischen, dynamischen und thermischen Vorgängen, die voher unterblieben oder erst am Prototyp durch die Versuchsabteilung vorgenommen wurden.
- Beurteilen und Festlegen fertigungstechnischer oder/und montagemäßiger Möglichkeiten unter Berücksichtigung neuer Technologien und automatisierter flexibler Fertigungssysteme. Daraus resultieren höhere technologische Kenntnisse.

Vorteile dieser Rückverlagerung liegen in der Konzentration auf eine oder wenige Personen, ernste Nachteile bestehen in der Gefahr von Überforderung inhaltlicher und zeitlicher Art. Eine Tendenz besteht darin, in vermehrtem Maße wissensbasierte Systeme zur Verfügung zu stellen, die den Konstrukteur besser in die Lage versetzen sollen, den vielfältigen Gesichtspunkten nachkommen zu können (vgl. Warnekke/Mertens 1988). Auch bei stärkerer Rückverlagerung von Tätigkeiten in den Konstruktionsbereich wird es bei einer gewissen Aufgabenteilung zwischen Erzeugniskonstruktion, Betriebsmittelkonstruktion, Arbeitsvorbereitung und NC-Programmierung bleiben bzw. bleiben müssen, wobei sich aber eine Reihe von Fragestellungen vermischen oder sich Zeitpunkte der Lösungsfestlegung überlappen. Hieraus ergibt sich die Notwendigkeit von Bildung klar geordneter Arbeitsabläufe mit abgegrenzten Verantwortlichkeiten und ihrer Entsprechnung in den einzelnen Modulen des Rechnereinsatzes. Dennoch werden Phasen überlappter Tätigkeit nötig und zweckmäßig sein. Dies erfordert den Willen und die Akzeptanz zur Teamarbeit mit den anderen betrieblichen Bereichen unter Beibehaltung eigener Verantwortung innerhalb des Konstruktionsbereichs.

Tätigkeit des Technischen Zeichners
Die Tätigkeit des Technischen Zeichners wird inhaltlich am stärksten verändert werden (vgl. Beitz 1983; Gröbler/Tonn 1985). Die zeichnerisch-handwerklichen Fähigkeiten werden sich dahingehend wandeln, daß der Technische Zeichner die zweckmäßigste Darstellung mehr und mehr plant und optimiert. Daneben werden einfache Berechnungen oder Auslegungen übernommen werden müssen. Auch organisatorische Tätigkeiten wie Stücklisten vervollständigen, Tabellen zusammenstellen, Kataloge und Übersichten erstellen, werden hinzukommen. Bestimmte teilautomatisierte Berechnungen mit Hilfe abgesicherter Rechenprogramme mit eindeutigen Eingabevorbelegungen könnten in Zukunft ebenfalls von Technischen Zeichnern durchgeführt werden. Sie werden damit stärker in den Entwicklungsprozeß eingebunden.

Zusätzliche Tätigkeiten
Der Rechnereinsatz erfordert die Pflege und die Weiterentwicklung branchen- oder aufgabenspezifischer Programme. Auch muß die Rechenanlage als ein wertvolles Werkzeug in Betrieb gehalten und gewartet werden. Neben den konventionellen Tätigkeiten als Produktentwickler (Konstrukteure und Technische Zeichner) bzw. Systemanwender bilden sich neue Berufe bzw. Tätigkeiten aus (vgl. Beitz 1983; Riehm 1985; Grabowski 1987):

- *Anwendungsanalytiker* (Anwendungssystementwickler), die neue aufgabenspezifische Programme für z. B. Berechnung, Simulation, Varianten- und Makrobildung erstellen. Diese Gruppe von Personen benötigt in erster Linie sehr gute Fachkenntnisse auf dem Anwendungsgebiet und in zweiter Linie gute System- und Programmierkenntnisse. Hochschulausbildung ist erforderlich.

- *Systementwickler*, die softwaremäßig zweckmäßige Grundstrukturen für Anwendungsprogrammierung entwickeln und die Anwendungsanalytiker beraten können. Weiterhin werden sie Konzepte zur Neuanschaffung und Erweiterung von Rechnersystemen erarbeiten und deren Implementierung übernehmen. Ihre Ausbildung an der Hochschule ist stärker durch die Informatik geprägt.

- *Systembetreuer*, die das System hardwaremäßig und softwaremäßig in Betrieb halten und pflegen, aber auch Erweiterungen durchführen und neue Peripheriegerate anschließen können. Tätigkeiten, die keine universitäre oder hochschulmäßige Ausbildung erfordern.

4.3.4.3 Neue Qualifikationsanforderungen

Höhere Qualifikation

Unter Qualifikation werden Kenntnisse, Fähigkeiten und Fertigkeiten verstanden, die zur Ausführung einer bestimmten Tätigkeit oder zur Ausübung eines Berufs erforderlich sind. Die Qualifikation ist auch eine Anforderung, wobei das Qualifikationsprofil der Stelle mit dem des Stelleninhabers übereinstimmen soll.

Der rasch fortschreitende Einsatz neuer rechnerunterstützter Technologien in Konstruktion und Fertigung erfordert eine dauernde berufliche Qualifizierung. Dabei wird nicht nur von gewerkschaftlicher, sondern auch von unternehmerischer Seite geklagt, daß sich berufliche Qualifizierung zu eng auf die Vermittlung gerade benötigten Wissens zur Beherrschung bestimmter Systeme beschränkt (vgl. Bonse 1989; Dröge 1986). Es werden sogenannte „überschüssige Qualifikationen“, wie lebenslanges Lernen, Teambereitschaft, Planungs- und Systematisierungsfähigkeit, Motivation u. ä. nötig sein, um in und mit komplexen Systemen erfolgreich und für den Menschen befriedigend umgehen zu können (vgl. Dröge 1986). Diese Zusammenhänge führen zu folgenden Aussagen:

- Das *Faktenwissen* muß in Zukunft eher höher sein als früher, um in automatisierten Systemen den zweckmäßigen Einsatz zu bestimmen und die entstehenden Ergebnisse richtig zu interpretieren.
- Es wird eine strengere Planung der eigenen Arbeit, d.h. ein *strategisches Vorausdenken*, nötig sein.
- Es tritt zum Fachwissen das *operationelle Systemwissen* hinzu. Die jeweilige Systembeherrschung bildet einen erheblichen Tätigkeitsanteil.
- Die Bereitschaft zur *Kooperation* in einem komplexen Ablauf der Geschehnisse und die Fähigkeit, bei Störungen oder Fehler deren Ursachen zu erkennen, eine zügige Abhilfe einzuleiten, also *Systemkenntnis und -überblick*, werden wichtige Anforderungen an die Mitarbeiter sein.

Hieraus folgt, daß unabhängig von der jeweiligen Tätigkeitsart oder Tätigkeitsstufe die Qualifikationsanforderungen generell steigen. Gekennzeichnet sind diese Anforderungen durch

- gutes Fachwissen,
- Systembeherrschung,
- Übersicht und Kritikfähigkeit gegenüber automatisch erstellten Ergebnissen,
- häufigere und raschere Entscheidungsbereitschaft und
- strategische Planung der Arbeit.

Diese Qualifikationsanforderungen werden für die Mehrheit der Beschäftigten in automatisierten Systemen gelten, wie auch nachfolgend für flexible Fertigungssysteme belegt wird. Dies schließt aber nicht aus, daß gerade durch automatisierte oder teilautomatisierte Abläufe Tätigkeiten denkbar sind, die sich auf rein funktionelle Betätigungen beschränken können und damit die Möglichkeit eröffnen, weniger fähigen oder schwächer motivierten Mitarbeitern eine befriedigende Beschäftigung zu bieten. Allerdings werden mit zunehmendem Rationalisierungsdruck und höheren Beschäftigungsentgelten solche Möglichkeiten bei Fortentwicklung der Automatisierungstechnik geringer werden.

Persönliche Betroffenheit
Die Industriesoziologie stellt fest, daß eintretende Dequalifizierung durch technologischen Wandel am ehesten ältere angelernte Arbeitnehmer sowie Facharbeiter in Funktionen, die nicht unmittelbar am Fertigungsprozeß beteiligt sind, trifft (vgl. Kern/Schumann 1984). Auf das hier betrachtete Gebiet wäre diese Aussage auf ältere Technische Zeichner und Konstrukteure in konventioneller Arbeitsweise übertragbar.

Weiterhin wird die Polarisierungsthese aufgegriffen (vgl. Burr 1984). Sie unterstellt, daß durch Einsatz neuer Technologien das Qualitätsniveau überwiegend gesenkt und nur für eine kleinere Gruppe von Beschäftigten zur Höherqualifikation führen würde. Diese Aussagen liegen etwa 5 Jahre und mehr zurück und gehen von Voraussetzungen aus, die nicht eingetroffen sind. Z. B. wird in Zimmer eine Spaltung des Arbeitsmarktes in CAD-Konstrukteure und konventionelle Konstrukteure erwartet (vgl. Zimmer 1981). Das Gegenteil ist insofern eingetreten, daß bisher konventionell arbeitende Konstrukteure mehr und mehr von CAD-Technologien Gebrauch machen. Auch die prognostizierte stärkere

Trennung von Konstruktion und Fertigung trat nicht ein, sondern es ist eher ein engeres Zusammenwachsen von Konstruktion, Arbeitsvorbereitung und NC-Programmieurng zu beobachten. In allen Bereichen sind, wie vorher schon dargelegt, dagegen höhere Anforderungen an Wissen, Übersicht und Systemverständnis im allgemeinen nötig.

In neueren Untersuchungen wird eine hohe Akzeptanz (über 80 %) beim Einsatz von CAD/CAM-Systemen festgestellt (vgl. Joseph/Knauth 1989). Dabei wird die eigene Arbeit als anstrengender eingestuft und andererseits angegeben, daß CAD/CAM die Arbeit erleichtere. In diesem Zusammenhang ist die Feststellung von Riehm interessant, daß der Konstrukteur durch CAD erheblich effizienter bei seiner Arbeit geworden ist, weil u.a. bei der direkten Konstruktion am Bildschirm der separate Vorgang der Zeichnungserstellung entfällt (vgl. Riehm 1985). Hieraus ist zu schließen. daß bei gut vorbereitetem und angemessenem CAD-Einsatz Chancen liegen, auf breiter Basis Konstrukteure und Technische Zeicher zu ihrer eigenen und zu der Zufriedenheit des Unternehmens einsetzen zu können.

4.3.4.4 Zur Aus- und Weiterbildung für die rechnerunterstützte Konstruktion

Systembeherrschung und höhere Qualifikationsmerkmale sind Folgen automatisierter Systeme. Da die technische Entwicklung fortschreitet, ist nicht nur die Ausbildung neu zu überdenken, sondern es sind auch Weiterbildungsmaßnahmen erforderlich. Die derzeitige Situation ist dadurch gekennzeichnet, daß – in der Ausbildung zusätzlicher Stoff aufgesetzt und – in einer Schulung im wesentlichen nur die Beherrschung bestimmter, gerade aktuell zu nutzender Systeme gelehrt wird. Beides ist auf Dauer gesehen schon im Ansatz falsch (vgl. Paul 1988).

Ausbildung

Die Ausbildung sollte zu einem systemneutralen Grundverständnis automatisierter Zusammenhänge führen. Dies bedeutet, daß allgemeine Grundsätze, prinzipielle Strukturen und Abläufe, Modellarten und Modellierungsstrategien im Vordergrund der Betrachtung stehen müssen. Spezielle Ausprägungen oder kommerzielle Systeme sollten nur exemplarisch herangezogen werden, um Formen der Verwirklichung zu demonstrieren.

Es ist ein steter Wechsel zwischen konventioneller Inhaltsvermittlung zwecks Ergänzung des notwendigen Grundverständnisses und eine am Rechner umzusetzende Lösung der Aufgabe zu vollziehen. Die Nutzung von Rechnersystemen wird damit zur Selbstverständlichkeit. Die Ausbildung im Fach „Maschinenzeichnen“ sollte sogleich mit einem Einstieg in die dreidimensionale Modellbildung beginnen, um von Anfang an eine bessere Ausbildung des räumlichen Vorstellungsvermögens zu bewirken. Hiervon ausgehend wird dann erst auf die 2D-Arbeitstechnik übergegangen. Dadurch bilden sich angemessenere Denk- und Vorstellungsstrukturen aus, die die neue Arbeitsweise besser unterstützen. Konventionelle Ausbildung begann oder bezog sich primär auf die orthogonale Tafelprojektion, wodurch der Anwender in erster Linie lernte, seine Ideen vornehmlich nur in 2D-Ansichten zu formulieren, was ihm heute bei Anwendung von 3D-Modellierungen gewisse Schwierigkeiten macht.

Weiterbildung

Angesichts fortschreitender technischer Entwicklungen auf dem CAD-Gebiet, der Verkettung mit Rechnern in der Fertigung (CAP, CAM usw.) und eines raschen Wandels in Fertigungstechnologien (Lasereinsatz, flexible Fertigungssysteme, Klebetechnik usw.) ist eine dauernde Weiterbildung unerläßlich. Diese Weiterbildung hat die Aufgabe, – das in der Ausbildung erworbene Grundverständnis und Grundlagenwissen zu ergänzen oder zu korrigieren und – spezifisches Anwendungswissen in dem jeweiligen Fachgebiet aufzubauen und zu fördern. In einer automatisierten Arbeitswelt werden beide Komponenten (Grundlagenwissen und Anwendungswissen) kombiniert benötigt, um mit den komplexeren Verhältnissen zurecht zu kommen. Gewonnene Freisetzung im zeitlichen Arbeitsablauf wird zu einem nicht unerheblichen Teil zur Weiterbildung benötigt werden.

Schulung

Schulungsmaßnahmen dienen zur Beherrschung gerade aktueller Systeme. Sie bleiben trotz veränderter Ausbildung und verstärkter Weiterbildung im jeweiligen Fall erforderlich. Schulung kann aber bei guten Voraussetzungen der Aus- und Weiterbildung gestrafft werden und wirksamer sein. Schulung ohne Weiterbildung oder umgekehrt, Weiterbildung ohne praktische Umsetzung, sind volks- und betriebswirtschaftlich gesehen Verschwendung und für den Einzelnen ohne persönlichen Erfahrungs- und Fortentwicklungswert (vgl. Dröge 1986; Riehm 1985).

Thesen zur Aus- und Weiterbildung

- Aus der Sicht der Unternehmen effizienter und aus der Sicht des Anwenders souveräner Nutzen beim Einsatz von CAD-Systemen kann durch Schulung allein nicht erreicht werden.
- 3D-CAD-Systeme erfordern ausgeprägtes räumliches Vorstellungsvermögen.
- Die Aus- und Weiterbildung soll sich nach der Tätigkeit Systemanwender, Anwendungsanalytiker und Systembetreuer richten.
- Der Einsatz von CAD-Systemen macht den Beruf des Technischen Zeichners nicht überflüssig. Die Arbeitsinhalte werden sich ändern, indem die Wahl zweckmäßiger Darstellungen im Zusammenhang mit Fertigungsoperationen und Voraussetzungen zur NC-Programmierung in den Vordergrund rücken, hingegen handwerkliche Fähigkeiten zurücktreten.
- Einheitliche und allgemein anerkannte Konzepte zur Ausbildung unter Berücksichtigung von Rechnereinsatz und CAD-Techniken fehlen noch. Derzeit befindet man sich in einem Experimentierstadium ohne ausreichende Erfolgsrückmeldungen. Hier besteht Erfahrungs- und Forschungsbedarf.
- Es wird vermutet, daß ältere Arbeitnehmer durchaus in der Lage sind, auch Anforderungen in automatisierten Systemen gerecht zu werden, weil sie ihre Erfahrungen und Kenntnisse mit den Fähigkeiten von CAD-Systemen gut verbinden können. Voraussetzung ist allerdings die Bereitschaft zu lernen und Neues zu akzeptieren. Anfangs sollte ihnen eine längere Einarbeitungsphase zugebilligt werden, denn sie haben nicht nur Neues zu lernen, sondern auch einmal erworbene Denkmuster neu zu ordnen und anzupassen.

4.3.5 Tätigkeits- und Qualifikationsanforderungen am Beispiel flexibler Fertigungssysteme

4.3.5.1 Aussagetendenzen bisheriger Untersuchungen

Flexible Fertigungssysteme bildeten den Schwerpunkt einer Reihe von Tätigkeitsanalysen und Qualifikationsuntersuchungen. Die ersten Untersuchungen, die sich mit den Arbeitsplatzstrukturen und den Tätigkeiten an flexiblen Fertigungssystemen befaßten, wurden von Dostal (IAB) im Rahmen einer Gemeinschaftsuntersuchung mehrerer Institute zum Einsatz von FFS durchgeführt. Dostal versteht dabei die auf dieser Basis gefundenen Ergebnisse lediglich als einen Beschreibungs- und Erklärungsansatz aufgrund der zum Zeitpunkt der Untersuchung geringen Anzahl der realisierten Systeme sowie aufgrund der vielfältigen Einsatzmöglichkeiten der FFS (vgl. Dostal 1982). Grundsätzlich geht Dostal davon aus, daß sich die Tätigkeitselemente an flexiblen Fertigungssystemen aus den Tätigkeitselementen an NC-Maschinen entwickelt haben. Der Analyse der Tätigkeiten an flexiblen Fertigungssystemen wird daher ein Kategorienschema zugrundegelegt, welches bereits 1976 für die Analyse von Tätigkeiten an NC-Maschinen verwendet wurde (vgl. Oberhoff 1976). Dieses Schema beinhaltet die unter folgenden Begriffen subsumierten Elemente:

- Programmieren und Planen,
- Vorbereiten und Rüsten (Maschine),
- Vorbereiten und Rüsten (Information),
- Maschine bedienen und überwachen,
- Kontrolle und Wartung.

An zwei beschriebenen Anlagen wurden auf der Basis dieses Kategorienschemas zwei Tätigkeitsprofile entwickelt. Die Systeme unterscheiden sich insbesondere durch die Zuordnung der Arbeitsaufgaben zu dem eingesetzten Personal: System A weist eine stark arbeitsteilige Organisation mit fünf Arbeitsplatztypen auf, während System B lediglich drei Arbeitsplatztypen zugeordnet sind. Vor diesem Hintergrund kommt Dostal zusammenfassend zu dem Ergebnis, daß an FFS eine Reduzierung der Aufgabenvielfalt gegenüber der Bedienung von NC-Maschinen erkennbar ist.

Allerdings wird darauf hingewiesen, daß die Aufgabenzuordnung nur in untergeordnetem Maße von der Technik determiniert wird, entscheidend ist vielmehr die betriebsspezifische Ausgestaltung der Arbeitsorganisation am FFS. In diesem Zusammenhang stellt Dostal die Vermutung auf, daß sich Unternehmen bei Einführung neuer Technologien hauptsächlich an den traditionellen Strukturen orientieren.

Die Behauptung, daß die technische Auslegung eines flexiblen Fertigungssystems ausreichende Spielräume für individuelle arbeitsorganisatorische Lösungen offenläßt, wird auch von Lutz vertreten (vgl. Lutz 1982). Er sieht die Wahl der Arbeitsorganisation sowie die resultierenden Qualifikationsanforderungen dabei im Spannungsfeld zwischen fertigungspolitischen, betriebswirtschaftlichen und betriebsstrukturellen Anforderungen. Lutz entwickelt in diesem Zusammenhang zwei unterschiedliche, idealtypische Strukturtypen hinsichtlich Arbeitsorganisation und Personalbesetzung.

Auf der Basis dieses gedanklichen Modells kommt Lutz zu dem Ergebnis, daß für die automatisierte Fertigung eine homogene Qualifikationsstruktur (Facharbeiter mit Zusatzqualifikation) besser geeignet sei als eine polarisierte Qualifikationsstruktur (Facharbeiter mit Zusatzqualifikation und Angelernte). Das Steuerungssystem soll im Fall einer gleichmäßig hohen Qualifikation der Bedienungsmannschaft dezentralisiert und hierarchisch aufgebaut sein. Das Problem der Anwender, ein ihren Bedingungen, Bedürfnissen und Zielen entsprechendes Optimum hinsichtlich Arbeitsorganisation und Personalstruktur zu finden, basiert nach der Auffassung von Lutz auf zwei Tatsachen:

- Die Anwender werden durch die Hardware und die Software mehr als technisch und wirtschaftlich notwendig auf eine bestimmte Betriebsweise und damit eine bestimmte Personalbesetzung festgelegt,
- Viele Betriebe können aufgrund ihrer auf Anlernkräfte ausgerichteten Fertigung den als sinnvoller erachteten Strukturtyp mit homogener Qualifikationsstruktur nur schwer einführen.

Diese Aussagen relativieren sich jedoch vor dem Hintergrund der heutigen Flexibilität der Automatisierungstechnik.

Die Problematik des Zusammenhangs zwischen Arbeitsorganisation und Qualifikationsstrukturen wird auch von Schultz-Wild aufgegriffen (vgl. Schultz-Wild 1982). Unter anderem wird hier untersucht, auf welche Ursachen die Unterschiede in den Arbeitsteilungs- und Qualifikationsstrukturen in flexiblen Fertigungssystemen zurückzuführen sind. Auf der Basis einer nicht näher beschriebenen technischen Betrachtung von acht international realisierten Systemen und einer Vergleichsuntersuchung in der deutschen Industrie kommt Schultz-Wild zu dem Fazit, daß sich die Unterschiede teilweise mit den technischen Charakteristiken des Produktionsprozesses und der Systemauslegung erklären lassen, andererseits jedoch auch nationale Unterschiede hinsichtlich der Ausbildungssituation und der Organisation der Industriearbeit zu berücksichtigen sind.

Einen Ansatz, die Änderung der Qualifikationsanforderungen durch die flexible Fertigung tendenziell zu erfassen, stellen die Ausführungen von Mazurek/Roth dar (vgl. Mazurek/Roth 1983). Die Aussagen basieren auf einer Analyse verschiedener Technologieprojekte, die jedoch nicht näher erläutert oder empirisch belegt sind. Zusammenfassend wird festgestellt, daß prozeßunabhängige Qualifikationen tendenziell zunehmen, demgegenüber verlieren die prozeßgebundenen Qualifikationen durch die flexible Fertigung an Bedeutung. Darüber hinaus wird eine Zunahme gruppenspezifischer Qualifikationen, wie Eigeninitiative, Urteilsvermögen, Verantwortungsbereitschaft, Selbststeuerung, Kooperation und Kommunikation, erkannt.

Der Versuch einer Erfassung der veränderten Qualifikationsanforderungen im Zusammenhang mit flexiblen Fertigungssystemen wird auch von Dostal vorgenommen, der seine Ausführungen zu den Tätigkeiten an flexiblen Fertigungssystemen auch hinsichtlich der Qualifikationen erweitert (vgl. Dostal 1985). Unter Bezug auf seine früheren Untersuchungen wird zwischen folgenden Arbeitsplatztypen unterschieden:

- Leitstandführer,
- Vorarbeiter,
- Aufspanner,
- Vorrichtungsumrüster,
- Maschinenbediener,
- Kontrolleure,
- Einrichter und Instandhalter.

Wie in der Untersuchung aus dem Jahr 1982 wird hier ebenfalls betont, daß die letztlich realisierte Zuordnung von Aufgaben zu Personen eine Frage der betriebsspezifischen Arbeitsteilung ist und nicht zwingend durch eine Technik determiniert wird. Zur Bestimmung der Veränderung der Qualifikationsanforderungen wird zwischen der nunmehr obsolet gewordenen Teilung von „funktionalen“ und „extrafunktionalen“ Qualifikationen unterschieden.

Dostal kommt zu dem Ergebnis, daß sich aufgrund der zu geringen Erfahrungen mit der flexiblen Fertigung noch nicht absehen läßt, wie sich die Qualifikationsstrukturen langfristig entwickeln werden. Für die Phase des Übergangs von der traditionellen Technik auf die neue Technik vermutet er jedoch eine Zunahme der Bedeutung der „extrafunktionalen“ Qualifikationen im Sinne von „Schlüsselqualifikationen“. Bezüglich der Qualifikationsstruktur der Bedienmannschaft übernimmt Dostal hier die These von Lutz, nach der an flexiblen Fertigungssystemen der Einsatz einer gleichmäßig hoch qualifizierten Bedienmannschaft bei geringer Arbeitsteilung anzustreben ist. Einschränkend weist Dostal jedoch darauf hin, daß eine empirische Überprüfung dieser theoretisch begründeten Position noch aussteht.

Im Rahmen der Darstellung eines ausführlich beschriebenen Anwendungsbeispiels eines flexiblen Fertigungssystems durch Herrdum werden auch Ausführungen zur Qualifikation des Bedienpersonals aus der Sicht eines FFS-Anwenders gemacht (vgl. Herrdum 1985). Herrdum ist der Ansicht, daß formal ein Bohrwerksdreher oder ein Universalfräser für die FFS-Bedienung mit zwei- bis dreijähriger Erfahrung an konventionellen Werkzeug-maschinen für eine FFS-Bedienung geeignet sei. Zwingend erforderlich würde darüber hinaus jedoch eine NC-Grundbildung. Daneben betont Herrdum die Notwendigkeit eines ausgeprägten Qualitätsbewußtseins, sowie Lernfähigkeit und einer Flexibilität bezüglich der Tätigkeiten und der Arbeitszeit. Aufgrund der gruppenorientierten Arbeitsorganisation am FFS sei weiterhin die Fähigkeit zur Kooperation und Kommunikation erforderlich.

Das von Herrdum beschriebene flexible Fertigungssystem bildet die Grundlage einer Untersuchung von Tätigkeiten und Qualifikationsanforderungen am FFS durch Sonntag (vgl. Sonntag 1985; Sonntag 1985a). Dabei wird betont, daß die Ableitung von allgemeinen Qualifikationsanforderungen aufgrund der Abhängigkeit von anderen Einflußgrößen, wie Arbeitsorganisation, Fertigungsorganisation sowie der technischen Auslegung des Systems, problematisch ist. Für eine Konzeption entsprechender Qualifizierungsmaßnahmen ergibt sich nach Sonntag eine notwendige Erhöhung der technischen Fachkompetenz (CNC-Kenntnisse und

Anwendungswissen), der Methodenkompetenz (methodisches und planerisches Denken) und der Sozialkompetenz. Weiterhin wird betont, daß nach wie vor Kenntnisse über Vorgang und Auswirkung spanabhebender Fertigung unabdingbar sind.

Eine arbeitspsychologisch orientierte Analyse von Tätigkeiten an einem flexiblen Fertigungssystem wurde von Moldaschl/Weber durchgeführt (vgl. Moldaschl/Weber 1986). Auf der Basis einer Re-Analyse der bei Lutz und Schultz-Wild (1982) dargestellten Systeme kommen Moldaschl/Weber zu der Aussage, daß trotz teilweise zu beobachtender Höherqualifizierung der Bedienungsmannschaft eine Zunahme der Polarisierungstendenzen industrieller Facharbeit zu befürchten ist. Allerdings wird, wie schon bei anderen Autoren auch, darauf hingewiesen, daß die Qualifikationsstruktur entscheidend von der gewählten Arbeitsorganisation abhängt. Moldaschl/Weber ergänzten diese Re-Analyse durch eine eigene Untersuchung an einem technisch beschriebenen FFS in der Erprobungsphase. Sie gelangten zu dem Ergebnis, daß für den Aufgabenkomplex „Anlagenbedienung und -überwachung" weder in der Erprobungsphase noch während des Vollbetriebs eine Übernahme qualifizierter Tätigkeiten durch den Systemführer festgestellt werden konnte. Als Maßnahme zur Erhaltung bzw. Erweiterung der Facharbeiterkompetenz wird vorgeschlagen, alternative Einsatzformen der Arbeitsstrukturierung (Job Enrichment, Job Rotation und Teilautonome Arbeitsgruppen) anzuwenden. Zu der Untersuchung von Moldaschl/Weber ist zu bemerken, daß die auf der Basis von Expertengesprächen gewonnene Abschätzung der alternativen Einsatzformen einschließlich der hierauf basierenden Schlußfolgerungen aufgrund der ausstehenden praktischen Überprüfung mit einer gewissen Unsicherheit behaftet ist.

Die Untersuchung von Dähn basiert auf Literaturstudien, Expertenbefragungen und einer Primäruntersuchung, in die acht nicht näher beschriebene Betriebe einbezogen wurden (vgl. Dähn 1987). Als Ergebnis der arbeitswissenschaftlichen Analyse der Tätigkeiten an flexiblen Fertigungssystemen kann zusammenfassend festgestellt werden, daß die Anforderungen in folgenden Bereichen steigen:

- Geistiges Leistungsvermögen,
- Konzentrationsvermögen,
- Fähigkeit zur Kooperation und Disponibilität,
- Handfertigkeiten (Feinmotorik).

Trotz des erwähnten Zusammehangs zwischen Arbeitsorganisation und Qualifikationsanforderungen ergibt sich für die Facharbeit an FFS eine Tendenz zunehmender Integration von vorbereitenden, ausführenden und nachbereitenden Tätigkeiten zu einer Arbeitsaufgabe, die zu dem Berufsbild des „Systembedieners" führt. Die Ausbildung zum Systembediener erfolgt über den Weg des Zerspanungsfacharbeiters, an den sich Speziallehrgänge anschließen.

Dähn zieht vor diesem Hintergrund für die Bildung der Facharbeiter die Schlußfolgerung, daß die geltenden Lehrpläne der Facharbeiterausbildung unter Berücksichtigung der neuen Anforderungen überarbeitet weden müssen. Inhaltlich umfaßt dies insbesondere den Einbezug der Informationstechnik sowie die Verbindung von Mechanik, Hydraulik und Elektronik im Bereich der Instandhaltung. Weiterhin sollte die Facharbeiterausbildung Grundkenntnisse in der Bedienung und der Einrichtung der FFS und der Peripherieeinrichtungen vermitteln. Vor dem Hintergrund der Vielzahl der möglichen Tätigkeitsinhalte bei der Arbeit an FFS hält Dähn, wie auch schon Sonntag, die Fähigkeit zum Denken in Zusammenhängen und zur selbständigen Problemanalyse und -lösung für erforderlich.

Bei einer Untersuchung von 15 englischen flexiblen Fertigungssystemen, die in ihrer technischen Auslegung sowie ihrer arbeitsorganisatorischen Gestaltung nicht näher beschrieben sind, kommt Scott hinsichtlich der geforderten Fähigkeiten zu folgenden Ergebnissen (vgl. Scott 1988):

Conceptual skills (Vorstellungsvermögen): Dies umfaßt insbesondere die Aufgabe der Fertigungsvorbereitung, wobei dieser Komplex meist auf höheren betrieblichen Ebenen angesiedelt ist.

Operational skills: Diese sind relevant für den täglichen FFS-Betrieb und weisen insbesondere Ähnlichkeiten mit Fähigkeiten in der kontinuierlichen Fertigung (continuous flow), der Kleinserienfertigung (small batch) und der Fließbandfertigung (transfer line) auf. Die Kenntnis der dynamischen Systemvariablen setzt den Systembediener in die Lage, das FFS optimal zu nutzen und darüber hinaus die weitere Entwicklung der Möglichkeiten von FFS zu verstehen. Für dieses Verständnis ist es notwendig, daß der Bediener sich ein mentales Modell des Bearbeitungsvorganges bildet.

Craft skills (Facharbeiterfähigkeiten): Die traditionellen Inhalte der Facharbeiterausbildung verlieren auch an FFS nicht an Bedeutung, da sie insbesondere für die Bildung des mentalen Modells des Bearbeitungsvorgangs sowie für die Störungslokalisierung und -behebung wichtig sind.

Manipulative skills: Diese Gruppe umfaßt alle Fähigkeiten, die während des Bearbeitungsvorgangs lediglich ein einfaches Reagieren auf die vom System vorgegebenen Zustände und Kommandos erfordern. Darüber hinaus werden hier auch Fähigkeiten eingeschlossen, die einfache mechanische Verrichtungen betreffen.

Scott gelangt zu dem Schluß, daß ein Großteil dieser Anforderungen zur Zeit von Facharbeitern mit CNC-Erfahrung erfüllt werden. Andererseits hebt er hervor, daß es schwer ist, die besonderen Systemeigenschaften eines flexiblen Fertigungssystems zu vermitteln.

Auf der Basis der vorstehend dargestellten Untersuchungen – insgesamt vorläufig noch eine relativ geringe Anzahl von Beiträgen zur Qualifikationsforschung an flexiblen Fertigungssystemen, die auf Primäruntersuchungen basieren – können zusammenfassend folgende Tendenzaussagen getroffen werden (vgl. Sonntag 1989):

- Mit Ausnahme der Untersuchung von Moldaschl/Weber konstatieren alle Autoren eine mehr oder weniger stark ausgeprägte Erhöhung des fachlichen, aber auch sozialen Wissens und Könnens der Bedienmannschaft am flexiblen Fertigungssystem.
- Die Untersuchungsergebnisse legen den Schluß nahe, daß der technische Entwicklungsstand flexibler Fertigungssysteme eine sekundäre Rolle bei der Feststellung von Qualifikationsanforderungen spiele.
- Von größerer Bedeutung sei vielmehr, wie vielfach erwähnt, das innerbetriebliche Umfeld, in das ein flexibles Fertigungssystem eingebunden wird und das den Grad der Automatisierung der Anlage sowie die Organisation der Arbeit bestimme.

Den empirischen Untersuchungen kann entnommen werden, daß mit verändertem Automatisierungsgrad entsprechend andere Tätigkeitsanforderungen verbunden sind. Die bei der technischen Auslegung flexibler Fertigungssysteme vorhandenen Gestaltungsmöglichkeiten machen auf jeweils anlagenspezifische Tätigkeits- und Qualifikationsanforderungen aufmerksam. Insofern existieren Bestimmungen, die aus den technischen Funktionszusammenhängen des Systems objektiv resultieren.

4.3.5.2 Analyse technischer Handlungsanforderungen

Bisherige Untersuchungen zu den Qualifikationsanforderungen an flexiblen Fertigungssystemen werfen die grundsätzliche Frage auf, ob sie tatsächlich die technischen Handlungsanforderungen des Systems analysieren oder letztlich jene speziellen Tätigkeiten, die aus dem besonderen Einsatz des Systems in einem Betrieb hervorgehen. Deshalb wird hier zwischen den technischen Handlungsanforderungen eines Systems unterschieden, wie sie z. B. in den Systemhandbüchern, Bedienungsanleitungen, Bedienerführungen etc. dokumentiert werden, und dem tatsächlichen Einsatz in einem Betrieb mit bestimmter Arbeitsorganisation. Folgt man dieser Unterscheidung nicht, dann besteht die Gefahr, dem technischen System anzulasten, was möglicherweise aus den Begrenzungen der Arbeits- und Personalorganisation des Anwenderbetriebes hervorgeht.

Der Zusammenhang von technischen Handlungsanforderungen und Arbeitsorganisation hinsichtlich der Tätigkeiten und Qualifikation kann allgemein wie folgt veranschaulicht werden:

Als Ergebnis eigener Analysen technischer Handlungsanforderungen im Rahmen der Erstellung von Bedienerführungen und Schulungsmaterialien (vgl. Ebert/Herter/Thomas 1987; Herter/Spur/Thomas 1989; Ebert/Herter 1989) kann die These aufgestellt werden, daß mit steigendem Automatisierungsgrad (vgl. Viehweger 1988) des einzelnen Ferti-

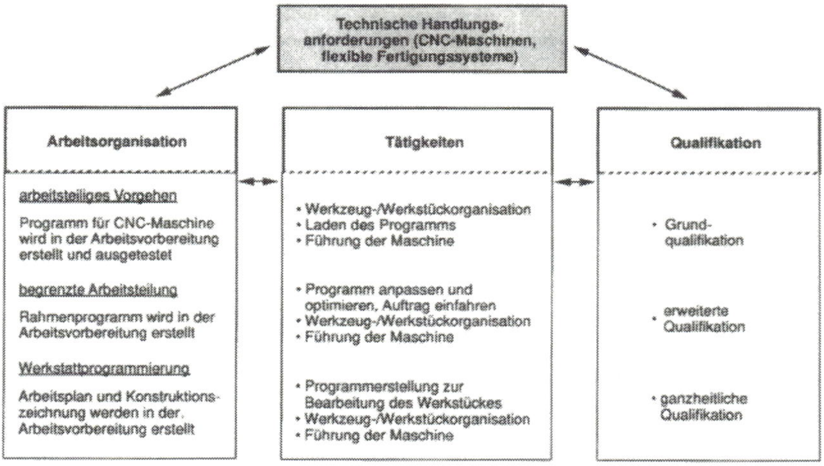

Abbildung 54: Zusammenhang zwischen technischen Handlungsanforderungen, Arbeitsorganisation und Qualifikation

gungssystems die erforderliche Qualifikation *aller* daran Tätigen umfassender wird. Für eine optimale Nutzung solcher Systeme, insbesondere bei kleinen Losgrößen mit häufigem Werkzeugwechsel und Einfahraufträgen zur Programmoptimierung, wird eine Arbeitsteilung etwa zwischen Systemführer und Palettierer letztlich dysfunktional.

Jedoch kann sich bei einer Steuerung mehrerer flexibler Fertigungssysteme durch einen übergeordneten Leitrechner der für das einzelne System mögliche und notwendige ganzheitliche Aufgabenzuschnitt wieder in hochqualifizierte Tätigkeiten in Leitstand und Instandhaltung einserseits sowie minderqualifizierten manuellen Restarbeiten andererseits auflösen. Solche Fertigungssysteme, die z. B. nur werkstückseitig flexibel automatisiert sind, wo etwa kleines Teilespektrum und große Losgrößen und geringer Werkzeugeinsatz vorherrschen, fordern eher – in Abhängigkeit von der Arbeitsorganisation – zu einer Aufteilung der Tätigkeiten in Palettierer und Systemführer heraus.

Auf allgemeiner Ebene können die Ergebnisse eigener Analysen technischer Handlungsanforderungen flexibler Fertigungssysteme mit vorliegenden Untersuchungen verbunden werden. Die technischen Handlungsanforderungen umfassen in Abhängigkeit von Systemkonfiguration, Peripherie und Softwarestruktur *allgemein* folgende Operationen:

- Auftragsorganisation beinhaltet das Einplanen der einzelnen Arbeitsgänge eines Auftrages in die Maschinenbelegungslisten der Bearbeitungszentren ebenso wie die Prüfung des Auftrages, bei der festgestellt wird, ob die benötigten NC-Programme und Werkzeuge auf den Maschinen existieren. Wenn das NC-Programm fehlt, so muß es in die Leitstation eingelesen werden. Vorhandene Werkzeuge sind hinsichtlich ihrer Standzeit zu kontrollieren und fehlende Werkzeuge bezüglich ihrer Stammdaten zu überprüfen, bevor sie in das System eingegeben werden. Zur Auftragsorganisation gehört auch die Bestimmung der Paletten-Nr. und das Starten des Auftrages. Bei Einfahraufträgen zur Programmoptimierung muß die Anlagenkonfiguration verändert, die Maschine aus dem DNC-Betrieb genommen und das Programm an der CNC-Steuerung des Bearbeitungszentrums editiert werden.

- Aktivierung des Rüst- oder Spannplatzes, die Justierung der Spannvorrichtung und Spannen der Werkstücke,

- Eingeben und Auslagern von Paletten,
- Einrichtebetrieb für die Handhabungsgeräte. Dazu gehören das Anfahren der Referenzpunkte und Teachen von Positionen,
- Programmierung von Meßmaschinen zur Roh- und Fertigteilkontrolle,
- Vermessen von Werkzeugen mit dem Werkzeugvoreinstellgerät,
- Programmieren zur Beschickung des Lagers,
- Programmierung und Wartung der Waschstation,
- Steuerung und Überwachung des Fertigungsablaufs. Dazu gehören insbesondere die Interpretation von Meldungen und entsprechenden Betriebszuständen am Monitor der Leitstation, die frühzeitige Identifikation von Fehlern und schnelle Störungsbeseitigung (vgl. Ebert/Herter 1988; Herter 1989).

4.3.5.3 Zur neuen Qualität der Tätigkeiten

Während der klassische Universaldreher seine Arbeit noch weitgehend auf der Grundlage von Berufsausbildung, Erfahrung und manueller Geschicklichkeit plante und ausführte, bleibt ihm mit den modernen rechnerunterstützten Werkzeugmaschinen der unmittelbare Bearbeitungsprozeß fast gänzlich verborgen. Das ist insbesondere bei flexiblen Fertigungssystemen der Fall, wo mehrere sich voll ersetzende oder ergänzende Bearbeitungszentren durch eine gemeinsame Werkstück- und Werkzeugversorgung so zu einem autonomen Gesamtsystem integriert sind, daß unterschiedliche Werkstücke gleichzeitig oder nacheinander in beliebiger Reihenfolge gefertigt werden können. Der Fertigungsablauf wird nicht durch Rüstvorgänge unterbrochen. Der Rechner steuert den gesamten Fertigungsablauf wie den Werkzeug- und Werkstückfluß, die Transportfahrzeuge oder die Belegung des internen Werkstückpuffers (Palettenpool) zur Bevorratung (vgl. Spur/Mertins 1981; Kief 1988a).

Im untersuchten Beispiel sind zwei gleichartige, sich voll ersetzende CNC-Bearbeitungszentren durch die gemeinsame automatische Werkstückversorgung über eine integrierte Rechnersteuerung zu einem Gesamtsystem verbunden (vgl. Abbildung 21). Das Fertigungssystem wird u. a. für die Bohr- und Fräsbearbeitung prismatischer Werkstücke eingesetzt. Die Steuerung des Systems erfolgt über die Leitstation und für den Transport der auf Paletten gespannten Werkstücke über die Transportsteuerung (vgl. Hammer 1989).

Die zentralen Eingabeeinheiten mit Tastenfeld und Monitor, also Leitstation und Transportsteuerung, sind von den Bearbeitungszentren räumlich getrennt. Die nun nicht mehr unmittelbar zu überschauenden Zerspanungsvorgänge in den Bearbeitungszentren des Fertigungssystems erscheinen an der Leitstation in Form von Bildschirmanzeigen. Nach entsprechenden Eingaben steuert der Rechner den Bearbeitungsprozeß, errechnet selbständig die Reihenfolge und Dauer der Auftragsbearbeitung und führt auch Qualitätskontrollen durch. Verschlissene Werkzeuge oder Werkzeuge, deren Standzeit abgelaufen ist, werden in grafischer Form ebenso angezeigt wie bestimmte Störungszustände.

Zum Kern der Arbeitstätigkeit wird am flexiblen Fertigungssystem der rechnergeführte Mensch-Maschine-Dialog, d.h. das zielgerichtete Abrufen von Informationen und die auftragsbezogene Disposition sowie Steuerung des Systems. Die Zerspanungsprozesse der jeweiligen Bearbeitungszentren erscheinen in Form von Betriebszustandsanzeigen, Zahlen oder Grafiken auf dem Monitor der Leitstation, d.h. in einer verallgemeinerten, symbolisch-abstrakten Form. Die Wirklichkeit des Zerspanungsprozesses wird damit zu systematisch durchlaufenden oder abrufbaren Anzeigen quantitativer und qualitativer Daten transformiert (vgl. Haug 1987).

Im Dialog mit dem Rechner können alle Informationen abgerufen werden, die für die Auftragsbearbeitung erforderlich sind. Dabei handelt es sich keineswegs um ein bloßes „Knöpfchendrücken". Die Wege, um an die notwendigen Informationen zu gelangen, sind vielfältig. Die angewählten Funktionen mit ihren angezeigten Zahlen, Texten, Grafiken und Fenstereinblendungen erfordern eine schnelle, situationsangemessene Selektions- und logische Problemlösefähigkeit. Es sind die Bedeutungen des Angezeigten zu erkennen und zu beurteilen, mehrere Informationen zu einem Situationsbefund zu integrieren und eine entsprechende Planung des Fertigungsablaufs zu erstellen. Das gilt besonders beim Einfahrauftrag mit entsprechender Programmoptimierung.

Während des Fertigungsprozesses ist der Zusammenhang von Überwachen und Eingreifen bedeutsam. Beim Überwachen wird im Rahmen eines permanenten Vergleichs von Soll- und Istzustand festgestellt, ob ein Eingriff erforderlich ist. Bei einer eintretenden Störung geht es um

- das rasche Erkennen und Beurteilen des Störsignals bzw. der Störungsanzeige,
- die Integration mehrerer Anzeigen zu einem Befund,
- die Umsetzung der Störfalldiagnose in eine entsprechende Handlung.

Dazu benötigt der Facharbeiter nicht nur grundlegende Kenntnisse des Zerspanungsprozesses, sondern vor allem Wissen über die rechnergesteuerten System- und Funktionszusammenhänge.

Am flexiblen Fertigungssystem treten dispositive, verwaltende und kontrollierende Aufgaben in den Vordergrund. Der Anteil herkömmlicher manueller Tätigkeiten reduziert sich vornehmlich auf das Einrichten der Palette, Spannen und Entnehmen der Werkstücke am Rüst- oder Spannplatz, die Qualitätsprüfung, die Bereitstellung eingemessener Werkzeuge oder das Auslagern und Einschleusen von Paletten.

In dem Maße, wie die Steuerung und Überwachung des Fertigungsprozesses zur zentralen Tätigkeit wird, erhält die benutzerfreundliche Gestaltung des Transferprozesses von der sinnlichen Ebene unmittelbarer Bearbeitung zum Verständnis der nun im Rechner vorhandenen Strukturierung des Fertigungsablaufs, sowohl bei der Ausbildung als auch im Arbeitsprozeß, besonderes Gewicht. Das betrifft insbesondere die Darstellung der Softwarestruktur und auch übergreifend die gesamte vom Hersteller abgebotene Schulung des Anwenders (vgl. Ebert/Herter/Thomas 1989).

Die neue Qualität von Tätigkeiten an rechnerunterstützten Maschinen und Fertigungssystemen besteht nicht mehr im unmittelbaren Drehen, Bohren oder Fräsen, sondern die entscheidenden Tätigkeiten an diesen Arbeitsplätzen sind nunmehr die Gewährleistung der

- effektiven Auslastung,
- störungsfreien Bearbeitung,
- optimalen Qualität und, im Störfall,
- raschen Überwindung der Stillstandzeiten.

Das entscheidende „Produkt" dieser Arbeit ist die sachgerechte Führung von Maschine und System (vgl. Iribarne 1987). Damit geht ein Verlust des Selbstverständnisses des konventionellen Drehers einher, das sich bisher in der mit manuellem Geschick erreichten Qualität, den produzierten Stückzahlen und entsprechendem Lohn unmittelbar ausdrückte. Sein Erfolgserlebnis resultiert im wesentlichen aus dem anschaubaren Produkt, während die Tätigkeit am flexiblen Fertigungssystem jetzt keinem Werkstück mehr unmittelbar zugeordnet werden kann.

4.3.5.4 Neue Qualifikationsanforderungen

Verhältnis von Arbeitsperson und Fertigungssystem
Im Gegensatz zu vorliegenden Tätigkeitsanalysen und Qualifikationsuntersuchungen, die teilweise von Tätigkeiten *im* flexiblen Fertigungssystem sprechen, wird der Facharbeiter in diesem Zusammenhang nicht als Bestandteil des Systems begriffen. Der Systemführer arbeitet *am* System. Eine Integration oder Verschmelzung von System und Arbeitsperson findet auch dann nicht statt, wenn der Systemführer im System arbeitet, also Schutzräume des Systems, z. B. des schienengebundenen Werkzeug- und Werkstücktransports, etwa zum Einrichtebetrieb des Palettenwagens, betritt. Erweitert sich dieser Systemansatz jedoch auf die gesamte Fabrik, arbeitet die Arbeitsperson *in* dem so abgegrenzten System.

Diese Unterscheidung verdeutlicht auch die Qualität der neuen rechnerunterstützten Produktionstechnik, die den Werker vom Arbeitstakt der Maschine entlastet, ihm tendenziell erweiterte dispositive Möglichkeiten einräumt (vgl. Spur/Specht 1987). Damit ist der Mensch nicht mehr länger als Beifügung zur Maschine zu betrachten, sondern er wird in Abhängigkeit von ihrer technischen Auslegung und ihrem betrieblichen Einsatz der Tendenz nach zum Gestalter rechnerunterstützter Fertigungsprozesse. Die Berücksichtigung menschlicher Voraussetzungen am System verweist hier auf die Notwendigkeit einer humanorientierten Gestaltung, insbesondere des rechnergeführten Mensch-Maschine-Dialogs und der Bedienoberflächen, vor allem von Leitstation oder Leitstand (vgl. Balzert 1983; Buscholl/Schreuder 1986; Heeg 1988).

Zur Bestimmung der Tätigkeitsanforderungen am flexiblen Fertigungssystem gehört die Berücksichtigung des Zusammenhangs von

- technischen Handlungsanforderungen, den darin zum Ausdruck gelangenden technisch bedingten Handlungspotentialen oder -begrenzungen,

- betrieblichem Einsatz, Arbeitsorganisation und daraus hervorgehenden konkreten Handlungen,
- personalen Handlungsbedingungen.

Personale Handlungsbedingungen

Zu den personalen Handlungsbedingungen am flexiblen Fertigungssystem gehört zunächst die Motivation, mit dem System arbeiten zu *wollen*, d.h. schon vor der Inbetriebnahme müssen die Werker informiert und qualifiziert werden (vgl. VDI 1989).

Es zählt zur unabdingbaren Voraussetzung jeder Neueinführung moderner Produktionstechnik, die Personalvertretung einzubeziehen, denn „nur durch eine frühzeitige, möglichst weitreichende Information lassen sich Vorbehalte oder sogar Ängste der betroffenen Mitarbeiter abbauen oder ganz vermeiden..." (Jorissen/Kämpfer/Schulte 1986, S.40). Aus dieser Perspektive bedarf es zugleich der Vermittlung jenes *Wissens* und *Könnens*, das den technischen Handlungsanforderungen sowie der möglichen und vorhandenen Auftrags- und Arbeitsorganisation entspricht.

Um ein flexibles Fertigungssystem zu führen, ist ein inneres, gedankliches Modell von Systemkonfiguration und -funktionen erforderlich, d.h. ein operatives Abbildsystem (vgl. Hacker 1986, S.120 ff.). Dabei gewinnen solche Fähigkeiten wie Abstraktionsvermögen und anlaytisch-logisches Denken an Bedeutung, etwa zur Zerlegung des Arbeitsablaufs in logische Einzelschritte und ihre Übersetzung in Programmbefehle. Die symbolisch-abstrakten Formen flexibel automatisierter Produktionstechnik verlangen nach einer konkreten maschinenbezogenen Rückbindung, etwa als Übungen verschiedener Varianten des Maschinenlaufs (Bohren, Drehen, Fräsen unterschiedlicher Teile etc.) oder als Übungen der Störungslokalisierung und Störungskategorisierung, z. B. nach Bedienungs- oder Systemfehlern.

Dadurch gewinnt der Systemführer die Fähigkeit zu einem den jeweiligen Betriebszuständen entsprechenden, situationsangemessenen Handeln. Dann können auch außergewöhnliche Betriebszustände schnell identifiziert und auftragsgemäß beeinflußt werden. Dieses Wissen und Können muß umfassend genug sein, um die notwendige Sicherheit zu erzeugen, das System zu beherrschen und nicht von ihm beherrscht zu werden. Zugleich schafft ein solches Wissen und Können die Voraussetzungen zur verantwortlichen Führung des Systems.

Wissen und Können zur Systemführung

Unter zusätzlicher Berücksichtigung voranstehend angeführter Tätigkeitsanalysen und Qualifikationsuntersuchungen kann zur Führung flexibler Fertigungssysteme allgemein folgendes technische und soziale Wissen sowie Können identifiziert werden:

- Grundkenntnisse und Fertigkeiten in der traditionellen Zerspanungstechnik (Drehen, Bohren, Fräsen, Hobeln),
- Grundkenntnisse in der Bedienung rechnergesteuerter Bearbeitszentren sowie der angelagerten Technik (z. B. Transportroboter, Hochregallager).

Dazu gehören:

- Grundkenntnisse über Aufbau und Funktion der Maschinen,
- Grundkenntnisse über Aufbau und Funktion der Steuerungen,
- Fähigkeit zur Umsetzung von Zustandsinformationen in Steuerbefehle,
- Fertigkeiten zur Bedienung unterschiedlicher Displays,
- Grundkenntnisse und Fertigkeiten zum Einrichten.

Dazu gehören:

- Grundkenntnisse der Programmierung, d.h. Verständnis der Softwarestruktur des Systems,
- Grundkenntnisse systembezogener Programmierung,
- Lesen und Einlesen von Programmen, Fähigkeit zur Optimierung oder Korrektur von Programmen, d.h. zum Denken in Varianten, zum Finden optimaler Lösungen, zur Darstellung in algrorithmischer Forme, z. B. als Flußplan oder Programmablaufplan,
- Grundkenntnisse und Fertigkeiten zur Fehleridentifikation, zur Lokalisierung von Störungen und zur Fehlerbeseitigung, Fähigkeit zu schneller Entscheidungsfindung,
- Fertigkeiten zur Kontrolle und zum Anfahren der Referenzpunkte von Maschinen und Handhabung,
- Grundkenntnisse und Fertigkeiten der Werkzeugvoreinstellung,
- Kenntnisse und Fertigkeiten im Umgang mit Meß- und Prüfwerkzeugen bzw. automatisierter Rohteil- und Fertigteilkontrolle,
- Grundkenntnisse und Fertigkeiten im Umgang mit dem Transport- und Lagerprozeß,

- Grundkenntnisse und Fertigkeiten bei Pflege und Wartung der Anlagen.

Daraus ergibt sich vor allem die Notwendigkeit der Befähigung des Systemführers

- zur Identifikation des Zerspanungsprozesses in den Formen der Software,
- zum Systemdenken, zumindest aber zum Denken in Zusammenhängen,
- zur schnellen Selektion von Information,
- zur selbständigen Entscheidung und Planung,
- zur Verantwortung,
- zur sachbezogenen Kooperation und Kommunikation mit den Kollegen

und angesichts permanent fortschreitender technischer Veränderungen der Fertigungstechnik die Befähigung *zu lebenslangem, berufsbegleitendem Lernen.*

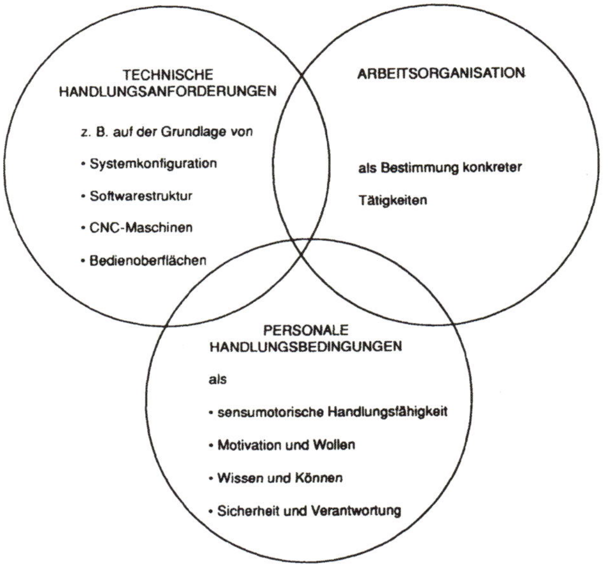

Abbildung 55: Betriebliche Arbeitswelt

Im Gefüge flexibel automatisierter Fertigungstechnik und Arbeitsorganisation erhalten die personalen Handlungsbedingungen zunehmend Gewicht. Vor diesem Hintergrund können die folgenden allgemeinen personalen Fähigkeiten hervorgehoben werden (vgl. Lamszus/Sanmann 1987, S. 213):

- Lernfähigkeit,
- Denken in Zusammenhängen/Systemdenken,
- Analytisches Denken,
- Dispositives Denken,
- Informationsverarbeitungsfähigkeit,
- Kooperationsfähigkeit und Kommunikationsfähigkeit,
- Verantwortungsbereitschaft.

Diese Fähigkeiten sind nicht nur für die Bereiche beruflicher Qualifikation von herausragender Bedeutung, sondern für die Bildung generell (vgl. Ebert/Herter/Thomas 1987a). Zusammenfassend läßt sich feststellen, daß sich mit der flexibel automatisierten Produktionstechnik das Verhältnis ändert von

- *manuellen und steuernden Tätigkeiten*, d.h. die manuellen treten hinter die steuernden und kontrollierenden Tätigkeiten zurück;
- *Anschauung und Abstraktion*, denn der in verschiedenen Bearbeitungszentren zugleich ablaufende Fertigungsprozeß ist nur noch eingeschränkt sinnlich zu übersehen. Die Bearbeitungszustände erscheinen in Form von Rechneranzeigen;
- *Planung und Ausführung* in Abhängigkeit von technischer Ausstattung und Arbeitsorganisation zu einer ganzheitlichen Aufgabenstellung;
- *Einzeltätigkeit und Arbeit im Team*, d.h. eine intensive Abstimmung und Information über Auftragsorganisation und Betriebszustand wird erforderlich. Die traditionelle Trennung von funktionaler und extrafunktionaler Qualifikation wird damit zumindest tendenziell in Frage gestellt.

4.4 Psychologische Untersuchungen zum Erleben technologischer Veränderungen am Arbeitsplatz

Der säkulare Prozeß technischen Wandels hat nicht nur tiefgreifende Veränderungen im System von Arbeit und Bildung bewirkt, er hat ebenso zu einer umwälzenden Differenzierung des individuellen Lebensverlaufs beigetragen, die zunehmend auch als „Entdifferenzierung" beschrieben wird. Dazu gehören ebenso die Herausbildung einer immer größeren Anzahl funktionaler gesellschaftlicher Einheiten und Regulationssysteme wie eine nicht mehr nur lineare Abfolge von lebenszeitlichen und geschlechtsspezifischen Rollen (vgl. Mayer 1992).

Von besonderem Interesse in diesem Zusammenhang ist die zunehmende Diskontinuität der traditionellen Abfolge von Schulbildung beruflicher Erstausbildung – Berufstätigkeit – Ruhestand unter dem Druck permanenter Weiterbildung einerseits, demographischer und sozialer Veränderungen andererseits.

Die immer raschere Veraltung berufsspezifischen Wissens hat bislang dazu geführt, technische Innovationen bevorzugt mit jungen, adäquat ausgebildeten Arbeitskräften zu bewältigen und Vorruhestandsregelungen zu fördern. Die Weiterbildungsstatistiken belegen, daß vor allem Jüngere und relativ gut Vor- und Ausgebildete von Weiterbildungsangeboten Gebrauch machen.

Demographische Entwicklungstendenzen lassen allerdings dieses Muster zunehmend obsolet erscheinen. 1910 waren 5 % der Einwohner des Deutschen Reiches 65 Jahre alt und älter, 1988 waren es in Deutschland (BRD und DDR) bereits 15 %, für das Jahr 2040 wird mit einem Anteil von 30 % gerechnet. Wanderungen und ggf. plötzliche Veränderungen der vorerst sinkenden Geburtenraten verändern dieses Bild kaum. Der gängigen Strategie zur Bewältigung technischer Innovationen durch Rekrutierung junger, nach dem neuesten Stand ausgebildeter Arbeitskräfte, sind damit demographische Grenzen gesetzt.

Darüber hinaus zeichnet sich bereits ein Wandel sowohl der individuellen Bildungs- und Arbeitsbedürfnisse als auch der sozialpolitischen Notwendigkeiten ihrer Regulierung ab. Das Erwerbsengagement von Frauen steigt, die Abfolge von Ausbildung und Arbeit wird fließend und umkehrbar; Berufsorientierung und Berufswechselorientierung verschränken sich; die Entlastung von körperlich und psychisch monotoner, von schwerer und gesundheitsbelastender Arbeit durch Automatisierung kann die Bereitschaft zu weiterer Erwerbstätigkeit fördern; Arbeit wird zunehmend nicht nur als Erwerbstätigkeit, sondern als sozialbindend und -fördernd, als sinnstiftend, als Selbstwert gesehen und gefordert. Selbst ältere Studien zur Wirkung von Arbeitslosigkeit belegen diese Aspekte bereits eindeutig und erneut realitätsnah (vgl. Jahoda/Lazarsfeld/Zeisel 1975).

Die verbreitete These vom „Ende der Arbeitsgesellschaft" widerspricht dem allen nicht. Sie basiert auf dem statischen Konzept marktwirtschaftlich bezahlbarer Arbeit, nicht auf einem ebenso denkbaren gesellschaftlich notwendiger Arbeit. Dies alles schlägt sich schließlich auch nieder in Diskussionen zu einer Reform der Rentengesetzgebung, die eine Flexibilisierung der Lebenszeitarbeitsregelungen zum Ziel hat. Betriebe, dies ist das Fazit, werden sich zunehmend darauf einstellen müssen, technische und arbeitsorganisatorische Innovationen mit dem vorhandenen Personalbestand zu realisieren, d.h. auch, bisher weniger beachtete Gruppen von Arbeitnehmern zu fördern und weiterzubilden: Ältere, Frauen, ausländische Arbeitnehmer, weniger gut Vorqualifizierte.

Vor diesem Hintergrund ist untersucht worden, wie die Veränderungen am Arbeitsplatz aufgrund von Automatisierungstendenzen von verschiedenen Gruppen von Arbeitnehmern erlebt werden und welche Formen der Anpassung an technische Innovationen bislang beobachtbar sind. Besonderes Augenmerk galt dabei der Einstellung zu Weiterbildungsangeboten und den Bedingungen ihrer Akzeptanz.

Ein gravierendes Defizit bei der Verfolgung dieser Fragestellung ist vorab zu konstatieren: Alters-, geschlechtsgruppenspezifische und gruppenspezifische Untersuchungen liegen bislang kaum vor. Vor allem mangelt es an altersgruppenspezifischen Erfahrungen, erklärlich aus der bislang bevorzugten Strategie der Neueinstellung Jüngerer.

Die inzwischen auch in der Bundesrepublik verstärkt einsetzende gerontologische Forschung beschäftigt sich vorzugsweise mit Altersgruppen jenseits der verbreiteten Erwerbsaltersgrenzen (vgl. Baltes/Mittelstraß 1992). Die im Normalfall geltenden Altersgrenzen für die öffentliche Förderung von Fort- und Weiterbildung nach dem Arbeitsförderungsgesetz lassen zwischen Förderungsbereitschaft und Förderungsnotwendigkeit einer Altersspanne von ca. 20 Jahren klaffen. Insbesondere die um die 50 Jahre alten erwerbstätigen oder erwerbsfähigen Männer und Frauen stellen eine carte blanche dar. Akzeptanz von Technik bei älteren Arbeitnehmern oder gar bei Älteren generell, Anpassungsschwierigkeiten und Anpassungsmöglichkeiten waren bislang kaum Themen wissenschaftlichen Interesses.

In dieser Situation sind zwei Wege verfolgt worden. Zum einen wurde die vorliegende, zumeist angelsächsische Literatur zu gängigen Urteilen, Vorurteilen und vor allem Erfahrungen im Hinblick auf möglicherweise generalisierbare Aussagen auch in einem anderen kulturellen Kontext ausgewertet; zum anderen ist eine umfangreiche eigene Untersuchung zur Weiterbildung in modernen Fabrikbetrieben durchgeführt worden, d.h. in Fabriken mit einem relativ hohen Automatisierungsgrad, die grundlegende Bedingungen von Anpassungsstrategien und Weiterbildungsmöglichkeiten unterschiedlicher Arbeitnehmergruppen erhellt.

4.4.1 *Leistungsfähigkeit unterschiedlicher Gruppen von Arbeitnehmern im Hinblick auf Automatisierungen am Arbeitsplatz*

4.4.1.1 Zur Leistungsfähigkeit älterer Arbeitnehmer

Stereotype und die besonderen Fähigkeiten älterer Arbeitnehmer

In der Regel herrschen bei den Vorgesetzten negative Stereotype über den älteren Arbeitnehmer (ab etwa 50 Jahren) vor (vgl. Pohl 1976; Craft/Doctors/Shkop/Benecki 1979; von Benda/Staufer 1988). Die Zuordnung zur Gruppe der „älteren Arbeitnehmer" variiert dabei jedoch berufs-, betriebs- und tätigkeitsspezifisch (vgl. Lehr 1981). Vielfach wird angenommen, die Älteren hätten geringere Energie und seien weniger ehrgeizig, in ihren Auffassungen rigider und weniger ernsthaft an der Arbeit interessiert. McConnell (1983) berichtet über zwei Untersuchungen von Harris et al. (1974 und 1981), die zeigen, daß acht von zehn Amerikanern der Meinung sind, Arbeitgeber diskriminierten ältere Menschen und erschwerten ihnen die Arbeitssuche. Mercer (1981, ebenfalls in McConnell 1983) fand, daß 61 % der Arbeitgeber selbst glaubten, daß Menschen wegen ihres Alters diskriminiert würden, und daß 12 % der Meinung sind, ältere Arbeitnehmer bekämen für die gleiche Arbeit weniger Lohn als jüngere. Effektivität und Flexibilität wurden in verschiedenen Untersuchungen älteren Mitarbeitern von vornherein abgesprochen (vgl. McConnell 1983).

In einer Studie von Arvey und Neel (1976) mit 98 Ingenieuren zwischen 29 und 60 Jahren wurden die über 40jährigen von ihren Vorgesetzten im Hinblick auf die Identifikation mit dem Beruf, exploratives Verhalten, Initiative, Teamfähigkeit und Effektivität insgesamt schlechter eingeschätzt als die jüngeren Ingenieure. Die Älteren wurden jedoch bezogen auf Konzentration, Durchhaltevermögen und Einsatz für den Betrieb höher beurteilt.

In Untersuchungen erbringen etwa 30 % der älteren Arbeitnehmer bessere Leistungen als jüngere; die Bedeutung differentieller Aspekte nimmt mit dem Alter allerdings zu. Verschiedene Studien zeigen, daß Ältere beständiger, gründlicher, sicherer und mit mehr Einsatz arbeiten, aber zum Teil auch langsamer und bei neuen Aufgaben zum Teil besser nach einen Vortraining (vgl. Stagner 1985, Lehr 1987). In einer Untersuchung von 191 Produktionsarbeitern der chemischen Großindustrie fand Schmidt (1973 und 1977) keine Altersunterschiede in der Leistungsfähigkeit, Belastbarkeit und Arbeitseinstellung. Im Hinblick auf die Eignung älterer Arbeitnehmer für die automatisierte Produktion zeigte sich, daß gerade an Arbeitsplätzen, die eine höhere Qualifikation voraussetzen, vor allem die älteren Arbeitnehmer vertreten waren. Trotz dieser Altersverteilung, die als Indiz für die berufliche Effizienz der älteren gewertet werden kann, war jedoch in demselben Betrieb vor allem bei jüngeren Beschäftigten die Meinung verbreitet, mit zunehmendem Alter sei eine Leistungseinbuße und Verminderung der geistigen Flexibilität unvermeidlich.

Mit höherem Alter wird häufig eine Tendenz zur Erhaltung bereits existierender Werte und Normen und die Neigung zu einer gleichbleibenden Arbeitshaltung in Zusammenhang gebracht (vgl. McConnell 1983). Zu den Erfahrungspotentialen der älteren Arbeitnehmer, die sie gegenüber den jüngeren Arbeitnehmern auszeichnen, gehören neben den Kenntnissen über Arbeitsabläufe und betriebliche Strukturen auch Fertigkeiten im Umgang mit schwierigen Situationen. Aus der Praxis sind als spezifische Fertigkeiten älterer Arbeitnehmer bekannt: Sach- und personenbezogene Erfahrungen (Kontinuität, Fachwissen, Betriebsroutine usw.), eine gewachsene Lebensphilosophie (Sinnhaftigkeit und Sinnvermittlung) und Lernfähigkeit (Rollenvielfalt, Toleranz, Kooperation,

Ausgleichenkönnen, Überzeugenkönnen usw.) (vgl. Staudacher 1984). Der erfahrungsbedingte Wissensvorsprung der älteren stellt eine Art Reservekapazität dar, die bei Einführung neuer Technologien jedoch als bedroht erlebt werden kann (vgl. Wiedemann 1988).

Sensorische und psychomotorische Leistungen
Im sensorischen und psychomotorischen Bereich ergibt sich in Experimenten häufig ein Abfall der Leistungen Älterer gegenüber Jüngeren (vgl. Baugher 1978; Stagner 1985; Lehr 1987). So schneiden Ältere in Tests zur Hörgenauigkeit und Weitsicht schlechter ab. Im Arbeitsalltag ist jedoch häufiger die Sehschärfe für wenig entfernte Gegenstände erforderlich, für die kein Alterseffekt gefunden wurde.

In verschiedenen Untersuchungen zur Reaktionszeit fand man schlechtere Leistungen bei Älteren. Es zeigte sich jedoch, daß die Reaktionszeiten deutlich kürzer wurden, wenn ein Vorsignal gegeben wurde und die gestellten Aufgaben strukturiert und eindeutig waren. Barrett, Mihal, Panek, Sterns und Alexander (1977) untersuchten 70 Lastwagenfahrer zwischen 25 und 64 Jahren im Hinblick auf die perzeptuell-motorische Reaktionszeit in drei unterschiedlich komplexen Aufgaben. Diese bestanden daraus, 1. auf ein Signal hin auf die Bremse zu treten, 2. auf eines von drei Signalen die je zugehörige Reaktion (rechts bzw. links lenken, bremsen) zu zeigen und 3. in einer komplexen, photographisch dargebotenen Situation angemessen (durch Lenken, Bremsen, Beschleunigen usw.) zu reagieren. Nur bei letzterer Aufgabenstellung zeigte sich ein Alterseffekt besonders für die Gruppe der 52 bis 64jährigen.

Solche experimentell gefundenen Leistungsunterschiede sind jedoch nicht unbedingt gleichzusetzen mit einem Abfall in den Arbeitsleistungen im Alltag, da hier Erfahrungen und kompensatorische Anstrengungen gleich gute oder sogar bessere Leistungen ermöglichen (vgl. Stagner 1985). Thumin (1981) fand bei 187 Bewerbern zwischen 20 und 53 Jahren, daß die älteren ein genauso gutes mechanisches Verständnis für neue Aufgaben hatten wie die jüngeren und zwar auch unabhängig davon, ob die gestellten Probleme mit oder ohne Zeitlimitierung zu lösen uaren.

Berufsspezifität und altersbezogene Leistungsverläufe
Ob sich die berufliche Leistungsfähigkeit noch im mittleren Erwachsenenalter steigert, hängt unter anderem von der Art der Tätigkeit ab. In

Berufen, die einen hohen körperlichen Einsatz erfordern, wird der Leistungshöhepunkt früher erreicht; in Berufen, in denen vorrangig kognitive Fähigkeiten und Erfahrung wichtig sind, findet man Leistungssteigerungen bis ins sehr hohe Erwachsenenalter hinein (vgl. Baugher 1978). Dies zeigt idealtypisch folgende Abbildung:

Kurve (A) zeigt den Leistungsverlauf für Tätigkeiten, die in erster Linie physische Kraft beanspruchen (z. B. Hochofenarbeit). Der Leistungshöhepunkt wird zwischen 20 und 30 Jahren erreicht, die Leistungsfähigkeit nimmt danach ab. Kurve (B) gibt den Verlauf für Berufe wieder, in denen die Muskelkraft eine untergeordnete Rolle spielt und Wissen und Erfahrung im Vordergrund stehen (z. B. wissenschaftliche Berufe). Die Auseinandersetzung mit den beruflichen Aufgabenstellungen führt kumulativ zu einem Leistungszuwachs bis ins höhere Alter. Kurve (C) zeigt den Verlauf in Berufen, die gleichermaßen körperliche und erfahrungsbasierte Fähigkeiten verlangen (z. B. im praktisch-technischen Bereich). Ein Leistunghöhepunkt wird hier etwa im Alter von 30 bis 40 Jahren angesetzt mit einem darauffolgenden relativ langsamen Altersabfall.

Je nach Branche scheint auch bei Tätigkeiten, die im Hinblick auf ihre hierarchische Position ähnlich sind (z. B. Management), eine unterschiedliche Altersstruktur sinnvoll zu sein. So fand Davis (1981) in einem Vergleich von zehn US-amerikanischen Wirtschafts- und Industriezweigen, daß im Bankgewerbe und der Containerindustrie das Management

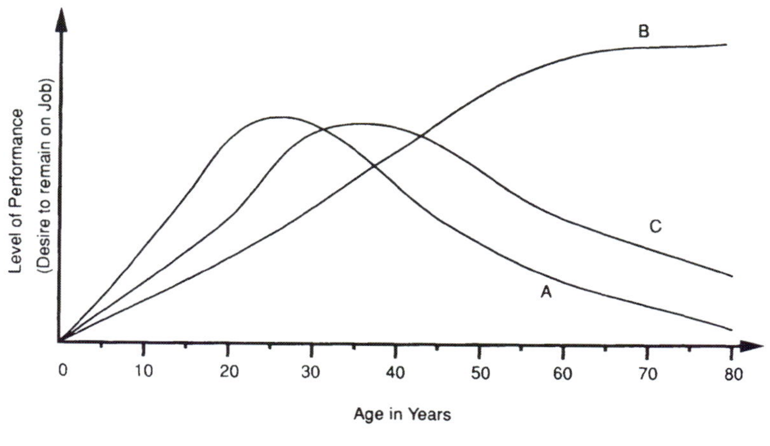

Abbildung 56: Altersbezogene Leistungsverläufe (nach Baugher 1978)

vor allem aus jüngeren Mitarbeitern bestand, während in der Stahlindustrie und im Verwaltungsbereich der Eisenbahngesellschaften weit ältere Personen führende Positionen innehatten. Die Gründe für diese unterschiedliche Altersstruktur werden in den branchenspezifischen Anforderungen – häufige und rasche Veränderungen vs. Erfahrungsgebundenheit als Grundlage erfolgreichen Managements – gesehen.

Auch innerhalb einiger Branchen gibt es typische „alte“ und „junge“ Berufe. Kunze (1974) untersuchte 12.628 Mitarbeiter einer Flugzeugfirma nach der Altersstruktur der im Unternehmen vertretenen Berufszweige. „Junge“ Tätigkeiten waren Jobs für Berufsanfänger mit geringer Qualifikation, schlecht bezahlte und körperlich anstrengende Tätigkeiten, die keine Bandbreite an Erfahrungen voraussetzen, sowie Tätigkeiten, die relativ neuen Berufszweigen entstammten (z. B. Programmieren) oder sowohl Qualifikation als auch Anstrengung erforderten (z. B. Testpilot). „Alte“ Tätigkeiten waren solche, die relativ weit oben auf der Karriereleiter angesiedelt wurden, gut bezahlt waren, eher geistige als körperliche Arbeit beinhalteten, eine Bandbreite an beruflichen Erfahrungen voraussetzten, oder traditionelle Tätigkeiten, wie Anstreicher oder Buchhalter. Die adäquate Plazierung der Arbeitnehmer erwies sich für ihre Zufriedenheit am Arbeitslatz als wichtig. Allerdings fanden sich zufriedene und in der Arbeit effiziente ältere Arbeitnehmer auch an „jungen“ Arbeitsplätzen und umgekehrt.

Die Weiterbildungsfähigkeit älterer Arbeitnehmer

Ältere können erfolgreich technisch weitergebildet werden (vgl. Perry 1983); durch ein Training im Umgang mit technischen Geräten konnte Älteren eine vorhandene Angst vor diesen Geräten recht schnell genommen werden (vgl. Straka 1988). Umschulungen auf elektronische Geräte im Luftfahrtbereich, im Druckgewerbe und im automatisierten Nahverkehr waren genauso erfolgreich bei Älteren wie bei Jüngeren; die Einstellung zum Neulernen war besonders positiv, wenn Aspekte des sozialen Umfeldes (Zusammenarbeit mit Kollegen) einbezogen wurden (vgl. Casey 1973; Kunze 1974). Gleichwohl wird Aus- und Weiterbildung schwerpunktmäßig für Arbeitnehmer im jüngeren Erwachsenenalter thematisiert (vgl. Deutscher Bundestag 1984; Troll 1987); allerdings nehmen Forderungen nach einer Ausdehnung des Weiterbildungsangebots für alle Altersgruppen zu (vgl. Spur 1986; Bundeszentrale für politische Bildung 1988).

Weiterbildung und die zunehmende Nutzung eines Weiterbildungsangebotes ist aber auch stark von der Art des Arbeitsplatzes abhängig. Stooß (1987) berichtet – auf der Grundlage von Daten des Bundesinstituts für Berufsbildung und des Instituts für Arbeitsmarkt- und Berufsforschung der Bundesanstalt für Arbeit – in einem Vergleich der 6-Jahres-Zeiträume 1974 bis 1979 und 1980 bis 1985, daß die Teilnahme an beruflicher Fortbildung/Umschulung bei Nicht(EDV-)Anwendern unverändert 18 % betragen habe, bei Hauptanwendern und gelegentlichen Anwendern aber von 32 % auf etwa 45 % gestiegen sei. Bezogen auf die Schulbildung bestand eine ausgeprägte Differenz zwischen Nicht- und Hauptanwendern zugunsten der letztgenannten Gruppe.

4.4.1.2 Bedeutung von Persönlichkeitsmerkmalen und Berufsbiographie

Relevante Persönlichkeitsfaktoren

Negative Stereotype der weniger leistungsfähigen älteren Arbeitnehmer werden zum Teil von ihnen selbst übernommen; sie halten sich schneller für überflüssig als junge Menschen (Belbin 1978). Dies kann sich im Sinne einer „self-fulfilling prophecy" auf die Anstrengungsbereitschaft und Arbeitsleistung auswirken. Dies kann auch zu einer erhöhten Ängstlichkeit führen, im Vergleich zu Jüngeren schlechter zu sein, was ebenfalls negative Auswirkungen auf die Leistungen haben kann (vgl. Stagner 1985).

Wichtiger als das kalendarische Alter erwies sich die Rigidität/Flexibilität von Arbeitnehmern für ihre Bereitschaft zum Neulernen und zur Adaptation an eine neue Arbeitsplatzgestaltung (vgl. Stagner 1975; Baugher 1978). „Sensitizer", d.h. Personen, die offen für Veränderungen in ihrer Umgebung sind, zeigten in Leistungstests höhere Werte mit steigendem Alter, während die Leistungen von „avoidern" abnahmen (vgl. Andrew 1973). Zu berücksichtigen sind auch die Auswirkungen aktiven Verhaltens auf Persönlichkeitsmerkmale. So nimmt die „fluide" Intelligenz, d.h. die Fähigkeit zur flexiblen Bewältigung neuer Problemstellungen, nicht notwendigerweise mit dem Alter ab; sie erwies sich durch ein Training selbst noch im höheren Erwachsenenalter als steigerbar (vgl. weiter hierzu Lehr, Dreher/Schmitz-Scherzer 1970; Blieszner/Willis/Baltes 1981).

Bedeutsame Aspekte der persönlichen und beruflichen Sozialisation

Preiß (1984) kommt in einer Studie mit 42 Prüffeldtechnikern und 58 Entwicklungsingenieuren aus dem Bereich der Elektroindustrie im süddeutschen Raum auf der Basis von biographischen Interviews zu folgenden Ergebissen: „Welche besondere Problemkonstellation sich für die einzelnen Arbeitskräfte im Rahmen betrieblicher Rationalisierungsstrategien jeweils ergibt und wie sie damit umgehen, ist ... nicht vorab allein auf der Ebene veränderter objektiver Rahmenbedingungen bestimmbar, sondern erst durch die Art und Weise der Wahrnehmung, Verarbeitung und interessenbezogenen Auseinandersetzung mit der betrieblich-beruflichen Situation im Kontext ihrer jeweiligen subjektiv-biograhischen Bedingungen“ (Preiß 1984, S. 179). Als charakteristisches Merkmal heutiger Arbeitswelt wird die Mißachtung des Individuums mit seinen besonderen sozialen Bedürfnissen und die Reduzierung auf das jeweilige verwertbare Arbeitsvermögen gesehen.

Personen mit höherer Ausbildung empfinden Monotonie in der Arbeit (z. B. am Fließband) besonders negativ, wie Stagner (1975) in einer Untersuchung mit mehreren Tausend Beschäftigten in der amerikanischen Automobilindustrie feststellte. In einer britischen Studie von Broadbent (1978) konnte sogar ein Zusammenhang zwischen Fließbandarbeit und dem Abbau verschiedener kognitiver Fähigkeiten, z. B. von Gedächtnisleistungen, Wahrnehmungsgenauigkeit und verbalen Fähigkeiten, nachgewiesen werden.

Veränderungen in den Leistungen aufgrund berufsbiographischer Erfahrungen werden in einigen Publikationen mit der „expectancy theory“ von Vroom (1964) erklärt. Dieser Ansatz geht davon aus, daß die Motivation für eine bestimmte Arbeit eine Funktion ist

- von der wahrgenommenen Wahrscheinlichkeit, daß arbeitsbezogene Anstrengungen zu Veränderungen führen (Expektanz),
- von der Erwartung, daß die eigene Tätigkeit zu bestimmten Ergebnissen führt (Instrumentalität) und
- von der Erwünschtheit (den Valenzen) dieser Ergebnisse (z. B. ein höheres Gehalt, der Zuwachs an Kompetenzen, Produktionssteigerung, geregeltere Arbeitszeiten usw.).

Heneman (1973) fand, daß ältere Abteilungsleiter geringere Instrumentalität erlebten als Jüngere, sich also selbst weniger als Verursacher bestimmter Ergebnisse sahen. Wohl als Ergebnis von Erfahrungen aus langer Berufspraxis nahmen sie als weniger wahrscheinlich an, daß die eigenen Anstrengungen überhaupt zu Veränderungen führten. Die Erfahrung vorrangig externaler Kontrolle kann zu Phänomenen der „gelernten Hilflosigkeit" führen (vgl. Stagner 1985).

Für das Leistungsverhalten am Arbeitsplatz spielt auch eine wichtige Rolle, welche – oft impliziten – Normen von anderen Arbeitnehmern im Rahmen des „on the job trainings" vermittelt worden sind (vgl. La Rocco/Jones 1980, Hazer/Alvarez 1981). Preiß (1984) fand, daß der vom Betrieb geforderte Einsatz übereinstimmend von den Beschäftigten, die von technischen Innovationsmaßnahmen betroffen waren, sehr kritisch geprüft wurde. Da sie die materielle Entschädigung für ihre Arbeitsleistungen nicht als angemessen erlebten, bestand die Tendenz, sich wachsendem Leistungsdruck und gesundheitlichem Verschleiß zu entziehen, auch um die eigene Arbeitskraft aufrechtzuerhalten. Kompensatorisch wurde der Freizeitbereich stärker betont und die Grenze der individuellen Zumutbarkeit enger gezogen.

Bei älteren Arbeitnehmern findet man im Sinne eines Kohorteneffekts aufgrund von Erfahrungen in Zeiten wirtschaftlicher Rezession jedoch auch eine größere Bereitschaft, Anstrengungen zu unternehmen, um den Arbeitsplatz zu behalten (vgl. Wollach/ Goodale/Wijting/Smith 1971). In persönlich sehr fordernden Berufen (im Management oder medizinisch-sozialen Bereich) sind allerdings auch „burn-out"-Probleme bei Personen im mittleren Erwachsenenalter festzustellen, d.h. Erschöpfungserscheinungen, die einer weiteren Leistungssteigerung entgegenstehen oder sogar zum Berufswechsel führen (vgl. Jones 1981).

Schaff (1982) vertritt die Position, daß die durch die Mikroelektronik veränderten Quantität und Qualität der Arbeit den traditionellen Sinn des Lebens in Frage stelle. Evans (1982) führt am Beispiel des technischen Zeichners aus, daß das Zusammenwirken von Mensch und Maschine (hier: CAD) zur Beschleunigung des Arbeitstempos, zur Verringerung der Flexibilität, zur Zunahme von erlebten Belastungen und damit zur schwindenden Arbeitsbefriedigung führen kann. Dagegen steht der empirisch belegte Tatbestand, daß gerade durch die neue Technik neuartige Aufgaben gestellt werden, die nicht nur zum ständigen Dazulernen führen, sondern auch die Arbeit interessant und abwechslungsreich erscheinen lassen (vgl. Jansen 1987).

Die aktuelle Berufssituation

Das Erleben, daß die eigenen Fähigkeiten z. B. angesichts von verstärkten Automatisierungen am Arbeitsplatz überholt sind, kann das Selbstbewußtsein und die Motivation zum Neulernen mindern. Staudacher (1984) berichtet, daß bei älteren Mitarbeitern in einer solchen beruflichen Umbruchsituation der Wunsch bestand, als unverändert leistungsfähig zu erscheinen. Sie forderten dabei von sich selbst mehr präsentierbare Arbeitsergebnisse, was zum Teil dazu führte, daß die Arbeitskollegen dies als Versuch ansahen, die eigenen Leistungsschwäche zu kaschieren. Die Kollegen und Vorgesetzten waren jedoch den älteren Arbeitnehmern gegenüber toleranter eingestellt als diese es selbst wahrnahmen. Diese vorurteilsbelastete Wahrnehmung führte häufig zu Reibungen, die nicht nur den innerbetrieblichen Ablauf störten, sondern auch in hohem Maße die Zufriedenheit und das Selbstvertrauen der älteren Arbeitnehmer minderten.

Das Erleben von beruflichen Umstellungsprozessen kann auch durch das Wissen um Berechnungen beeinflußt werden, wie sie etwa von Dubin (1973) angestellt werden. Nach Dubin ist das „half-life", d.h. der Zeitpunkt, zu dem ein Beschäftigter nur noch halb so kompetent die Arbeitserfordernisse in seinem Gebiet erfüllt wie zum Zeitpunkt seines Berufsexamens, in den Ingenieurberufen bereits nach fünf Jahren erreicht. Er schlägt einen „obsolescence index" zur Beschreibung der Kompetenz eines Arbeitnehmers vor, der sich als Quotient aus seinem Kenntnisstand und der Forschungsstand im betreffenden Gebiet ergibt. Bei derartigen Aussagen zur aktuellen Leistungsfähigkeit von älteren Arbeitnehmern ist jedoch zu berücksichtigen, daß nicht nur Erfahrung und Anstrengung kompensatorisch von Älteren eingesetzt werden können, sondern auch, daß der aktuelle Forschungsstand in einem Gebiet in vielen Fällen für die Bewältigung der jeweiligen Arbeitsaufgaben irrelevant sein kann (vgl. McFarland 1976). Der Träger einer Berufsrolle hat nach seiner Ausbildung einerseits unmittelbar gegenstandsbezogene Kenntnisse, andererseits aber auch psycho-soziale Fertigkeiten erlernt. Die psycho-sozialen Anforderungen an die Beschäftigten (Zusammenarbeit, Pünktlichkeit, Ausdauer, Disziplin usw.) sind auch bei stark unterschiedlichen Arbeitsinhalten weitgehend vergleichbar. Nach der Einführung elektronischer Maschinensysteme übernehmen Computer nicht nur die gegenstandsbezogenen Anteile der Arbeit, sondern zum Teil auch die Verständigung zwischen Individuen. Dabei handelt es sich aber nicht um die Imitation psycho-sozialer Fähigkeiten durch die EDV, sondern um die Objektivierung der potentiellen Aufgabenlösungen. Da der Computer im Gegensatz zu den meisten Menschen Problene algorithmisch löst, können Computerprogramme nicht ohne weiteres heuristische kognitive Lösungsstrategien ersetzen (vgl. Bamme 1983).

Verschiedentlich wird berichtet, daß ältere Arbeitnehmer auch bei weniger optimalen Bedingungen eine größere Zufriedenheit mit dem Arbeitsplatz zeigen (vgl. Sheppard/Herrick 1972, Stagner 1975). Die größere Berufszufriedenheit wird als Korrelat einer eher resignativen Haltung, eines Sich-Abfindens mit den Gegebenheiten und einer vermuteten stärkeren Rigidität interpretiert. Jedoch stellt sich auch heraus, daß zum einen wichtig ist, wer in welchem Team arbeitet, wobei auch Merkmale des Lebensalters der Teammitglieder eine Rolle spielen (vgl. Stagner 1985); zum anderen ist die Art der ausgeübten Tätigkeit von Bedeutung: Die intrinsische Qualität der Arbeit (z. B. kreativ sein und komplexere Arbeitsschritte selbständig zuende führen zu können, besonders in Tätigkeiten mit einer Bandbreite von Aktivitäten) stellte sich bei Älteren im Dienstleistungssektor – im Gegensatz zu Industriearbeitern – als besonders wichtig für ihre Zufriedenheit heraus (vgl. Aldag/Brief 1975). Bei älteren Ingenieuren erwiesen sich als wichtigste Werte ihrer Arbeit die Möglichkeit, die eigenen Fähigkeiten angemessen umsetzen zu können, Werkvollendung und Sicherheit. Die Arbeitsmotivation war besonders hoch bei Konstanz im Beruf, möglichem Engagement und Erfolg in den Arbeitsleistungen (vgl. Arvey/Neel 1976). So kann die Auffassung nicht aufrechterhalten werden, daß vor allem jüngere Arbeitnehmer „enriched jobs" wünschen. Evans (1982) nennt als allgemeine Kriterien, nach denen die Qualität des Arbeitsplatzes beurteilt wird: Inhalt der Arbeit, Sinn der Arbeit, der damit verbundene Lernprozeß, Arbeitsmilieu, Sicherheit des Arbeitsplatzes, soziale Kontakte, Prämien und Auswirkungen auf die Freizeit. Clauß (1987) berichtet allgemein von erlebter Unzufriedenheit bei Mitarbeitern in zentralen Schreibbüros, Verkaufseinrichtungen mit elektronischen Kassen sowie Konstruktionsbüros mit elektronischen Zeichen- und Graphiksystemen (CAD). Hierfür wird weniger die Technik selbst verantwortlich gemacht als die arbeitsorganisatorische Form ihres Einsatzes; die Autonomie der Beschäftigten, das Ausmaß der Selbständigkeit und Kontrolle über die eigene Arbeit werden als zentral herausgestellt. In einer Untersuchung von Schmidtchen (1984 und 1986) bei 1.500 Beschäftigten in der Metallindustrie zeigte sich, daß gerade nach vollzogenem technischem Wandel die Arbeitsplatzzufriedenheit und Arbeitseffizienz hoch waren, wenn „kommunikative Tugenden" gefordert wurden.

Aspekte des Zukunftsbezugs
Nicht nur Persönlichkeitsmerkmale und Faktoren der biographischen und aktuellen Berufssituation, auch Aspekte des Zukunftsbezugs beeinflussen das Verhalten am Arbeitsplatz. So zeigt die Untersuchung von Stagner (1975), daß aufwärtsstrebende Arbeitnehmer repetitive, wenig selbstgesteuerte Arbeiten als besonders belastend erlebten. Die Perspektive, im Beruf aufzusteigen, wurde von Älteren jedoch als weniger wichtig erachtet als von Jüngeren; wichtiger für sie waren intrinsische Qualitäten der Arbeit (vgl. Heneman 1973, Arvey/Neel 1976). In einer längsschnittlichen Untersuchung von Powers, Reith und Goudy (1980), in der 1.332 Berufstätige unterschiedlichen Alters aus verschiedensten Berufszweigen verglichen wurden, waren Zufriedenheit und eine positive Einstellung zum Beruf und zum Leben insgesamt besonders deutlich bei den ältesten, gut ausgebildeten selbständig Arbeitenden ausgeprägt. Unzufriedenheit mit dem Berufsleben und Pläne zur vorzeitigen Berufsaufgabe hingen zusammen.

Preiß (1984) fand bei älteren Prüffeldtechnikern, die von Rationalisierungsmaßnahmen betroffen waren, eine eher resignative Grundhaltung (weitgehende Hinnahme der negativen Auswirkungen der Rationalisierungsmaßnahmen); die jüngeren Prüffeldtechniker versuchten eher, sich den Entwicklungen offensiv durch gesteigerte Leistungsbereitschaft und ein Bemühen um Weiterqualifizierung anzupassen. Die aktive Komponente im Verhalten der älteren Arbeitnehmer bezog sich im Wesentlichen auf das Aufspüren und Verteidigen möglicher Freiräume. Hierzu trug auch die Perspektive bei, in absehbarer Zeit aus dem Arbeitsleben auszuscheiden.

4.4.2 *Untersuchung zur Weiterbildung in modernen Fabrikbetrieben*

4.4.2.1 Fragestellung und Forschungsdesign

Bei der empirischen Untersuchung interessierten vor allem folgende Fragen:

- Wie werden aufgrund von Automatisierung bedingte Veränderungen am Arbeitsplatz, im Betrieb von den Arbeitnehmern erlebt?
- Welche Formen der Auseinandersetzung mit der neuen Situation sind feststellbar?
- Welche Einstellungen zu den notwendigerweise sich ergebenden Weiterbildungsmaßnahmen sind bei den verschiedenen Gruppen von Arbeitnehmern zu beobachten?
- Was beeinflußt die Einstellung und Motivation zur Weiterbildung in den modernen Fabrikbetrieben?

Uns interessierte vor allem, welche Einflußfaktoren auf die Bereitschaft zur Weiterbildung festzustellen sind, wie sie möglicherweise zusammenwirken und welche Barrieren in bezug auf eine Weiterbildung gegeben sind bzw. von den Arbeitnehmern erlebt werden.

Die empirische Untersuchung wurde nach einer Vorstudie im Mai 1989 dann von Juni bis Dezember 1989 von in der Explorationstechnik trainierten Psychologen durchgeführt. Insgesamt konnten 427 Personen aus 39 Betrieben erfaßt werden.

Die einbezogenen Unternehmen

Die meisten der Befragten arbeiteten in Betrieben, deren Konzerngröße bei mehr als 50.000 Mitarbeitern liegt (59.6 %), 23,6 % der Befragten arbeiteten in Betrieben, die einem Konzern von 2.000 bis 10.000 Mitarbeitern angehörten und nur 13,8 % arbeiteten in Betrieben, deren Konzerngröße unter 2.000 Mitarbeitern lag.

Etwa ein Drittel der Befragten arbeiteten in einem Betrieb, der weniger als 2.000 Mitarbeiter hatte; ein gutes Drittel in einem Betrieb mit 2.000 bis 5.000 Mitarbeitern und ein weiteres knappes Drittel war in einem Betrieb mit mehr als 5.000 Mitarbeitern tätig.

In den Branchen „Maschinenbau" arbeiteten 39,6 % der Befragten, den Branchen „Auto/Transport" 26,0 %, der Elektrotechnik 9,4 %, der Kommunikationstechnik 8,4 %. Weitere 16,6 % der erfaßten Arbeitnehmer arbeiteten in Branchen, die hier als „Mischtypen" (Auto, Transport, Maschinenbau) bezeichnet wurden.

Die Einschätzung des Technikstandes, beurteilt anhand einer 7-stufigen Skala (1: kein FFS bis 7: überwiegend FFS) ergab, daß alle Betriebe mit FFS arbeiteten. 65,3 % der befragten Arbeitnehmer arbeitete in Firmen, die viel bis überwiegend mit FFS ausgestattet waren.

Weitere Angaben zur Stichprobe

Die untersuchte Stichprobe bestand aus 411 Männern und (leider) nur 16 Frauen aus folgenden Berufsgruppen:

Dreher, Fräser	160 Personen	37,5%
Schlosser	75 Personen	17,6%
Werkzeugmacher	44 Personen	10,3%
Mechaniker	43 Personen	10,1%
Elektriker	32 Personen	7,5%
sonstige Berufe	36 Personen	8,4%
keine tech.-mech. Lehre	37 Personen	8,7%
Insgesamt:	427 Personen	100,0%

Von den 427 erfaßten Personen hatten 384 eine abgeschlossene mech.-techn. Lehre (89,9 %), 10 ein Fachstudium, 18 eine nicht-technische Lehre und nur 15 (3,5 %) hatten keine abgeschlossene Berufsausbildung. 33 (7,7 %) hatten die Meisterprüfung abgelegt.

Innerhalb ihres Betriebes hatten die Teilnehmer der Untersuchung unterschiedliche Tätigkeiten auszuführen. Die meisten waren als Bediener tätig, die die Maschinen bedienten oder auch bestückten, sowie selbständig Programme für ihre Maschinen verbessern und um- bzw. neuschreiben konnten (41,7 %).

Bediener, Programmer	178 Personen	41,7 %
Bediener Bestücker	68 Personen	15,9 %
Maschinenführer	48 Personen	11,2 %
Programmierer	34 Personen	8,4 %
Warter Elektriker	25 Personen	5,9 %
Systemführer	18 Personen	4,2 %
Warter Schlosser	11 Personen	2,6 %
Zuständig für Organisation	43 Personen	10,1 %
Insgesamt:	427 Personen	100,0 %

Das Alter der befragten Arbeitnehmer reichte von 18 bis 59 Jahre; das Durchschnittsalter betrug 33 Jahre; 74,5 % der Befragten waren jünger als 40 Jahre. 66 % der Befragten waren verheiratet, 31.4 % ledig (2,6 % verwitwet bzw. geschieden). 57 % hatten Kinder; dabei herrschte die Ein- und Zweikinderfamilie vor (22,2 % ein Kind, 22,5 % zwei Kinder).

Untersuchungsmethoden und Auswertungsmethoden
Die Untersuchungen wurden in den Betrieben durchgeführt. In Einzelgesprächen wurden neben demographischen Daten die Berufsbiographie erfaßt (Schulbildung, Lieblingsfächer, abgelehnte Schulfächer, ursprünglicher Berufswunsch, Freizeitinteressen, Berufsmotivation, beruflicher Werdegang). Sodann interessierten die technischen Neuerungen am Arbeitsplatz, etwaige Erleichterungen und auch Probleme, die man mit technischen Neuerungen erlebt hat und wie man diesen begegnet ist. Die Frage der Zufriedenheit am Arbeitsplatz war ein weiteres Thema.

Weiterhin wurden Fragen der Weiterbildung gezielt angesprochen. Es wurden Erfahrungen, die man bei der Teilnahme an Weiterbildungsmaßnahmen machen konnte, erhoben, ebenso die generelle Einstellung zu den verschiedenen Formen von Weiterbildungsangeboten. Die ausführlichen Explorationen wurden ergänzt durch Selbstbeurteilungsskalen (Selbstbildskalen nach Bergler) und durch die Kurzform eines Intelligenztests, des Zahlen-Verbindungstests zur Erfassung der Verarbeitungsgeschwindigkeit im Sinne eines allgemeinen Intelligenzmaßes (vgl. Oswald/Roth 1987).

Die erhobenen Daten wurden anonymisiert, so daß – entsprechend den Bestimmungen des Datenschutzgesetzes – Rückschlüsse auf Einzelpersonen durch Dritte nicht möglich sind. Die Interviewdaten erfuhren eine inhaltliche, qualitative Auswertung sowie auch, wo angebracht, eine Beurteilung aufgrund von Ratingskalen zur Quantifizierung. Zur statistischen Aufarbeitung des Materials gelangten Conjoint Measurement, Mann-Whitney-U-Tests und Rang- Varianzanalysen nach Kruskal und Wallis wie auch Faktoren- Analysen zur Anwendung. Eine Sonderauswertung durch Rudinger bezog multivariate Verfahren (LISREL, MANOVA) mit ein.

4.4.2.2 Ergebnisse der Untersuchung

Zur Berufsbiographie
Zunächst mag es interessant erscheinen, daß bei den meisten der hier erfaßten Personen schon in der Schulzeit ein Interesse für technikrelevante Inhalte erkennbar wurde. So nannten 91,6 % Mathematik und naturwissenschaftliche Fächer als besonders beliebte Fächer, während Sprachen am häufigsten (von 34 %) als unbeliebte Fächer genannt wurden. Unter den Freizeitbeschäftigungen dominierten in der Jugendzeit (bei 77,3 %) wie auch noch heute im Erwachsenenalter (bei 56,4 %) sportliche Interessen und drängten Beschäftigungen mit der Technik im weitesten Sinne zurück, so daß diese nur von 21,8 % (für die Jugendzeit) bzw. 26,0 % für heute genannt wurden.

Schon gegen Ende der Schulzeit hatten 70 % der Befragten den Wunsch, im technischen oder metallverarbeitenden Bereich zu arbeiten. 33,3 % konnten mit ihrer Berufsausbildung genau dort beginnen, wo es ihrem Wunsch entsprach (innere Motivation); 57,6 % mußten sich bezüglich ihrer Lehrstelle stärker nach äußeren Gegebenheiten bzw. äußeren Zwängen richten; 5,6 % sehen sich bezüglich der Berufswahl ganz durch die Eltern bestimmt. Nur 3,5 % der Befragten hat keine abgeschlossene Ausbildung. Immerhin, 21 der Befragten (4,9 %) hatten ihre Ausbildung abgebrochen – aus gesundheitlichen oder familiären Gründen oder aus Anpassungsproblemen. 14 von ihnen hatten später eine Lehre (als Dreher/Fräser) abgeschlossen, die anderen waren als angelernte Werker eingestuft.

Auseinandersetzung mit technischen Neuerungen
Mit technischen Neuerungen am Arbeitsplatz wurden die Befragten in sehr unterschiedlichem Ausmaß konfrontiert. Nur 36 % der Arbeitneh-

mer hatten sich – nach ihren Angaben – oft oder sogar kontinuierlich mit Neuerungen am Arbeitsplatz auseinanderzusetzen, knapp 40 % nur gelegentlich und 24 % äußerst selten. Die Auseinandersetzung erfolgte in den meisten Fällen zwangsläufig zur Sicherung des derzeitigen Arbeitsplatzes; bei nur 10 % der Arbeitnehmer gingen sie direkt mit einem beruflichen Aufstieg einher. Die Auseinandersetzung mit den technischen Neuerungen, die Arten des Neulernens, erfolgten durch

- Weiterbildungskurse
- Hilfe, Anleitung von Kollegen
- Studium schriftlichen Materials
- „Learning by doing"

Diejenigen, die bis zu 4 mal in ihrem Berufsleben mit wichtigen technischen Neuerungen konfrontiert worden sind, haben zu 63,7 % Weiterbildungskurse mitgemacht. Daneben bzw. zusätzlich haben 75,6 % durch die Anleitung ihrer Kollegen gelernt; für 35,8 % war (z. T. zusätzliches) schriftliches Material wesentlich und 43,2 % bevorzugten (z. T. zusätzliches) „learning by doing".

Schwierigkeiten bei der Auseinandersetzung mit technischen Neuerungen wurden in der fehlenden pädagogischen Unterstützung, in verspätet angebotenen Kursen gesehen. Es wurde jedoch auch auf die eigene mangelnde Vorbildung hingewiesen. Vor allem aber wurde entweder fehlendes oder schlechtes (d.h. zu wenig informatives) schriftliches Informationsmaterial beklagt oder aber fremdsprachliches (englisches) Informationsmaterial, das man nicht ohne weiteres lesen konnte.

Negativ erlebte Veränderungen durch die Einführung der neuen Technologien fanden sich bei nur 4,8 % der Befragten im Hinblick auf das Verhältnis zu früheren Kollegen bzw. den engeren Arbeitskreis (3,5 %); bei 4,6 % im Hinblick auf den nun notwendig gewordenen Schichtrhythmus, bei 2 % ergaben sich dadurch negative Veränderungen im privaten Bereich. Insgesamt waren diesbezügliche Klagen jedoch äußerst gering.

Die Mehrzahl der Befragten nahm diese Schwierigkeiten durchaus in Kauf angesichts der positiven Aspekte, die für sie damit einhergingen. So nannten 49,8 % eine damit einhergehende bessere Bezahlung, 20 % das Erreichen einer besseren Position im Betrieb, 9,8 % sah Verbesserungen im Verhältnis zu früheren Kollegen bzw. zum früheren Arbeitskreis und

1,7 % berichtete über positive Ausstrahlungen in den privaten Bereich hinein.

Weitere erlebte Vorteile und Nachteile der Neuerungen zeigen auf der einen Seite verbesserte Arbeitsbedingungen (45,2 %), Entlastungen von körperlicher Schwerarbeit (38,6 %), auf der anderen Seite aber auch Zunahme von Streß und Überforderung (31,4 %); Monotonie wird von 8,2 % beklagt.

Bei der Beurteilung der derzeitigen Tätigkeit überwogen bei weitem positive Aspekte („Freude“ bei der Arbeit), die Abwechslung (49,9 %), die geistigen Anforderungen (37,7 %), die Erfolgserlebnisse (18,0 %) wie auch die Möglichkeit freier Zeiteinteilung (16,4 %), das positive Verhältnis zu den Kollegen, der Teamgeist (14,3 %), die körperliche Erleichterung (12,9 %) und – von nur 4,4 % genannt – die Sicherheit. 7 Befragte (1,6 %) fanden sogar die Schichtarbeit besonders angenehm.

Die Negativ-Aspekte der derzeitigen Tätigkeit wurden angeführt von Hinweisen auf (z. T. gelegentliche) Überforderung (29,5 %), gefolgt von Klagen über die innerbetriebliche Organisation (16,9 %), Monotonieerlebnisse und Schichtrhythmus (jeweis 16,6 %), körperliche Belastung (10,1 %) und belastende Kontakte zu den Kollegen (3,3 %).

Eine Beurteilung aller diesbezüglichen Aussagen über erlebte angenehme und unangenehme Seiten am Arbeitsplatz anhand einer 7-Punkte-Rating-Skala (1: nur Belastungen bis 7: nur angenehme Aspekte) erbrachte einen Mittelwert von 5,1. Bei 12,8 % der Befragten überwiegten unangenehme Aspekte (Rating 1, 2, 3), bei 10,3 % hielten sich angenehme und unangenehme Aspekte die Waage (Rating 4) und bei 76,8 % fanden sich überwiegend oder sogar nahezu ausschließlich positiv erlebte Aspekte. Die Arbeitszufriedenheit der erfaßten Gruppe ist somit als sehr hoch zu bezeichnen.

Erleben von Weiterbildungsmaßnahmen

319 Teilnehmer der Untersuchung (74,7 %) hatten bereits an Weiterbildungsmaßnahmen teilgenommen, 6 hatten ein Weiterbildungsangebot aus privaten Gründen zurückgewiesen, 108 (25,1 %) hatten nie ein solches Weiterbildungsangebot erhalten.

Die Art der Weiterbildung war sehr unterschiedlich und umfaßte eine Kursdauer von 1 bis 7 Wochen. Dabei handelte es sich um Programmierkurse für Bediener, angeboten durch die eigene Firma, von der 25,7 % Gebrauch machten. Grundeinweisungskurse durch die Hersteller besuchten 13,8 % und sonstige Weiterbildungskurse (Meister- bzw. Technikerkurse, auch Englischkurse) besuchten 15,3 %. Zu den häufiger als 4mal frequentierten Kursen gehörten Steuerungskurse, die von der eigenen Firma (4,5 %) und von der Herstellerfirma (3,0 %) angeboten wurden.

Der überwiegende Teil der Befragten wurde durch den Meister bzw. von der Firmenleitung zu den Weiterbildungskursen geschickt. Bei etwa 17 % der Befragten zeigte sich allerdings auch eine starke Eigeninitiative, an Weiterbildungsmaßnahmen (Programmierkursen, Meisterkursen, Englischkursen) teilzunehmen.

Die Teilnahme an den Weiterbildungskursen wurde überwiegend positiv erlebt; bei nur 3,5 % überwogen unangenehme Erinnerungen. Man schätzte es durchaus, gefordert zu werden, fand die Inhalte interessant, lobte die dadurch gegebene Abwechslung, die positive Atmosphäre. Eine Kritik an den Weiterbildungsveranstaltungen, die z. T. auch von jenen geäußert wurde, die den Gesamtkurs in angenehmer Erinnerung hatten, bezog sich vorwiegend auf die zu kurze Dauer des Kurses, auf die „Theorieüberfrachtung", die zeitliche Belastung, das Lerntempo – aber auch auf die mangelnde Anwendbarkeit, die Inkompetenz der Dozenten, das unzureichende didaktische Material.

Einstellung zur Weiterbildung

Von der Mehrzahl der Befragten wurde eine sehr positive Einstellung zur Weiterbildung geäußert. Beurteilt anhand einer 7-Punkte-Ratingskala (1: nur negative bis 7: nur positive Aspekte) ergab sich ein Mittelwert von 5,6. Nur bei 5,3 % fanden sich überwiegend ablehnende Einstellungen, 5,6 % fanden positive und negative Aspekte in gleichem Maße vertreten, während bei 66,8 % positive Aspekte bei weitem überwogen und weitere 22,2 % ausschließlich positive Aspekte nennen konnte.

Eine Ablehnung der Weiterbildung wurde mit dem hohen Zeitaufwand begründet, eine positive Einstellung mit dem notwendigen Kennen- und Beherrschenlernen der Maschinen, dem generellen Interesse an Weiterbildung – auch zur Sicherung des Arbeitsplatzes – oder den dadurch erhofften Aufstiegschancen.

Zukunftsorientierung

Von der Zukunft erwartete etwa die Hälfte der Befragten berufliche Verbesserungen, beruflichen Aufstieg und eine Verbesserung am Arbeitsplatz. Bei einem Drittel der Befragten wurde eher eine skeptische, abwartend-resignierende Haltung gefunden.

Auf die direkte Frage nach einer Aufwärtsmobilität gaben insgesamt nur 27,2 % an, daß sie diese anstrebten; 60,7 % äußerten dagegen, daß ihnen diese eher unwichtig sei; die Arbeitsplatzsicherheit sei ihnen wichtiger.

4.4.2.3 Einflußfaktoren auf die Bereitschaft zur Weiterbildung

Die Notwendigkeit einer begleitenden Weiterbildung der Arbeitnehmer in einem modernen hochtechnisierten Industriebetrieb steht außer Frage. In diesem Zusammenhang interessierten in dieser Studie jene Gegebenheiten, die die Bereitschaft zur Weiterbildung begünstigen sowie auch jene Einflußfaktoren, die sich eher hemmend auswirken könnten.

Deutlich wurde, daß jene Personen, die häufiger bzw. länger an Weiterbildungsmaßnahmen teilgenommen haben, den Umgang mit technischen Neuerungen im Betrieb schneller – vielfach sogar ohne Anleitung und ohne fremde Hilfe – beherrschten als Personen mit kürzerer Weiterbildungsdauer. Die „Weitergebildeten" waren in dieser Untersuchung allerdings auch jene Personen, die ein höheres Qualifikationsprofil erkennen ließen und die höhere Werte im Intelligenztest erzielten. Personen, die technische Neuerungen im Betrieb schneller beherrschten und selbständig damit umzugehen lernten, bewerteten diese auch positiver als jene Personen, die nur mit besonderer Anleitung lernten. Während letztgenannte in ihrer Zukunftsorientierung primär auf die Sicherung ihres Arbeitsplatzes aus waren, fand sich bei den „Weitergebildeten" eine stärkere Aufwärtsmobilität.

Die Einstellung zur Weiterbildung ist von einer Vielzahl von Faktoren abhängig, die sich teilweise gegenseitig verstärken. So spielt offenbar das Unternehmen und der Technikstand eine Rolle und die damit in Zusammenhang zu sehende Weiterbildungserfahrung bzw. das Qualifikationsniveau und Qualifikationsprofil der Arbeitnehmers. Ein Zusammenhang zwischen Technikstand, Qualifikationsniveau des Arbeitnehmers und Akzeptanz technischer Neuerungen ist nachzuweisen. Schließlich ist die Persönlichkeit – hier definiert durch Intelligenzquotient, Selbstkonzept, Neigung und Interessen und Zukunftsorientierung

– entscheidend für die Einstellung zur Weiterbildung. Dem Lebensalter kommt nur eine relativ geringe Bedeutung zu. Die jeweilige Gewichtigkeit der aufgezählten Einflußfaktoren wurde nach dem LISREL- Verfahren errechnet.

4.4.2.4 Gruppenunterschiede bezüglich der Technikakzeptanz

Mit Hilfe einer Clusteranalyse konnten drei sich im Hinblick auf die Technikakzeptanz deutlich voneinander unterscheidende Gruppen herausgearbeitet werden:

Gruppe 1: „Technikfreunde“:
Dieser Gruppe konnten 153 Fälle zugeordnet werden;

Gruppe 2: „Anti-Techniker“:
Hier konnten 118 Fälle zugeordnet werden;

Gruppe 3: „Aufsteiger“:
Hier konnten 46 Fälle zugeordnet werden.

Die Personen der Gruppe 1 „Technikfreunde“ sind charakterisiert durch ein durchschnittlich ausgeprägtes technisches Interesse in Freizeit und Schulzeit, durch häufige Konfrontation mit technischen Neuerungen in ihrem Berufsleben, die sie eher positiv erleben. Die dadurch gegebenen Veränderungen erfahren eine eher positive Bewertung. Bei dieser Gruppe fand sich eine deutlich ausgeprägte Eigeninitiative bei Problemlösungen. Zur Weiterbildung zeigt diese Gruppe eine vorwiegend positive Einstellung, sieht in der Weiterbildung einen großen Nutzen. Hier findet sich eine große Arbeitszufriedenheit; die Freude an der Arbeit kann insgesamt als hoch bezeichnet werden. Die Sicherheit des Arbeitsplatzes und die Arbeitsplatzqualität ist ihr wichtiger als eine Aufwärtsmobilität. Das Durchschnittsalter dieser Gruppe beträgt 36 Jahre; die Personen dieser Gruppe haben den höchsten Intelligenzwert; sie selbst schätzen sich eher als behutsam und vorsichtig ein. Zu dieser Gruppe gehören vorwiegend die Angestellten, Ingenieure und Fertigungs-/Betriebsleiter, die in einem 1-Schicht-Rhythmus meist als Programmierer oder in der Organisation/Kontrolle tätig sind.

Die Personen der Gruppe 2 „Anti-Techniker“ lassen wenig technische Interessen in Schule und Freizeit erkennen. In ihrem Berufsleben wurden sie bisher wenig mit technischen Neuerungen konfrontiert; Veränderungen durch Neuerungen werden eher negativ bewertet. Personen dieser Gruppe zeigen wenig Eigeninitiative bei Problemlösungen. Weiterbildungsmaßnahmen gegenüber sind sie eher skeptisch eingestellt, sehen wenig Nutzen in ihr; mögliche sich aus der Weiterbildung ergebende Veränderungen werden negativ erlebt. Arbeitsplatzqualität und Arbeitsplatzsicherheit sind für sie von durchschnittlicher Bedeutung; eine Aufwärtsmobilität scheint ihnen nicht wichtig. Das Durchschnittsalter dieser Gruppe liegt bei 33 Jahren; ihre Intelligenzwerte liegen um 3,3 Punkte unterhalb der Gruppe 1. Sie selbst schätzen sich weder als behutsam noch als sehr energisch ein. Sie nehmen zwischen diesen beiden Polen eine mittlere Position ein. Zu dieser Gruppe gehören meist die angelernten Werker und Facharbeiter, die im 3- bzw. Nachtschichtrhythmus als Bediener/Bestücker oder Bediener/Programmierer tätig sind. Das Neulernen erfolgte bei dieser Gruppe meist unter Anleitung, wobei die hier auftretenden Schwierigkeiten mit eher geringer Eigeninitiative bewältigt wurden. Die Einstellung zur Weiterbildung ist eher negativ; die Arbeitszufriedenheit ist eher mäßig ausgeprägt.

Die Personen der Gruppe 3, die „Aufsteiger“, lassen großes Interesse für Technik schon in der Schulzeit und in der Freizeit erkennen. Sie zeigen einen hohen Einsatz bei Problemlösungen, sofern irgendwelche Störungen auftreten. Sie lassen eine große Eigeninitiative erkennen. In ihrem bisherigen Berufsleben sind sie nur in einem mittleren Ausmaß mit technischen Neuerungen konfrontiert worden; Neuerungen werden eher negativ erlebt und bewertet. Weiterbildungsmöglichkeiten haben sie bisher nur in einem mittleren Ausmaß genutzt, bewerten jedoch die möglichen Veränderungen, die sich durch Weiterbildungsmaßnahmen ergeben, positiv. Die Qualität des Arbeitsplatzes und die Arbeitsplatzsicherheit scheint ihnen von geringerer Wichtigkeit, hingegen zeigt sich eine hohe Wichtigkeit der Aufwärtsmobilität. Diese Gruppe mit einem Durchschnittsalter von 32 Jahren ist die jüngste. Die Intelligenzwerte liegen mit 7,4 Punkten niedriger als die der Gruppe 1, und sie liegen mit 4,1 Punkten unterhalb der Gruppe 2. Die Personen dieser Gruppe schätzen sich selbst als eher zupackend und energisch ein. Im Betrieb sind sie als Springer, Vorarbeiter eingesetzt; sie arbeiten meist als Bediener/Programmierer, Maschinen-Systemführer oder als Warter in einem

2- oder 3-Schichtrhythmus. Den Umgang mit den technischen Neuerungen lernten sie meist ohne Anleitung und zeigten dabei starke Eigeninitiative bei der Bewältigung auftretender Schwierigkeiten. Insgesamt zeichnen sich die Personen dieser Gruppe eher durch wenig Freude bei der Arbeit, durch eine relativ geringe Arbeitszufriedenheit, aus.

Diese drei auf clusteranalytischer Basis ermittelten Gruppen unterscheiden sich in bestimmten Aspekten des Erlebens und Bewertens von technischen Neuerungen und Weiterbildungsmaßnahmen. Die richtige Klassifikation dieser Gruppen konnte diskriminanzanalytisch belegt werden. Die gefundenen Gruppierungen unterscheiden sich signifikant in ihren Mittelwerten bezüglich bestimmter Variablen. So weisen Alter, Intelligenz, Dauer der Weiterbildung, Status im Betrieb, die derzeitige Tätigkeit, die Einstellung zur Weiterbildung und die Freude bei der Arbeit einen engen Zusammenhang zu unterschiedlichen Erlebens- und Bewertungsaspekten auf.

4.4.2.5 Zur Frage geschlechtsspezifischer Unterschiede

In den untersuchten Branchen sind Frauen in der Produktion und Fertigung – vor allem an automatisierten Maschinen – eher eine Seltenheit. So konnten nur 16 Frauen erfaßt werden. Ein Vergleich dieser 16 Arbeitnehmerinnen mit dem Gesamtdatensatz männlicher Werker erscheint aufgrund unterschiedlicher Ausprägungen in Variablen, wie Alter, Status, Tätigkeit etc., nicht sinnvoll. So wurde eine parallelisierte Stichprobe von Männern, sog. „Untersuchungszwillingen", zusammengestellt, die bezüglich Lebensalter, Tätigkeit, Status im Betrieb wie auch Berufsausbildung vergleichbar war. Dabei zeigten sich keine signifikanten Unterschiede hinsichtlich der Intelligenzwerte, der Selbsteinschätzung bezüglich Empfindlichkeit, Ausdauer, Rationalität, Aufgeschlossenheit, Sachbezogenheit, Selbstsicherheit, schulischen Interessen, Freizeitinteressen und Berufswunsch. Lediglich die Selbstkonzeptskala „Beherrschtheit" zeigt tendenzielle Unterschiede zwischen Männern und Frauen derart, daß die Frauen sich hier höher einschätzen und sich weniger als „impulsiv-lebhaft" bezeichnen.

Hinsichtlich des Arbeitserlebens bzw. der Bedingungen am Arbeitsplatz waren die Unterschiede äußerst gering. Unterschiede fanden sich lediglich bezüglich des Schichtrhythmus (die Männer der parallelisierten

Stichprobe arbeiteten im Mehrschichtbetrieb, vor allem im Drei- Schichtbetrieb, die Frauen im Ein- und Zweischichtrhythmus) und des Maschinentyps. Unterschiede hinsichtlich des Maschinentyps lassen darauf schließen, daß die Männer trotz gleichem Status, gleicher Tätigkeit, gleicher Ausbildung und gleicher Intelligenz an komplexeren Maschinen, d.h. an Bearbeitungszentren und Fertigungsstraßen eingesetzt werden, während die Frauen nur an weniger komplexen Maschinen wie DNC/CNC-Maschinen arbeiteten. Keine Unterschiede zeigten sich hinsichtlich der persönlichen Bedeutung der Arbeitsplatzqualität, der Aufwärtsmobilität, der Arbeitszufriedenheit; auch in puncto Eigeninitiative beim Problemlösen unterschieden sich Männer und Frauen nicht.

Die in der Untersuchung erfaßten Frauen sind – ebenso wie die Männer der parallelisierten Stichprobe – wenig mit technischen Neuerungen konfrontiert worden. Der Umgang mit diesen ist Männern wie Frauen leicht gefallen, beide bewerteten sie als positiv. Die Frauen sind in gleichem (geringen) Ausmaß weitergebildet worden wie die Männer. Das (offenbar geringe) Angebot einer Weiterbildung wurde von den Männern und Frauen in gleicher Weise angenommen und positiv erlebt; beide Gruppen zeigten wenig Eigeninitiative beim Bemühen um Weiterbildung.

4.4.2.6 Unterschiede zwischen verschiedenen Altersgruppen

Zur Überprüfung etwaiger Altersunterschiede wurden die 427 Personen in 4 Gruppen aufgeteilt:

unter 24 Jahre	66 Personen
25–34 Jahre	197 Personen
35–44 Jahre	101 Personen
über 45 Jahre	63 Personen

Ein Gruppenvergleich zeigt, daß sich hinsichtlich des technischen Interesses während der Schulzeit und heute in der Freizeit keine Altersunterschiede erkennen lassen. Die wesentlichen Unterschiede ergeben sich bezüglich der Schulabschlüsse: Die Anzahl der Hauptschulabschlüsse nimmt in den jüngeren Gruppen ab, die der Realschulabschlüsse in gleicher Weise zu. Der Anteil der jeweiligen höheren Schulabschlüsse bleibt gleich.

Unterschiede ergeben sich bei den Berufsabschlüssen. In der jüngsten Gruppe hatten 94 % die Lehre abgeschlossen, aber noch keiner einen Meisterbrief oder Technikerabschluß; bei den 25–34jährigen hatten 90 % einen Lehrabschluß, 5,1 % den Meisterbrief; in der Gruppe der 35–44jährigen hatten 80 % einen Lehrabschluß, 11 % den Meisterbrief. In der ältesten Gruppe hatten nur 74,6 % eine Lehre, allerdings konnten 17,5 % einen Meisterbrief vorweisen. Während der Fachhochschulabschluß in der ältesten Gruppe äußerst selten war (1,6 %), war er bei den 35–44jährigen mit 4 %, bei den 25- 34jährigen mit 2,5 % vertreten.

Keine Altersunterschiede ergaben sich hinsichtlich der inneren Motivation bei der Berufswahl; in der ältesten Gruppe wurden äußere Zwänge (wie Arbeitsplatzknappheit) von 63,5 % genannt, bei den jüngeren drei Gruppen erfolgte diese Nennung von ca. 59 %. Hinsichtlich des Maschinentyps, an dem die Befragten arbeiteten, lassen sich mit zunehmendem Alter zwei Trends feststellen:

- der Anteil derer, die an mehreren Typen arbeiten können, nimmt zu;
- der Anteil derer, die an flexiblen Fertigungsstraßen arbeiten, nimmt ab.

Aus diesem Befund kann man ableiten, daß die Älteren, obwohl sie die größere Erfahrung im Umgang mit unterschiedlichen Maschinentypen haben, seltener an den neuen, modernen Maschinen eingesetzt werden. Die größere Erfahrung im Umgang mit verschiedenen Maschinentypen zeigt sich auch in der Konfrontation mit technischen Neuerungen. Die über 45jährigen waren weit stärker mit technischen Neuerungen konfrontiert.

Das Aneignen von Wissen im Umgang mit technischen Neuerungen schien bei 80 % jeder Altersgruppe keine Schwierigkeiten zu machen. Die geringste Eigeninitiative war bei Gruppe 2, den 25–34jährigen, zu erkennen. In allen Altersgruppen haben die Beschäftigten die technischen Neuerungen als leicht erlebt und sie auch positiv bis sehr positiv bewertet.

Keine Altersunterschiede zeigten sich bezüglich der Arbeitszufriedenheit, der Einstellung zur Weiterbildung; Weiterbildungsangebote wurden auch von den Älteren genau so regelmäßig wahrgenommen. Allerdings lag die letzte Weiterbildung in der jüngsten Gruppe im vorangegangenen Kalenderjahr, für die Gruppe 2 und 3, d.h. für die 25- bis 44jährigen, hauptsächlich in der Zeit „vor 2 Jahren“, bei den über 45jährigen „vor

4 Jahren". Der Anteil derer, die viel Eigeninitiative gezeigt haben, um zu Weitwerbildungsmaßnahmen zu gelangen, lag bei Gruppe 2 und 4 am höchsten.

Bezüglich der Einschätzung des Arbeitsplatzes zeigten sich keine Altersunterschiede hinsichtlich der Bedeutung der Arbeitsplatzqualität, während die Arbeitsplatzsicherheit für die älteren Arbeitnehmer eine zunehmende Bedeutung hatte und die Aufwärtsmobilität schon bereits in der Gruppe der über 35jährigen, verstärkt in der Gruppe der über 45jährigen, an Bedeutung verlor.

4.4.3 Zum Erleben technologischer Veränderungen am Arbeitsplatz

Die Diskussion der Folgen automatisierter Produktion für Individuum und Gesellschaft ist auch im Kontext von Wechselwirkungen zwischen Person und räumlicher Umwelt zu führen. Die Art und Weise, wie die Person automatisierte Arbeitsabläufe erlebt und diese in ihr Handlungsspektrum integriert, ist einerseits von ihrer im Lebenslauf gewachsenen, spezifischen Handlungskompetenz beeinflußt, andererseits von den objektiv gegebenen und subjektiv erlebten Umweltanforderungen und Umweltressourcen, die mit der Automatisierung verbunden sind. Aufgrund der Wechselwirkungen zwischen Person und Umwelt ist bei Einführung sowie bei der Evaluation automatisierter Produktion eine Analyse der individuellen Handlungskompetenz sowie der subjektiv bewerteten Arbeit notwendig.

Innovationen im Bereich der Automatisierung werden dann als Bereicherung erlebt, wenn sie im Handlungsspektrum der Person liegen, also von ihr bewältigt werden können, wenn sie als Herausforderung (die einen Erweiterung der bestehenden Handlungskompetenz erfordert) und als Möglichkeit vermehrter Produktivität und Kreativität erlebt werden. Umgekehrt können diese Innovationen negativ bewertet werden, wenn sich die Person über- oder unterfordert sieht und Beeinträchtigungen ihrer Produktivität und Kreativität erlebt (Entfremdung der Arbeit).

Der Mensch entwickelt in der Auseinandersetzung mit spezifischen Umweltanforderungen eine individuelle Handlungskompetenz sowie die subjektive Überzeugung, sich in diesen Umwelten effektiv verhalten zu können. Er besitzt im gesamten Lebenslauf das Potential zur Erweiterung seiner Fähigkeiten und Fertigkeiten unter veränderten Umweltbedingungen. Dabei ist zu berücksichtigen, daß mit wachsendem Lebensalter „Neulernen" immer mehr mit „Umlernen" verbunden ist. Der Mensch richtet sich in spezifischen Umwelten ein, er erwirbt Kennntnisse über diese Umwelten sowie effektive Handlungsstrategien für die Bewältigung der Umweltanforderungen. Unter veränderten Umweltbedingungen ist es nicht nur notwendig, neue Informationen zu erwerben und neue Handlungsstrategien zu zu entwickeln, sondern es stellt sich auch die Aufgabe, einzelne Handlungsstrategien aufzugeben und durch neue zu ersetzen. Eine zentrale Voraussetzung für die Zufriedenheit in Umwelten bildet die subjektive Überzeugung, in diesen Umwelten effektiv zu sein und sie aktiv mitgestalten zu können.

Aus diesen Überlegungen sind auch Folgerungen für die Diskussion über die Wirkungen automatisierter Produktion auf die individuelle Situation zu ziehen: Da der Mensch über den gesamten Lebenslauf das Potential zur Erweiterung von Kenntnissen, Fähigkeiten und Fertigkeiten besitzt, ist er auch in der Lage, technische Innovationen in sein Handlungsspektrum zu integrieren und den effektiven Umgang mit diesen Innovationen zu erlernen. Allerdings müssen diese Innovationen objektiv und subjektiv im Handlungsspektrum der Person liegen.

Objektiv: Sie müssen tatsächlich bewältigt werden können, dürfen die Person also nicht überfordern. Ebensowenig dürfen sie die Person unterfordern, weil auch die Unterforderung als belastend erlebt wird und langfristig die Kompetenz reduziert. Subjektiv: Sie müssen so beschaffen sein, daß sie von der Person als Herausforderung, als Entlastung (im Sinne des Freiwerdens für andere Tätigkeiten) und als Möglichkeit zur Produktivität und Kreativität erlebt werden. Die Person muß die Möglichkeit haben, Informationen über die technischen Innovationen zu erwerben und den kompetenten Umgang mit diesen zu erlernen. Dies gilt nicht nur für die Berufsausbildung, sondern auch für die berufliche Fort- und Weiterbildung.

Für die Gesellschaft ergeben sich aus automatisierter Produktion Chancen und Herausforderungen. Die Chancen sind in der Entlastung einer immer größeren Gruppe und dem dadurch ermöglichten Freiwerden für andere Tätigkeiten zu sehen. Die körperliche Beanspruchung, die bei zu hoher physischer Belastung zu gesundheitlichen Schädigungen führen kann, wird reduziert. Diese Reduktion wirkt sich langfristig auf die Gesundheit älter werdender Menschen aus. Nicht selten sind gesundheitliche Einschränkungen im mittleren und höheren Erwachsenenalter durch einseitige, überfordernde physische Belastung bedingt. Der Abbau dieser Belastung bildet einen bedeutenden Faktor innerhalb der Prävention von Erkrankungen und funktionellen Einschränkungen.

Herausforderungen sind darin zu sehen, daß zunehmende Automatisierung in der Produktion eine spezifische Bildung erfordert, die nicht von allen Bildungsschichten erbracht wird. Sowohl in der schulischen als auch in der beruflichen Bildung sollte vermehrt Gewicht gelegt werden auf das Verständnis des Menschen für Technik und technische Innovationen. Nicht selten trifft man eine ablehnende Haltung gegenüber Technik und Automatisierung an, die auch durch geringe Kenntnisse über die Möglichkeiten der Technik für produktive und kreative Gestaltung der Umweltanforderungen verursacht sein kann. Nicht selten trauen sich Menschen den kompetenten Umgang mit technischen Innovationen nicht zu. Durch eine Schul- und Berufsausbildung, die auf die Vermittlung von Kenntnissen und Fertigkeiten hinsichtlich des effektiven Umgangs mit technischen Produkten größeren Wert legt, können einseitige Ablehnung sowie mangelndes Vertrauen in die eigene Handlungskompetenz verringert werden. Darüber hinaus sollte auf die kontinuierliche berufliche Fort- und Weiterbildung Wert gelegt werden, in der ebenfalls Kenntnisse und Fertigkeiten vermittelt werden können. Dabei sollte besonderes Gewicht auf die Frage gelegt werden, inwieweit durch automatisierte Produktion Produktivität und Kreativität (in anderen Bereichen) gefördert werden können.

Schließlich hat die Untersuchung durch die simultane Überprüfung von Unternehmens-, Arbeitsplatz- und Individuumsaspekten – bei aller Vorsicht der Interpretation angesichts der geringen Besetzung in der Gruppe der über 45jährigen und der der Frauen – bestätigt, was die Literaturanalyse bereits nahelegte: der latenten Dimension „Persönlichkeit“ ist ein wesentlich höherer Einfluß auf die Einstellung zur Weiterbildung zuzuschreiben als der Dimension von Unternehmenscharakteristika, der durch den Technikstand des Arbeitsplatzes beeinflußten Weiterbildungserfahrung oder gar dem Alter; letzteres wirkt sich am wenigsten auf die Einstellung zu Weiterbildungsmaßnahmen aus. Dies zur Kenntnis zu nehmen bedeutete eine Chance für Sozial- und Arbeitsmarktpolitik.

5 Perspektiven künftiger Entwicklungen

5.1 Zur Weiterentwicklung der Fabrik

Die tiefgreifende Wirkung, welche die von Menschen entwickelte Technik auf Umwelt und Gesellschaft ausübt, wirft viele Fragen nach der zukünftigen Entwicklung auf. Die hier verfolgte Fragestellung nach der künftigen Entwicklungsrichtung der Fabrik in ihrer sozio-technischen und anthropogenen Dimension kann jedoch aufgrund der vielen Bedingungen und ihren komplexen Wechselwirkungen nicht abschließend und vollständig beantwortet werden.

Entwicklungslinien künftiger Einsatzformen und der weiteren Verbreitung von Komponenten der Fabrikautomatisierung werden wesentlich durch die Technologiestrategien der Unternehmen bestimmt. Um bisherige Erfahrungen, beobachtbare Wirkungen von Automatisierung auf Organisation und Mitarbeiter sowie mögliche künftige Entwicklungen auch aus Sicht der Anwender flexibel automatisierter Produktionstechnik aufzunehmen, werden auf der Basis bisheriger Ausführungen sowie ergänzender Literaturstudien einige Perspektiven künftiger Fabrikentwicklung formuliert, die als Grundlage für eine Befragung von Produktionsmanagern dienen (vgl. Abschnitt 5.2). Dieses Vorgehen stützt sich auf die Annahme, daß die Sichtweisen des Produktionsmanagements als bedeutender Indikator für die Weiterentwicklung künftiger Fabriken anzusehen sind.

Zur Weiterentwicklung der Fabrikautomatisierung

- Flexibilität, Produktivität und Qualität sind unter Berücksichtigung der Wirtschaftlichkeit die Leitziele moderner Produktion. Es ist zu erwarten, daß sich der Einsatz rechnerunterstützter Komponenten und Systeme mit abnehmenden Anschaffungskosten bei gleichzeitig zunehmender Leistungsfähigkeit weiter verstärken wird. Gleichzeitig wird eine zunehmende informationstechnische Vernetzung aller Bereiche im Unternehmen angestrebt.

- Die Automatisierung der Produktion ist nicht in allen Bereichen gleich weit fortgeschritten. Sind Entwicklungen absehbar, die einen Einsatz rechnerunterstützter Produktionsmittel auch in Bereichen erlauben, die derzeit noch vorwiegend durch konventionelle Verfahren geprägt sind?

- Die Einsatzmöglichkeiten flexibel automatisierter Produktionstechnik werden bestimmt durch die Produkt-Stückzahlen, aber auch durch eine automatisierungsorientierte Produktgestaltung. Ist eine verbreitete Anwendung von Konzepten und Methoden erkennbar, die künftig zu einer Erschließung weiterer Automatisierungspotentiale beitragen kann?

- Künftige Marktanforderungen werden in erheblichem Maße einen Einsatz recyclingfähiger Werkstoffe erfordern, um den wachsenden Entsorgungsproblemen Rechnung zu tragen. Die Produktion ist darüber hinaus so zu gestalten, daß eine Zerlegung komplexer Produkte in wiederverwertbare Bestandteile deutlich vereinfacht wird. Weiterhin werden auch zunehmend umweltfreundliche Verfahren und Verbrauchsstoffe (z. B. Kühlmittel, umweltfreundliche Lacke) Verwendung finden müssen.

Entwicklungstendenzen der Fabrikorganisation

- Die gegenwärtige Ausrichtung von Rationalisierungskonzepten auf den Zeitfaktor (Beschleunigung von Arbeitsprozessen, Verminderung von Lager-/Transportzeiten, „just in time"-Fertigung, Steigerung der Flexibilität) und den Kostenfaktor wird in Zukunft ergänzt durch Fragen der Arbeitsorganisation, der Qualitätssicherung und des Umweltschutzes.

- Mit der Orientierung der Organisationsentwicklung am Faktor Zeit fallen tendenziell Abteilungs- und Bereichsgrenzen. Beispiele hierfür sind die Bereiche Konstruktion und Arbeitsvorbereitung, die auch in Zukunft weiter zusammenwachsen werden. Der in vielen Unternehmen noch steile und vielstufige Hierarchie-Kegel wird sich insgesamt weiter verflachen.

- Die bisher dominierende funktionale Gliederung der Fabrik wird vielfach durch eine materialflußorientierte Produktionsorganisation sowie eine produktorientierte Arbeitsorganisation ergänzt. Die überschaubare, relativ autonome Gruppenarbeit in „Fertigungsinseln" wird dabei eine häufige Arbeitsorganisationsform in künftigen Fabriken sein.

- Die zunehmende Komplexität der Produkte in der Investitionsgüterindustrie wird tendenziell zu einer Zunahme der zwischenbetrieblichen Arbeitsteilung führen, um Spezialisierungseffekte ausnutzen zu können. Die Vergabe von Aufträgen wird sich nicht nur auf die Fertigung beschränken, sondern auch Entwicklungsarbeiten umfassen.

- Die Planung von Automatisierungsvorhaben erfordert einen hohen personellen und sachlichen Aufwand. Zur Unterstützung dieses Prozesses werden die Leistungen von Systemherstellern und auch Beratungsunternehmen stärker nachgefragt.

- Die Vielfalt der jeweiligen Produktionsbedingungen läßt je nach Branche und Betrieb eine einheitliche Entwicklung der Automatisierungskonzepte nicht erwarten.

Anforderungen an die Personalplanung und -entwicklung

- Führungsaufgaben in der Fabrik erfordern vor dem Hintergrund des Abbaus funktionaler Abgrenzungen in der Organisation vermehrt interdisziplinäre Denkweisen. Die Ausbildung der Führungskräfte, insbesondere die Hochschulausbildung, ist auf diese Erfordernissen abzustimmen.

- Die Zuverlässigkeit und Verfügbarkeit von automatisierten Fertigungsanlagen wird durch den Einsatz von qualifiziertem Personal erhöht. Eine derartige Entwicklung läßt neue Strategien zur technisch-organisatorischen Optimierung der Fertigung zu. Das wird nicht ohne Einfluß auf künftige Lohnstrukturen bleiben. Es ist zu erwarten, daß Werker an flexibel automatisierten Fertigungseinrichtungen perspektivisch in das Angestelltenverhältnis geführt werden.

- Im Zusammenhang mit Automatisierungsvorhaben geht der Bedarf an menschlicher Arbeitskraft tendenziell zurück, es entstehen aber auch neue Arbeitsplätze. Un- und angelernte Mitarbeiter werden dabei in automatisierten Arbeitsumgebungen weniger benötigt. Sind Maßnahmen erkennbar, Freisetzungen in diesen Fällen zu verhindern?

- Ältere Mitarbeiter zeichnen sich durch hohes Erfahrungswissen, aber auch durch eingeschränkte körperliche Leistungsfähigkeit aus. Welche Bedeutung wird dieser Gruppe im Rahmen automatisierter Zusammenhänge beigemessen?
- Arbeit in der Fabrik war in der Vergangenheit häufig mit Schmutz- und Lärmbelästigung sowie mit Schichtarbeit verbunden. Werden Maßnahmen ergriffen, die Attraktivität der Arbeit in der Fabrik zu erhöhen?

Zum Einfluß des sozialpolitischen Umfelds

- Neben der Optimierung der Wirtschaftlichkeit wird künftig die Optimierung des Gesamtsystems Unternehmung unter Berücksichtigung humaner, sozialer und ökologischer Kriterien im Mittelpunkt der Planung stehen.
- Arbeitszeit und Lohnniveau sind wichtige Einflußgrößen für die Wirtschaftlichkeitsberechnung automatisierter Produktionsmittel. Wie wirken sich Stand und Entwicklungen tariflicher Vereinbarungen auf die Tendenz zu fortschreitender Automatisierung aus? Wie ist die Zusammenarbeit zwischen den Tarifparteien im Hinblick auf Automatisierung zu gestalten?

5.2 Ergebnisse einer Befragung von Produktionsmanagern

Ziel und Vorgehen der Befragung

Ziel der Befragung war es, Entwicklungstendenzen künftiger Fabrikstrukturen und der Arbeitswelt aus der Sicht von Anwendern automatisierter Produktionstechnik zu ermitteln. Hierzu wurden Vertreter des

Produktionsmanagements von insgesamt 15 Unternehmen der Automobilindustrie, der Elektroindustrie, des Maschinenbaus und auch der Luftfahrtindustrie hinsichtlich der erwarteten technischen und organisatorischen Weiterentwicklung der Fabrik sowie deren Wirkungen auf die hier beschäftigten Mitarbeiter befragt. Die Befragung wurde im Zeitraum April bis Oktober 1991 durchgeführt.

Die Gespräche fanden auf der Basis eines Interviewleitfadens statt, der das Gespräch einerseits standardisierte, den Befragten andererseits jedoch weitgehende Gestaltungsmöglichkeiten bezüglich thematischer Schwerpunktsetzungen einräumte. Hierdurch sollte erreicht werden, technische, wirtschaftliche und soziale Aspekte der Fabrikentwicklung, insbesondere der Fabrikautomatisierung, im Laufe des Gesprächs als Zusammenhang zu entwickeln und somit die Darstellung monokausaler Zusammenhänge durch zu enge Fragestellungen bzw. durch ein starres Ablaufschema zu vermeiden.

Die gewählte Befragungsmethode führt teilweise jedoch auch dazu, daß im Rahmen der zur Verfügung stehenden Interviewzeiten nicht jeder Befragte in gleicher Detaillierung auf die einzelnen Fragen oder Fragenkomplexe antworten konnte oder einzelne Themen aufgrund individuellen Interesses schwerpunktmäßig behandelt wurden. Die nachstehend dargestellten Ergebnisse der Befragung sollen ein Meinungsbild zu den Fragestellungen des Projekts wiedergeben, in der Darstellung wurde daher eine Abstraktionsebene gewählt, die rein unternehmensspezifische Aussagen und Problemlagen weitgehend ausblendet. Die Gesprächsergebnisse sind in Einzelberichten dokumentiert, die den Befragten zur Bestätigung der Aussagen zugeschickt wurden. Die im folgenden wiedergegebenen Zitate sind zwar primär als Einzelmeinungen aufzufassen und repräsentieren somit nicht zwangsläufig die Auffassung der Autoren dieses Berichts, sie illustrieren jedoch Sichtweisen, wie sie in der industriellen Praxis häufig anzutreffen sind.

Ergebnisse

In den letzten Jahren sind zunehmend schnellere und schwerer zu prognostizierende Veränderungen sowohl der Absatz- als auch der Beschaffungsmärkte zu beobachten. In nahezu allen Bereichen des Investitionsgüter produzierenden Gewerbes sind kürzere Innovationszyklen für Produkte sowie eine Verschärfung des Wettbewerbs vor allem durch die zunehmende Leistungsfähigkeit ostasiatischer Unternehmen festzustellen. Neben dem Preis und der Qualität der Produkte gewinnen zeitorientierte Größen, insbesondere die Produktentwicklungszeit und die Durchlaufzeit, eine strategische Bedeutung. Die Forderung nach Minimierung des Zeitbedarfs, ein Produkt zu entwickeln und es schnell in Serie produzieren zu können, stellt besonders hohe Anforderungen an die Planung der Flexibilität der Produktionssysteme. Im Gegensatz zu Produktinnovationen sind Prozeßinnovationen nicht allgemein zugänglich. Bei der Durchführung von Automatisierungsvorhaben entsteht somit ein Gestaltungs- und Erfahrungswissen, das selbst einen gut geschützten Wettbewerbsvorteil bildet.

Um den Marktanforderungen zu entsprechen, zeichnen sich folgende Strategien ab: Ziel der *produktbezogenen* Rationalisierungsbemühungen ist es, variable und kundenspezifische Endprodukte anzubieten, die jedoch auf modularen Produktstrukturen, Baukastensystemen, basieren. Diese Vorgehensweise trägt dazu bei, einen Teil der vom Markt geforderten Flexibilitätsanforderungen zu kompensieren, bevor eine Flexibilisierung der Produktion festgelegt wird. Bereits vorhandene Produktspektren und Stücklisten werden in vielen Industrieunternehmen im Hinblick auf eine Reduktion der Komplexität und der Teilevielfalt analysiert. Gleichzeitig wird angestrebt, bereits im Rahmen der Produktionsvorbereitung eine fertigungs- und montagegerechte Konstruktion der Teile und Baugruppen zu gewährleisten, in deren Rahmen insbesondere in der Automobilindustrie auch umweltbezogene Anforderungen, wie Wiederverwertbarkeit und Entsorgung, vermehrt zu berücksichtigen sind. Weitere Maßnahmen zur Vereinfachung der Produktstruktur ergeben sich aus einer Reduktion der Teilevielfalt und der Arbeitsmenge durch die Integration mehrerer Funktionen in ein Bauteil.

Vereinfachungen der Produktstruktur und die fertigungs- und montagegerechte Konstruktion stellen auch wesentliche Bestimmungsfaktoren für *produktionsbezogene* Rationalisierung durch Automatisierung dar. Ergänzt werden diese Maßnahmen zunehmend durch eine Reorganisation der Produktionsorganisation, wobei als Hauptlinien der weiteren Entwicklung einerseits eine Orientierung am produktorientierten Fließprinzip und andererseits eine Zunahme von Gruppenkonzepten erkennbar sind. Das in vielen Fabriken angestrebte oder bereits realisierte Konzept der Fertigungssegmentierung zielt darauf ab, Organisationseinheiten zu schaffen, die mehrere Stufen der logistischen Kette eines Produkts umfassen und die auf eine spezifische Wettbewerbsstrategie ausgerichtet sind. Ein Ziel dieses Organisationskonzepts ist es, nicht wertschöpfende Funktionen in der Fabrik zu reduzieren. Mit dem vollzogenen oder geplanten Übergang von einer technologiebezogenen, d. h. am Werkstattprinzip orientierten, zu einer produktbezogenen Fertigungsorganisation werden gleichzeitig erweiterte Einsatzmöglichkeiten angepaßter automatisierter Bearbeitungssysteme, beispielsweise zur weiteren Reduzierung von Nebenzeiten durch Komplettbearbeitung, eröffnet und genutzt.

Die Betrachtung gegenwärtiger Rationalisierungsleitlinien zeigt auch, daß die Produktionsbedingungen weniger von branchenspezifischen, als vielmehr von produktprogrammbezogenen Merkmalen, wie Komplexität der Produkte und Stetigkeit der Produktion, bestimmt werden. Generalisierende Aussagen für große Industrieunternehmen oder gar für ganze Branchen sind daher in vielen Fällen untauglich.

Als häufig genanntes Beispiel für einen Produktionsbereich mit geringen Automatisierungsmöglichkeiten gilt vor allem die Montage. Weitgehend unabhängig von Branchenzugehörigkeit und Betriebsgröße umfaßt die Montage gegenwärtig noch einen hohen Anteil manueller Tätigkeiten und läßt, trotz der Vereinfachungen im Produktbereich, auch in den nächsten Jahren kaum erhöhte Automatisierungsgrade erwarten. Neben einer Zunahme von Fertigungsinseln in der Teilefertigung ist daher insbesondere Montagebereich eine deutliche Tendenz zu vermehrter Gruppenarbeit zu verzeichnen. Obwohl bisherige Erfahrungen mit diesem arbeitsorganisatorischen Konzept im Hinblick auf das Arbeitsergebnis bisher durchweg positiv beurteilt werden, waren in bezug auf Gewinnung geeigneter Werker auch Probleme festzustellen. Als Beispiel kann folgende Aussage dienen: „Künftige Produktionsstrukturen werden durch ein weiteres Vordringen von Gruppenkonzepten gekennzeichnet sein. Im Bereich der Fertigung haben Erfahrungen jedoch gezeigt, daß zwar viele Werker eine Arbeit in Gruppen bevorzugen, die Bereitschaft zur Übernahme höherwertiger Tätigkeiten, wie z. B. die Aufgabe des Gruppensprechers oder von Dokumentationsdiensten, jedoch gering ist".

Demgegenüber hat die Automatisierung der Teilefertigung sowie deren informationstechnische Einbindung in den Fabrikzusammenhang bereits ein hohes Niveau erreicht. Für den weiteren Einsatz automatisierter Produktionsmittel in diesem Bereich kann in der Regel auf umfangreiches Erfahrungswissen zurückgegriffen werden. Die weitere Entwicklung in der Teilefertigung wird insgesamt durch einen zunehmenden Einsatz rechnerunterstützter Bearbeitungs- und Handhabungssysteme sowie durch eine zunehmende Vernetzung mit Informationssystemen der Konstruktion und Arbeitsplanung, aber auch mit der Produktionsplanung sowie der Qualitätssicherung gekennzeichnet sein.

Übereinstimmend wird festgestellt, daß die automatisierte Produktionstechnik heute einen hohen Reifegrad erreicht hat. Es ist zu erwarten, daß sich die künftige Weiterentwicklung im Gegensatz zu den letzten Jahrzehnten nur noch in kleineren Schritten und mit wachsendem Aufwand vollziehen wird. Jedoch eröffnet ein breiter Einsatz rechnerunterstützter Bearbeitungseinrichtungen mit dem Ziel der Komplettbearbeitung von Teilen noch erhebliche Potentiale für eine weitere Vereinfachung von Abläufen.

Ergänzt werden diese Prozesse von Programmen zur Optimierung der Fertigungstiefe. Dabei zeichnet sich ein deutlicher Trend zu einer weiteren Reduktion des Eigenanteils an der Wertschöpfung ab. Als Hauptmotive für eine Verlagerung von Teilbereichen der Produktion in andere Unternehmen lassen sich dabei einerseits die Erzielung von Kostenvorteilen durch Größendegression und andererseits die Nutzung spezialisierten Wissens, insbesondere bei der Konstruktion komplexer Baugruppen, identifizieren. Die Zusammenarbeit mit den Zulieferunternehmen gestaltet sich dabei in Form von Teams, die aus Mitarbeitern verschiedener Funktionen aus den beteiligten Unternehmen zusammengesetzt sind. Die zunehmende Inanspruchnahme von Kompetenzen externer Dienstleistungsunternehmen ist insgesamt sowohl bei höherwertigen Aufgaben, wie Unternehmensberatung, Logistikleistungen und Entwicklung, als auch bei einfachen Dienstleistungen festzustellen. Das Motiv für Verlagerungen im Bereich einfacher Dienstleistungen beschränkt sich in der Regel auf erzielte Kostenvorteile. Als Ziel und Grenze für die Verringerung der Fertigungs- und Dienstleistungstiefe wird häufig die „Kernkompetenz“ des Unternehmens genannt, die grundsätzlich im Unternehmen verbleiben soll. Obwohl der Begriff oftmals unscharf gehandhabt wird, können als „Kernkompetenzen“ die originären Quellen eines strategischen Vorteils gegenüber den Wettbewerbern verstanden werden.

Vor allem in der Automobilindustrie, aber auch in den anderen Branchen, ist eine Tendenz zur Übernahme der Rezeption des „lean-managements“, des schlanken Unternehmens, unverkennbar. Dieses Konzept basiert auf wenigen Grundprinzipien, aus denen eine Reihe von Gestaltungsrichtlinien für die Innen- und Außenbeziehungen des Produktionsunternehmens entwickelt werden. Es ist daher zu vermuten, daß die Fabrikentwicklung der deutschen und auch europäischen (Automobil)Industrie von diesem Konzept beeinflußt wird (vgl. Abschnitt 4.2.3.1).

Eine weitgehende Übereinstimmung ist in bezug auf Fragen der Arbeitszeit und der Entlohnung festzustellen. Als Grundmuster der Argumentation läßt sich festhalten, daß die zunehmende Verkürzung der Arbeitszeit und steigende Personalkosten zu weiteren Rationalisierungen, auch durch Automatisierung, führen werden, um die erreichte Wettbewerbsposition nicht zu gefährden. Als Bewertungsgrundlage für die Entlohnung der Arbeitspersonen sollte eher die tatsächliche Tätigkeit denn die beispielsweise durch Weiterbildung erlangte, formale Qualifikation herangezogen werden. So bemerkt der Produktionsvorstand eines Automobilunternehmens: „Die industrielle Arbeit ist durch eine ständige Verkürzung der Arbeitszeiten sowie steigende Lohnkosten gekennzeichnet. Diese Entwicklungstendenz ist vor dem Hintergrund der gegenwärtigen und verstärkt auch der zukünftigen Wettbewerbsanforderungen ein schwächender Faktor. Eine sinnvolle Vorgehensweise zur Stärkung der Wettbewerbsposition der deutschen Volkswirtschaft wäre die Verpflichtung der Arbeitnehmer, die durch die Verkürzung der Arbeitszeiten gewonnene Freizeit für Maßnahmen der beruflichen Weiterbildung zu nutzen".

In diesem Zusammenhang wird häufig betont, daß bezüglich der Zusammenarbeit mit den Gewerkschaften und Betriebsräten ein partizipatives und konsensbezogenes Handeln angestrebt wird. Wie das breite Spektrum der Sichtweisen bezüglich des Verhältnisses von Unternehmen, Gewerkschaften und Betriebsräten zeigt, scheinen regionale und betriebsspezifische Gegebenheiten offensichtlich von großer Bedeutung zu sein. Insgesamt wurde jedoch eine starke Stellung der Arbeitnehmervertreter, insbesondere bei der Gestaltung von Automatisierungsvorhaben, betont.

Das weitere Wachstum der Fabriken wird nicht mehr in dem bekannten Maß zu einem Wachstum der Belegschaft führen. Vor dem Hintergrund steigender Mechanisierungs- und Automatisierungsgrade in der Fabrik werden hier künftig weniger Menschen beschäftigt werden. Gleichwohl scheint es kaum möglich, die teilweise gegenläufigen Beschäftigungswirkungen weiterer Automatisierung zu prognostizieren und daraus einen resultierenden Trend abzuleiten. Trotz feststellbarer Freisetzungseffekte bei der Automatisierung einzelner Funktionen werden

Freisetzungen erst dann arbeitsmarktwirksam, wenn keine Möglichkeiten mehr bestehen, die betroffenen Mitarbeiter innerhalb des Unternehmens umzusetzen.

Es zeichnet sich jedoch deutlich ab, daß sich die Beschäftigungsmöglichkeiten un- und angelernter Mitarbeiter in der Fabrik stark verringern werden. Nahezu einhellig wurde hervorgehoben, daß für niedrig qualifizierte bzw. eingeschränkt lernfähige Mitarbeiter in künftigen Fabriken kaum noch Beschäftigungsmöglichkeiten zu finden sein werden. Hinzu kommt, daß schon gegenwärtig die einfachen, manuellen Tätigkeiten im Mittelpunkt der Mechanisierungs- und Automatisierungsbestrebungen stehen. In diesem Zusammenhang bemerkt ein Interviewpartner: „Für die Beschäftigung niedrig qualifizierter Werker wird es dabei von wesentlicher Bedeutung sein, inwieweit es gelingt, Maschinen und Anlagen so bedienerfreundlich zu gestalten, daß auch diese Mitarbeitergruppe in die Lage versetzt wird, komplexere technische Hilfsmittel zu bedienen bzw. zu führen. Ziel der Technikgestaltung muß es sein, den jeweiligen Bediener optimal in seiner Aufgabenerfüllung zu unterstützen. Auch auf dem Gebiet der Maschinen- und Anlagensteuerungen sind somit weitere interdisziplinäre Entwicklungen anzustreben“.

In der Industrie scheinen darüber hinaus jedoch keine Lösungsvorschläge vorzuliegen, vielmehr wird die Lösung dieses Problems, insbesondere eine Finanzierung von Arbeitsplätzen für Randgruppen, in der Verantwortung der staatlichen Aus- und Weiterbildungspolitik gesehen. Eine andere Einschätzung ergibt sich bei der Betrachtung der Gruppe der älteren Mitarbeiter. Grundsätzlich wird das Erfahrungswissen dieser Beschäftigten im Bereich der Produktion als sehr bedeutend angesehen, auch wenn sich die Qualifizierung für rechnerunterstützte Techniken in bezug auf das Wollen und Können oft als problematisch darstellt.

Die Leistungsfähigkeit der Personalentwicklung wird als wesentlicher Erfolgsfaktor angesehen, die Mitarbeiter für gewandelte Tätigkeits- und Qualifikationsanforderungen vorzubereiten. Während Qualifikation und Qualifizierung gewerblicher Arbeitnehmer in Großunternehmen weitgehend unproblematisch scheint, erfordern die erhöhten Anforderungen an die Führungskräfte in den technischen Bereichen, vor allem in bezug auf die Sozialkompetenz, noch erhebliche Anstrengungen in der Personalentwicklung. Die Hochschulausbildung der Ingenieure wird im Spektrum von gut bis zu speziell beurteilt. Nach Ansicht vieler Befragten sollte die Vermittlung technischer Inhalte um Inhalte ergänzt werden, die Entscheidungsprozesse im Unternehmen besser unterstützen. Entscheidungen im Produktionsbereich erfordern zwar technisches Wissen, darüber hinaus jedoch auch immer die Beurteilung der Auswirkungen auf die Kostensituation. Dies gilt ebenso für untere Führungsebenen bis hin zur Ebene der Meister. Forderungen ergeben sich darüber hinaus auch hinsichtlich einer Verkürzung der Studienzeit sowie einer vermehrten Vermittlung praxisorientierten Wissens bei angehenden Fertigungsingenieuren.

Die Bedeutung der Öffentlichkeitsarbeit wird als Instrument zur Erhöhung des Interesses an Fabrikarbeit als sehr hoch eingeschätzt. Ein Werksleiter kommt zu folgenden Überlegungen: „Die Erhöhung der Transparenz der Fabrik ist eine bedeutende Bringschuld industrieller Unternehmen. Eine verstärkte und verbesserte Öffentlichkeitsarbeit industrieller Unternehmen wäre ein wichtiger Beitrag für eine Versachlichung der Diskussion um Technik und Fabrikarbeit. Fabriken sollten somit auch 'Lehrpfade' industrieller Produktionsprozesse beinhalten, anhand derer Lehrende und Lernende, aber auch Politiker sowohl die Art der einzelnen Verrichtung als auch deren Bedeutung für den gesamten Produktionsprozeß erkennen können. Erfahrungen haben gezeigt, daß durch die Öffnung der Fabrik polarisierte Meinungsbilder zugunsten gemeinsamer Sichtweisen abgebaut werden konnten. Dies ist auch für die Meinungsbildung in Gewerkschaften bedeutend, was eine wichtige Voraussetzung für eine gute Zusammenarbeit zwischen Unternehmensleitung und Betriebsrat darstellt".

Aus den in den vorhergehenden Abschnitten analysierten und dargestellten Zusammenhängen von Automatisierungen und betrieblicher Arbeitswelt ergeben sich Orientierungen unterschiedlicher Reichweite für verschiedene Handlungsbereiche. Diese Empfehlungen sollen weniger als eine Reihung isolierter Einzelvorschläge angesehen werden, sondern als Gesamtheit von Maßnahmen, die aufeinander zuweisen und deren Wirkungen sich erst im Rahmen einer umfassenden Perspektive entfalten können. Die Handlungsempfehlungen machen darüber hinaus auch auf weitere Forschungsperspektiven aufmerksam.

6 Handlungsempfehlungen

Historische Analysen belegen vielfache Gründe für die Fehlerhaftigkeit bisheriger Prognosen. Selbst im unmittelbaren Produktionsbereich erscheint nur eine Zeitspanne von wenigen Jahren als relativ eindeutig prognostizierbar, da Produktionen auch bei prinzipieller Verfügbarkeit technischer Innovationen nicht schnell umstellbar sind, der vorgängige Planungshorizont Veränderungen notwendigerweise begrenzt (vgl. Abschnitt 1). Offen sind jedoch die jeweiligen Realisierungsbedingungen für Innovationen: Sie sind einerseits gestaltbar, andererseits vielfach nur in längerfristigen Prozessen des Ausgleichs und des Aushandelns veränderbar, besonders wenn gewachsene soziale Strukturen tangiert sind. Die Begrenzung der Analyse auf Teilbereiche der industriellen Produktion läßt für die Reichweite von Aussagen zur künftigen Entwicklung von Produktionsstrukturen und absehbaren gesellschaftlichen Auswirkungen folgende Hinweise geboten erscheinen:

Der industrielle Sektor wird mit zunehmender Verbreitung produktionsintensiver Automatisierungstechniken weiterhin schrumpfen, der Dienstleistungssektor zunehmen. Amtliche Statistiken und Arbeitsmarkterhebungen vermitteln vorerst jedoch nur ein unzureichendes Bild von den Veränderungen im Industriesektor selbst. Einerseits wächst der Dienstleistungsbereich innerhalb des Industriebereichs, andererseits ist eine zunehmende Auslagerung industrieller Dienstleistungen zu beobachten (vgl. Gruhler 1990). Dies gilt insbesondere für die Software-Entwicklung.

Für die Abschätzung des Qualifikationsbedarfs wird es daher über die vorliegenden Aussagen hinaus sinnvoller sein, die sich verändernden Tätigkeitsstrukturen im Rahmen einer sich wandelnden Produktionsweise zu verfolgen und den sehr heterogenen Begriff der Dienstleistungen entsprechend zu differenzieren. Dies wird für die Konzeption künftiger Entwicklungslinien umso bedeutsamer, als Arbeitsmarktbilanzen und auch alle Varianten von Modellrechnungen gleichermaßen zwei Merkmale hervorheben: steigende Produktivitätsraten je Erwerbstätigen trotz abnehmender Beschäftigungsrate im Industriesektor einerseits, Facharbeitermangel andererseits, der sich künftig durch den absehbaren generativen Wandel noch verstärken dürfte. Betreffen die sich abzeichnenden Strukturmerkmale der künftigen Fabrik und ihre Auswirkungen auf Verschiebungen in den Qualifikationsanforderungen und die Gestaltung der Arbeitsorganisation damit unmittelbar nur einen Teil des Arbeitsmarktes und der Gesellschaft, so können die jeweiligen gesellschaftlichen Rahmenbedingungen den Handlungsspielraum doch entscheidend beeinflussen.

Der historische Aufriß zur Entwicklung der Automatisierungstechnik hat ferner verdeutlicht, daß es sich trotz aller Entwicklungs„sprünge“ bei den technischen Innovationen um einen stetigen Prozeß bei der Einführung in der Produktion und der daraus folgenden Veränderung von Produktionsstrukturen handelte. Der entgegen vielfältiger Prognosen erheblich langsamere Wandel konnte damit bislang durch allmähliche Anpassungen – wenngleich nicht ohne temporäre Friktionen – herbeigeführt werden. Die eingangs betonte Relativierung des Verallgemeinerungspotentials von Empfehlungen angesichts der Begrenzung auf bestimmte Produktionsbereiche schließt nicht aus, daß bislang beobachtete Entwicklungsverläufe in naher Zukunft eine neue Dynamik erfahren. Drei Gründe sprechen dafür:

- Es entsteht die Frage, ob der bisher eher evolutionäre denn revolutionäre Verlauf technischer Entwicklung mit der Expansion moderner Informationstechnik nicht doch eine neue Qualität gewinnt. Die Umstellung des Fabrikbetriebes auf eine höhere Automatisierungsebene könnte drastischere Auswirkungen auf Qualität und Anzahl von Arbeitsplätzen, auf Gestaltung und Verteilung von Arbeit, auf Ausbildungsstrukturen und Arbeitszeiten haben. Vielfältige Synergieeffekte können beschleunigend wirken. Betriebliche Gestaltungsbedingungen und gesellschaftliche Rahmenkonzeptionen gewinnen hier eine besondere Bedeutung.

- Der demographische Wandel kann zur Folge haben, daß neue technische Entwicklungen nicht, wie bisher, vor allem von jungen, bereits entsprechend vorgebildeten Kräften vorangetrieben und verbreitet werden. Die Geschwindigkeit der Entwicklung läßt es auch nicht mehr zu, die Verankerung neuer Anforderungen in schulischen und ausbildungsorientierten Curricula abzuwarten, die erfahrungsgemäß erst im Verlauf einer Generation wirksam werden. Damit spielt die

Organisation von Weiterbildung und insbesondere die Aktivierung Älterer eine herausragende Rolle.

- Die Verbreitung rechnerunterstützter Informations- und Kommunikationstechnik betrifft längst nicht mehr nur den Produktionsbereich und sonstige Arbeitsprozesse allein; sie erstreckt sich zunehmend auf alle Lebensbereiche. Veränderungen der Wahrnehmung, der Informationsaufnahme und -verarbeitung, der sozialen Beziehungen, wie sie für den Bereich industrieller Produktion konstatiert werden, gewinnen damit zugleich Allgemeinheitscharakter.

6.1 Empfehlungen aus technischer Sicht

- Bei der Produktionsgestaltung sind vorrangig Konzepte anzuwenden, die durch Automatisierung eine Flexibilisierung und Parallelisierung der Produktionsprozesse erleichtern und somit Umstellungs- und Durchlaufzeiten reduzieren. Im Sinne dieser Orientierung am Faktor Zeit muß auch angestrebt werden, durch Vermeidung wiederholter Dateneingaben Zeit zu sparen sowie mehrfach auftretende ablauforganisatorische Fehler und Probleme in systematischer Vorgehensweise zu identifizieren.

- Die derzeitige Ausgestaltung von 3D-CAD-Systemen ist für eine durchgängige Datenverarbeitung noch ungenügend und stellt damit ein bedeutendes Hindernis für weitere Automatisierungs- und Integrationsbestrebungen dar. Ihre Weiterentwicklung zur Bildung von vollgültigen Produktmodellen, aus denen für alle Fabrikbereiche dann jeweils benötigte Daten zweifelsfrei entnommen werden können, z. B. für Simulationen, ist durch weitere Forschung und Entwicklung dringend geboten, denen sich Hochschulen und Systementwickler in Zusammenarbeit mit der anwendenden Industrie intensiv widmen müssen.

- Für einen wirtschaftlichen Einsatz komplexer Produktionssysteme ist eine intensive Nutzung und Aktualisierung von Anwendungs- und

Instandhaltungswissen erforderlich. Ein verstärkter Einsatz „intelligenter“ Systeme, wie beispielsweise wissensbasierter Systeme, kann hier einen wichtigen Beitrag zur Steigerung der Verfügbarkeit leisten.

- Automatisierungstechnik beinhaltet Schlüsseltechnologien, wie z. B. die Elektronik. Die Förderung von Kompetenzen zur Weiterentwicklung der Leistungsfähigkeit von Schlüsseltechnologien in Wissenschaft und Industrie ist zur Erhaltung einer wettbewerbsfähigen Volkswirtschaft angeraten.

- Grundlagenforschung in der Produktionswissenschaft ist eine interdisziplinäre Forschungsaufgabe. Es gilt, Fachdisziplinen wie Maschinenbau, Informatik, Elektronik, Physik, Chemie, Materialwissenschaft, Wirtschafts- und Sozialwissenschaften sowie Arbeitswissenschaft im Sinne einer „Fabrikwissenschaft“ projektbezogen zusammenzuführen.

- Anwendungsforschung für die Fabrik muß in enger Kooperation von Hochschule und Industrie erfolgen. Hierzu sind vorhandene Verbundforschungsprogramme zu verstärken. Unter Nutzung vorhandener CIM-Technologie-Transfer-Zentren sind darüber hinaus innovative Unternehmenskooperationen zu fördern, die den wechselseitigen Transferprozeß von Wissen zwischen Technologieentwicklern und -anwendern verbessern.

- Die Zuverlässigkeit und die Leistungsfähigkeit der Software für automatisierte Produktionssysteme sind wichtige Faktoren für die Wettbewerbsfähigkeit künftiger Fabriken. Um den kontinuierlich wachsenden Aufwand bei der Softwareentwicklung auch künftig bewältigen zu können, ist ein intensivierter Wissenstransfer zwischen Hochschulen, Forschungsinstituten und industrienahen Softwareentwicklungszentren erforderlich.

- In der Fabrik tritt das Ziel einer Verminderung von Schadstoffemissionen neben die Forderung nach Verbesserungen von Wirtschaftlichkeit und Mengenleistung der Produktion. Daher sollte die Erforschung von Grundlagen und Anwendungen umweltschonender Produktionsverfahren vorangetrieben werden.

6.2 Empfehlungen für die betriebliche Arbeitswelt

- Die Sozialverträglichkeit von Technik und Technikeinsatz stellt erweiterte Anforderungen an Entwicklungs- und Konstruktionsprozesse. Sowohl die Hersteller maschineller Systeme als auch die Anwender werden diesen Sachverhalt künftig mehr berücksichtigen müssen.
- Bei der Automatisierung bilden technische und organisatorische Maßnahmen eine Einheit. Hinsichtlich der Arbeitsorganisation zeichnet sich gegenwärtig ein Trend zu gruppenorientierten Konzepten ab. Die Einführung von Gruppenarbeit und Fertigungsinseln ist mit hohem technischen und qualifikatorischen Aufwand verbunden, der eine Förderung solcher Vorhaben, insbesondere für Klein- und Mittelbetriebe, dringend erforderlich macht.
- Mit zunehmender Verbreitung der Gruppenarbeit werden neben fachlichen Kompetenzen auch in viel höherem Maße soziale und organisatorische Fähigkeiten verlangt. Die Unternehmen müssen auf die Vermittlung sozialer Kompetenzen verstärkt eingehen. Qualifizierung für flexible Automatisierung erfordert somit auch, Bereichsgrenzen und Hierarchien zu überwinden sowie getrennt arbeitende, aber aufeinander bezogene Gruppen zusammenzuführen.
- Qualifizierte Arbeitnehmer stellen erweiterte Ansprüche an ihre beruflichen Entscheidungsspielräume. Formen von Gruppen- und Teamarbeit, auch zu betrieblichen Planungs- und Verbesserungsprojekten, sind daher im Rahmen der betrieblichen Organisationsentwicklung von vornherein zu bedenken.
- Der künftige Qualifikationsbedarf in der Fabrik wird tendenziell von technischen und arbeitsorganisatorischen Entwicklungslinien sowie der betriebsspezifischen Personalpolitik bestimmt. Um die Planungsgrundlagen für eine vorausschauende Qualifizierung der Arbeitspersonen zu verbessern, bedarf es auch einer Intensivierung der Zusammenarbeit zwischen der Produktionswissenschaft und der Arbeitsmarkt- und Berufsforschung.

- Bei der Konstruktion von Fertigungssystemen sollten in stärkerem Maße als bisher die Erfahrungen von Facharbeitern einbezogen werden. Der Verzicht auf ihr Wissen und ihre Erfahrung bei der Konzeption technischer Systeme ist ebenso problematisch wie die Nichtbeachtung ihrer Qualifikationsgrenzen. Deshalb sind technische Systeme so zu gestalten, daß sie den Facharbeiter unter Berücksichtigung seines Wissens, seines Denkens, seiner Erfahrung und seiner Sprache unterstützen.

- Die Unternehmen sollten die technische Kommunikation nicht lediglich als nachgeordnetes Erfordernis ansehen, sondern diese Aufgabe als ein wichtiges Leistungsmerkmal technischer Systeme bewerten. Dies gilt insbesondere für die Gestaltung benutzerfreundlicher Bedienungsanleitungen für flexibel automatisierte Produktionsmittel.

- Einfache und übersichtliche rechnerunterstützte Systeme fördern deren Akzeptanz in der Fabrik. Bei der Auswahl automatisierter Systeme sollte daher auf eine gut strukturierte Benutzerführung und ergonomische Benutzeroberflächen geachtet werden.

- Einheitliche Benutzeroberflächen in Konstruktion, Arbeitvorbereitung und Werkstatt unterstützen die Nutzung bereichsspezifischer Planungsfähigkeiten, erweitern arbeitsorganisatorische Gestaltungsspielräume und ermöglichen einen effektiveren Informationsaustausch zwischen diesen Bereichen. Somit ist anzustreben, Anwender an der Entwicklung von Planungs- und Programmiersysteme verstärkt zu beteiligen.

- Die Bedeutung der firmenspezifischen Anwenderschulung nimmt zu. Daher sollten die Unternehmen eigenständige Schulungszentren bzw. firmenübergreifende Servicecenter aufbauen oder weiter entwickeln.

- Bei der Arbeitsgestaltung ist anzustreben, Routinetätigkeiten nicht vollständig auf den Rechner zu übertragen. Vielmehr kann nur ein ausgewogenes Verhältnis von Routine und Kreativität Grundlage technischer und organisatorischer Weiterentwicklungen sein.

- Auch in künftigen Fabriken bleibt das Vorhandensein von Erfahrungswissen von hoher Bedeutung für eine effektive Produktion. Bei der Gestaltung sowohl der Arbeitsorganisation als auch der begleitenden Qualifizierungsmaßnahmen sollte das Erfahrungswissen, insbesondere von älteren Mitarbeiten, besonders berücksichtigt werden.

6.3 Empfehlungen für die berufliche Qualifizierung

- Die Qualifikationsanforderungen an die Mitarbeiter in der Fabrik steigen qualitativ im Hinblick auf systemisches Denken, sie erweitern sich nicht nur. Das künftig zu erreichende Kompetenzniveau liegt über dem heutiger Facharbeit. Dieser Sachverhalt muß in der beruflichen Erstausbildung berücksichtigt werden.
- Die Ausbildung für hochautomatisierte und integrierte Systeme muß vielfältige Anforderungen berücksichtigen und sollte daher einer Universalqualifikation entsprechen. In diesem Umfeld sind neue Berufsbilder mit Mehrfachqualifikation zu bedenken. Die berufsbildenden Institutionen sind auf eine raschere und konsequentere Anpassung der Ausbildungsinhalte vorzubereiten.
- Erstausbildung und Weiterbildung müssen in viel stärkerem Maße als bisher als Stationen eines kontinuierlichen biographischen Prozesses verstanden werden. Ein Stufenmodell lebenslanger Weiterbildung, das sich durch eine kontinuierliche Begleitung des Arbeitslebens durch eine Verbindung betrieblichen und außerbetrieblichen Lernens auszeichnet und eine Zertifizierung auf jeder erreichten Weiterbildungsstufe beinhaltet, sollte angestrebt werden.
- Arbeit wird zunehmend als Herausforderung angesehen, wobei sich Originalität, Kreativität, Phantasie und Selbstentfaltung verwirklichen lassen. Unternehmensführung verlangt ein Eingehen auf die gewandelten Wertvorstellungen der Mitarbeiter. Solche Führungskompetenzen sind in der Hochschule vorzubereiten und im Unternehmen weiter zu entwickeln.
- Die Ausbildungsinhalte der Ingenieure und Techniker sind neu zu gewichten und auch zu ergänzen. Neben einer stärkeren Vermittlung

betriebswirtschaftlichen Wissens sollten auch die sozialen und individuellen Bedingungen sowie Folgen von Technikentwicklung und -einsatz Gegenstand ingenieurwissenschaftlicher Studien werden. Für Führungsaufgaben in der Fabrik ist zudem eine Einbeziehung soziologischer und psychologischer Grundlagen zu bedenken.

- Angesichts der erhöhten Bildungsnachfrage bei gleichzeitig rascherer Veraltungsgeschwindigkeit von Wissen sollten sich die Hochschulen wesentlich stärker für die Weiterbildung öffnen.

6.4 Empfehlungen für den sozialen Bereich

- Ein großer Teil der Auszubildenden – vorrangig, wenn sie lediglich den Abschluß einer Hauptschule haben (besonders in solchen Bundesländern, in denen die Hauptschule zu einer Art „Restschule" geworden ist), wird durch die neuen Qualifikationsanforderungen überfordert. Die Planung neuer Arbeitsstrukturen in der Fabrik sollte somit arbeitsorganisatorische Modelle berücksichtigen, in denen Arbeitsteiligkeit Leistungslücken überbrückt.
- Eine Einrichtung und ein Erhalt von Arbeitsplätzen für An- und Ungelernte wird in der Industrie aufgrund des fehlenden Wirtschaftlichkeitsnachweises nicht angestrebt. Um Qualifizierungsmaßnahmen für diese Arbeitspersonen zu ermöglichen, sollte die im Arbeitsförderungsgesetz festgelegte Altersgrenze für Weiterbildung flexibilisiert werden.
- Automatisierung eröffnet weite Gestaltungsmöglichkeiten für eine Entkopplung von Arbeits- und Betriebszeiten sowie der Arbeitsorte. Vorhandene Arbeitszeitmodelle sind sowohl hinsichtlich der Erfordernisse einer wirtschaftlichen Nutzung automatisierter Produktionsmittel, aber auch vor dem Hintergrund individualisierter Arbeitszeitgestaltung zu flexibilisieren. Hierzu gehört auch die weitere Nutzung der Möglichkeiten, die sich aus einer Ausweitung und Integration von Teilzeitarbeit in der Fabrik ergeben.

- Eine allgemeine Überführung der Facharbeiter an automatisierten Systemen in das Angestelltenverhältnis ist vor dem Hintergrund steigender Qualifikationsanforderungen angeraten.

7 Zusammenfassung

Die Idee des Automaten als Maschine mit selbsttätiger Wirksamkeit geht historisch weit zurück. Auch die heutigen Erscheinungsformen der automatisierten Technik sind Ausprägungen eines über große Zeiträume verlaufenden Entwicklungsprozesses, dessen einzelne Schritte durch eine Vielzahl von Faktoren beeinflußt werden. Dieses Bündel von Voraussetzungen schließt neben den rein technischen Komponenten das soziale Umfeld ein, in dem das technisch Machbare durchsetzbar ist, sich verzögert oder abgewandelt wird.

Analysen technischer Entwicklungen leiden in der Regel unter zwei Verkürzungen. Sie basieren entweder auf einer unzureichenden Kenntnis technischer und betrieblicher Rationalität, oder sie vernachlässigen die menschlichen und sozialen Bedingungen, die die Durchsetzung technischer Innovationen gleichermaßen beeinflussen. Die vielfältigen Verbindungslinien zwischen diesen beiden Polen wurden am Beispiel einiger Thesen zur Entwicklung der Automatisierung illustriert, ihrer Vorteile, Begrenzungen und Voraussetzungen.

Verfolgt man den rein technischen Entwicklungsprozeß und seine immanenten Möglichkeiten, sind zum gegenwärtigen Zeitpunkt technische Automatisierungsgrenzen kaum erkennbar, die sich nicht durch weitere Forschungs- und Entwicklungsaktivitäten überwinden ließen. Die bisher feststellbaren Vorteile der Automatisierungstechnik sind vielfältig:

- Eine Steigerung der Produktivität erwirtschaftet Ressourcen, die für andere gesellschaftliche Aufgaben zur Verfügung stehen könnten.

- Durch die Automatisierung von Produktionsprozessen werden Eigenschaften von Produkten möglich, die der Mensch ohne automatische Systeme nicht erzeugen könnte.

- Ein weiterer Qualitätsfortschritt der Produkte läßt sich bei vergleichbarem Preisniveau durch weitere Automatisierungsschritte erreichen.

- Die Weiterentwicklung der Kommunikationstechnik schafft Möglichkeiten zur räumlichen Entkopplung der Arbeitshandlungen vom Fertigungsprozeß. Eine solche Entkopplung bietet die Chance, den arbeitenden Menschen vor der direkten Einwirkung gesundheitschädigender Faktoren bestimmter Fertigungsprozesse zu schützen, ihn von körperlich schwerer bzw. monotoner Arbeit zu entlasten.

- Eine zeitliche Entkopplung der menschlichen Arbeit von der Bindung an den Arbeitstakt der Maschine durch automatisierte Systeme schafft grundsätzlich Möglichkeiten zur Neuordnung der Arbeitszeit, damit auch zu einer den unterschiedlichen Personengruppen und ihren Bedürfnissen besser gerecht werdenden Verteilung der Erwerbstätigkeit. So kann Automatisierung z. B. die Chancen einer Tätigkeit von Frauen in technischen Berufen verbessern und ihnen zugleich den Zugang zu qualifizierten und zukunftssicheren Industrieberufen erleichtern.

Vorstellungen eines grenzenlosen Fortschreitens von Automatisierungsprozessen mit der Utopie, einen Großteil der Menschen von der Notwendigkeit zur Erwerbsarbeit ohne Einbuße an Lebensqualität zu befreien, sind dennoch nicht angebracht. Produkte werden auch künftig vom Menschen geplant und konstruiert, allerdings immer weniger manuell gefertigt. Es zeichnet sich ab, daß der prozentuale Anteil der Beschäftigten in der Produktion weiter abnehmen wird. Un- und angelernte Mitarbeiter werden in automatisierten Zusammenhängen weniger benötigt. Gleichzeitig werden jedoch im Dienstleistungsbereich neue Beschäftigungsmöglichkeiten entstehen. Freisetzungen können vielfach durch Kapazitätsausweitungen oder qualitative Anreicherungen sowie organisatorische Maßnahmen, wie z. B. Umsetzungen, kompensiert werden. Im Zusammenhang mit Automatisierungsvorhaben entstehen auch neue Arbeitsplätze. Die hier vorausgesetzten Qualifizierungsanforderungen können aufgrund mangelnder Bildungsvoraussetzungen und unzureichender Lernfähigkeit oder Lernbereitschaft nicht von allen Erwerbstätigen erfüllt werden. Als Folge von Rationalisierungsmaßnahmen verbleibt ein steigender Anteil nicht qualifizierbarer Arbeitnehmer, die von dauerhafter Arbeitslosigkeit besonders bedroht sind.

Begrenzungen einer unbeschränkten Automatisierung ergeben sich zum einen aus den Eigenschaften hochkomplexer technischer Systeme, zum anderen aus den konkreten Bedingungen des sozialen und wirtschaftlichen Umfeldes. So setzen bereits die Fähigkeiten der Systemnutzer zur Durchdringung und Beherrschung komplexer Funktionsabläufe Automatisierungsgrenzen, obwohl informationstechnische Hilfssysteme gebaut werden können, die das Verständnis für den Betrieb komplexer technischer Systeme verbessern können. Eine Form der Unterstützung können z. B. Funktionsmodelle zur Veranschaulichung von Abläufen und die zeitlich entzerrte Darstellung von Funktionsketten sein, eine andere die Weiterentwicklung der Kommunikation mit Informationssystemen durch neue Eingabemedien. Als ein wichtiges Beispiel der Entwicklung neuer Kommunikationsschnittstellen kann das Verstehen der menschlichen Sprache durch Maschinen angeführt werden. Trotz solcher und anderer Hilfssysteme erscheint eine Reduktion der Komplexität von Automatisierungsprozessen notwendig, um die technische Verfügbarkeit und einen wirtschaftlichen Einsatz zu gewährleisten.

Die mit der Automatisierungstechnik gegebenen Möglichkeiten einer zeitlichen und räumlichen Entkoppelung vom Produktionsprozeß mit der Chance einer Flexibilisierung von Arbeitszeit und Arbeitseinsatz sind keine lineare Folge von Automatisierung. Sie bedeuten längerfristig eine Vergrößerung des Gestaltungsspielraums künftiger Fabrikarbeit. Gegenwärtig ist eher eine Zunahme von Schichtarbeit zur effizienteren Auslastung der kostenintensiven technischen Systeme zu beobachten mit allen psychosozialen Belastungsfaktoren. Das fördert nicht die Attraktivität einer Arbeitstätigkeit in der Fabrik. Zugleich sollte der Vereinsamung von Menschen, etwa in personalarmen Schichten, und den hier möglicherweise erheblich größeren Anforderungen an Konzentrationsfähigkeit und Verantwortungsbereitschaft bei gleichzeitiger relativ niedriger Tätigkeitsauslastung mehr Aufmerksamkeit gewidmet werden.

Deutlich absehbar sind die gewandelten Qualifikationsanforderungen bei fortschreitender Automatisierung und Veränderung von Tätigkeitsfeldern zu Lasten manueller Tätigkeiten. Diese Tendenz der Entwicklung von manueller Fabrikarbeit hin zu höherwertigen Tätigkeiten und anspruchsvolleren Aufgaben resultiert insgesamt aus der Kombination zwischen der Ausbreitung neuer Technologien, der verstärkten Nutzung des Angebots an formal höherqualifizierten Neuzugängen aus dem Bildungssystem und der bereits in der Vergangenheit beobachtbaren Entwicklung, durch arbeitsorganisatorische Maßnahmen neue Arbeitsplatzprofile auf gehobenem Niveau zu schaffen.

In weiterentwickelten Steuerungssystemen steigt der Anteil komplexer Software. Der Umgang mit Software wird wesentliche Anteile der Arbeitszeit beanspruchen, die Anforderungen an das Abstraktionsvermögen steigen, auch wenn Maßnahmen zur Veranschaulichung getroffen werden. Um beispielsweise ein flexibles Fertigungssystem zu führen, ist ein gedankliches Modell von Systemfunktionen erforderlich. Dabei gewinnen solche Fähigkeiten wie Abstraktionsvermögen und analytisch-logisches Denken an Bedeutung, etwa zur Zerlegung des Arbeitsablaufs in logische Einzelschritte und ihre Übersetzung in Programmbefehle. Qualifizierung für solche Tätigkeiten bedeutet damit weit mehr als Anleitung zur Bedienung eines technischen Systems. Sie muß zunehmend die Befähigung zur Beherrschung automatisierter Abläufe durch mentale Modelle einschließen.

Darüber hinaus steigen die Anforderungen an systemisches Denken. Insbesondere die Verbreitung flexibler Automatisierung ermöglicht eine Dezentralisierung von Arbeitsabläufen. Dezentrale Systemeinheiten mit selbsttätigen Funktionen fördern jedoch sogenannte flache Organisationsstrukturen, d.h. auch eine Enthierarchisierung von Arbeitszusammenhängen, die bei den Mitarbeitern vor Ort eine hohe Kompetenz notwendig machen. Verständnis komplexer Zusammenhänge, verantwortliches Verhalten sowie Handlungskompetenz bei der Nutzung automatisierter Systeme werden zunehmend eine Voraussetzung für hohe Verfügbarkeit solcher Systeme bilden.

Mit diesen Veränderungen stellen sich grundlegend neue Anforderungen an die Erstausbildung, vor allem aber an die Weiterbildung bereits Beschäftigter. Angesichts der Dynamik der technischen Entwicklung werden mit zunehmender Innovationsgeschwindigkeit ausschließlich technologie- und funktionsorientierte Qualifikationen zunehmend obsolet. Berufsfeldbreite Grundbildung statt frühzeitiger Spezialisierung, insbesondere aber die Befähigung zu selbständigem, lebenslangem fachlichem und überfachlichem Lernen gewinnen Vorrang.

Die bisherige Dauer der Anpassung von Ausbildungsordnungen an neue Qualifikationserfordernisse mit einem Zeithorizont von ca. 10 Jahren entspricht längst nicht mehr der Beschleunigung technischer Veränderungen am Arbeitsplatz. So zeigt z. B. eine genauere Analyse der jüngst erst veränderten Ausbildungsordnung für industrielle Metallberufe, daß selbst diese Neuordnung noch eher handwerklichen Traditionen verpflichtet bleibt, als dem Prozeß rapider technischer Veränderungen moderner Produktionsstrukturen zu folgen. Diese Schere zwischen Erstausbildung und Arbeitsveränderungen wird sich kaum schließen lassen, da Ausbildung flächendeckend organisiert werden muß, technische Innovationen sich jedoch inselförmig ausbreiten. Umso stärkere Bedeutung gewinnt hier eine institutionelle Verankerung von Weiterbildung, innerbetrieblich, überbetrieblich und auch staatlich gefördert als begleitender Bestandteil technischer Entwicklung. Der erreichbare Fortschritt an Arbeits- und Lebensqualität, der mit Automatisierung möglich erscheint, wird wesentlich von der Erweiterung entsprechender Qualifizierungsmaßnahmen abhängen. Ein Gutteil der durch Steigerung der Produktivität erwirtschafteten Ressourcen wird für Weiterbildung eingesetzt werden müssen. Diesen Überlegungen weisen auf Fragestellungen, die im weiteren Verlauf zu verfolgen sind.

Neue Leitbilder der Produktionsgestaltung
In der aktuellen Diskussion über Gestaltungsmöglichkeiten der Fabrik ist eine zunehmende Übernahme von Konzeptionen festzustellen, die ihren Ursprung in japanischer Industrieunternehmen finden. Zu nennen ist hier insbesondere das gegenwärtig häufig diskutierte Konzept der „schlanken Produktion". Weitgehend ungeklärt ist, in welchem Maße eine Adaption dieser Konzepte, die insbesondere mit erhöhten Anforderungen an die Mitarbeiter einhergehen, unter den hier vorhandenen Bedingungen möglich und notwendig ist, welche kulturspezifischen Probleme auftreten können und welche Wirkungen auf Technikgestaltung, Automatisierungsmöglichkeiten und Arbeitswelt zu erwarten sind.

Mensch-Maschine-Interaktion
Die noch verbreitete Vorstellung, den „Störfaktor" Mensch durch technische Systeme zu ersetzen, die vollständig selbsttätig funktionieren, bedarf der Revision. Die Zuverlässigkeit komplexer Systeme hängt von der Eingreifmöglichkeit des Menschen ab, das Ausmaß ihrer Verfügbarkeit von menschlichem Wissen und Können. Deshalb gilt es, weitere Untersuchungen zur Gestaltung der technischen Handlungsanforderungen, Bedienungsanleitungen sowie Bedienoberflächen von fortgeschrittenen rechnerunterstützten Produktionssystemen durchzuführen.

Umweltproblematik
Flexible Automatisierung kann auch heute schon durch die Entlastung von körperlich schwerer, monotoner und gesundheitsschädlicher Arbeit als human, mit der rechtzeitigen Möglichkeit zur Steuerung und Begrenzung von Schadstoffen als umweltfreundlich gelten. Ein wichtiges Leitbild der Fabrikautomatisierung ist die Berücksichtigung von Umwelt und

Entsorgung. Produktqualität und umweltschonende Strategien werden zu immer wichtigeren Dimensionen der Produktion. Wie gestaltet sich dieser Prozeß von der Produktfindung und -konstruktion über die Fertigung bis zur Entsorgung in der modernen Fabrik?

Arbeitsproblematik, Sozialverträglichkeit
Worin sind Grenzen für technisch wünschbare und theoretisch denkbare Umschichtungen im Arbeitseinsatz zu sehen? Welche Selbstwertprobleme sind bei Arbeitsverlust bzw. schnellen Veränderungen von Arbeitstätigkeiten zu berücksichtigen, wie sind ethische Komponenten technischer Entwicklungen aufzunehmen? Welche neuen Formen der Mitbestimmung und des Ausgleichs divergierender Interessen bedarf es in einer technisch erheblich flexibler gestaltbaren Arbeitswelt? Welche neue Rolle können Verbände im Gestaltungsprozeß technischer Entwicklungen spielen ?

Zeitproblematik
Zwischen Arbeitszeitverkürzungen und Automatisierung besteht eine Wechselwirkung. Ein verbreitetes Argument für weitere Automatisierung und Verbreitung von Rechnertechnik ist die Einsparung an Zeit und die Entlastung von Routinetätigkeiten zugunsten kreativer Aktvitäten. Bislang eher beobachtbar ist die Nutzung dieser Ersparnis zur Beschleunigung von Arbeitsabläufen. Eine wichtige Fragestellung liegt somit darin, wie die durch Automatisierung freigesetzte Zeit tatsächlich für kreative Arbeitstätigkeiten gewonnen werden kann. Die Technik schafft nicht aus sich heraus zeitliche Freiräume. Obwohl die Möglichkeit eröffnet wird, dem Menschen mehr Zeit zur freien Verfügung zu geben, ist zu beobachten, daß Automatisierung zu höheren Arbeitsintensitäten und somit zu erhöhten Beanspruchungen führt. Oft wird daher die Meinung vertreten, nur jüngere Mitarbeiter seien in der Lage, diesen Anforderungen zu entsprechen. Eindeutige empirische Belege hierzu liegen noch nicht vor.

Erstausbildungsproblematik
Die Aussagen vieler Industrievertreter bestätigen den hohen Stellenwert der Facharbeit auch in künftigen, höher automatisierten Fabriken. Die neue Qualität des Qualifikationswandels besteht vor allem im systemischen Charakter betrieblicher Modernisierungsprozesse. Wie

wird sich die betriebliche Erstausbildung weiterentwickeln, um diesem Wandlungsprozeß zu entsprechen?

Weiterbildungsproblematik
Die Verlagerung bisheriger Ausbildungsfunktionen auf den Weiterbildungssektor – die Konzeption eines systematisierten lebenslangen Lernens – setzt menschliche Lernfähigkeit als unbegrenzte Ressource voraus. Die Möglichkeiten, Lernfähigkeit zu erhalten, sind sicherlich längst nicht ausgeschöpft. Es besteht im Rahmen betrieblicher Weiterbildung die Frage nach neuen Formen des Lehrens und Lernens zur Führung moderner Maschinen und rechnerunterstützter Systeme. Welche Lernqualität könnte dabei dem Arbeitsplatz zukommen? Welche Impulse für die Qualifizierung gehen von der gegenwärtig forcierten Einführung der Gruppenarbeit in Fertigung und Montage aus? Welche neuen Führungsstrategien verbinden sich mit diesem Wandlungsprozeß? Welche neuen Aufgaben wachsen der betrieblichen Weiterbildung zu?

Umgestaltungsprozeß in den neuen Bundesländern
Beobachtungen zum Zusammenhang zwischen dem wirtschaftlichen Erfolg von Industrieunternehmen und dem Niveau der jeweiligen Produktionsautomatisierung lassen die Vermutung zu, daß diese Größen positiv korrelieren. Die Entwicklung der Industrie in den neuen Bundesländern unterliegt jedoch anderen Rahmenbedingungen. Eine Aufgabe dieses Akademieprojekts wäre es somit, auf der Basis bisheriger Beobachtungen und Ergebnisse die Situation und den Aufbau von Fabriken in Ostdeutschland zu untersuchen. Die Forschungsperspektive gilt vor dem Hintergrund angestrebter technischer Innovationen, insbesondere der vorhandenen Personalstruktur, dem Management und der Qualifizierung. Wie kann vor allem das betriebliche Weiterbildungsmanagement in den neuen Bundesländern im Hinblick auf Zielstellung, Umsetzung und Erfolgssicherung unterstützt werden?

Derartige Fragestellungen werden bei künftigen Untersuchungen vertiefend zu berücksichtigen sein.

8 Literatur

Abelshauser, W.: Wirtschaftsgeschichte der Bundesrepublik Deutschland 1945–1980. Frankfurt/M.: 1983

AEG: Ausbildung gewerblicher Lehrlinge. Lehrplan. Werkschule der Fabriken Brunnenstraße, o. O., o. J., Berlin: 1917

Aitken, H. G. J.: Taylorism at Watertown Arsenal. Scientific Management in Action 1908–1915. Cambridge, Mass.: 1960

Albach, H.: Dienstleistungen in der modernen Industriegesellschaft. München: 1989

Albrecht, Ch./Schmid, G.: Beschäftigungsentwicklung und Qualifikationsstruktur in Berlin 1977–1983. Berlin: 1985

Aldag, R.J./Brief, A.P.: Age and reactions to task characteristics. In: Industrial Gerontology (1975) 2, S. 223–229

Alemann, U. v./Schatz; H.: Mensch und Technik. 2. Aufl., Opladen: 1987

Andrew, J. M.: Coping styles and declining verbal abilities. In: Journal of Gerontology (1973) 28, S. 179–183

Arnold, R.: Anders lernen in der Berufsausbildung. Aspekte einer zukunftsorientierten Technikdidaktik. In: Die berufsbildende Schule 39 (1987) 3, S. 166–185

Arvey, R. D./Neel, C. W.: Motivation and obsolescence in engineers. In: Industrial Gerontology (1976) 3, S. 13–120

Automation. Ein Diskussionsbeitrag der Deutschen Angestellten-Gewerkschaft. Hamburg 1965

AWF Ausschuß für wirtschaftliche Fertigung e.V.: Integrierter EDV-Einsatz in der Produktion. CIM Computer Integrated Manufacturing. Begriffe, Definitionen, Funktionszuordnungen. Eschborn: 1985

Bach, G.: Allgemeinbildung-Berufsbildung-Persönlichkeitsbildung. In: Erziehungswissenschaft und Beruf 37 (1989) 2, S. 139–147

Badura, B./Beitz, W./Luczak, H. u.a.: Auswirkungen der CAD-Technik auf den Konstrukteur. Ergebnisse einer interdisziplinären Forschergruppe. VDI-Berichte Nr. 861, Düsseldorf: 1990

Balkhausen, D.: Die dritte industrielle Revolution. Düsseldorf: 1978

Baltes, P. B./Mittelstraß, J. (Hrsg.): Zukunft des Alterns und gesellschaftliche Entwicklung. Akademie der Wissenschaften zu Berlin, Forschungsbericht 5. Berlin/New York: 1992

Balzert, H.: Software-Ergonomie. Stuttgart: 1983

Bamme, A.: Maschinen-Menschen. Menschen-Maschinen. Reinbek: 1983

Bardou, J.-P./Chanaron, J-J /Fridenson, P./Laux, J. M.: The Automobile Revolution. The Impact of an Industry. Chapel Hill: 1982

Bargmann, H.: Technik und Arbeit. Wandlungen der industriellen Produktion durch Neue Technologien und ihre Auswirkungen. In: Politische Bildung 22 (1989) 2, S.63–78

Barr, A./Feigenbaum, E. A.: The Handbook of Artificial Intellegence. Los Altos, Calif.: 1981

Barrett, G. V./Mihal, W. L./Panek, P. E./Sterns, H. L./Alexander, R. A.: Information processing skills predictive of accident involvement for younger and older commercial drivers. In: Industrial Gerontology (1977) 4, S.173–182

Bauer, O.: Kapitalismus und Sozialismus nach dem Weltkrieg. Bd. 1: Rationalisierung, Fehlrationalisierung. Berlin: 1931

Baugher, D.: Is the older worker inherently incompetent? In: Aging and Work (1978) 1, S.243–250

Bayer, H.: Die soziale Tragik der industriellen Revolution. In: Gewerkschaftliche Monatshefte 8 (1957), S.70–75

Beck, J./Hohwieler, E./Potthast, A.: Stand, Probleme und Zielsetzungen einer Vernetzung zwischen CAD und einer CNC-Werkzeugmaschine. In: Behr, M.v./Köhler, C. (Hrsg.): Werkstattoffene CIM-Konzepte. Kernforschungszentrum Karlsruhe PFT 157. Karlsruhe 1990. Vorträge. Karlsruhe: 1990; S.23–49

Beck, Th.: Beiträge zur Geschichte des Maschinenbaues. Berlin: 1899

Beck, U.: Risikogesellschaft. Auf dem Weg in eine andere Moderne. Frankfurt am Main: 1986

Behr, M. v./Hirsch-Kreinsen, H.: Qualifizierte Produktionsarbeit und CAD/CAM-Integration. In: VDI-Zeitschrift 129 (1987) 1, S.18–23

Behringer, F./Brasche, U.: Mikroelektronik und Mitarbeiterqualifikation. Berlin: 1986

Beissinger, M. R.: Scientific Management, Socialist Discipline and Soviet Power. Cambridge, Mass.: 1988

Beitz, W./Eversheim, W./Pahl, G.: Rechnerunterstütztes Entwickeln und Konstruieren im Maschinenbau (CAD). Forschungshefte Forschungskuratorium Maschinenbau e.V., Heft 28 (1974)

Beitz, W.: CAD: Computer Aided Design. In: Umschau (1983) 20, S.600–606

Belbin, R. M.: Retirement age policies and options for employment in Europe. In: Herzog, B. R. (Hrsg.): Aging and income. New York: 1978

Benad, G./Paul, H.: Automation und öffentliche Meinung. Bericht zu Umfrage-Ergebnissen in der Bundesrepublik über soziologische Probleme der Automation. Düsseldorf: 1958

Benda, H. v./Staufer, M.: Ältere Arbeitnehmer und neue Informationstechniken in Büro und Verwaltung. Vortrag auf dem Workshop „Altern und neue Technik". Institut für Gerontologie der Universität Heidelberg: 13.4.1988

Benkert, H.: Die Werkzeugmaschine in der Massenfertigung. In: Der Vierjahresplan, 3 (1939), S. 1135–1137

Benner, H.: Arbeiten zur Ordnung der Berufsausbildung vom DATSch bis zum BIBB. In: Berufsausbildung und Industrie. Zur Herausbildung industrietypischer Lehrlingsausbildung. Kongreßbericht. Tagungen und Expertengespräche zur beruflichen Bildung. Heft 6, Bundesinstitut für Berufsbildung. Berlin/Bonn: 1987

Berg, P.: Deutschland und Amerika 1918–1929. Über das deutsche Amerikabild der zwanziger Jahre. Lübeck/Hamburg: 1963

Berufsbildungsbericht 1988. Herausgegeben vom Bundesminister für Bildung und Wissenschaft. Bonn: 1988

Berufsbildungsbericht 1991. Herausgegeben vom Bundesminister für Bildung und Wissenschaft. Bonn: 1991

Best, F./Stern, B.: Education, work and leisure: Must they come in that order? In: Monthly Labor Review (1977) 3, S. 3–10

Beuschel, W./Gensior, S./Sorge, A.: Mikroelektronik, Qualifikation und Produktinnovation. Ergebnisse von Fallstudien. Berlin: 1988

BIBB Bundesinstitut für Berufsbildung/IAB Institut für Arbeitsmarkt- und Berufsforschung der Bundesanstalt für Arbeit (Hrsg.): Neue Technologien, Qualifikation undArbeitsbedingungen. Analysen aus BIBB/IAB-Erhebungen 1985–86. Nürnberg: 1987

Birnbaum, B.: Organisation der Rationalisierung. Amerika – Deutschland. Berlin: 1927

Bittorf, W.: Automation. Die zweite industrielle Revolution. Darmstadt: 1956

Bittorf, W.: Ökonomische und soziale Probleme der Automatisierung. Ergebnisse einer Tagung der Deutschen Volkswirtschaftlichen Gesellschaft. In: Automatik 1 (1956a), S. 25–26

Bittdorf, W.: Probleme der Automatisierung in Westdeutschland. Ergebnisse einer Tagung der Deutschen Volkswirtschaftlichen Gesellschaft. In: Automatik 2 (1957), S. 1–3

Blaich, F.: Wirtschaft und Rüstung im „Dritten Reich". Düsseldorf: 1987

Blankertz, H.: Bildung im Zeitalter der großen Industrie. Hannover: 1969

Bleck-Klatt, A./Rettke, U./Fenger, G.-J.: Probleme der Umsetzung der Neuordnungen in Klein- und Mittelbetrieben – ein Modellversuch zur Entwicklung eines betriebsorientierten Beratungs- und Weiterbildungsprogrammes (1). In: Berufsbildung in Wissenschaft und Praxis 17 (1988) 5, S. 158–162

Bleicher, S./Stamm, J. (Hrsg.): Fabrik der Zukunft. Flexible Fertigung, neue Produktionskonzepte und gewerkschaftliche Gestaltung. Hamburg: 1988

Blieszner, R./Willis, S.L./Baltes, P. B.: Training research in aging on the fluid ability of inductive reasoning. In: Journal of Applied Developmental Psychology (1981) 2, S.247–265

Blum, U.: Technische und personelle Möglichkeiten und Grenzen der Werkstattprogrammierung. In: Werkstatt und Betrieb 120 (1987) 4, S.255–258

Blum, U.: Sozialverträglichkeit von Automatisierungsprozessen. Erkenntnisdefizite zur Automatisierung aus der Sicht der Gewerkschaften. Vortrag vor der Arbeitsgruppe Automatisierung, Arbeitswelt und künftige Gesellschaft der Akademie der Wissenschaften zu Berlin. Berlin: 1990

Bönig, J.: Technik und Rationalisierung in Deutschland zur Zeit der Weimarer Republik. In: Troitzsch, U./Wohlauf, G. (Hrsg.): Technik-Geschichte. Historische Beiträge und neuere Ansätze. Frankfurt/M.: 1980, S.390–419

Bönig, J.: Fließarbeit und Bandarbeit in der deutschen Rationalisierung der 1920er Jahre. In: Technikgeschichte 56 (1989), S.237–263

Bonse, E.: Ein Drahtseilakt zwischen Macht und Fortschritt. In: VDI-Nachrichten 131 (1989) 5, S.16

Borchardt, K.: Wachstum und Wechsellagen 1914–1970. In: Aubin, H./Zorn, W. (Hrsg.): Handbuch der deutschen Wirtschafts- und Sozialgeschichte. Bd. 2: Das 19. und 20. Jahrhundert. Stuttgart: 1976; S.685–740

Brack, G.: Technik der Automatisierungsgeräte. 2. Aufl., München: 1972

Brady, R. A.: The Rationalization Movement in German Industry. A Study in the Evolution of Economic Planning. Berkeley, Cal.: 1933

Brandt, L.: Die zweite industrielle Revolution. In: Brandt, L./Schmid, C.: Mensch und Technik. Referate über die technischen, sozialen und kulturellen Probleme im Zeitalter der zweiten industriellen Revolution gehalten am 12. Juli 1956 auf dem Parteitag der SPD in München. Hannover: 1956; S.9–31

Brenke, K./Hagen, K./Pfeiffer, I.: Qualifikationsstruktur des Arbeitskräftepotentials und Qualifikationsbedarf in Berlin (West). Berlin: 1987

Brenner, O.: Automation und Wirtschaftsmacht. In: Gewerkschaftliche Monatshefte 9 (1958), S.198–201

Bright, J. R.: Automation and Management. Boston : 1958

Bright, J. R.: The Development of Automation. In: Kranzberg, M./Pursell Jr, C. W.: Technology in Western Civilization. Bd. 2: Technology in the Twentieth Century. New York: 1967, S.635–655

Broadbent, D. E.: Chronic effects from the physical nature of work. In: Gardell, B. (Hrsg.): Man and working life. New York: 1978

Brödner, P.: Fabrik 2000. Alternative Entwicklungspfade in die Zukunft der Fabrik. 3. Aufl., Berlin: 1986

Brödner, P.: Automatisierung und Arbeitsorganisation. Vortrag vor der Arbeitsgruppe Automatisierung, Arbeitswelt und künftige Gesellschaft der Akademie der Wissenschaften zu Berlin. Berlin: 1990

Bukall, P.: Arbeits- und Zeitstudien im Dienste der Leistungssteigerung. In: RKW-Nachrichten 14 (1940/41), S.2–4

Bundeszentrale für politische Bildung: Informationen zur Politischen Bildung. Neue Technologien. München: 1988

Bungard, W./Lenk, H.: Technikbewertung. Philosophische und psychologische Perspektiven. Frankfurt/M.: 1988

Bunk, G. P.: Methodenprobleme in der betrieblichen Weiterbildung. In: Zeitschrift für Berufs-und Wirtschaftspädagogik 85 (1989) 5, S.387–393

Burchardt, L.: Technischer Fortschritt und sozialer Wandel. Das Beispiel der Taylorismus-Rezeption. In: Treue, W. (Hrsg.): Deutsche Technikgeschichte. Göttingen: 1977, S.52–98

Burkert, H.: Die staatliche Förderung der Rationalisierung der Betriebe und der Arbeit. Diss. Breslau: 1928

Burr, M.: CAD – Auswirkung des Rechnereinsatzes in der Konstruktion. In: Kohl, H./Schütt, B. (Hrsg.): Neue Technologien und Arbeitswelt. Köln: 1984, S.115–132

Buscholl, F./Schreuder, S.: Flexible Automation – Effizienter Einsatz durch anwenderorientierte Software-Gestaltung. In: Hackstein, R./Heeg, F.-J./Below, F. v.: Arbeitsorganisation und neue Technologien. Berlin/Heidelberg: 1986, S.459–479

Bußmann, J./Johannsen, C.: Neue Techniken erfordern neue Aus- und Fortbildungskonzepte. In: VDI-Zeitschrift 127 (1985) 4, S.91–98

Buttler, F.: Automatisierung und Arbeitsmarktentwicklung. Vortrag vor der Arbeitsgruppe Automatisierung, Arbeitswelt und künftige Gesellschaft der Akademie der Wissenschaften zu Berlin. Berlin: 1990

Büttner, H. W.: Das Rationalisierungs-Kuratorium der Deutschen Wirtschaft. Düsseldorf: 1973

Campbell, J.: Joy in Work, German Work. The National Debate, 1800–1945. Princeton: 1989

Casey, N.: NIIG conference on middle-aged and older workers: costs and benefits to management. In: Industrial Gerontology (1973) 16, S.50–60

Chandler, A. D.: The Visible Hand. The Managerial Revolution in American Business. Cambridge, Mass.: 1977

Chandler, A. D.: Scale and Scope. The Dynamics of Industrial Capitalism. Cambridge, Mass./London: 1990

Clauß, T.: Beteiligung, Akzeptanz und Arbeitszufriedenheit – Eine Einführung programmgesteuerter Arbeitsmittel aus der Sicht der Betroffenen. In: Institut für Arbeitsmarkt- und Berufsforschung der Bundesanstalt für Arbeit (Hrsg.): Neue Technologien: Verarbeitungsgrad, Qualifikation und Arbeitsbedingungen. Nürnberg: 1987; S.437–459

Cooper, R./Foster, M.: Sozio-technische Systeme. In: Gruppendynamik 2 (1971) 4, S. 383–394

Craft, J. A./Doctors, S. I./Shkop, Y. M./Benecki, T. J.: Simulated management perceptions, hiring decisions and age. In: Aging and Work (1979) 2, S. 95–102

Czada, P.: Die Berliner Elektroindustrie in der Weimarer Zeit. Eine regionalstatistisch-wirtschaftshistorische Untersuchung. Berlin: 1969

Dähn, Ch.-J.: Anforderungen an Facharbeiter in flexibel automatisierten Fertigungssystemen. In: Forschung der sozialistischen Berufsbildung 21 (1987) 2, S. 45–51

Das Bild der Automation und ihre volkswirtschaftliche Problematik. In: Der Arbeitgeber 7 (1955), S. 573–576

Das Erleben der Arbeit an Arbeitsplätzen mit Neuer Technik. Am Beispiel von CNC-Werkzeugmaschinen in der industriellen Fertigung. Universität Hamburg, Psychologisches Institut I, Arbeitsbereich: Arbeits-, Betriebs- und Umweltpsychologie. Projektleitung: Prof. Dr. Harald Witt. Hamburg: 1988

Davis, S. M.: No connection between executive age and corporate performance. In: Harvard Business Review (1981) 57, S. 1–3

Debler, H./Fricke, F./Greindel, A.: Automatisierung werkstückbezogener Planungsprozesse. In: Zeitschrift für wirtschaftliche Fertigung und Automatisierung 67 (1972) 12, S. 636–641

Deppe, R./Hoß, D.: Arbeitspolitik im Staatssozialismus. Zwei Varianten: DDR und Ungarn. Frankfurt/M./New York: 1989

Deutscher Bundestag: Informationstechnik. Drucksache 101281. Bonn: 1984

Die echte Rationalisierung. In: Arbeitswissenschaftliches Institut der Deutschen Arbeitsfront (Hrsg.): Jahrbuch 1936, S. 189–231

Diebold, J.: Automation – The Advent of the Automatic Factory. New York 1952; dt.: Die automatische Fabrik. Ihre industriellen und sozialen Probleme. Nürnberg 1954; neu gedruckt als: Automation. Ein Klassiker der Management-Literatur mit einer aktuellen Einführung. Köln-Braunsfeld: 1984

Die sozialpolitischen Auswirkungen der Automatisierung. In: Der Arbeitgeber 9 (1957), S. 139–141

DIN 19233: Automat, Automatisierung. Begriffe. Berlin/Köln: 1972

DIN 69651 Teil 1: Werkzeugmaschinen für die Metallbearbeitung-Begriffe (Entwurf). Berlin: 1981

DIW Deutsches Institut für Wirtschaftsforschung: Sektorale und gesamtwirtschaftliche Beschäftigungswirkungen moderner Technologien. In: Bundesministerium für Forschung und Technologie (Hrsg.): Arbeitsmarktwirkungen moderner Technologien – Zusammenfassung der neun Teilprojekte. Bonn: 1988

Dobischat, R./Lipsmeier, A.: Zukunftsperspektiven der beruflichen Weiterbildung. Risiken und Chancen im Kontext gesellschaftlicher Entwicklungen. In: Berufsbildung in Wissenschaft und Praxis 17 (1988) 4, S. 102–107

Dolezalek, C. M.: Automatisierung in der feinmechanischen Mengenfertigung als Regelungs- und Steuerungsaufgabe. In: VDI-Zeitschrift 85 (1941), S. 100–104

Dolezalek, C. M.: Automatisierung – Automation. Ein Beitrag zur Klärung der Begriffe. In: VDI-Zeitschrift 98 (1956), S. 563–569

Dolezalek, C. M.: Der Einfluß der industriellen Automatisierung auf den Bedarf an Arbeitskräften. In: Industrielle Rationalisierung 6 (1959), S. 191–193

Dolezalek, C. M.: Prinzipien der automatisierten Fertigung. In: VDI-Bericht Nr. 123, Düsseldorf: 1967

Dolezalek, C. M./Ropohl, R.: Flexible Fertigungssysteme, die Zukunft der Fertigungstechnik. In: Werkstattstechnik 60 (1970) 8, S. 446–451

Dörschel, A.: Geschichte der Erziehung im Wandel von Wirtschaft und Gesellschaft. Berlin: 1972

Dostal, W.: Der Einsatz flexibler Fertigungssysteme in der Bundesrepublik Deutschland. In: Lutz, B./Schultz-Wild, R. (Hrsg.): Flexible Fertigungssysteme und Personalwirtschaft. Frankfurt: 1982; S. 73–83

Dostal, W.: Wandel der Personalqualifikationen durch flexibel automatisierte Fertigungssysteme. In: Hoppe, M./Erbe, H. H. (Hrsg.): Neue Qualifikationen – Alte Berufe, 2. Aufl. Wetzlar: 1985; S. 27–39

Dostal, W.: Arbeitsmarktwirkungen moderner Technologien – Neue Erkenntnisse aus der Meta-Studie? In: Mitteilungen aus der Arbeitsmarkt- und Berufsforschung 22 (1989) 2, S. 187–201

Dröge, R.: Arbeitsgestaltung und Qualifizierung beim Computereinsatz in Konstruktions- und Textverarbeitungsbereichen. Kassel: 1986

Dubin, S. S.: Obsolescence or lifelong education. A choice for the professional. In: American Psychologist (1973) 27, S. 486–489

Dunkhorst, S.: Wirtschaftliche und arbeitswissenschaftliche Bedingungen des Einsatzes der Werkstattprogrammierung. Gesamthochschule Kassel: 1985

Dreyfus, H./Dreyfus, S.: Künstliche Intelligenz – Von den Grenzen der Denkmaschine und dem Wert der Intuition. Hamburg: 1987

Dyckhoff, O.: Probleme der Massenfertigung I. Technisch-wirtschaftliche Voraussetzungen und betriebliche Aufgaben. In: VDI-Zeitschrift 86 (1943), S. 587–590

Ebert, J./Herter, J.: Neue Allgemeinbildung. Grundzüge eines demokratischen Bildungsverständnisses. Frankfurt/M.: 1987

Ebert, J./Herter, J.: Bedienerführung für Fertigungszelle – FFS (Werner und Kolb Werkzeugmaschinen GmbH, Ausgabe 8801), erstellt im Produktionstechnischen Zentrum Berlin (IPK). Berlin: 1988

Ebert, J./Herter, J.: Grundkurs: Systemführer für Flexibles Fertigungssystem SCI, (Firma Werner u. Kolb Werkzeugmaschinen GmbH), erstellt im Produktionstechnischen Zentrum (IPK). Berlin: 1989

Ebert, J./Herter, J./Thomas, H.: Bedienerführung durch kommentierte Flußdiagramme. Ein Beitrag zur praxisorientierten Qualifizierung für flexible Fertigungssysteme (FFS). In: Zeitschrift für wirtschaftliche Fertigung und Automatisierung 82 (1987) 12, S. 690–692

Ebert, J./Herter, J./Thomas, H.: Zum Verhältnis von allgemeiner und technischer Bildung. In: Arbeiten und Lernen. Die Arbeitslehre 9 (1987a) 53, S. 3–8

Ebert, J./Herter, J./Thomas, H.: Hersteller-Schulung für flexible Fertigungssysteme. Modell eines Grundkurses. In: Zeitschrift für wirtschaftliche Fertigung und Automatisierung 84 (1989) 12, S. 714–718

Emrich, L.: Fabriken ohne Menschen. Unsere Zukunft im Zeichen der Automation. Wiesbaden: 1957

Encarnacao, J./Schlechtendahl, E. G.: Computer Aided Design – Fundamentals and System Architectures. Berlin/Heidelberg: 1983

Engelken, G.: Geometrisches Modellieren beim Entwerfen maschinenbaulicher Konstruktionen unter Einbezug des CAD-Systems IKA. Dissertation TH Darmstadt: 1986

Entwicklung der Rationalisierung und des RKW. In: Rationalisierung 22 (1971), S. 141–166

Erbe, H.-H./Hoppe, M.: Alternative Technologien. In: Arbeiten und lernen. Die Arbeitslehre 5 (1983) 29, S. 9–13

Erler, F.: Der Sozialismus in der Epoche der zweiten industriellen Revolution. In: Revolution der Roboter. Untersuchungen über Probleme der Automatisierung. Eine Vortragsreihe der Arbeitsgemeinschaft Sozialdemokratischer Akademiker München. München: 1956; S. 161–198

Evans, J.: Arbeitnehmer und Arbeitsplatz. In: Friedrichs, G./Schaff, A. (Hrsg.): Auf Gedeih und Verderb: Mikroelektronik und Gesellschaft. Bericht aus dem Club of Rome. Wien: 1982; S. 169–200

Evers, A./Nowotny, H.: Über den Umgang mit Unsicherheit. Die Entdeckung der Gestaltbarkeit von Gesellschaft. Frankfurt/M.: 1987

Eversheim, W.: Simulationstechnik als Hilfsmittel zur Strategie-, Produkt- und Produktionsplanung. In: Spur, G.: CIM – Die informationstechnische Herausforderung. Produktionstechnisches Kolloquium. Berlin 1986. Vorträge. Berlin: IPK/IWF 1986; S. 124–132

Eversheim, W.: Organisation in der Produktionstechnik. Band 1. Düsseldorf: 1990

Eversheim, W./Leutner, D./Ottenbruch, P.: CAD in der beruflichen Aus- und Weiterbildung. In: VDI-Zeitschrift 129 (1987) 4, S. 16–19

Eversheim, W./Ottenbruch, P./Schmidt, H.: Qualifizierung für neue Produktionstechniken. In: VDI-Zeitschrift 130 (1988) 1, S. 32–36

Ewers, H.-J./Becker, C./Fritsch, M.: Wirkungen des Einsatzes computergestützter Techniken in Industriebetrieben. Berlin/New York: 1990

Faix, W. G./Hofmann, L./Buchwald, Ch./Wetzler, R.: Der Mitarbeiter in der Fabrik der Zukunft. Qualifikation und Weiterbildung. Köln: 1989

Fayol, H.: Allgemeine und industrielle Verwaltung. München/Wien: 1929

Fiedler, A./Regenhard, U.: Mit CIM in die Fabrik der Zukunft? Opladen: 1991

Filene, E. A.: Mass Production Makes a Better World. In: Atlantic 143 (1929), S. 625–631

Fischer, W.: Bildung und Beruf in der Industriegesellschaft. In: Coester, F. (Hrsg.): Bildung, Beruf, Beschäftigung – Zukunftsperspektiven der jungen Generation. (Katholisch-Soziales Institut der Erzdiözese Köln). Bad Honnef: 1987

Fischer, W.: Heinrich Lanz. Ein Jahrhundert der Landtechnik 1858–1958. Unveröff. Ms

Flexible Fertigungssysteme und -zellen in der Bundesrepublik. In: VDI-Zeitschrift 129 (1987) 6, S. 24

Flink, J. J.: The Automobile Age. Cambridge, Mass./London: 1988

Forkel, M./Göbler,T.: Einsatzmöglichkeiten wissensbasierter Systeme in der Konstruktion. In: Spur, G.: Wissensbasierte Systeme im Industriebetrieb. Seminar, IPK (Industrielle Diensttechnik): 8. Mai 1990

Forkel, M./Göbler,T.: HyperDesign – Eine wissensbasierte Arbeitsumgebung für die Konstruktion. In: Pritschow, G./Spur, G./Weck, M.: KI in der Fertigungstechnik. München: 1989

Frenz, G.: Kritik des Taylor-Systems. Berlin: 1920

Freyberg, T. v.: Industrielle Rationalisierung in der Weimarer Republik. Untersucht an Beispielen aus dem Maschinenbau und der Elektroindustrie. Frankfurt/M./New York: 1989

Freytag, H.-P.: Sind unsere Ausbildungsordnungen noch zeitgemäß? In: Wirtschaft und Berufs-Erziehung 39 (1987) 1, S. 7–11

Friedrichs, G. (Red.): Automation. Risiko und Chance. Beiträge zur zweiten internationalen Arbeitstagung der Industriegewerkschaft Metall für die Bundesrepublik Deutschland über Rationalisierung, Automatisierung und technischen Fortschritt 16. bis 19. März 1965 in Oberhausen. 2 Bde. Frankfurt/M.: 1965

Friedrichs, G. (Red.): Automation und technischer Fortschritt in Deutschland und den USA. Ausgewählte Beiträge zu einer internationalen Arbeitstagung der Industriegewerkschaft Metall für die Bundesrepublik Deutschland. Frankfurt/M.: 1963

Friedrichs, G. (Red.): Computer und Angestellte. Beiträge zur dritten internationalen Arbeitstagung der Industriegewerkschaft Metall für die Bundesrepublik Deutschland über Rationalisierung, Automatisierung und technischen Fortschritt 5. bis 8. März 1968 in Oberhausen. Frankfurt/M.: 1971

Frieling, E.: Arbeitsbedingungen von Konstrukteuren im F+E Bereich unter besonderer Berücksichtigung des Computereinsatzes (CAD-Bereich). In: Rationalisierungskuratorium der Deutschen Wirtschaft (Hrsg.): RKW-Handbuch Forschung, Entwicklung, Konstruktion. Berlin: 1986

Fünfzig Jahre Bosch 1886–1936. Stuttgart: 1936

Garner, A. P.: Automation bei Ford. In: Automatisierung 6 (1961) 10, S. 11–14

Gebert, D.: Entwicklung von Sozialkompetenz durch Kooperations- und Kommunikationstraining. In: Sonntag, K. (Hrsg.): Neue Produktionstechniken und qualifizierte Arbeit. Köln: 1985; S. 195–207

Gehlen, A.: Die Technik in der Sichtweise der Anthropologie. In: Gehlen, A.: Anthropologische Forschung, Reinbek: 1975; S. 93–103

Geitner, U. W. (Hrsg.): CIM-Handbuch. Braunschweig/Wiesbaden: 1987

Gensior, S.: Mikroelektronik-Anwendung und ihre Bedeutung für die Qualifikationen: Ein Literaturbericht. Berlin: 1986

Gesamtmetall Gesamtverband der metallindustriellen Arbeitgeberverbände (Hrsg.): Mensch und Arbeit. Köln: 1989

Gilbreth, F. B.: Angewandte Bewegungsstudien. Berlin: 1920

Göbel, U./Schlaffke, W. (Hrsg.): Die Zukunftsformel: Technik – Qualifikationen – Kreativität. Köln: 1987

Göttlicher, E.: Entwicklungschancen der Automation. In: Gewerkschaftliche Monatshefte 8 (1957), S. 357–364

Gorz, A.: Kritik der ökonomischen Vernunft. Berlin: 1989

Grabowski, H. et. al.: Ausarbeitung von Konzepten zur Aus- und Weiterbildung. In: VDI (Hrsg.): Integration von CAD/CAM-Technologien – Ansätze zu einer flexiblen Produktionstechnik. VDI-Fortschrittsberichte 20/2. Düsseldorf: 1987; S. 75–117

Grabowski, H.: Neue Arbeitstechniken beim Entwerfen mit „intelligenten" 3D-CAD-Systemen. VDI-Berichte 565. Düsseldorf: 1985; S. 77–92

Grochla, E.: Handwörterbuch der Organisation. Stuttgart: 1973

Groebler, J./Tonn, J.: Konsequenzen für die Aus- und Weiterbildung von Konstrukteuren durch den Einsatz von rechnerunterstützten Konstruktionssystemen. In VDI (Hrsg.): Voraussetzungen und Konsequenzen erfolgreichen CAD/CAM-Einsatzes. VDI-Berichte 565, Düsseldorf: 1985, S. 139–158

Groys, B.: Über das Neue. Versuch einer Kulturökonomie. München: 1992

Gruhler, W.: Dienstleistungsbestimmter Strukturwandel in deutschen Industrieunternehmen. Köln: 1990

Haase, K.: Aufgaben des deutschen Werkzeugmaschinenbaues. In: Werkstatt und Betrieb 70 (1937), S. 57–59

Hachtmann, R.: Industriearbeit im „Dritten Reich". Untersuchungen zu den Lohn- und Arbeitsbedingungen in Deutschland 1933–1945. Göttingen: 1989

Hacker, W.: Arbeitspsychologie. Bern/Stuttgart/Toronto: 1986

Haefner, K.: Die neue Bildungskrise. Lernen im Computerzeitalter. Reinbek: 1985

Hahn, D.: Strategische Unternehmensführung – Aufgaben und Herausforderungen der 90er Jahre. In: Spur, G.: Management für Technologie und Arbeit. Produktionstechnisches Kolloquium. Berlin 1989. Vorträge. Berlin: IPK/IWF 1989, S. 38–45

Hake, O./Wolff, H. H.: Die Automatisierung in der mechanischen Fertigung. Ein Bericht über das 8. Aachener Werkzeugmaschinen-Kolloquium. In: Industrielle Automatisierung 1 (1956) 2, S. 14–15; (1956) 3, S0.15–16

Hammer, H.: Erfahrungen über Verfügbarkeit, Betriebsverhalten und Einsatzbedingungen von flexiblen Fertigungssystemen. In: Spur, G. (Ltg.): CIM – Die informationstechnische Herausforderung. Produktionstechnisches Kolloquium. Berlin 1986. Vorträge. Berlin: IPK/IWF 1986, S. 177–186

Hammer, H.: Bedarfsgesteuerte Produktion durch Einsatz eines Fertigungsverbundsystems – Realisierung und Anwendung. In: Spur, G.: Management für Technologie und Arbeit. Produktionstechnisches Kolloquium Berlin 1989. Vorträge. Berlin: IPK/IWF 1989, S. 152–161

Hanf, G.: Berufsausbildung in Berliner Großbetrieben (1900–1920). Von der ökonomischen Rationalisierung zur wissenschaftlichen Rationalität. In: Berufsausbildung und Industrie. Zur Herausbildung industrietypischer Lehrlingsausbildung. Kongreßbericht. Tagungen und Expertengespräche zur beruflichen Bildung. Heft 6, Bundesinstitut für Berufsbildung. Berlin/Bonn 1987

Hänsel, W./Scheller, Th./Thomaßen, V.: Flexibles Fertigungssystem oder besser Einzelmaschinen? Ergebnisse einer vergleichenden Untersuchung. In: VDI-Zeitschrift 131 (1989) 8, S.67–73

Haug, F.: Widersprüche der Automationsarbeit. Berlin: 1987

Haupt, G.: Das Rätsel der Bedaux-Wissenschaft. Hrsg. v. Vorstand des Verbandes der Fabrikarbeiter Deutschlands. Hannover: o. J

Hauptausschuß Maschinen beim Reichsminister für Bewaffnung und Munition (Hrsg.): Fließende Fertigung in deutschen Maschinenfabriken. Essen: 1943

Hayes-Roth, F./Waterman, D. A./Lenat, D. B.: Building Expert Systems. London/Amsterdam: 1983

Heeg, F. J.: Empirische Software-Ergonomie. Berlin/Heidelberg/New York: 1988

Hazer, J. T./Alvarez, R. M.: Police work values during organizational entry and assimilation. Journal of Applied Psychology (1981) 66, S. 12–18

Heeg, F. J./Deserno, G.: Neue Techniken erfordern neue Ausbildungsformen. In: VDI-Zeitschrift 129 (1987) 4, S.6–12

Heeg, F.J.: Management – Aus- und Weiterbildung für Ingenieure. In: VDI-Zeitschrift 131 (1989) 1, S.12–16

Heintzenberg, F.: Von der Werkstatt zur Fabrik. In: Technikgeschichte 29 (1940), S.123–131

Heinz, K./Lange, W.: CIM. Schritte zur integrierten Planung, Gestaltung, Steuerung und Überwachung von Material- und Informationsflüssen in der Produktion. In: Die berufsbildende Schule 41 (1989) 10, S.575–586

Heneman, H.G.: Relationship between age and motivation to perform on the job. In: Industrial Gerontology (1973) 16, S.30–36

Herbst, L.: Der Totale Krieg und die Ordnung der Wirtschaft. Die Kriegswirtschaft im Spannungsfeld von Politik, Ideologie und Propaganda 1939–1945. Stuttgart: 1982

Herrdum, W.: Computerunterstütztes Fertigen – Werkzeugmaschinen. In: Sonntag, Kh. (Hrsg.): Neue Produktionstechniken und qualifizierte Arbeit. Köln: 1985; S.63–79

Herter, J.: Bedienerführung Flexibles Fertigungssystem. Zellensteuerung SCI. (Werner u. Kolb Werkzeugmaschinen GmbH, Version 8903), erstellt im Produktionstechnischen Zentrum (IPK) Berlin: 1989

Herter, J.: Qualifizierung für flexible Fertigungssysteme. Ein Planungsmodell im Rahmen der Kundenschulung, München/Wien: 1991

Herter, J./Spur, G./Thomas, H.: Bedienungsanleitungen für flexible Fertigungssysteme. Entwicklungsschritte zu einer benutzerfreundlichen Bedienerführung. In: Zeitschrift für wirtschaftliche Fertigung und Automatisierung 84 (1989) 5, S.269–272

Hesse, J. J./Rolff, H.-G./Zöpel, Ch.: Zukunftswissen und Bildungsperspektiven. Baden-Baden: 1988

Hildebrandt, E.: Das Handlungsdilemma von Betriebsräten bei der Einführung von computergestützten Produktionsplanungs- und Steuerungssystemen im Maschinenbau. In: Veröffentlichungsreihe des Internationalen Instituts für Vergleichende Gesellschaftsforschung (IIVG) Arbeitspolitik des Wissenschaftszentrums Berlin. Berlin: 1987

Hinrichs, P./Kolboom, I.: Industrielle Rationalisierung in Deutschland und Frankreich bis zum Zweiten Weltkrieg. In: Cohen, Y /Manfrass, K. (Hrsg.): Frankreich und Deutschland. Forschung, Technologie und industrielle Entwicklung im 19. und 20. Jahrhundert. München: 1990; S.383–410

Hinrichs, P./Peter, L.: Industrieller Friede? Arbeitswissenschaft, Rationalisierung und Arbeiterbewegung in der Weimarer Republik. Köln 1976

Hirsch-Kreinsen, H.: Organisatorische und personelle Probleme bei CIM. In: VDI-Zeitschrift 132 (1990) 5, S.18–23

Hirsch-Kreinsen, H./Lutz, B.: Soziale Einflußgrößen fertigungstechnischer Entwicklung. In: Zeitschrift für wirtschaftliche Fertigung und Automatisierung 82 (1987) 9, S.538–543

Hirsch-Kreinsen, H./Schultz-Wild, R./Köhler, Ch./Behr, M. v.: Einstieg in die rechnerintegrierte Produktion. Alternative Entwicklungspfade der Industriearbeit im Maschinenbau. Frankfurt/M./New York: 1990

Hirsch-Kreinsen, H./Wolf, H.: Neue Produktionstechniken und Arbeitsorganisation. Interessen und Strategien betrieblicher Akteure. In: Soziale Welt 38 (1987) 2, S.181–196

Hofer, P./Weidig, I./Wolff, H. (Prognos AG): Arbeitslandschaft bis 2010 nach Umfang und Tätigkeitsprofilen. Beiträge zur Arbeitsmarkt- und Berufsforschung des IAB, Band 131.1. Nürnberg: 1989

Hofmann, R.: Wirkungen der Automatisierung auf die Betriebsgröße. Die Automatisierung in den Klein- und Mittelbetrieben. In: Automatik 2 (1957), S.3–5

Hohmann, R.: Innovation in der Weiterbildung, Gruppenarbeit zwischen Arbeitsorganisation, Qualifikation und Produktivität. In: Zeitschrift für Berufs- und Wirtschaftspädagogik 82 (1986) 7, S.619–635

Holz, H.: Entwicklung von Methodenkompetenz durch Leittext- und Projektmethode. In: Sonntag, Kh. (Hrsg.): Neue Produktionstechniken und qualifizierte Arbeit. Köln: 1985; S.185–193

Homburg, H.: Anfänge des Taylorsystems in Deutschland vor dem Ersten Weltkrieg. Eine Problemskizze unter besonderer Berücksichtigung der Arbeitskämpfe bei Bosch 1913. In: Geschichte und Gesellschaft 4 (1978), S.170–194

Homburg, H.: Rationalisierung und Industriearbeit. Arbeitsmarkt – Management – Arbeiterschaft im Siemens-Konzern 1900–1939. Berlin: 1991

Honermeier, E.: Die Ford Motor Company. Ihre Organisation und ihre Methoden. Leipzig: o. J.

Hounshell, D. A.: From the American System to Mass Production 1800–1932. The Development of Manufacturing Technology in the United States. Baltimore/London: 1987

Hughes, T. P.: Die Erfindung Amerikas. Der technologische Aufstieg der USA seit 1870. München: 1991

Hund, J.: „Humanisierung der Arbeit" und Automation. Thesen zur Veränderung der Qualifikationsanforderungen. In: Zeitschrift für Pädagogik 24 (1978) 3, S.389–398

Hurrle, G.: Arbeit und Neue Technik in der gesellschaftspolititschen Bildung der Gewerkschaften. Gesellschaftliche Souveränität über die Technologieentwicklung: Ziel gewerkschaftlicher Politik. In: Erwachsenenbildung 34 (1988) 3, S.168–172

Husen, T.: Integration von Allgemein- und Berufsbildung – eine internationale Perspektive. In: Berufsbildung CEDEFOP (1989) 1, S. 10–14

idw Informationsdienst des Instituts der deutschen Wirtschaft: Betriebliche Weiterbildung. Die vierte Säule. In: idw 15 (1989), S. 4–5

IfS Institut für Stadtforschung und Strukturpolitik GmbH: Wirkungen des Einsatzes computergestützter Techniken in Industriebetrieben. In: Bundesministerium für Forschung und Technologie (Hrsg): Arbeitsmarktwirkungen moderner Technologien – Zusammenfassung der neun Teilprojekte. Bonn: 1988, S. 120–156

IPK 1989: Roboterscheibenmontage, vorgestellt zum Produktionstechnischen Kolloquium (PTK) 1989. In: Spur, G.: Produktionstechnisches Zentrum Berlin: 1989

IPK 1991 (Hrsg.): WOP-Zentrum. IPK-Berlin, Bereich Maschineninformatik: 1991

Iribarne, A. d': Neue Ausbildungen und Qualifikationen für die Fabrik der Zukunft. In: Berufsbildung CEDEFOP (1987) 1, S. 8–14

ISG Institut für Sozialforschung und Gesellschaftspolitik: Bestimmungsgründe betrieblicher Faktorsubstitution. In: Bundesministerium für Forschung und Technologie (Hrsg.): Arbeitsmarktwirkungen moderner Technologien – Zusammenfassung der neun Teilprojekte. Bonn: 1988, S. 97–119

Jaehrling, D./Schupp, W.: Betriebliche Bildung bei Audi. In: Zeitschrift für Berufs- und Wirtschaftspädagogik 85 (1989) 1, S. 62–70

Jahoda, M./Lazarsfeld, P. F./Zeisel, H.: Die Arbeitslosen von Marienthal. Frankfurt am Main: 1975

Jansen, R.: Arbeitsprofile von Anwendern und Nichtanwendern programmgesteuerter Arbeitsmittel. In: Institut für Arbeitsmarkt- und Berufsforschung der Bundesanstalt für Arbeit (Hrsg.): Neue Technologien: Verbreitungsgrad, Qualifikation und Arbeitsbedingungen. Nürnberg: 1987, S. 249–308

Jenks, L. H.: Early Phases of the Management Movement. In: Administrative Science Quarterly 5 (1960), S. 421–447

Jones, J. W. (Hrsg.): The burnout syndrome. Park Ridge: 1981

Jorissen, H. D./Kämpfer, S./Schulte, H. J.: Die neue Fabrik. Düsseldorf: 1986

Joseph, J./Knauth, P.: Das CAD-Umfeld aus der Sicht des Anwenders. In: CCR o. J. (1989) 3, S. 126–132

Jürgens, U./Malsch, T./Dohse, K.: Moderne Zeiten in der Automobilfabrik. Berlin/Heidelberg/New York: 1989

Kakar, S.: Taylor, F.: A Study in Personality and Innovation. Cambridge, Mass./London: 1970

Kamp, L. (Hrsg.): Arbeit in der Fabrik der Zukunft. Marburg: 1989

Kapp, B.: Ohne Werkzeugmaschinen kein CIM. In: Werkstatt und Betrieb 121 (1988)

Kelle, Ph.: Automaten. Berlin: 1921

Kern, H./Schumann, M.: Das Ende der Arbeitsteilung? München: 1984

Kief, H. B.: NC/CNC Handbuch '88. Michelstadt: 1988

Kief, H. B.: Flexible Fertigungssysteme '89/90. Michelstadt: 1988a

Kienzle, H.: Arbeitsweise der selbsttätigen Drehbänke. Kritik und Versuche. Stuttgart: Königl. Technische Universität, Dissertation: 1912/13

Kipp, M.: „Perfektionierung" der industriellen Berufsausbildung im Dritten Reich. In: Berufsausbildung und Industrie. Zur Herausbildung industrietypischer Lehrlingsausbildung. Kongreßbericht. Tagungen und Expertengespräche zur beruflichen Bildung. Heft 6, Bundesinstitut für Berufsbildung. Berlin/Bonn 1987

Kirstein, T.: Die KPdSU und die Einführung computergesteuerter Leitungssysteme in der Sowjetunion. Wiesbaden: 1988

Kisker, K.: Was verlangt die Automation vom Menschen? In: Der Arbeitgeber 9 (1957), S. 50–56

Klafki, W.: Konturen eines neuen Allgemeinbildungskonzepts. In: Klafki, W.: Neue Studien zur Bildungstheorie und Didaktik. Weinheim/Basel: 1985, S. 12–30

Klare Zuständigkeiten in der Rationalisierungsarbeit. In: Der Deutsche Volkswirt 1939/40, S. 124

Klemm, K./Rolff, H.-G./Tillmann, K.-J.: Bildung für das Jahr 2000. Bilanz der Reform, Zukunft der Schule. Reinbek: 1985

Koch, H. C.: Intergierte Informationstechnik – Chance für den Unternehmenserfolg. In: Spur, G.: CIM – Die informationstechnische Herausforderung. Produktionstechnisches Kolloquium. Berlin 1986. Vorträge. Berlin: IPK/IWF 1986, S. 20–29

Koch, R.: Weiterbildung im Zusammenhang mit der technischen Modernisierung der Arbeitswelt. In: Institut für Arbeitsmarkt- und Berufsforschung der Bundesanstalt für Arbeit (Hrsg.): Beiträge zur Arbeitsmarkt- und Berufsforschung 118. Neue Technologien: Verbreitungsgrad, Qualifikation und Arbeitsbedingungen. Nürnberg: 1987, S. 149–248

Koch, R. (Hrsg.): Technischer Wandel und Gestaltung der beruflichen Bildung – Forschungsergebnisse, Modellversuche, Perspektiven. Sonderveröffentlichung des Bundesinstituts für Berufsbildung. Berlin/Bonn: 1988

Koch, R.: Weiterbildung in Kleinbetrieben beim Einsatz neuer Techniken. In: Berufsbildung in Wissenschaft und Praxis 17 (1988a) 4, S. 136–137

Kocka, J.: Unternehmensverwaltung und Angestelltenschaft am Beispiel Siemens 1847–1914. Zum Verhältnis von Kapitalismus und Bürokratie in der deutschen Industrialisierung. Stuttgart: 1969

Kocka, J.: Industrielles Management: Konzeption und Modelle in Deutschland vor 1914. In: Vierteljahrschrift für Sozial- und Wirtschaftsgeschichte 56 (1969a), S. 332–372

Köhl, E./Esser, U./Kemmer, A./Förster, U.: CIM zwischen Anspruch und Wirklichkeit. Erfahrungen, Trends, Perspektiven. Eschborn/Köln: 1989

Könecke, F.: Abschluß der Automatisierungsdebatte? In: Industrielle Automatisierung 2 (1957) Heft 1, S. 3–5

König, W.: Konstruieren und Fertigen im deutschen Maschinenbau unter dem Einfluß der Rationalisierungsbewegung. Ergebnisse und Thesen für eine Neuinterpretation des „Taylorismus". In: Technikgeschichte 56 (1989), S. 183–204

König, W.: Massenproduktion und Technikkonsum. Entwicklungslinien und Triebkräfte der Technik zwischen 1880 und 1914. In: ders. u. Wolfhard Weber: Netzwerke Stahl und Strom 1840 bis 1914. Bd. 4 der Propyläen Technikgeschichte. Berlin: 1990, S. 263–552

Korndörfer, V.: Qualifizierung an Industrierobotern. Berlin/Heidelberg: 1987

Kraatz, H.: Technische Bildung als Allgemeinbildung. Die Situation in der Bundesrepublik Deutschland. In: Zeitschrift für Technik im Unterricht 14 (1989) 53, S. 5–12

Krause, F.-L.: Fortgeschrittene Konstruktionstechnik durch neue Softwarestrukturen. In: Zeitschrift für wirtschaftliche Fertigung und Automatisierung, München 82 (1987) 5, S. 289–296

Krause, F.-L.: Wissensverarbeitung für die rechnerunterstützte Produktgestaltung. In: Spur, G.: Management für Technologie und Arbeit. Produktionstechnisches Kolloquium. Berlin 1989. Vorträge. Berlin: IPK/IWF 1989, S. 112–122

Krause, F.-L.: Wohin geht die CAD-Entwicklung? In: Zeitschrift für wirtschaftliche Fertigung und Automatisierung 85 (1990) 12, S. CA 260–262

Krause, F.-L./Altmann, C.: Arbeitsplanung alternativer Prozesse für flexible Fertigungssysteme. In: Zeitschrift für wirtschaftliche Fertigung und Automatisierung 84 (1989) 5, S. 228–231

Krause, F.-L./Gross, G.: Konvetionelles und Konstruktionsbüro der rechnerunterstützten Konstruktion. In: Spur, G./Krause, F.-L.: Informationsbedarf und -mittel aus der Sicht der Fertigung in einem fortentwickelten CAD/CAM-Verbund. Vortrag zur Arbeitsgruppe „Automatisierung, Arbeitswelt und künftige Gesellschaft". Berlin IPK: 1989

Krause, F.-L./Lehmann, C. M.: Erweiterung des rechnerunterstützten Konstruierens durch Wissensverarbeitung. VDI-Tagung: Expertensysteme in Entwicklung und Konstruktion. Düsseldorf: 1989

Krause, F.-L./Abuosba, M./Kempf, M.: Integration von Konstruktion und Arbeitsplanung durch Wissensverarbeitung. In: Spur, G.: Wissensbasierte

Systeme im Industriebetrieb. Seminar, IPK (Industrielle Diensttechnik): 8. Mai 1990

Kreibich, R.: Die Wissenschaftsgesellschaft. Von Galilei zur High-Tech-Revolution. Frankfurt: 1986

Kreuzer, H. (Hrsg.): Die zwei Kulturen. Literarische und naturwissenschaftliche Intelligenz. C. P. Snow_s These in der Diskussion. München: 1987

Kugler, A.: Arbeitsorganisation und Produktionstechnologie der Adam Opel Werke (von 1900 bis 1929). Veröffentlichung des Wissenschaftszentrums Berlin IIVG/pre85-202. Berlin: 1985

Kugler, A.: Von der Werkstatt zum Fließband. Etappen der frühen Automobilproduktion in Deutschland. In: Geschichte und Gesellschaft 13 (1987), S. 304–339

Kuhnert, H.: Der Prozeß der Automatisierung und Mechanisierung und seine Einwirkung auf den schaffenden Menschen. Leipzig 1935

Kunze, K. R.: Age and occupation at Lockheed-California: versatility of older workers. In: Industrial Gerontology (1974) 1, S. 59–64

Lacey, R.: Ford. Eine amerikanische Dynastie. Bergisch Gladbach: 1989

Lamszus, H./Sanmann, H. (Hrsg.): Neue Technologien, Arbeitsmarkt und Berufsqualifikation. Bern/Stuttgart: 1987

Landes, D. S.: Der entfesselte Prometheus. Technologischer Wandel und industrielle Entwicklung in Westeuropa von 1750 bis zur Gegenwart. Köln: 1973

Lange, K.: Rationalisierung des Maschinenbaues. In: Industrie- und Handelskammer zu Berlin (Hrsg.): Die Bedeutung der Rationalisierung für das Deutsche Wirtschaftsleben. Berlin: 1928, S. 318–340

Langner, T.: Analyse von Einflußfaktoren beim rechnerunterstützten Konstruieren. Dissertation TU Berlin: 1991

LaRocco, J. M./Jones, A. P.: Organizational conditions affecting withdrawal intentions and decisions as moderated by work experience. In: Psychological Reports (1980) 46, S. 1223–1231

Laur-Ernst, U. (Hrsg.): Neue Fabrikstrukturen-Veränderte Qualifikationen. Berlin: 1990

Lay, G./Boffo, M./Schneider, R.J.: Integration von rechnergestützter Konstruktion und NC-Programmierung. In: Zeitschrift für wirtschaftliche Fertigung und Automatisierung 82 (1987) 6, S. 325–332

Lehner, F.: Fabrik der Zukunft. Wohin führt uns die neue Informationstechnologie? In: Gegenwartskunde 38 (1989) 1, S. 5–20

Le Grand, R.: Ford Handles by Automation. In: American Machinist 92 (1948), Nr. 22, S. 107–122

Lehr, U.M./Dreher, G./Schmitz-Scherzer, R.: Der ältere Arbeitnehmer im Betrieb. In: Mayer, A./Herwig, B. (Hrsg.): Betriebspsychologie. Handbuch der Psychologie Bd.9. 2. Aufl. Göttingen: 1970, S. 778–827

Lehr, U. M.: Der ältere Mitarbeiter im Betrieb. In: Stoll, F. (Hrsg.): Die Psychologie des 20. Jahrhunderts, Bd. XIII. Zürich: 1981, S. 910–929

Lehr, U. M.: Psychologie des Alterns. 6. Aufl., Heidelberg: 1987

Leistungssteigerung durch Weiterbildung: Interne Schulungsprogramme sind oft effizienter als externe. In: VDI-Nachrichten 130 (1988) 40, S. 18

Leitsätze: Sitzung im Arbeiterspeisesaal der Gebrüder Sulzer in Ludwigshafen am 22. April 1911. In: Abhandlungen und Berichte über Technisches Schulwesen, veranlast und herausgegeben vom Deutschen Ausschuß für Technisches Schulwissen, Bd. III. Arbeiten auf dem Gebiete des Technischen Niederen Schulwesens. Leipzig/Berlin: 1912

Lenk, H.: Zur Sozialphilosophie der Technik. Frankfurt/M.: 1982

Lipsmeier, A.: Ganzheitlichkeit als berufspädagogische Kategorie. Pädagogische und betriebliche Illusionen und Realitäten. In: Zeitschrift für Berufs- und Wirtschaftspädagogik 85 (1989) 2, S. 137–151

Lisop, I.: 40 Jahre Berufsausbildung im technischen Wandel – ihre Zukunft im Rückspiegel betrachtet. Frankfurt/M.: 1985

Litwinski, R.: Halbwertzeit des Wissens. Informationstechnik verlangt neue Berufe und ständige Weiterbildung. In: Der Tagesspiegel/Das moderne Büro, Berlin: 15.3.1988

Luszek, G./Schulz, J./Peters, C.: CAP für die Montage – Ein Baustein für CIM. In: VDI-Zeitschrift 129 (1987) 1, S. 49–53

Lüth, Ch.: Rückkehr zur Allgemeinbildung. In: Pädagogische Rundschau 42 (1988) 6, S. 655–677

Lutz, B.: Personalstrukturen bei automatisierter Fertigung. In: Lutz, B./Schultz-Wild, R. (Hrsg.): Flexible Fertigungssysteme und Personalwirtschaft. Frankfurt/M.: 1982, S. 85–101

Mann, W.: Berufsbild. In: Wörterbuch der Berufs- und Wirtschaftspädagogik. Freiburg: 1973

Manske, F.: Ende oder Wandel des Taylorismus? Von der punktuellen zur systematischen Kontrolle des Produktionsprozesses. In: Soziale Welt 38 (1987) 2, S. 166–180

Manske, F./Wolf, H.: Hat die Arbeitsvorbereitung noch eine Zukunft? In: VDI-Zeitschrift 130 (1988) 5, S. 12–17

Manske, F.: Kontrolle, Rationalisierung und Arbeit. Kontinuität durch Wandel: Die Ersetzbarkeit des Taylorismus durch moderne Kontrolltechniken. Berlin: 1991

Martin, W./Rauner, F. (Hrsg.): Mikroelektronik und berufliche Qualifikation. Wetzlar: 1983

Matschoß, C./Schlesinger, G.: Ludw. Loewe & Co. Actiengesellschaft Berlin 1869–1929. Berlin: 1930

Matthöfer, H.: Was ist Automation. In: Gewerkschaftliche Beiträge zur Automatisierung. Köln: 1956, S. 9–19

Matzner, E./Schettkat, R./Wagner, M.: Beschäftigungsrisiko Innovation? Arbeitsmarktwirkungen moderner Technologien. Befunde aus der Meta-Studie. Berlin: 1988

Max-Planck-Institut für Bildungsforschung (Hrsg.): Gewerbliche Unternehmen als Bildungsträger. Beiträge zum Symposium anläßlich des 80. Geburtstages von Friedrich Edding. Berlin: 1989

Mayer, K. U.: Bildung und Arbeit in einer arbeitenden Bevölkerung. In: Baltes, P. B./Mittelstraß, J. (Hrsg.): Zukunft des Alterns und gesellschaftliche Entwicklung. Akademie der Wissenschaften zu Berlin, Forschungsbericht 5. Berlin/New York: 1992, S. 518–543

Mazurek, W./Roth, S.: Qualifikationskonzepte im Rahmen einer sozialen Gestaltung von Technik. In: Martin, W./Rauner, F. (Hrsg.): Mikroelektronik und berufliche Qualifikation. Wetzlar: 1983, S. 82–93

McConnell, S. R.: Age discrimination in employment. – In: Parnes, H. S. (Hrsg.): Policy issues in work and retirement. Kalamzoo: 1983, S. 159–196

McFarland, R. A. The role of functional vs. chronological age concepts in the employment of older workers. Washington, D.C.: 1976

Meenzen, H.: Die Auswirkungen der Automation auf den Arbeitsmarkt. In: Die Aussprache 6 (1956), S. 205–207

Mense, H.: Der Mensch in der Fabrik der Zukunft – Chancen und Hemmnisse für die Arbeit in der rechnerintegrierten Fabrik. In: Fortschrittliche Betriebsführung und Industrial Engineering 36 (1987) 1, S. 24–30

Mertins, K.: Entwicklungsstand flexibler Fertigungssysteme – Linien-, Netz- und Zellenstrukturen. In: Zeitschrift für wirtschaftliche Fertigung und Automatisierung 80 (1985) 6, S. 249–265

Mertins, K.: Steuerung rechnergeführter Fertigungssysteme. München: 1985a

Messmann, A./Rückriem, G.: Zum Leiden an der Technik verurteilt? Zur arbeitspsychologischen Auffassung A.N. Leontjews vom Verhältnis zwischen Mensch und Technik. In: Demokratische Erziehung 9 (1983) 2, S. 34–37

Meyer-Dohm, P./Schütze, H. G. (Hrsg.): Technischer Wandel und Qualifizierung: Die neue Synthese.: Frankfurt/M./New York: 1987

Mikl-Horke, G.: Industrie- und Arbeitssoziologie. München/Wien: 1991

Milward, A. S.: Der Zweite Weltkrieg. Bd. 5 der Geschichte der Weltwirtschaft im 20. Jahrhundert, hrsg. von Wolfram Fischer. München: 1977

Mittelstrass, J.: Ein Reparaturphänomen. Sieben Thesen zur Interdisziplinarität. In: Frankfurter Allgemeine v. 19.2.1986

Moldaschl, M./Weber, W.: Prospektive Arbeitsplatzbewertung an flexiblen Fertigungssystemen. Forschungen zum Handeln in Arbeit und Alltag. Institut für Humanwissenschaft in Arbeit und Ausbildung, Bd. 1. TU Berlin: 1986

Mommertz, K. H.: Bohren, Drehen und Fräsen. Geschichte der Werkzeugmaschinen. Reinbek: 1981

Münsterberg, H.: Psychologie und Wirtschaftsleben. Ein Beitrag zur angewandten Experimental-Psychologie. Leipzig: 1922

Muth, W.: Die Herausbildung eigenständiger Berufsausbildungsstrukturen der Industrie in der Weimarer Republik. In: Berufsausbildung und Industrie. Zur Herausbildung industrietypischer Lehrlingsausbildung. Kongreßbericht. Tagungen und Expertengespräche zur beruflichen Bildung. Heft 6, Bundesinstitut für Berufsbildung. Berlin/Bonn 1987

Naschold, F.: Organisationsentwicklung und technische Innovation. In: Zeitschrift für Arbeitswissenschaft 41 (1987) 4, S. 193–195

Neipp, G.: Entwicklung maschinenbaulicher Produkte im Informationsverbund. In: Spur, G.: Management für Technologie und Arbeit. Produktionstechnisches Kolloquium. Berlin 1989. Vorträge. Berlin: IPK/IWF 1989, S. 103–111

Nelson, D.: Frederick W. Taylor and the Rise of Scientific Management. Madison, Wisc.: 1980

Nelson, W. H.: Die Volkswagen-Story. Biographie eines Autos. München: 1965

Neuloh, O./Wiedemann, H.: Arbeiter und technischer Fortschritt. Untersuchungen in der nordrhein-westfälischen Metallindustrie über die Anforderungselemente technischer Neuerungen und die Reaktionen der Arbeiter. Köln/Opladen: 1960

Neumann, F.: Daten zu Wirtschaft – Gesellschaft – Politik – Kultur der Bundesrepublik Deutschland 1950–1975 (mit Vergleichszahlen EG-Länder und DDR). Baden-Baden: 1976

Nowotny, H.: Eigenzeit. Enstehung und Strukturierung eines Zeitgefühls. Frankfurt am Main: 1989

Oberhoff, H.: Beanspruchung der Arbeitspersonen an hoch-technisierten Arbeitsplätzen – dargestellt am Beispiel „Numerisch gesteuerter Werkzeugmaschinen“. Bern/Frankfurt/München: 1976

Oberliesen, R./Stiebeling, A. (Hrsg.): Neue Medien, neue Technologien. Bildung und Erziehung in der Krise? Berlin/Hamburg: 1988

Oswald, W. D./Roth, E.: Der Zahlen-Verbindungstest (Z-V-T). 2. Auflage, Göttingen: 1987

Pahl, G.: Konstruieren mit 3D-CAD-Systemen. Berlin: 1990

Paul, G.: Einheitliche, neutrale CAD-Anwenderausbildung. In: Zeitschrift für wirtschaftliche Fertigung und Automatisierung 83 (1988) 2, S. 95–99

Pahl, G.: Anforderungen an Wissensverarbeitung aus der Sicht der Konstruktion. In: VDI-Berichte Nr. 775, Düsseldorf: 1989, S. 1–24

Pahl, G./Bachmann, T.: Entwurfsorientierte Modellierungsverfahren für CAD-Systeme. In: VDI-Bericht 700.2. Düsseldorf: 1988, S. 205 – 220

Pahl, G./Beitz, W.: Konstruktionslehre. 2. Aufl., Berlin: 1986

Pahl, J.-P.: Selbständiges Planen, Durchführen und Kontrollieren. In: Die berufsbildende Schule 41 (1989a) 7/8, S. 445–457

Paulinyi, A.: Industrielle Revolution. Vom Ursprung der modernen Technik. Reinbek: 1989

Paulinyi, A.: Massenproduktion und Rationalisierung. In: Technikgeschichte 56 (1989a), S. 173–181

Paulssen, H. C.: Soziale Aspekte der Rationalisierung. In: Industrielle Rationalisierung 4 (1957), S. 117–118

Pechhold, E.: 50 Jahre REFA. Darmstadt: 1974

Pentzlin, K. (Hrsg.): Meister der Rationalisierung. Düsseldorf/Wien: 1963

Perrow, Ch.: Normale Katastrophen. Die unvermeidlichen Risiken der Großtechnik. Frankfurt am Main/New York: 1989

Perry, N. J.: Recycled engineers provide talent and technical expertise at Monsanto. In: Aging and Work (1983) 3, S. 163–174

Pfeiffer, J./Siepmann, T./Teichmann, W.: Expertensystem zur spanenden Bearbeitung. In: Technische Mitteilungen. Krupp Nr.2. (1988)

Pilland, U.: Tendenzen in der NC-Technik. In: Werkstattstechnik 78 (1988), S. 299–304

Piore, M. J./Sabel, C. F.: Das Ende der Massenproduktion. Studie über die Requalifizierung der Arbeit und die Rückkehr der Ökonomie in die Gesellschaft. Berlin: 1985

Poelke, K.: Die Entstehung von Facharbeit. In: Berufsausbildung und Industrie. Zur Herausbildung industrietypischer Lehrlingsausbildung. Kongreßbericht. Tagungen und Expertengespräche zur beruflichen Bildung. Heft 6, Bundesinstitut für Berufsbildung. Berlin/Bonn 1987

Pohl, H.-J.: Humanisierung der Arbeit für ältere Arbeitnehmer. In: Soziale Welt (1976) 27, S. 278–302

Pollock, F.: Automation. Materialien zur Beurteilung der ökonomischen und sozialen Folgen. Frankfurt/M.: 1956

Preiß, C.: Zwischen Anpassung und Resignation – Die Techniker im Prüffeld erleben die Umstrukturierung ihres Tätigkeitsbereiches. In: Brock, D./Preiß, C./Tully, C. J./Vetter, H.-R. (Hrsg.): Arbeit und Reproduktion. München: 1984, S. 167–203

Pries, L./Schmidt, R./Trinczek, R.: Entwicklungspfade von Industriearbeit. Chancen und Risiken betrieblicher Produktionsmodernisierung. Opladen: 1990

Prinzing, M.: Der Streik bei Bosch im Jahre 1913. Ein Beitrag zur Geschichte von Rationalisierung und Arbeiterbewegung. Beiheft 61 der Zeitschrift für Unternehmensgeschichte. Stuttgart: 1989

Pritschow, G.: Inhalt der Vorlesung „Automatisierungstechnik 1" in Stichworten. In: Specht, D./Materne, J.: Eine Übersicht wichtiger automatisierungstechnischer Definitionen. Ms., Berlin: 1988

Rauner, F. (Hrsg.): Gestalten – Eine neue gesellschaftliche Praxis. Bonn: 1988

Rauner, F./Heidegger, G.: Soziale Technikgestaltung als Bildungsaufgabe. In: Hessische Blätter für Volksbildung 39 (1989) 3, S. 211–219

Rauner, F.: Humanzentrierte Gestaltung der rechnerintegrierten Fabrik. In: Spur, G./Mertins, K. (Hrsg.): Die neue Fabrik. Ms., Berlin: 1989, S. 106–120

REFA Verband für Arbeitsstudien: Methodenlehre des Arbeitsstudiums. T. 1: Grundlagen. München: 1976

Reinking, J.-D.: CAD-Arbeitstechnik, als optimierbarer Modellierungsprozeß. In: Konstruktion 39 (1987) 2, S. 64–70

Reinking, J.-D.: Der Wandel im Konstruktionsprozeß durch CAD. VDI-Zeitschrift 129 (1987) 5, S. 58–63

Rempp, H.: Einsatz flexibler Fertigungssysteme. In: Werkstatt und Betrieb 115 (1982) 3, S. 175–182

Reuther, W. P.: Die Bedeutung der Automatisierung für den Arbeiter. In: Industrielle Rationalisierung 2 (1955), S. 132

Riehm, U.: Wandel in der Arbeitsweise der Konstruktion. In: VDI-Zeitschrift 127 (1985) 23/24, S. 990–994

RKW Rationalisierungskuratorium der deutschen Wirtschaft: Automatisierung. München: 1957

RKW Rationalisierungskuratorium der deutschen Wirtschaft (Hrsg.): Fallstudie: Einsatzbedingungen der Automatisierung. Köln: 1957a

Robinson, S. B./Thomas, H.: Differenzierung im Sekundarschulwesen. Stuttgart: 1968

Roeper, H.: Die Automatisierung. Neue Aspekte in Deutschland, Amerika und Sowjetrußland. Stuttgart-Degerloch: 1958

Roesler, J.: Die Entwicklung der Effektivität der Produktion im Werkzeugmaschinenbau der DDR während des ersten und zweiten Fünfjahrplanes (1951–1959). In: Roesler, J./Schwärzel, R./Siedt, V.: Produktionswachstum und Effektivität in Industriezweigen der DDR 1950–1970. Berlin (Ost): 1983, S. 38–114

Ropohl, G.: Theorie flexibler Fertigungssysteme. In: Pentzlin, K./Kienzle, O. (Hrsg.): Fertigungstechnische Automatisierung. Berlin/Heidelberg/New York: 1969, S. 38–47

Ropohl, G.: Eine Systemtheorie der Technik. München/Wien: 1979

Ropohl, G.: Die unvollkommene Technik. Frankfurt/M.: 1985

Rosenberg, L.: Gewerkschaften und Automatisierung. In: Industrielle Rationalisierung 4 (1957), S. 119–120

Rothkirch, Ch. v./Weidig, I.: Die Zukunft der Arbeitslandschaft. Zum Arbeitskräftebedarf nach Umfang und Tätigkeiten bis zum Jahr 2000. In: IAB (Hrsg.): Beiträge zur Arbeitsmarkt- und Berufsforschung 94.1 und 94.2. Nürnberg: 1986

Ruppert, W.: Die Fabrik. Geschichte von Arbeit und Industrialisierung in Deutschland. München: 1983

Sattel, U.: Rationalisierung. Zur begrifflichen Klärung einer zentralen Einflußgröße berufspädagogischen Handelns. In: Zeitschrift für Berufs- und Wirtschaftspädagogik 81 (1985) 6, S. 522–536

Schaele, M./Hellberg, K.: Wissensbasierte Generierung von Arbeitsgangfolgen. In: VDI-Zeitschrift 129 (1987) 9, S. 57–62

Schäfer, H. D.: Amerikanismus im Dritten Reich. In: Prinz, M./Zitelmann, R. (Hrsg.): Nationalismus und Modernisierung. Darmstadt: 1991, S. 199–215

Schaff, A.: Beschäftigung kontra Arbeit. In: Friedrichs, G./Schaff, A. (Hrsg.): Auf Gedeih und Verderb: Mikroelektronik und Gesellschaft. Bericht aus dem Club of Rome. Wien: 1982, S. 353–366

Schaff, A.: Wohin führt der Weg? Überleben in der Informationsgesellschaft. Bericht für den Club of Rome. Wien: 1985

Scharfenberg, G.: Die technologische Revolution. Wirtschaftliche, soziale und politische Folgen. In: Landeszentrale für politische Bildungsarbeit (Hrsg.): Politik kurz und aktuell. Nr. 46. Berlin: 1987

Schaumjan, G. A.: Automaten. Berlin: 1962

Schelsky, H.: Die sozialen Folgen der Automatisierung. Düsseldorf/Köln: 1957

Schelten, A.: Aktuelle Problemstellungen einer Arbeitspädagogik. In: Wirtschaft und Berufserziehung 41 (1989) 2, S. 38–45

Schepanski, N.: Mikroelektronik und Facharbeiterqualifikation. Berlin: 1986

Scheer, A.-W.: CIM – Der computergesteuerte Fabrikbetrieb. Berlin/Heidelberg/New York: 1988

Schlesinger, G.: Psychotechnik und Betriebswissenschaft. Leipzig: 1920

Schmid, C.: Mensch und Technik. In: Brandt, L./Schmid, C.: Mensch und Technik. Referate über die technischen, sozialen und kulturellen Probleme im Zeitalter der zweiten industriellen Revolution gehalten am 12. Juli 1956 auf dem Parteitag der SPD in München. Hannover: 1956, S. 33–55

Schmid, C.: Die Rationalisierung und der Mensch. In: Industrielle Rationalisierung 4 (1957), S. 115–116

Schmid, W.: Fühlergesteuerte Maschinen. Essen: 1939

Schmidt, H. H.: Der ältere Arbeitnehmer im technischen Wandel als psychologisches Problem. Eine Untersuchung bei Produktionsarbeitern der chemischen Großindustrie. Diss. Universität Bonn: 1973

Schmidt, H. H.: Der ältere Arbeitnehmer im technischen Wandel. Beiträge zur Arbeitswissenschaft. Bd. 2. München: 1977

Schmidt, H.: Strukturwandel in der beruflichen Bildung aufgrund technischer, wirtschaftlicher und gesellschaftlicher Veränderungen. In: Wirtschaft und Berufserziehung 40 (1988) 10, S. 295–299

Schmidt, W. (Hrsg.): Heronis Alexandria: Opera. Vol. I.: 1899

Schmidtchen, G.: Menschen im Wandel der Technik. Wie bewältigen die Mitarbeiter in der Metallindustrie die Veränderungen der Arbeitswelt? Köln: 1986

Schmidtchen, G.: Neue Technik. Neue Arbeitsmoral. Eine sozialpsychologische Untersuchung über die Motivation in der Metallindustrie. Köln: 1984

Schmiede, R.: Industriesoziologische und gesellschaftliche Arbeit. Einige kritische Anmerkungen. In: Lutz, B. (Hrsg.): Technik und sozialer Wandel. Verhandlungen des 23. Deutschen Soziologentages in Hamburg 1986. Frankfurt/M./New York: 1987

Schreuder, S.: Qualifikation als deteminierende Größe für die Fabrik der Zukunft. In: VDI-Zeitschrift 131 (1989) 1, S. 17–20

Schultz-Wild, R.: Flexible Fertigungssysteme und ihre Einsatzstrukturen – ein Diskussionsüberblick. In: Lutz, B./Schultz-Wild, R. (Hrsg.): Flexible Fertigungssysteme und Personalwirtschaft. Frankfurt/M./New York: 1982, S. 103–123

Schultz-Wild, R.: An der Schwelle zur Rechnerintegration. In: VDI-Zeitschrift 130 (1988) 9, S. 40–45

Schultz-Wild, R./Nuber, Ch./Rehberg, F./Schmierl, K.: An der Schwelle zu CIM. Strategien, Verbreitung, Auswirkungen. Eschborn/Köln: 1989

Schulz, H.: Tendenzen beim Einsatz flexibler Fertigungssysteme. In: Hirsch-Kreinsen, H./Schultz-Wild, R. (Hrsg.): Rechnerintegrierte Produktion. Zur Entwicklung von Technik und Arbeit in der Metallindustrie. Frankfurt//New York: 1986, S. 83–109

Schumann, M./Baethge, V./Neumann, U./Springer, R.: Trendreport Rationalisierung in der Industrie. Zwischenbericht. Vorgelegt für die Tagung: „Technik in Alltag und Arbeit“ des „Verbund Sozialwissenschaftlicher Technikforschung“. Ms. Bonn: 1989

Schürholz, F.: Menschenführung. In: Giese, F. (Hrsg.): Handwörterbuch der Arbeitswissenschaft. Bd. 2. Halle a. S.: 1930, Sp. 5195–5198

Schuster, M./Schuster:, H.: Industriesoziologie im Nationalsozialismus. In: Soziale Welt 35 (1984), S. 94–123

Scott, P.: Successful FMS function needs a new set of skills. In: The FMS Magazine (1988) 7, S. 141–143

Seebauer, G.: Vom nationalsozialistischen Geist in Arbeit, Technik und Wirtschaft. In: RKW-Nachrichten 9 (1935), S. 113–114

Seiffert, U.: Rechnereinsatz im Entwicklungsprozeß eines Automobils. In: Spur, G.: Management für Technologie und Arbeit. Produktionstechnisches Kolloquium. Berlin 1989. Vorträge. Berlin: IPK/IWF 1989, S. 95–102

Seliger, G.: Integrierte Montage und Fertigung. In: Spur, G./Mertins, K (Hrsg.): Die neue Fabrik. Ms. Berlin: 1989, S. 201–226

Seliger, G./Schallock, B.: Entwicklungspfade zur rechnergesteuerten Fertigung. In: Kamp, L. (Hrsg.): Arbeit in der Fabrik der Zukunft. Marburg: 1989, S. 42–55

Seppelfeld, E./Rost-Schaude, E./Klatt, G.: Neue Technologien und Berufsbildung. Qualifizierungsmaßnahmen in der Bundesrepublik Deutschland. Frankfurt/M./New York: 1986

Shah, R.: Flexible Fertigungssysteme in Europa: Erfahrungen der Anwender. In: VDI-Zeitschrift 127 (1985) 17, S. 639–648

Sheppard, H. L./Herrick, N. Q.: Where have all the robots gone? New York: 1972

Siegel, T./Freyberg, T. v.: Industrielle Rationalisierung unter dem Nationalsozialismus. Frankfurt/M./New York: 1991

Siegel, T.: Leistung und Lohn in der nationalsozialistischen „Ordnung der Arbeit“. Opladen: 1989

Simmonds, P.: A Review of Technical and Economic Trends in CADCAM. In: VDI-Bericht Nr. 700.1. Düsseldorf: 1988, S. 1–13

Söllheim, F.: Taylor-System für Deutschland. Grenzen seiner Einführung in deutsche Betriebe. München/Berlin: 1922

Sonntag, K.: Qualifikationsanforderungen im Werkzeugmaschinenbereich. In: Sonntag, K. (Hrsg.): Neue Produktionstechniken und qualifizierte Arbeit. Köln: 1985, S. 81–100

Sonntag, K.: Qualifikationsanforderungen im flexiblen Fertigungssystem. In: Berufsbildung in Wissenschaft und Praxis 14 (1985a) 5, S. 178–182

Sonntag, K.: Zur Rolle der Personalentwicklung bei technisch-organisatorischen Innovationen. In: Zeitschrift für Berufs- und Wirtschaftspädagogik 85 (1989) 1, S. 3–20

Sorge, A./Hartmann G./Warner, M./Nicholas, I.: Mikroelektronik und Arbeit in der Industrie. Frankfurt/M./New York: 1982

Specht, D.: Wissensbasierte Systeme im Produktionsbetrieb. München/Wien: 1989

Specht, D.: Perspektiven der Wissenstechnik in der Fertigung. In: Spur, G.: Wissensbasierte Systeme im Industriebetrieb. IPK Berlin: 1990

Spitzley, H.: Wissenschaftliche Betriebsführung, REFA-Methodenlehre und Neuorientierung der Arbeitswissenschaft. Köln: 1980

Spur, G.: Mehrspindel-Drehautomaten. München/Wien: 1970

Spur, G.: Fertigungstechnik. Sonderdruck aus ZWF-Zeitschrift für wirtschaftliche Fertigung. München: 77., 78., 79. Jg. 1982–1984

Spur, G.: CIM – Die informationstechnische Herausforderung an die Produktionstechnik. In: Spur, G.: CIM – Die informationstechnische Herausforderung. Produktionstechnisches Kolloquium Berlin: IPK/IWF 1986, S.5–19

Spur, G.: Unternehmensführung in der zukünftigen Industriegesellschaft. In: Spur, G.: Produktionstechnisches Kolloquium Berlin: IPK/IWF: 1989, S.5–16

Spur, G.: Vom Wandel der industriellen Welt durch Werkzeugmaschinen. München/Wien: 1991

Spur, G./Krause, F.-L.: CAD-Technik. München/Wien: 1984

Spur, G./Mertins, K.: Flexible Fertigungssysteme, Produktionsanlagen der flexiblen Automatisierung. In: Zeitschrift für wirtschaftliche Fertigung und Automatisierung 76 (1981) 9, S.441–448

Spur, G./Mertins, K. (Hrsg.): Die neue Fabrik. Entwicklungspotentiale und Gestaltungskriterien für künftige Produktionsstrukturen. Ms. Fraunhofer-Institut für Produktionsanlagen und Konstruktionstechnik (IPK-Berlin). Laboratorium für Werkzeugmaschinen und Betriebslehre an der RWTH Aachen (WZL). Lehrstuhl für Produktionssystematik. Ms. Berlin: März 1989

Spur, G./Specht, D.: Flexibilisierung der Produktionstechnik und Auswirkungen auf Arbeitsinhalte. In: Zeitschrift für Arbeitswissenschaft 41 (1987) 4, S.207–211

Spur, G./Herter, J./Zurlino, F.: Qualifizierung für flexible Fertigungssysteme durch die Herstellerunternehmen. In: Zeitschrift für wirtschaftliche Fertigung und Automatisierung 85 (1990) 11, S.605–608

Spur, G./Krause, F.-L./Germer, H.-J: Generierungs- und Änderungstechniken in CAD-Systemen. Beitrag zur Arbeitsgruppe Automatisierung, Arbeitswelt und künftige Gesellschaft der Akademie der Wissenschaften zu Berlin. IPK Berlin: 1990

Spur, G./Specht, D./Schröder, S.: Numerisch gesteuerte Werkzeugmaschinen. Beitrag des Teilprojekts NC-Technik der Arbeitsgruppe „Erfolgsbedingungen von technischen Innovationen in Industrieländern“ der Akademie der Wissenschaften zu Berlin: 1990

Spur, G./Specht, D./Zurlino, F.: Zeitorientiertes Fabrikmanagement als Erfolgsfaktor im Innovationswettbewerb. In: Planung + Produktion 39 (1991) 12, S.19–25

Spur, G./Specht, D./Zurlino, F.: Factories that change the World – a German View. In: Seliger, G. (Hrsg.): International trends in manufacturing towards the 21st century, IMT Berlin Symposium, Berlin: 1991

Spur, G./Specht, D./Ebert, J./Schröder, S.: Entwicklungspotentiale der Berliner Maschinenbau-und Elektroindustrie. Berlin: Fraunhofer-Institut für Produktionsanlagen und Konstruktionstechnik (IPK) Berlin: 1989

Staehle, W. H.: PROQUA. Qualifizierung Berliner Arbeitskräfte. Abschlußbericht. FU Berlin: 1987

Stagner, R.: Aging in industry. In: Birren, J. E./Schaie, K. W. (Hrsg.): Handbook of the psychology of aging. New York: 1985, S. 789–817

Stagner, R.: Boredon on the assembly line: age and personality variables. In: Industrial Gerontology (1975) 2, S. 23–44

Stagner, R.: Propensity to work: an important variable in retiree behavior. In: Aging and Work (1979) 2, S. 161–172

Statistisches Bundesamt: Statistisches Jahrbuch für die Bundesrepublik Deutschland 1956 und 1963

Statistisches Bundesamt: Statistisches Jahrbuch 1991 für das vereinte Deutschland. Wiesbaden: 1991

Staudacher, E.: Älterwerden in Betrieb – Herausforderung und Chance. In: Personal, Mensch und Arbeit 36 (1984) 2, S. 46–51

Staudt, E.: Ursachen und Einflußfaktoren des Einsatzes neuer Automationstechnologien in Industrie und Verwaltung. In: Biethahn, J./Staudt, E. (Hrsg.): Automation in Industrie und Verwaltung. Ökonomische Bedingungen und soziale Bewältigung. Berlin: 1981, S. 11–33

Staudt, E.: Entkopplung im Mensch-Maschine-System durch neue Technologien als Grundlage einer Flexibilisierung von Arbeitsverhältnissen. In: Meyer-Abich, K. M./Steger, U. (Hrsg.): Mikroelektronik und Dezentralisierung. Berlin: 1982, S. 53–68

Staudt, E.: Innovation durch Qualifikation. Personalentwicklung und neue Technik. Frankfurt/M.: 1988

Steeger, A.: Die Automatisierung als technische und soziale Aufgabe des Ingenieurs und des Unternehmers. In: VDI-Zeitschrift 98 (1956), S. 1399–1408

Steffens, H.: Sozio-ökonomische Wirkungsfelder. In: Neue Technologien. Informationen zur politischen Bildung 218. München: 1988, S. 18–30

Stein, F.: Die betriebswirtschaftliche Bedeutung und Auswirkung des Bedaux-Systems. Diss. Gießen: 1932

Steinmüller, G.: Flexible Fertigungssysteme in Japan. In: Zeitschrift für wirtschaftliche Fertigung und Automatisierung 76 (1981), S. 28–31

Stollberg, G.: Die Rationalisierungsdebatte 1908–1933. Freie Gewerkschaften zwischen Mitwirkung und Gegenwehr. Frankfurt/M./New York: 1981

Stooß, F.: Qualifikationsprofil der Anwender programmgesteuerter Arbeitsmittel. In: BIBB/IAB (Hrsg.): Beiträge zur Arbeitsmarkt- und Berufsforschung 118. Neue Technologien. Verbreitungsgrad, Qualifikation und Arbeitsbedingungen. Nürnberg: 1987

Straka, G. A.: Probleme älterer Menschen mit der Handhabung neuer Technik. Vortrag auf dem Workshop „Altern und neue Technik“. Institut für Gerontologie der Universität Heidelberg: 13.4.1988

Straßberger, F.: Die Rezeption von „Scientific Management" in Deutschland (1910 bis 1930). Magisterarbeit Freie Universität Berlin: 1989
Streich, R.: Die Personalentwicklung als Integrationsfaktor der Führungs- und Unternehmenskultur. Praxisbeispiel Nixdorf Computer AG. In: Zeitschrift für Berufs- und Wirtschaftspädagogik 85 (1989) 5, S. 443–457
Stübig, H.: Erfahrung auf dem Weg zu CIM. In: Fertigungstechnisches Kolloquium. Stuttgart: 1988, S. 73
Sturmthal, A.: Möglichkeiten und Gefahren der Automatisierung. In: Gewerkschaftliche Monatshefte 7 (1956), S. 394–400

Taylor, F. W.: Shop Management. A Paper Read before the American Society of Mechanical Engineers. New York: 1903
Taylor, F. W.: The Principles of Scientific Management. New York: 1911
Tenorth, H.-E. (Hrsg.): Allgemeine Bildung. Weinheim/München: 1986
Teßmann, K.: Probleme der technisch-wissenschaftlichen Revolution und der Grenze zwischen Technischem und Sozialem. Diss. Leipzig: 1963
Thiele, A.: Wege zur Lernförderung am Arbeitsplatz. In: Wirtschafts- und Berufserziehung 38 (1986) 1, S. 5–11
Thole, P.: Entwicklungstendenzen bei flexiblen Fertigungssystemen. In: Zeitschrift für wirtschaftliche Fertigung, München 81 (1986) 8, S. 431–434
Thomas, H.: Bildung – Ausbildung – Weiterbildung eine gemeinsame Aufgabe für Wirtschaft und Politik. In: Spur, G.: Management für Technologie und Arbeit. Produktionstechnisches Kolloquium Berlin 1989. Vorträge. Berlin: IPK/IWF 1989, S. 207–210
Thomas, H.: Weiterbildung als Innovationsinstrument. In: Schuster, H. J. (Hrsg.): Handbuch des Wissenschaftstransfers. Heidelberg: 1990, S. 577–586
Thomas H./Elstermann, G. (Hrsg.): Bildung und Beruf. Soziale und ökonomische Aspekte. Berlin/Heidelberg: 1986
Tönshoff, H. K./Rudolph, F. N.: Neue Ansätze zum Zusammenwirken von Konstruktion und Fertigung in der flexiblen Produktion. In: Zeitschrift für wirtschaftliche Fertigung und Automatisierung 84 (1989) 5, S. 253–257
Treffert, H.: Neue Technologien – Herausforderung an das betriebliche Bildungswesen. In: Werkstatt und Betrieb 122 (1989) 3, S. 253–256
Treier, P.: Studium generale und moderne Ingenieurausbildung. In: Hochschulausbildung 4 (1986) 1, S. 43–55
Trist, E. L.: Sozio-technische Systeme. In: Bennis, W. G./Benne, K. D./Chin, R. (Hrsg.): Änderung des Sozialverhaltens. Stuttgart: 1975
Troll, L.: Verbreitungsgrad neuer Technologien und Veränderungen seit 1979. In: Institut für Arbeitsmarkt- und Berufsforschung (Hrsg.): Neue Technologien: Verbreitungsgrad Qualifikation und Arbeitsbedingungen. Nürnberg: 1987, S. 11–90

Tuffentsammer, K. u.a.: Flexibles Fertigungssystem. Bericht des Sonderforschungsbereichs 155 -Fertigungstechnik-. Weinheim : 1988

Vahrenkamp, R.: Frederick Winslow Taylor – Ein Denker zwischen Manufaktur und Großindustrie. In: Taylor, F. W.: Die Grundsätze wissenschaftlicher Betriebsführung. Übersetzt von Rudolf Roesler. Neu hrsg. u. eingeleitet von Walter Volpert u. Richard Vahrenkamp. Weinheim/Basel: 1977, S. LII-IXC

Vahrenkamp, R.: Botschaften der Industriekultur. Technikdebatten und ihre Wirkungen. In: Technikgeschichte 55 (1988), S. 111–123

VDI: Verein Deutscher Ingenieure: Handlungsempfehlung: „Sozialverträgliche Gestaltung von Automatisierungsvorhaben". 1. Entwurf. Düsseldorf: Ms. 1989

VDI-Richtlinie 2220: Produktplanung. Ablauf, Begriffe und Organisation. Berlin/Köln: 1980

Viehweger, B.: Flexibel fertigen. In: CIM-Praxis (1988) 2, S. 24–28

Voigt, E.: Tätigkeitsstrukturen an Werkzeugmaschinen verschiedener Automatisierungsstufen. In: wt-Werkstattstechnik 77 (1987) 3, S. 155–158

Vroom, V. H.: Work and motivation. New York: 1964

Walter, W./Hofmeister, W.: Universeller CAD/NC-Kopplungsbaustein für NC-Programmiersystem. In: Werkstattstechnik 77 (1987) 3, S. 129–133

Wankum, H./Henning, K.: Ingenieur 2000. Fachwissen allein ist zuwenig. In: Hochschulausbildung 6 (1988) 4, S. 211–217

Warnecke, G./Mertens, P.: CAD/CAM-Kopplung unter Einbeziehung der Technologieplanung In: VDI-Zeitschrift 129 (1987) 5, S. 48–51

Warnecke, G./Mertens, M.: Aufbau und Anwendung von wissensbasierten Technologieplanungssystemen. In: Zeitschrift für wirtschaftliche Fertigung und Automatisierung 83 (1988) 11, S. 559–562

Warnecke, H.-J.: Entwicklungsphasen und Leitkonzepte der Automatisierung einschließlich ihrer Auswirkungen auf die Arbeitswelt. Beitrag zur Arbeitsgruppe „Automatisierung, Arbeitswelt und künftige Gesellschaft". Berlin: 1989

Weber, M.: Wirtschaft und Gesellschaft. Studienausgabe hrsg. v. J. Winkelmann. Band 1, Köln/Berlin: 1964

Weck, M.: Werkzeugmaschinen. Band 3. Düsseldorf: 1981

Wegeleben, F.: Die Rationalisierung im Deutschen Werkzeugmaschinenbau. Dargestellt an der Entwicklung der Ludw. Loewe & Co. A.-G., Berlin. Berlin: 1924

Wessel, H.-J./Steudel, M.: Gegenüberstellung von Systemen zur automatischen Arbeitsplanung. In: VDI-Zeitschrift 122 (1980) 8, S. 302–310

Wiedemann, L.: Die Automation als Faktor wirtschaftlicher und gesellschaftlicher Neuordnung. In: Die Mitarbeit. Evangelische Monatshefte zur Gesellschaftspolitik 4 (1956), S. 1–9

Wiedemann, W. H.: Diskussionbeitrag zu Vorträgen auf dem Workshop „Altern und neue Technik". Institut für Gerontologie der Universität Heidelberg: 13.4.1988

Wiener, N.: The Human Use of Human Beings. Boston 1950, dt.: Mensch und Menschmaschine. Kybernetik und Gesellschaft. Frankfurt/M.: 1952

Wildemann, H. (Hrsg.): Gestaltung CIM-fähiger Unternehmen am Industriestandort Bundesrepublik Deutschland: Arbeits- und betriebsorganisatorischer Handlungsbedarf. München: 1989

Wildemann, H.: Zeit als Wettbewerbsfaktor durch Just-in-Time in F&E, Produktion und Zulieferung. In: Wildemann, H. (Hrsg.): Kundennahe Produktion und Zulieferung durch Just-in-Time. 9. Just-in-Time Tagungsbericht, Sindelfingen 1990. München: 1990

Wildemann, H.: Fabrikentwicklung. Vortrag vor der Arbeitsgruppe „Automatisierung, Arbeitswelt und künftige Gesellschaft der Akademie der Wissenschaften zu Berlin. Berlin: 1991

Wingert, B. u.a.: CAD im Maschinenbau – Wirkungen, Chancen, Risiken. Berlin/Heidelberg: 1984

Wollach, S./Goodale, J. G./Wijting, J. P./Smith, P. C.: Development of the survey of work values. In: Journal of Applied Psychology (1971) 55, S. 331–338

Womack, J. P./Jones, D. T./Ross, D.: The Machine that changed the World. New York: 1990

Zimmer, G.: Automatisierung der Konstruktionsarbeit. In: Hund, J. (Hrsg.): Unterm Rad des Fortschritts? Köln: 1981, S. 105–123

Zimmermann, H. W. (Hrsg.): Aspekte der Automation. Die Frankfurter Tagung der List Gesellschaft. Gutachten und Protokolle. Basel und Tübingen: 1960

Zimmermann, L. (Hrsg.): Humane Arbeit – Leitfaden für Arbeitnehmer. Band 3 – Computereinsatz: Auswirkungen auf die Arbeit. Reinbek: 1985

9 Vorträge

Dipl.-Ing. U. Blum, IG-Metall – Abt. Automation/Technologie/HdA: „Sozialverträglichkeit von Automatisierungsprozessen, Erkenntnisdefizite zur Automatisierung aus der Sicht der Gewerkschaften“

Prof. Dr. F. Buttler, Direktor des Instituts für Arbeitsmarkt und Berufsforschung, Nürnberg: „Automatisierung und Arbeitsmarktentwicklung“

Prof. Dr.-Ing. P. Brödner, Institut für Arbeit und Technik, Wissenschaftszentrum Nordrhein-Westfalen: „Automatisierung und Arbeitsorganisation“

Prof. Dr. H. Kern, Soziologisches Forschungsinstitut Göttingen (SOFI): „Flexible Automatisierung – Befunde und Interpretationen aus neueren industriesoziologischen Forschungen“

Prof. Dr.-Ing. F.-L. Krause, Fraunhofer-Institut für Produktionsanlagen und Konstruktionstechnik Berlin (IPK): „Zu den Veränderungen des technischen Zeichnens und Konstruierens durch CAD-Systeme“

Dr. U. Krauß, Humboldt-Universität zu Berlin: „Wirtschaftliche Aspekte der Automatisierung in der DDR“

Dr.-Ing. A. Potthast, Fraunhofer-Institut für Produktionsanlagen und Konstruktionstechnik Berlin (IPK): „Zum Stand und der Entwicklung der Werkstattprogrammierung“

Prof. Dr.-Ing. G. Ropohl, Institut für Polytechnik/Arbeitslehre der Johann Wolfgang Goethe-Universität, Frankfurt a.M.: „Technikphilosophische Reflektionen zur Automatisierung“

Prof. Dr.-Ing. Drs. h. c. H.-J. Warnecke, Fraunhofer-Institut für Produktionstechnik und Automatisierung Stuttgart (IPA): „Entwicklungsphasen und Leitkonzepte der Automatisierung einschließlich ihrer Auswirkungen auf die Arbeitswelt“

Prof. Dr. sc. phil. K.-F. Wessel, Bereich Philosophische Probleme der Naturwissenschaften, Technikwissenschaften und mathematischen Wissenschaften der Humboldt Universität zu Berlin: „Komplexität und Zeit als Faktoren technischer Entwicklungen – Berücksichtigung technischer Einflüsse zur Gestaltung des Reproduktionsprozesses durch verschiedene Generationen“

Prof. Dr. H. Wildemann, Lehrstuhl für Betriebswirtschaftslehre mit Schwerpunkt Logistik, TU München: „Szenarien künftiger Fabrikentwicklung“

10 Glossar technischer Fachbegriffe

Automat, Drehautomat
Ein Automat ist eine Einzelmaschine, die selbsttätig ein Programm befolgt. Das Programm erzeugt Ausgaben, die von der Eingangsinformation und dem Systemzustand des Programms abhängen. Diese Ausgaben steuern den Wirkprozeß der Maschine. Beispiel: Rohteile (Stangen) werden mit Hilfe der gespeicherten Informationen zu Fertigteilen (Schrauben) verarbeitet.

Bearbeitungszentrum
NC-gesteuerte Werkzeugmaschinen werden als „-zentrum" bezeichnet, wenn eine Reihe von Operationen, wie der Werkzeugwechsel, automatisch erfolgt sowie verschiedene Fertigungsverfahren gleichzeitig oder nacheinander verfügbar sind. Ein entsprechend ausgelegtes Bearbeitungszentrum kann ein Werkstückspektrum komplett bearbeiten, ohne daß ein Maschinenwechsel vorgenommen werden muß.

Betriebsdatenerfassung (BDE)
Rechnerunterstütztes System zur Auswertung von Maschinendaten. Maschinendaten sind beispielsweise Fertigungsstückzahlen. Mit Hilfe der Betriebsdatenerfassung werden diese Maschinendaten zusammengefaßt, um Informationen zu erzeugen, die zur Steuerung und Überwachung der Produktion benötigt werden. Solche Betriebsdaten beschreiben die Produktionsleistung von Maschinengruppen, Abteilungen oder Betriebsbereichen.

Computerized Numerical Control (CNC)
Maschinensteuerung mit Mikroprozessor. Heute übliche Form der numerischen Steuerung. Die wesentlichen Systemfunktionen der Steuerung werden mit Hilfe von Programmen festgelegt.

Computer Aided Design (CAD)
Rechnerunterstützte Konstruktion einschließlich Zeichnungserstellung. CAD bezeichnet das Konstruieren an einem Rechnerarbeitsplatz mit graphisch interaktiver Benutzeroberfläche. Dies beinhaltet sowohl die Erzeugung als auch die Manipulation digitaler Konstruktionsobjekte.

CAD-Basissystem
Ein CAD-Basissystem enthält Grundfunktionen zur Darstellung von Körpern. Mit Hilfe solcher Grundfunktionen können anwendungsorientierte Programme für die rechnerunterstützte Konstruktion entwickelt werden.

Computer Aided Engineering (CAE)
Rechnerunterstützte Berechnung und Simulation von Konstruktionsobjekten.

Computer Aided Manufacturing (CAM)
Rechnerunterstützte Fertigung zur technischen Planung, Steuerung und Überwachung der Produktionsmittel. Dies betrifft die Funktionen Fertigen, Handhaben, Transportieren und Lagern.

Computer Aided Planning (CAP):
Rechnerunterstützte Arbeitsplanung. Hauptaufgaben: Rechnerunterstützte Planung der Fertigungsverfahren, Betriebsmittel und Arbeitsvorgangsfolgen sowie die Erstellung von NC-Teileprogrammen.

Computer Aided Quality Assurance (CAQ)
Rechnerunterstützte Planung, Prüfung und Lenkung der Produktqualität. CAQ ist eng mit den Funktionen CAE, CAD, CAP und CAM verbunden.

Computer Aided Testing (CAT)
Rechnerunterstütztes Meß- und Prüfwesen.

CAD-CAM-Kopplung(-Verbund)
Integration technischer Funktionen der rechnerunterstützten Produktion, wie CAD, CAP, CAM und CAQ.

Computer Integrated Manufacturing (CIM)
Umfassende Verbindung bzw. Zusammenfassung rechnerunterstützter Fabrikfunktionen. Ein solches rechnerintegriertes Fabriksystem schließt

administrative Fabrikfunktionen ein. Rechnerintegrierte Fabrikinformationssysteme umfassen beispielsweise ein Zusammenwirken von CAD, CAP, CAM, CAQ und PPS. Es kann zudem auch der zwischenbetriebliche Informationsaustausch mit Lieferanten und Kunden enthalten sein.

Direct Numerical Control (DNC)
Direkte Steuerung der Fertigungssysteme durch den Rechner. Schnittstellen verbinden die numerischen Steuerungen mit einem übergeordneten (Leit-)Rechner. Eine solche Kopplung läßt eine Übertragung von Steuerdaten in beide Richtungen zu. Hauptfunktion: NC-Programmverteilung und Maschinendatenübertragung.

EDV-Kopplung
Verknüpfung von Rechnersystemen. Ziel einer Verbindung von Rechnersystemen ist die Übertragung von Daten, um die wiederholte Dateneingabe zu vermeiden.

Einspindeldrehautomat
Drehautomat mit einer angetriebenen Werkstückaufnahme.

Feature
Rechnerinternes Konstruktionsobjekt. Eine Verknüpfung von Formelementen führt zu einem Flächenverband. Flächenverbände mit funktionalen oder qualitativen Eigenschaften werden als Feature bezeichnet. Ein Feature ist ein technisches Objekt, wie Schraube, Paßfedernut oder Wälzlager, das im Rechner als geordnete Datenstruktur hinterlegt ist. Eine Zuordnung von Qualitätseigenschaften zu Flächenverbänden wird als Qualitätsfeature bezeichnet.

Flexibilität
Eigenschaft eines Fertigungssystems, die es ermöglicht, unterschiedliche Fertigungsaufgaben (Werkstücke) mit geringem Umrüstaufwand an den Fertigungseinrichtungen zu erfüllen. Aufgabe flexibler Fertigungsanlagen ist die wirtschaftliche Fertigung verschiedener Werkstücke in günstiger Reihenfolge und mit wechselnden Losgrößen.

Flexible Fertigungsinsel
Selbstständige technische und organisatorische Fertigungseinheit, die vom Leitrechnerstand oder einer Planungsabteilung Aufträge erhält, die von den Mitarbeiter der Fertigungsinsel auf CNC-Werkzeugmaschinen

oder konventionellen Werkzeugmaschinen ausgeführt werden. Ein besonderes Merkmal der flexiblen Fertigungsinsel ist die eigenständige Planung und Disposition der Fertigungsaufträge. Von der vorgeordneten Planungsstelle wird insofern nur der Zeitrahmen für die Fertigstellung der Aufträge vorgegeben.

Flexible Fertigungszelle (FFZ)
Eine flexible Fertigungszelle enthält ein Bearbeitungszentrum sowie Einrichtungen zur Vorbereitung, Bereitstellung und Zuführung von Werkstücken und Werkzeugen, Überwachungseinrichtungen und Übergabevorrichtungen. Bei einer flexible Fertigungszelle (FFZ) handelt es sich insofern um ein in der Systemperipherie erweitertes Bearbeitungszentrum. Flexible Fertigungszellen ermöglichen einen zeitweise autarken Systembetrieb.

Flexibles Fertigungssystem (FFS)
Ein flexibles Fertigungssystem enthält mehrere Werkzeug-, Meß- oder Sondermaschinen, ein automatisches Transportsystem zur Verbindung der Maschinen, Werkstück- und Werkzeugspeicher sowie Ein- und Ausgabestationen. Flexible Fertigungssysteme (FFS) haben einenLeitrechner, der die Koordination der Fertigungsabläufe vornimmt. Mit diesem Leitrechner sind die Transport-, Handhabungs- und Werkzeugmaschinensteuerungen verbunden. Der Systemführer steuert oder programmiert den Systembetrieb am Terminal des Leitrechners.

Finite Elemente Methode (FEM)
Art der Rechnerdarstellung von Produktentwicklungsmodellen. Die Grundelemente (Finite Elemente) dieser Entwicklungsmodelle besitzen geometrische und physikalische Eigenschaften. Aus diesen Grundelementen wird das rechnerinterne Entwicklungsmodell gebildet. Solche Entwicklungsmodelle dienen häufig der Gewinnung von Simulationsergebnissen. Z. B.: Crash-Test, Tiefziehen.

Futtermagazin
Magazin zur Aufnahme von Teilen einer Werkzeugmaschine mit Futterspannvorrichtung. Ein Werkstückspannfutter dient der Aufnahme von Werkstücken.

Geometriedaten
Die Geometrie von Werkstücken wird durch ihre Kontur bestimmt. Die Kontur wird durch Maßangaben festgelegt. Die Mikrogeometrie, wie Oberflächenbeschaffenheit, ist kein Bestandteil der Geometriedaten. Sie wird den Technologiedaten zugerechnet.

Handhabungsgerät
Technische Einrichtung zur lokalen Veränderung von Ort und Lage eines Objektes, wie beispielsweise von Werkstücken oder Werkzeugen.

Künstliche Intelligenz (KI)
Regel- oder modellbasierte Informationsverarbeitung.

Industrieroboter (IR)
Programmierbares Handhabungsgerät mit mehreren Achsen.

Leitrechner
Rechner einer Fertigungseinheit mit Koordinations- und Dispositionsaufgaben. Solche Aufgaben sind beispielsweise: NC-Programmverteilung, Auftragsfreigabe, Materialanforderungen.

Local Area Network (LAN)
Physikalische und logische Verbindung von Rechnern sowie Datenendgeräten zum Austausch von Informationen. Lokale Netze verbinden örtlich begrenzte Organisationseinheiten, wie die Funktionsbereiche einer Fabrik.

Maschinendatenerfassung (MDE)
Rechnerunterstütztes System zur Sammlung von Fertigungsdaten von Maschinen und Anlagen. Das Datenerfassungssystem erhält die Maschinendaten von der NC-Steuerung oder direkt durch die Sensoren der Maschine. Es werden insbesondere Stückzahl und Qualität der Werkstücke erfaßt.

Numerical Control (NC)
Steuerung, die eingegebene Anweisungen in alphanumerischer Form verarbeitet. Eine NC-Steuerung besteht im engeren Sinne nur aus Hardwarekomponenten. Eine solche Steuerung erfaßt über Wegmeßsysteme die Bewegungsabläufe der Maschine und regelt die Bearbeitungsoperationen. Ziel einer Regelung der Bearbeitungsvorgänge ist es, die vorgegebenen Anforderungen an die Qualität der Werkstücke zu erfüllen.

NC-Meßmaschine
NC-Maschine zur Bestimmung von Werkstückmaßen. Funktion: Automatische Qualitätssicherung.

NC-(Teile-)Programm
Vollständige Folge von Steuersätzen. Die Steuersätze enthalten die für die Bearbeitung der Werkstücke benötigten geometrischen und technologischen Daten.

NC-Werkzeugmaschine (z. B. NC-Drehmaschine)
Zur Ausführung eines bestimmten Fertigungsverfahrens geeignete numerisch gesteuerte Werkzeugmaschine. Die NC/CNC-Steuerung steuert den Ablauf der Maschinenbewegungen.

Off-line-Programmierung
Entkopplung von Programmiersystem und Zielsystem der Programme. Zielsysteme sind beispielsweise die Maschinensteuerungen von Werkzeugmaschinen, Industrierobotern und Förderzeugen. Eine Programmprüfung erfolgt in der Regel mit Hilfe der rechnerunterstützten Simulation.

On-line-Programmierung, Teach-in-Programmierung
Direkte Verbindung von Programmiersystem und Zielsystem. Die Programmprüfung erfolgt durch Ausführung der Programmbefehle, die vom Zielsystem in eine Bewegungsfolge umgesetzt werden.

Postprozessor
Softwareprogramm zur Anpassung der NC-Teileprogramme an die NC-Steuerung.

Produktionsplanung und -steuerung (PPS)
Rechnerunterstützte Produktionsplanung zur mittel- bis langfristigen organisatorischen Planung, Steuerung und Überwachung der Produktion. Die Produktionsabläufe werden vom Angebot bis zum Versand der Produkte in Hinsicht auf Menge, Termin und Kapazität geplant.

Programmiersystem
Rechnersystem zur Eingabe von Programmen, daß gleichzeitig eine Übersetzung der Programme in eine maschinenausführbare Form vornimmt.

Rechnerintegration
Verbindung rechnerunterstützter Fabrikfunktionen, die mit einer Veränderung von Funktions- bzw. Organisationsbereichen der Fabrik verbunden ist (vgl. CIM).

Rechnerunterstützte Simulation
Nachbildung von Systemeigenschaften auf dem Rechner. Sie dient dazu, die Wirkung von Ereignissen, Entscheidungen oder Maßnahmen aufzuzeigen oder künftige Systemzustände im Rahmen von Modellannahmen zu prognostizieren. Bei der Simulation werden die Ergebnisse häufig auf dem Bildschirm dargestellt. Die visualisierte Darstellung der Ergebnisse zeigt dem Systemnutzer die zeitliche Abfolge der Bewegungen, die durch das Programm im Zielssystem ausgelöst werden.

Stangenmagazin
Magazin zur Aufnahme von Stangenrohmaterial. Ein Stangenmagazin dient zur Bevorratung von Rohmaterial für Werkzeugmaschinen mit Stangenspannvorrichtung.

Support
Werkzeugaufnahme einer Werkzeugmaschine. Beispielsweise in Form einer drehbaren Mehrfachaufnahme (Werkzeugrevolver).

Technologiedaten
Technologiedaten beschreiben Werkstückeigenschaften, wie Werkstoff, Oberflächengüte und zulässige Maßabweichungen. Diese Werkstückinformationen beeinflussen die eingesetzte Fertigungstechnologie, wie Werkzeug, Schnittgeschwindigkeit und Vorschub.

Transferstraße
System mehrerer Werkzeugmaschinen, die durch ein Transportsystem starr verkettet sind, d.h. im Fertigungstakt arbeiten.

Werkzeugmaschine
Maschine, mit deren Hilfe durch Übertragung von Antriebsleistung in den Wirkbereich des Werkzeugs aus einem Rohteil ein Fertigteil hergestellt wird. Werkzeugmaschinen werden nach der Art der Werkstückherstellung bzw. des Fertigungsverfahrens beispielsweise als Dreh-, Fräs-, oder Bohrmaschinen bezeichnet.

Sachregister

FSC
www.fsc.org
MIX
Papier | Fördert gute Waldnutzung
FSC® C083411

Kolibri 360 GmbH
Ferdinand-Jühlke-Straße 7
99095 Erfurt, Deutschland
produktsicherheit@kolibri360.de